高等学校法学课程学习宝典

朱崇实 总主编

民法分论备考与拓展

陈训敬/主　编
叶知年　肖金发/副主编

撰稿人(按章节顺序)

胡建中　黄健雄　周素英　吴旭莉
王凤民　郑丽清　詹雪霞　林传坤
兰仁迅　刘青生

厦门大学出版社
XIAMEN UNIVERSITY PRESS

高等学校法学课程学习宝典编委会

厦门大学出版社

总主编简介

朱崇实，1982年2月毕业于厦门大学经济系，获经济学学士学位；1990年5月毕业于南斯拉夫贝尔格莱德大学国际经济系，获经济学博士学位。现为厦门大学校长、厦门大学法学院教授、经济法学专业博士生导师，兼任中国法学会经济法研究会副会长。主要著作9部(含合著)，发表论文40余篇。主持或参与国家级、部省级科研课题10项，科研成果先后获"孙冶方经济科学奖"、"国家首届人文社科优秀成果奖"和"福建省社会科学优秀成果奖"等。

执行总主编简介

朱福惠，湖南娄底人，1961年7月生。武汉大学法学博士，现为厦门大学法学院教授，宪法与行政法专业硕士生、博士生导师，兼任厦门大学社科处处长、中国法学会宪法学研究会副会长。主要学术成果有：《宪法与制度创新》(法律出版社2000年版)，《宪法至上——法治之本》(法律出版社2000年版)，《宪法学专论》(与刘连泰、周刚志合著，科学出版社2007年版)，《宪法学原理》(主编，中信出版社2005年版)。

主编简介

陈训敬，1961年毕业于北京政法学院(现为中国政法大学)政法系，曾先后任西北政法学院教务处长、培训部主任、福建经济管理干部学院院长、福建行政学院常务副院长、福建省人大常委会委员、法制委员会委员等职务，现任福州大学阳光学院法律系主任、法学研究所所长。曾主编、参编《企业经济法教程》、《台湾经济法概论》、《民法学教程》、《合同法》等专著、教材20几部、发表论文数10篇，共计400余万字，其中十余部获省、部、厅级优秀成果奖；创建"企业经济法"新学科，2001年获省教育厅优秀教学成果二等奖；1989年至1998年曾三次被国家教委、国家人事部、国家经贸委等部委评委"全国优秀教师"，1993年被国务院授予有突出贡献的优秀专家，享受政府特殊津贴。

作者简介

（以撰写章节先后为序）

陈训敬:福州大学阳光学院法律系教授,撰写第七章,并负责全书的统稿、审定。

叶知年:福州大学法学院教授,撰写第一章,并负责第一部分物权法的统稿。

胡建中:福建师范大学法学院讲师,撰写第二章、第三章。

黄健雄:厦门大学法学院副教授,撰写第四章。

周素英:福州大学阳光学院法律系教师,撰写第五章、第十二章。

吴旭莉:厦门大学法学院讲师,撰写第六章。

肖金发:集美大学法律系副教授,撰写第八章。

王凤民:福建工程学院法律系副教授,撰写第九章。

郑丽清:福建师范大学法学院讲师,撰写第十章。

詹雪霞:福州大学阳光学院法律系教师,撰写第十一章。

林传坤:福建行政学院教师,撰写第十二章。

兰仁迅:华侨大学法学院副教授,撰写第十三章。

刘青生:福州大学法学院讲师,撰写第十四章。

总 序

面朝大海，春暖花开。30 年来，伴随着我国改革开放和法治事业的发展，法学教育事业呈现出欣欣向荣的景象。广大法学教师与时俱进，紧跟时代的步伐，适应司法实践的需要，不断充实教学内容，更新教学方法。为了推动法学教学方法的改革，为国家培养更多合格的法律人才，厦门大学出版社在厦门大学法学院和其他兄弟院校法学院系的大力支持下，致力于教材体系和内容的创新，于 2007 年推出了“高等学校法学精品教材系列”。

“高等学校法学精品教材系列”出版后受到广泛的好评，为此，厦门大学出版社再接再厉，根据高校教师和学生的建议，策划出版该教材系列的配套教学辅助系列——“高等学校法学课程学习宝典”(以下简称“学习宝典”)。学习宝典的作者均为长期在教学第一线、具有丰富教学经验的教师。在编写过程中，我们广泛征求了教师和学生的意见，对体例以及内容进行了精心的谋划。学习宝典的主要栏目和特色有如下几个方面：

第一，在各册学习宝典上特别附上了一篇“法律专业考试突破指南”。在策划本套学习宝典时，我们对厦门大学法学院的部分同学做了调查。一些同学(特别是低年级的同学)反映，他们常常困惑于法律学习如何入门、如何应对考试等问题。为此，我们特别邀请了一位在厦门大学法学院学习 7 年的优秀毕业生洪秀娟撰写了一篇学习与考试心得，即“法律专业考试突破指南”，以期为同学们提供一种学习方法指导。

第二，根据教材的内容体系归纳重点难点。教材的每一个章节都是一个相对独立的教学单元，掌握重点、克服难点是顺利推进教学工作的关键，也是同学们掌握学科内容体系的基础。为此，我们根据每一个章节的教学内容及学生的认知能力归纳出相应的重点难点，以供老师们教学之需，同学们在学习时须重点关注。

第三，根据各章节的知识点编写了练习题。实践证明，知识点是否掌握以及掌握的程度需要通过做题才能检验出来，因此，我们编写了大量习题，题型几乎涵盖了所有类型，同学们可以在课后自学，从而巩固课堂教学效果。同时，我们还收集了若干省内各法学院系的期末考试真题，为同学们提供一种较为真实的自测方式。

第四，提供与教学同步的法学案例或者“事例”。刑法学、民法学和诉讼法学等有大量的案例，宪法学有大量的事例，对案例和事例的分析可以深化同学们对法学原理和法律规范的理解，形成法律思维方法。加强案例和事例教学不仅可以增强法学教学的趣味性和生动性，更是法学教学中理论联系实际的重要途径。为此，本学习宝典收录了一些中外典型案例和事例，老师们可以在教学时参考，同学们也可以通过这些案例和事例加深对相关原理的理解。

第五，在教学内容的基础上，我们特别撰写了各章的“拓展与探讨”。“拓展与探讨”部分是本套学习宝典最具特色之处，由具有较高学术研究水平并具有丰富教学经验的老师撰写，其内容包括学术前沿理论探讨、社会热点分析、经典案例评析、立法和司法动态等等，有述有评。每一篇均是非常好的学术研究小论文，可供学有余力或对该学科有浓厚兴趣的同学深造之用，也可作为今后撰写论文的模板。

第六，根据同学们的兴趣爱好提供少量参考文献和法律网站。对于学习勤奋、善于思考的同学而言，教材所提供的内容可能远远不能满足他们对理论知识的渴求。故而，我们根据同学们的兴趣需要，精选了部分书目和少量参考文献，以供有兴趣的同学在课外阅读之用。此外，针对同学们使用网络的习惯，我们特在每册书后附有适合同学们浏览、阅读的法律网站。当然，同学们尚处在本科或专科学习阶段，理论思维还处在发展时期，专业知识的学习还需要同学们投入大量时间，这样才能构建一个合理的知识结构。我们建议同学们在本专科学习阶段，应全面掌握教材知识，同时适当拓展阅读一些法学课外读物；而在攻读研究生阶段，再进一步研习本学科的专业理论著作。

由于我们水平有限，加之时间较为仓促，错误和疏漏之处在所难免，恳请各位老师和同学多多提出批评意见。

朱福惠

法律专业考试突破指南

亲爱的读者朋友，在你翻开扉页，开始阅读这篇文章的时候，请首先接受我们衷心的祝贺，因为你十有八九已经踏入大学的校门，选择心仪的法律专业，向着更高更远的人生目标发起冲击。大学是知识的殿堂，在师者传道授业解惑后，对知识掌握程度的考查必不可少，而考试作为传统的及主要的考查方式在此时便显得意义重大。当然，我们并不认为考试是考查学生能力的唯一手段，但我们也不推崇60分万岁，甚至挂科、重修。大学四年是人生中宝贵而短暂的一段经历，我们有太多的知识需要汲取，太多的事情需要磨砺，所以，我们必须争取在规定的课时内有效掌握专业知识，在考试中轻松应对。因此，我们出版了这套丛书，也有了你正在阅读的这篇小文，希望能对你的法律学习有一定的帮助。

从容应试的前提是平时全面、系统的学习与考前扎实、深入的复习。离开考前的学习与努力，一切应试技巧都是无水之源、无本之木，无法真正施展手脚，甚至有舍本逐末之嫌。“冰冻三尺，非一日之寒”，可以说，认真听讲、扎实复习才是最根本的应试技巧。对于各种学习方法、复习经验，相信大家已经听过不少也掌握了一些，这里不再赘述，仅就法律专业学习自身的特点提一点建议。

首先，不容否认，法律是一门记忆性学科，在法律的学习过程中，对法条的学习与记忆不可或缺，但同时法律更是一门应用型科学，在具体的案件处理中，我们需要的不仅仅是法条的罗列，更是法条与实际案件的有机联系与灵活应用。因此，在日常的学习中，我们不能只是满足于法条的记忆，仅仅停留在掌握“是什么”的层面，更应该深挖法条背后蕴含的立法哲学与衡平理念，多问自己几个“为什么”。只有真正读懂法条、读透法条，我们才能绕开死记硬背的泥潭，对知识的掌握达到事半功倍的效果，也才能有效地驾驭知识，灵活应用。

其次，注重法律各学科总则或总论部分的学习。之所以做这样的强调，是因为有部分同学对于总则或总论下辖的具体内容能够认真对待，但对于总则或总论部分，则认为理论性过强、内容流于空泛、无法实际应用等，因此怠于学习。事实上，这种看法有失偏颇。法律学科的总则或总论往往是这一学科的精髓所在，统领学科下辖的各项具体内容。掌握总则或总论是切实理解本学科具体知识点的前提，也是使各个零散的知识点系统化的要件，同时在考试中，只有掌握了总则或总论的相关知识，才能做到以不变应万变，即使遇到复习范围之外的题目，也不会慌了手脚，而能够举一反三，从容应对。

最后，认真听讲，勤做笔记。在大学宽松的学习环境中，有的同学不爱听讲，认为自己看书效果一样，有的同学则只听讲不愿动手做笔记。我们认为，这两种做法均不可取。认真听一堂课的效果往往等同于自己看书好几个小时，因为上课可以有的放矢地解决预习过程中存在的疑问，在增强感性认识的同时加深理解与记忆，因此，我们鼓励同学多上课、多听讲，就学习中的疑难之处与老师进行沟通互动。同时，笔记作为写在白纸上的经验与智慧，不但是相关知识内容的提纲挈领，往往也是教师自身学习与授课经验的总结，是一笔丰厚的财富。俗话说得好:“好记性不如烂笔头”，对于法律这种记忆要求较高的学科而言，勤做笔记更是必不可少。

在日常学习的基础上，考前熟悉法律专业考试的题型，掌握恰当的答题技巧，能够使我们在考试中发挥出更高的水平。常听同学抱怨，在法律学习中，付出与收获有时并不成正比。我们认为，如果这一现象发生在确实掌握专业知识的前提下，那么这就是一个答题技巧的问题。我们主张不但要“勤学习”,更要“巧答题”,以下我们将针对法律专业考试中常见的题型及相应的答题技巧做一简要介绍。

法律专业考试中,常见的题型有六种:选择题、判断题、名词解释、简答题、论述题以及案例分析。根据考查侧重点的差异和考查形式的多样化需求,不同的试卷可能会采用不同的题型组合,甚至出现上述六种题型之外的变形题,但是万变不离其宗,只要我们确实掌握以上六种题型的答题技巧,轻松面对法律专业考试应该不在话下。

(一)选择题的解题技巧

选择题几乎成为各种法律专业考试的必备题型,更是司法考试的重中之重,占据了75%的卷面分,因此,掌握选择题的解题技巧意义重大。选择题是一种客观题,其标准答案往往具有唯一性。考生在做题时要特别注意看清题意和要求,例如是单选题、多选题还是不定项选择题,是要求选择正确答案还是指出错误选项等,这些细节关系重大,如果考生在未理解题意前即匆匆下笔,就容易造成不应有的失分。

选择题的解题方法主要有两种,顺推法和排除法。顺推法是做题中最常见的方法,即根据记忆从备选答案中挑出正确的一个或几个,相信大部分同学均能够驾轻就熟地运用,但对于排除法,可能就有一些同学无法运用自如了。排除法主要在记忆不够准确、无法完全确定的情况下采用,即在多个选项中,尽可能排除错误选项和干扰项,缩小选择范围,最终得出正确的答案。当然,在熟练掌握两种方法后,将顺推法和排除法结合使用,更能提高答题的正确率。

(二)判断题的解题技巧

判断题对知识点的考查与选择题有异曲同工之妙,区别在于判断题的“选择项”更少,仅有正确、错误两项。因此,找准“题眼”

对于正确解答判断题更是意义非凡，甚至有人认为，考生如果能准确找出判断题的“题眼”，就等于将该题做对了一半，而另一半则在于日常的知识积累。在判决题的解题中，还需要注意的一点是，有些命题除了要求考生指明正误，还要求简要指出正误的理由或者是错误命题的失误之处，此时需仔细审题，切不可遗漏。

（三）名词解释的解题技巧

在名词解释的题干中，往往只有一个简单的法律术语，如“行为能力”，要求考生以简明扼要的文字对其加以解释。因此，名词解释可谓是审题要求最低、但对考生的文字归纳能力要求却最高的一类题型。在此类题型中，应当注意答题文字的提炼，既不能过于疏漏，以致无法全面归纳题干名词的内涵，也不能过于繁杂，将名词解释题做成了论述题，导致耗时过多，无法在考试时间内完成全部的考题。因此，对于这种题型，我们可以在考前复习阶段即就本学科几个较为重要的专业术语进行文字的整理归纳，而在考试中挑“现成货”使用。

（四）简答题的解题技巧

简答，顾名思义，就是针对相关知识点的简要解答。简答题是法律专业考试中的常见题型，在各个学科中均可出现，考查点也较为分散，但总体而言，其解题技巧仍有规律可循。简答题一般考查教材上的相关内容，较少要求展开论述，只需考生进行简单的归纳总结即可，这也是简答题和论述题的重要区别。因此，简答题的关键在于一个“简”字，答题切忌长篇大论，文不对题。例如，题干要求考生概括物权法的特征，此时考生只需对物权法的特征进行一下简单的罗列并适当展开即可，而不必就其概念、立法渊源、立法意义、法律地位、与相邻立法的关系等一箩筐倒出，以致忽略了答题重点，不但耗时费力，还拿不到高分。但同时，简答题答题之“简”也不等于疏，答案要注意全面、准确，避免挂一漏万，这就要求考生要善于归纳总结，平时复习时多做积累。最后，简答题答题时条理清晰，卷面整洁，能分点时就分点，往往也可达到事半功倍的效果。

（五）论述题的解题技巧

论述题是典型的主观性试题，除了可以考查考生的专业知识外，还可以考查考生的应变能力、知识应用能力和表达能力。因此，这种题型一般涉及面广，有相当深度，给考生留下了广阔的自由发挥空间。考生在回答论述题时，要注意做到观点鲜明、论据充足、论证充分、适当展开、结构严谨。

论述题可分为两大类：一类是原理题，一类是比较题。观点是原理题的灵魂。就应用法学的论述题来说，观点是建立在法律制度基础之上的。法律制度的外在表现形式是法条，特别是重点法条。因此，在论述题中，对重点法条的掌握仍然是不可忽视的。在进行论述的时候，可以先就现行规定做一概括性陈述，然后提炼出观点。一般而言，在主张学术自由的宽松的研究环境下，观点的交锋不可避免，因此，对于论述题，往往并不存在唯一的标准答案，而可供考生自由发挥，关键在于言之有据，能够就自己的观点进行充分论证，自圆其说。比较题则是论述题的另一种考查方式，侧重于考查学生对两项相近或相对制度的精确掌握。在比较题中，一般应先就两项制度各自进行简单介绍，提供法理支撑，其后再就二者的相同点与不同点一一展开论述。

（六）案例分析题的解题技巧

与简答、论述等题型主要考查学生的理论能力不同，案例分析题更侧重于考查学生对相关知识的灵活运用。它不仅要求考生能够熟练掌握有关法律规范，还要求考生运用法律规范解决具体的法律问题，强调理论联系实际。进行案例分析的依据有两个：案例事实和法律规定。在解题时，首先要注意审题，在弄清案例事实的基础上，找准案例所涉问题的知识点，即相关的法律规定，然后根据这些规定，理清思路，解决案例中的问题。注意在进行案例分析时一定要将案例事实和法律规定结合起来，二者缺一不可。此外，在解答案例分析题时，有一定的答题技巧，一般应先表明观点，然后据此观点摆出理由，包括事实理由与法律规定，结合二者适当展开论证。

综上，法律专业考试虽然题型丰富，考查内容广泛，但仍有一定的解题规律可循。在日常的学习中夯实基础是一切技巧施展手脚的前提，在此基础上，适当运用解题技巧，对于学好专业课，取得优秀成绩将大有助益，这正是本丛书所期望达到的目的。千里之行，始于足下。祝所有的读者朋友们百尺竿头，更进一步！

目 录

第二部分 债权法

缩略语

《中华人民共和国物权法》(2007 年)	《物权法》
《最高人民法院关于贯彻执行〈中华人民共和国民法通则〉若干问题的意见(试行)》(1988 年)	《民法通则意见》
《中华人民共和国公司法》(2005 年)	《公司法》
《中华人民共和国担保法》(1995 年)	《担保法》
《最高人民法院关于适用〈中华人民共和国担保法〉若干问题的解释》(2000 年)	《担保法的解释》
《中华人民共和国合伙企业法》(2006 年)	《合伙企业法》
《最高人民法院关于审理技术合同纠纷案件适用法律若干问题的解释》(2004 年)	《审理技术合同纠纷的解释》

第一章

物权法概述

第一部分　重点与难点

【本章重点】

物权法的概念　物权法的基本原则　物权　物权的本质　物的概念　不动产　主物　从物　孳息　货币　有价证券　他物权　用益物权　担保物权　权利物权　物权的排他效力　物权的优先效力　物权的追及效力　物上请求权　物权行为

【本章难点】

1.物权的概念、特征

物权，依照我国物权法的规定，是指权利人依法对特定的物享有直接支配和排他的权利，包括所有权、用益物权和担保物权。

对于物权的概念、特征，学理上众说纷纭，通说认为具有以下几点特征：

(1)支配性。这是物权在作用方面的特征。物权的支配性，是指物权人享有对物进行直接支配的权利。它可以表现为对物的全面支配力(完全物权)，也可以表现为对物的某一方面的支配力(限制物权)。

(2)排他性。这是物权在效力方面的特征。物权的排他性，是指物权人享有排斥他人干涉的权利，同一物上不得同时成立两个以上内容互不相容的物权。

(3)对世性。这是物权在效力范围方面的特征。物权的对世性，是指物权的权利主体是特定的，而义务主体是不特定的，权利人的权利可以对抗一切不特定的义务人。

(4)绝对性。这是物权在实现方面的特征。物权的绝对性，是指物权的实现不需要义务人的积极行为予以协助，权利人在合法范围内能够按照其意愿无条件地、绝对地实现其权利，物权的义务主体仅是负有不妨碍权利人行使权利的义务。

2.物权法的调整对象

《中华人民共和国物权法》(以下简称《物权法》)第2条第1款规定：因物的归属和利用而产生的民事关系，适用本法。可见，在我国，物权法的调整对象包括：

(1)物的归属关系。它是特定的物质资料归特定民事主体所有的财产关系。基于物的归属关系，物权人有权对其物直接支配并享有由此而生的各种利益。物的归属关系既是物的利用关系的前提，又是物的利用关系的目的。调整物的归属关系的法律规范构成所有权制度，是维护和巩固一定社会所有制和基本经济关系的重要制度。

(2)物的利用关系。它是民事主体在生产、生活中对物的使用价值与交换价值进行利用而发生的财产关系。物的利用有两种情形：自主利用与他主利用。前者是所有权人对其所有物所为的各种利用，已为物的归属关系所包容。后者是所有权人将其所有物交由他人所为的各种利用，是他物权关系发生的基础。应生产的社会化和高效率的要求，现代物权法已从以规范物的归属关系为重心转向以规范物的利用关系为重心。物权法主要规范物的他主利用关系。

3.物权的本质

物权的本质应从以下几个方面理解：

(1)物权是为直接支配物的权利。所谓直接支配，一方面是指物权人可以依据自己的意志直接依法占有、使用其物，或者采取其他的支配方式,任何人非经权利人的同意,不得侵害或者加以干涉;另一方面是指物权人可以以自己的意志独立进行支配,无须得到他人的同意。在无须他人的意思和行为介入的情形下,物权人就能够依据自己的意志直接依法占有、使用其物,或者采取其他的支配方式。

(2)物权为享受物之利益的权利。物权所体现的利益有:①所有权人所享有的利益,包括物的最终归属、占有、使用和处分物的利益。②用益物权人所享有的利益,是物的使用价值或者利用价值。③担保物权人所享有的利益,是物的交换价值,即债务人于履行期限届满未为清偿时,债权人可以依法拍卖、变卖担保物,就拍卖、变卖所得价金受偿。

(3)物权为得对抗第三人的权利。所谓对抗第三人,是指物权具有对世性和绝对性,物权人的权利可以对抗一切不特定的义务人,除物权人以外的其他任何人都对物权人的权利负有不可侵害和妨害的义务。

4.物权与债权的关系

物权是指权利人依法对特定的物享有直接支配和排他的权利,债权是指权利人享有的请求义务人为一定行为或者不为一定行为的权利。物权与债权既有区别,又有联系。两者的区别是:

(1)物权是支配权,而债权是请求权。这是物权与债权的最基本的区别。物权人无须他人的意思和行为介入,仅依自己的意志与行为,就可以对物进行管领与支配,并享受和实现其利益。而债权人必须借助义务人的意思和行为,才能实现其利益。

(2)物权是对世权和绝对权,而债权是对人权和相对权。物权的权利主体是特定的,义务主体是不特定的;义务人承担的是消极的容忍或者不为侵害行为的义务。债权的权利主体和义务主体都是特定的;义务人承担的是为积极行为的义务。

(3)物权具有排他性,而债权具有相容性。物权的排他性要求在同一物上不得同时成立两个以上内容互不相容的物权。而债权的相容性允许在同一物上并存数个内容相同的债权，各个债权之间具有平等的效力。

(4)物权实行法定主义，而债权贯彻自由主义。由于物权的变动不仅涉及民事主体的利益，而且经常涉及国家、社会及不特定他人的利益，故物权的种类、变动条件和公示方法等只能由法律予以规定，法律禁止民事主体创设法律所没有确认的物权种类或者进行违反法律规定要件的物权变动。而债权涉及的通常仅是当事人之间的利益，只要不违反法律的强行性规定和社会公共利益，当事人之间可以通过合意任意设定债权或者创设新债权。如合同之债；法定债权不允许任意创设。

(5)物权是永久性或者长期性的权利，而债权是有期限性的权利。物权中的所有权为无期限的权利，只要所有物存在，所有权就存在，只有所有物本身消灭时，所有权才消灭。不过，用益物权和担保物权是有存续期间的。债权在性质上为有期限性的权利，无论任意债权或者法定债权，均有其存续期间。

(6)物权具有追及效力和优先效力，而债权不具有。物权的追及效力，物权的标的物被他人非法侵害，不管辗转何人手中，物权人都可以依法向物的不法占有人索取，请求其返还原物。而债权则不同，在债权的标的物的所有权移转之前，债务人非法转让并由第三人善意占有时，债权人不得请求物的占有人返还原物，只能请求债务人履行债务和承担违约责任。物权的优先效力包括两个方面：①物权与债权并存时，物权优先于债权；②同一物上并存数个内容相容的物权时，先设立的物权优先于后设立的物权。而债权则不同，同一物上并存数个债权时，各个债权之间具有平等的效力。

第二部分　思考与练习

一、选择题

1. 如果《土地管理法》、《城市房地产管理法》、《农村土地承包法》等法律对物权另有特别规定的，则应当优先适用(　　)。

A.《民法通则》

B.《物权法》

C.《土地管理法》等法律的特别规定

D.《物权法》和《土地管理法》等特别法

【解答】应选 C。根据"特别法优于普通法"的原则，土地管理法等法律为特别法，其效力优于物权法。

2. 乙买甲一套房屋，已经支付 1/3 价款，双方约定余款待过户手续办理完毕后付清。后甲反悔，要求解除合同。乙不同意，起诉要求甲继续履行合同，转移房屋所有权。下列选项中，正确的是(　　)。

A. 合同尚未生效，甲应返还所受领的价款并承担缔约过失责任

B. 合同无效，甲应返还所受领的价款

C. 合同有效，甲应继续履行合同

D. 合同有效，法院应当判决解除合同、甲赔偿乙的损失

【解答】应选 C。根据《物权法》第 15 条的规定。

3. 甲、乙签订协议，约定甲租用乙的房屋 10 年，租金每年 1 万元，甲可以转租。第二年，甲将该房屋转租给丙，租期 3 年，租金每年 1.5 万元。后因乙经营不善，房屋被人民法院拍卖还债，丙购得该房屋。现甲、乙对两份租赁合同的履行产生争议。下列选项中，正确的是(　　)。

A. 本案适用买卖不破租赁原则

B. 本案不适用买卖不破租赁原则

C. 丙有权主张将转租合同的租金变更

D. 甲有权要求丙继续履行转租合同

【解答】应选 A。"买卖不破租赁"是物权优先于债权的例外，即先设立的承租人的租赁权优先于租赁物受让人的所有权。在租赁期间，如出租人将租赁物的所有权移转给受让人，受让人不得依其所有权主张租赁合同终止，要求承租人交出租赁物。这是由于此时承租人已经享有占有、使用租赁物的权利，这种租赁权具有对物的支配性，已经被法律赋予了用益物权的属性和对抗效力。

4. 某甲将私房 3 间出租给某乙，租期为 2 年。在租期内，某甲又与某丙签订了私房 3 间的买卖合同。下列论述中，正确的是(　　)。

A. 某甲与某丙所签订的合同无效，因为某甲未取得某乙的同意

B. 某甲应当提前 3 个月通知某乙房屋将要出售

C. 某乙在同等条件下有权优先于某丙购买房屋

D. 如某丙购得了房屋，则其有权决定原甲乙之间的房屋租赁合同是否继续执行

【解答】应选 BC。根据最高人民法院《关于贯彻执行〈中华人民共和国民法通则〉若干问题的意见(试行)》(以下简称《民法通则意见》)第 118 条的规定。

5. 下列关于物权设定生效时间的说法中，(　　)是错误的。

A. 甲卖给乙两间房屋，乙自该房屋变更登记时起取得该房屋所有权

B. 甲以自己的两间房屋为抵押物向乙借款，乙自该房屋进行抵押登记时起取得该抵押权

C. 甲继承其父母作为遗产的两间房屋，自该房屋变更登记时起取得该房屋所有权

D. 甲自建两间房，自该房屋变更登记时起取得该房屋所有权

【解答】应选 CD。根据《物权法》第 29 条和第 30 条的规定。

6. 甲与乙签订房屋买卖合同，将 1 幢房屋卖与乙。双方同时约定，一方违约应支付购房款 35%的违约金。但在交房前甲又与丙签订合同，将该房卖于丙，并与丙办理了过户登记手续。下列说法中，正确的是（　　）。

A. 乙与甲签订的合同在先，主张甲与丙签订的合同无效

B. 乙有权要求甲收回房屋，实际履行合同

C. 乙不能要求甲实际交付该房屋，但可要求甲承担违约责任

D. 若乙要求甲支付约定的违约金，甲可以请求法院或仲裁机构予以适当减少

【解答】应选 CD。同一标的物上物权与债权并存时，无论物权成立先后，其效力均优先于债权。出现“一物二卖”时，已取得标的物所有权的买方之权利优先于另一买方所享有的债权，仅享有债权的买者不得依其债权请求已取得标的物的买方交付标的物。即使取得标的物所有权的是后买者，先买者也不得以其买卖合同订立在先而主张后买者返还标的物，只能依合同之约定或法律之规定追究出卖人的违约责任。

7. 甲、乙结婚后购得房屋一套，仅以甲的名义进行了登记。后甲、乙感情不和，甲擅自将房屋以时价出售给不知情的丙，并办理了房屋所有权变更登记手续。对此，下列选项中，正确的是（　）。

A. 买卖合同有效，房屋所有权未转移

B. 买卖合同无效，房屋所有权已转移

C. 买卖合同有效，房屋所有权已转移

D. 买卖合同无效，房屋所有权未转移

【解答】应选 B。根据《物权法》第 106 条和《民法通则意见》第 89 条的规定。

8. 甲继承了一套房屋，在办理产权登记前将房屋出卖并交付给乙，办理产权登记后又将该房屋出卖给丙并办理了所有权移转登记。丙受丁胁迫将房屋出卖给丁，并完成了移转登记。丁旋即将房屋出卖并移转登记于戊。在办理继承登记前，关于甲对房屋的权利状态，下列选项中，正确的是（　　）。

A. 甲已经取得了该房屋的所有权

B. 甲对该房屋的所有权不能对抗善意第三人

C. 甲出卖该房屋未经登记不发生物权效力

D. 甲可以出租该房屋

【解答】应选 ACD。根据《物权法》第 29 条、第 31 条和第 39 条的规定。

9. 甲购买乙的一辆二手车，但双方没有办理过户手续。甲付款购车后，驾驶该车到某汽车空调配件经销部丙处，购买汽车空调配件并安装。安装好并付清款项后，甲驾车离开。途中，因空调泵线圈短路引起电源线起火造成火灾，该车被全部烧毁。经有关部门认定，丙作为汽车空调提供者对火灾负有间接责任。下列说法中，正确的是（　　）。

A. 甲、乙之间的买卖合同未生效，因为双方没有办理车辆过户手续

B. 甲取得该车的所有权，因为动产所有权转让自交付时发生效力

C. 甲不能向丙请求损害赔偿，因为其不是该车的所有权人

D. 甲不可以向丙请求损害赔偿，因为该车转让没有登记，不得对抗第三人

【解答】应选 B。根据《物权法》第 23 条和第 24 条的规定。

10. 甲公司向乙公司购买两台小汽车，双方签订合同后，甲公司向乙公司全额付款。因甲公司前往购车者不会开车，又未带驾驶员，故甲公司与乙公司约定，乙公司将小汽车钥匙交甲公司后，将甲公司已选定的两台车暂时保留在乙公司的车库里，待甲公司自提。但乙公司未将两台小汽车的有效单证等交付给甲公司。当晚，这两台车被盗。下列说法中，正确的是（　　）。

A. 甲公司、乙公司之间的买卖合同未生效，因为双方没有办理车辆过户手续

B. 甲公司、乙公司之间的买卖合同生效，但是两台车因为尚未交付给买方，故所有权仍未转移给甲公司

C. 甲公司、乙公司之间的买卖合同生效，但是两台车因为尚未办理车辆过户手续，故所有权仍未转移给甲公司

D. 两台车被盗的风险应由甲公司自己承担

【解答】应选 D。根据《物权法》第 23 条和第 24 条的规定。

11. 下列选项中，取得所有权是基于物权变动的公示公信原则的有（　　）。

A. 甲在垃圾堆拾取他人抛弃的旧物

B. 甲从市场上以正常价格买到 1 件赃物

C. 甲从乙处买得 1 台电脑

D. 甲误将乙的房子登记为自己的房子，后甲将此房转让给丙，甲、丙之间办理房屋过户手续，丙取得该房所有权

【解答】应选 D。根据是《物权法》第 9 条和第 31 条的规定。

12. 1995 年夏天，张某父子外出打工，房屋无人看管。一天，气象台预报近期将有强台风。张家的邻居刘某见张家无人，房子又年久失修，于是，就花钱请人对张家的房子进行了修缮，共花费了 650 元，刘某为此从银行提取未到期的定期存款先行垫付。但台风过后，张家的房子还是倒塌了。下列表述中，错误的是（　　）。

A. 刘某只能向张家请求送还 650 元

B. 刘某有权向张家请求送还 650 元及提前支取存款的利息损失

C. 刘某无权向张家请求返还 650 元及提前支取存款的利息，因为张家未实际受益

D. 刘某为此垫付的 650 元及其损失的利息由双方分摊

【解答】应选 ACD。刘某所花费的 650 元及提前支取存款的利息损失，是为修复张家的房屋所支出的，应由张家承担。

13. 下列选项中，(　　)属于物权法上的法定孳息。

A. 出租柜台所得租金

B. 果树上已成熟的果实

C. 动物腹中的胎儿

D. 彩票中奖所得奖金

【解答】应选 AD。孳息是指原物所产生的新物。依其性质，孳息分为天然孳息和法定孳息。法定孳息又称间接孳息，是指依照法律规定而产生的收益物，出租柜台所得租金、彩票中奖所得奖金即是。

14. 张某发现自己的工资卡上多出 2 万元，便将其中 1 万元借给郭某，约定利息 500 元；另外 1 万元投入股市。张某单位查账发现此事，原因在于财务人员工作失误，遂要求张某返还。经查，张某借给郭某的 1 万元到期未还，投入股市的 1 万元已获利 2000 元。下列选项中，正确的是(　　)。

A. 张某应返还给单位 2 万元

B. 张某应返还给单位 2.2 万元

C. 张某应返还给单位 2.25 万元

D. 张某应返还给单位 2 万元及其孳息

【解答】应选 D。孳息是指原物所产生的新物。依其性质，孳息分为天然孳息和法定孳息。法定孳息又称间接孳息，是指依照

法律规定而产生的收益物。关于法定孳息的归属，除当事人有特别约定外，以归属于原物的所有权人、持有人或者原物的合法占有人为原则。张某借给郭某的1万元得到的利息500元，及投入股市的1万元所获的利润2000元，属于法定孳息，应返还给单位。

15. 李某为运石头建房租用田某毛驴1头，租期为当年11月20日到次年11月20日。当年12月10日，田某因急需用钱将毛驴卖给了李某，双方于当日签订了合同。次年5月7日，该毛驴产下了1头小驴。小驴应属于（　　）。

A. 小驴应归田某所有，因为毛驴的所有权属于田某，其孳息也应归田某

B. 小驴应归田某、李某共有，因为小驴是在租用期间生的

C. 小驴应归李某所有，因为双方签订的合同成立时就完成了交付和所有权转移

D. 小驴应归田某所有，因为买卖不破租赁，即使所有权发生了转移，孳息也不转移

【解答】应选C。孳息是指原物所产生的新物。依其性质，孳息分为天然孳息和法定孳息。天然孳息又称直接孳息，是指依照物的自然性质而产生的收益物。关于天然孳息的归属，我国民法未有明文规定，宜采原物主义，所有权人及类似于所有权的独立物权人有取得天然孳息的权利。小驴属于天然孳息，应归李某所有，因为双方在合同成立时就完成了交付和所有权转移。

16. 李老汉与王老汉订了一买牛合同。李老汉向王老汉交付了2头牛，王老汉支付了相应价款，王老汉在宰杀该2头牛的过程中，发现1头牛中有牛黄并得款8000元。关于该牛黄款的归属，下列选项中，正确的是（　　）。

A. 归李老汉

B. 归王老汉

C. 由李老汉与王老汉按份共有

D. 由李老汉与王老汉共同共有

【解答】应选 B。孳息是指原物所产生的新物。依其性质，孳息分为天然孳息和法定孳息。法定孳息又称间接孳息，是指依照法律规定而产生的收益物。关于法定孳息的归属，除当事人有特别约定外，以归属于原物的所有权人、持有人或者原物的合法占有人为原则。牛黄款属于法定孳息，应归王老汉所有，因为双方在合同成立时就完成了交付和所有权转移。

17. 王某有 1 栋两层楼房，在楼顶上设置了 1 个商业广告牌。后王某将该楼房的第二层出售给了张某。下列选项中，正确的是(　　)。

A. 张某无权要求王某拆除广告牌

B. 张某与王某间形成了建筑物区分所有权关系

C. 张某对楼顶享有共有和共同管理的权利

D. 张某有权要求与王某分享其购房后的广告收益

【解答】应选 ABCD。根据《物权法》第 70 条和第 80 条的规定。

18. 甲为乙的债权人，乙将其电动车出质于甲。现甲为了向丙借款，未经乙同意将电动车出质于丙，丙不知此车为乙所有。下列选项中，正确的是(　　)。

A. 丙因善意取得而享有质权

B. 因未经乙的同意丙不能取得质权

C. 甲对电动车的毁损、灭失应向乙承担赔偿责任

D. 对电动车毁损、灭失，乙可向丙索赔

【解答】应选 ACD。根据《物权法》第 37 条和第 106 条的规定。

19. 甲公司与乙公司约定：为满足甲公司开发住宅小区观景的需要，甲公司向乙公司支付 100 万元，乙公司在 20 年内不在自己厂区建造 6 米以上的建筑。甲公司将全部房屋售出后不久，乙公

司在自己的厂区建造了1栋8米高的厂房。下列选项中,正确的是(　　)。

A. 小区业主有权请求乙公司拆除超过6米的建筑

B. 甲公司有权请求乙公司拆除超过6米的建筑

C. 甲公司和小区业主均有权请求乙公司拆除超过6米的建筑

D. 甲公司和小区业主均无权请求乙公司拆除超过6米的建筑

【解答】应选A。根据《物权法》第71条的规定。

20. 甲向乙借款5000元,并将自己的1台笔记本电脑出质给乙。乙在出质期间将电脑无偿借给丙使用。丁因丙欠钱不还,趁丙不注意时拿走电脑并向丙声称要以其抵债。下列选项中,正确的是(　　)。

A. 甲有权基于其所有权请求丁返还电脑

B. 乙有权基于其质权请求丁返还电脑

C. 丙有权基于其占有被侵害请求丁返还电脑

D. 丁有权主张以电脑抵偿丙对自己的债务

【解答】应选ABC。根据《物权法》第34条和第208条的规定。

21. 甲向乙借款并将自己的1辆汽车抵押于乙,双方办理了抵押登记,后甲开车出现交通事故,该车被损坏而送于丙处修理,因无力支付修理费而被丙扣留。现乙主张抵押权,丙主张留置权,为此发生冲突。下列表述中,正确的是(　　)。

A. 由甲优先行使抵押权,理由是先成立的物权优于后成立的物权

B. 由甲优先行使抵押权,理由是登记物权优于非登记物权

C. 由丙优先行使留置权,理由是法定物权优于意定物权

D. 由丙优先行使留置权,理由是占有物权优于非占有物权

【解答】应选 C。以物权的取得是否由法律直接规定为依据，可以将物权区分为法定物权和意定物权。法定物权是指根据法律直接规定而取得的物权。其特点是，无须当事人合意，只要符合法律规定的条件，物权便可产生，而且无须公示便可产生物权效力。意定物权是指依据当事人的合意而设定的物权。其特点是，物权的成立须有当事人订立的合同，而且物权须经公示才能产生物权效力。在同一标的物上并存法定物权和约定物权时，法定物权在一般情形下优先于意定物权。

22. 钱某的家用电视机损坏不能使用。一日，钱某的邻居赵某及其太太到钱某家做客，临走时，钱某委托赵某夫妇代为将损坏的电视机送到垃圾回收站扔掉。赵某夫妇离开钱某家后商量，与其扔掉不如拿回家，修一下可能还能用，于是将电视机搬回家。经过修理之后，电视机恢复了正常使用。钱某到赵家看见电视机能够正常使用后，要求赵某夫妇返还。下列说法中，(　　)是正确的。

A. 赵某夫妇不能取得电视机的所有权，因为其未按照委托人意志行事

B. 赵某夫妇的行为构成不当得利

C. 钱某有权要回电视机，但应就修理费向赵某夫妇进行补偿

D. 钱某的行为构成抛弃

【解答】应选 D。抛弃是放弃物权的行为，即指依权利人的意思表示，使物权归于消灭的行为。它是一种单方的民事法律行为。物权的抛弃须具备两个条件：一是物权人在客观上要有放弃对标的物占有的行为；二是物权人在主观上要有消灭物权的意思。钱某的行为符合以上两个条件，构成抛弃。

二、判断题

1. 物权法确立了对国家、集体和私人的物权实行平等保护的

原则，这表明不同所有制经济在国民经济中的地位和作用是相同的。

【解答】错误。根据我国宪法规定，不同所有制经济在国民经济中的地位和作用是不同的。但平等法律地位和发展权利是受到法律保护的。

2. 根据物权绝对权、对世权属性，物权权利人可以任意处分自己的物权而不受任何限制。

【解答】错误。物权绝对原则决定了物权具有排他性，但物权的排他性不能被理解为物权人形成处分意思的随意性或者任意性。各个国家和地区法律对物权的排他性都进行了限制。

3. 为了公共利益的需要，征收个人住宅的，只需给予被征收人拆迁补偿。

【解答】错误。根据《物权法》第 42 条第 3 款的规定。

4. 因抢险、救灾等紧急需要，依照法律规定的权限和程序可以征用单位、个人的不动产或者动产。

【解答】正确。根据《物权法》第 44 条的规定。

5. 物权关系反映的是人与物的关系。

【解答】错误。物权关系反映的是人与人之间的关系。

6. 物权是以特定人为义务主体的民事权利。

【解答】错误。物权的对世性，是指物权的权利主体是特定的，而义务主体是不特定的，权利人的权利可以对抗一切不特定的义务人。故物权是以不特定人为义务主体的民事权利。

7. 当事人之间订立有关设立、变更、转让和消灭不动产物权的合同，除法律另有规定或者合同另有约定外，自合同成立时生效；未办理物权登记的，不影响合同效力。

【解答】正确。根据《物权法》第 15 条的规定。

8. 物权法规定的物权客体是动产和不动产，权利不能成为物权客体。

【解答】错误。根据《物权法》第2条第2款的规定。

9.区分为有期物权和无期物权的法律意义在于明确二者的成立要件上的重大差异。

【解答】错误。以物权的存续有无期限为标准,可以将物权区分为有期物权和无期物权。有期物权是指仅能在一定期限内存续的物权。无期物权是指无存续期限,得永久存续的物权。这种分类的法律意义在于有期物权因存续期间届满而归于消灭,无期物权则只可因标的物灭失、物权人抛弃或者其他原因而消灭,其物权本身无期限问题。

10.物权的排他效力仅在于排除与已存在的物权内容相同的另一物权存在。

【解答】正确。物权的排他效力,是指在同一标的物上不能同时存在两个以上内容不相容的物权,即在同一物上已经存在的物权,具有排除在该物上再成立与其内容不相容的物权的效力。

11.留置权优先于抵押权受偿。

【解答】正确。同一标的物上存在两个以上内容不相抵触的物权时,费用性担保物权优先于融资性担保物权。前者指依法律规定为担保因保存或者增加标的物的价值所发生的费用而产生的担保物权,如留置权。后者指为担保融资而设立的担保物权,例如抵押权。由于费用性担保物权与标的物的关系更为密切,因此法律特别予以保护,赋予其优先效力。

12.物权的追及效力是绝对的。

【解答】错误。物权的追及效力,又称为物权的追及权,是指物权成立后,物权的标的物无论辗转至何人之手,物权人均可追及至物之所在并对其予以直接支配的法律效力。它不是绝对的,而是相对的。为了维护交易安全,保护善意第三人的利益,物权法对物权的追及效力设有若干限制。

13. 甲对买来的母猪产下的猪崽是继受取得所有权。

【解答】错误。物权的取得,以是否基于他人之权利与意思为依据,可以分为原始取得和继受取得两种。原始取得又称物权的固有取得,即指非依他人权利与意志而取得物权。其根据为民事法律行为(物权法律行为)以外的法律事实,包括事件、行政行为或者事实行为等。继受取得又称物权的传来取得,即指依他人的权利和意志而取得物权。它一般是通过法律行为而取得物权的,但不限于依法律行为而取得。甲对买来的母猪产下的猪仔是原始取得所有权。

三、名词解释

1. 物权法

【解答】物权法有广义与狭义之分。广义的物权法又称实质意义的物权法,是指关于人对于物的支配关系的法律规范的总称。凡是以调整人对物的支配关系为内容的法律规范,都是物权法的范畴。狭义的物权法又称形式意义的物权法,是指以民法典中关于物权的规定或者物权法典,如物权法。

2. 物权法的形式

【解答】物权法的形式即物权法的法律渊源,是物权法规范的表现形式。从世界范围来看,在单一法律渊源制的国家和地区,物权法的形式仅指制定法,包括作为物权法一般法的制定法(如民法典中的物权编)和作为物权法特别法的制定法(如海商法)。在多元法律渊源制的国家和地区,物权法还包括制定法、习惯法、判例法、法理。在我国,物权法的形式仅有制定法和政策。

3. 物权法的体系

【解答】物权法的体系,是指物权法依据一定逻辑结构所构成的体系,包括物权法的规范构成体系和物权法的立法内容体系。物权法的规范构成体系是指实质意义的物权法的内容体系,由物权的实体性规范和物权的程序性规范组成。物权法的立法内容体系是指形式意义的物权法的内容体系。

4. 不动产物权

【解答】不动产物权是指以不动产为客体的物权。它包括不动产所有权、建设用地使用权、土地承包经营权、宅基地使用权、空间利用权、典权、不动产抵押权和自然资源利用权等。

5. 动产物权

【解答】动产物权是指以动产为客体的物权。它包括动产所有权、动产抵押权、动产质权、动产留置权等。

6. 权利物权

【解答】权利物权是指以权利为客体的物权。它包括权利质权和权利抵押权。

7. 物权的效力

【解答】物权人在物权关系中可以为一定行为的法律保障力。物权所具有的这些特定效力的总体,民法理论上称之为物权的效力。从作用范围上看,物权的效力有共同效力和特殊效力之分。共同效力是指各种物权都具有的效力。而特殊效力是指某一类物权所特有的效力,由特别法加以具体规定。

8. 物权的排他效力

【解答】物权的排他效力,是指在同一标的物上不能同时存在两个以上内容不相容的物权,即在同一物上已经存在的物权,具有排除在该物上再成立与其内容不相容的物权的效力。

9. 物权的优先效力

【解答】物权的优先效力,又称物权的优先权,是指物权相对于其他物权或债权优先行使或实现的法律效力。一般包括物权相互间的优先效力和物权优先债权的效力。

10. 物权的追及效力

【解答】物权的追及效力,又称为物权的追及权,是指物权成立后，物权的标的物无论辗转至何人之手，物权人均可追及至物之所在并对其予以直接支配的法律效力。

11. 物上请求权

【解答】物上请求权，又称物权的请求权，是指在物权的实现上遇有某种妨害或可能会发生某种妨害时，物权人有对造成妨害其权利事由发生的人请求排除妨害的权利。

12. 物权行为

【解答】物权行为是指独立于债权合同的以设立、变更、转让或者消灭物权为目的的民事法律行为。它是物权变动的法律事实。

四、简答题

1. 如何理解物权法的特征？

【解答】物权法作为私法的重要组成内容，除具有民法一般特征外，还具有如下独特特征：

(1)强行法性。所谓强行法，是指不能由当事人通过协议加以改变的法律规则。其目的在于，防止重要法律目的受当事人意思的一致而遭受破坏。物权法的大部分规范属于强法规范。

(2)固有法性。所谓固有法，是指保留了较多的国家、民族和历史的传统的法律。各国物权法由于国家、民族、历史传统的差异而往往互不相同。我国实行社会主义的经济制度，尤其关于土地实行国家所有和集体所有，使我国的物权制度具有自己的特殊性。

(3)公共性。所谓公共性，是指物权法对公共利益的关注。由于稀缺性的自然资源与国家、民族和社会利益密切相关，物权法特别注意基于公共利益，在承认并保障所有权不可侵犯的前提下，以公法上的国家征收和适当的行政管理措施限制其不可侵犯性，以民法上的诚实信用原则、禁止权利滥用原则和公序良俗原则限制其自由性。

2. 如何理解物权法的功能?

【解答】物权法的功能,是指物权法所具有的、对主体有意义的、可以满足主体需要的功能和属性。具体而言,物权法的功能表现在:

(1)确认和保护财产归属关系,实现稳定的财产支配秩序。既体现国家的基本经济制度,促进社会主义建设;又平等地保护各类财产权,激励人们努力创造财富,促进社会财富的增长。

(2)构建市场交易的法律基础,促进社会主义市场经济建设。这一功能不仅体现在确认物权形态,为市场交易提供前提;而且确立物权变动规则,维护市场交易的安全。

(3)增进财产的利用效益,从使用和交换两个功能出发,可以设立用益物权和担保物权,确保物的全面利用和功能的充分发挥。

3. 用益物权和担保物权有何区别?

【解答】以他物权设立的目的为依据,可以将他物权区分为用益物权和担保物权。其区别在于:(1)设立目的不同。用益物权以追求物的使用价值为内容,标的物须具有使用价值;而担保物权以标的物的价值和优先受偿为内容,标的物必须具有交换价值。(2)存续期间不同。用益物权往往有明确的存续期间,一般在法律规定的范围内由当事人在订立合同时协商确定;担保物权以债权的存在为前提,当债权实现时,担保物权即归于消灭。(3)物上代位性不同。用益物权客体的价值形态发生变化,就会对用益物权人的使用收益权产生直接影响;而担保物权客体的价值形态发生变化,并不影响担保物权的存在。这一特点决定了担保物权具有物上代位性,即当担保物权的标的物转化为价值形态时,担保物权就以变形物为客体。

4. 如何理解物权的排他效力?

【解答】物权的排他效力,是指在同一标的物上不能同时存在两个以上内容不相容的物权,即在同一物上已经存在的物权,具有排除在该物上再成立与其内容不相容的物权的效力。物权的排他效力仅在于排除与已存在的物权内容相同的另一物权存在，表现在：(1)内容或者类型完全相同的物权因其对物的支配完全相同或者以占有为内容而相互排斥，由此不能在同一标的物上成立数个物权。(2)类型不同的物权，如其内容基本相同，也会因互相排斥而不得在同一物权上并存。

5. 如何理解物权的追及效力？

【解答】物权的追及效力，又称为物权的追及权，是指物权成立后，物权的标的物无论辗转至何人之手，物权人均可追及至物之所在并对其予以直接支配的法律效力。物权的追及效力主要表现在以下两个方面：(1)当标的物由无权处分人转让给第三人时，除法律有特别规定外，物权人有权向第三人请求返还物权。我国《物权法》第106条规定："无处分权人将不动产或者动产转让给受让人的，所有权人有权追回；"在此种情况下所具有的追及效力显然属于物上请求权的一种形式，但它是一项独立的物权效力，不能将其等同于物上请求权。(2)当抵押人擅自转让抵押物给第三人时，抵押权人得追及至抵押物之所在对该抵押物行使抵押权。物权的追及效力不是绝对的，而是相对的。为了维护交易安全，保护善意第三人的利益，物权法对物权的追及效力设有若干限制：(1)善意第三人对标的物的占有受即时取得制度和取得时效制度的保护。当善意的第三人按即时取得制度或取得时效制度取得标的物所有权时，原所有人无权请求善意第三人返还原物，只能根据我国物权法第106条第2款的规定请求无权处分人赔偿损失。(2)物权未按法定方式公示者，不具有对抗善意第三人的法律效力，即对善意第三人不具有追及效力；例如抵押人将抵押物擅自让与第三人，抵押权人不得追及至第三人行使抵押权。(3)物权登记错误时，真权利人对与登记名义人进行交易的善意第三人也不具有追及效力。

五、论述题

1. 试论我国物权法的基本原则。

【解答】我国物权法的基本原则，除规定有法定原则、绝对原则、公示原则等传统民法有关原则外，还规定了具有我国特色的物权法基本原则。现综述如下：

(1)物权法定原则。这是指在一个统一的法律效力地域内的物权，其种类和内容必须由法律明确规定的原则。它是罗马法以来各个国家和地区法律均予以遵守的原则。这一原则与民法私法自治的品格并不相悖，反而有助于实现民法私法自治的品格。其理由：一是物权法定原则虽然限制民事主体在物权的种类之外设定物权，但仍然肯定每个民事主体可以而且应当按照自己的意志去决定私法方面的一切关系。二是物权法定原则对物权种类予以限制的目的旨在保护物权人的权利受到尊重，进而保护交易安全。我国物权法第5条规定：物权的种类和内容，由法律规定。可见，物权法定原则的内容主要包括：①物权种类法定。民事主体约定法律关系变动时，只能在法律规定的范围内选择物权种类，而不能自己创设新的物权类型。②物权内容法定。民事主体在法律关系中约定的物权以及物权法律关系的内容，只能是法律规定的内容。

(2)物权绝对原则。这是指物权只能由权利人依法并根据自己的意愿享有和行使的原则。它之所以成为物权法的一项基本原则，是因为其在物权法的整体制度中具有指导性意义。

其内容主要包括：①物权意思的对世性。这是法律必须承认和保护物权人独立地形成自己对于物权的支配意思，并按照这一意思发生法律上的结果。②一物一权。这是指在一个标的物上，只能同时存在同种类型同种效力的一个物权。它要求一个物权的客体仅为一个物；一物之上只能存在一个所有权；一物之上不能同时存在两个以上互不相容的物权；一物的某一部分不能成立单个的所有权。③物权请求权和物权代位权。物权请求权，是指基于物权被侵害或者有遭受侵害之虞时，请求恢复物权的圆满状态或者防止侵害的权利。常见的有占有返还、排除妨碍、损害赔偿等方式。

物权绝对原则决定了物权具有排他性。应当注意的是，物权的排他性不能被理解为物权人形成处分意思的随意性或者任意性。因为不对物权的排他性加以限制，必然导致物权人滥用权利，妨害社会公共利益和他人利益的结果。当然，对物权排他性加以限制，并不意味着改变物权的本质特征，物权仍然是绝对性权利。同时，对物权排他性加以限制，并不意味着任何公权力机关可以对正当行使物权的行为进行限制。依法律依据不同，物权排他性的限制可以分为公法限制和私法限制。公法限制主要表现在宪法、行政法等公法为公共利益的目的，而对个人物权的行使甚至是个人物权的享有的限制。如以国家的名义对个人财产的征收和征用。私法限制有约定限制和法定限制两种。约定限制是指民事主体之间依据自己的约定，限制物权人行使权利的任意性，如地役权的设定。法定限制是指由法律之间规定的对物权人的限制。这种限制的典型，是不动产相邻关系中的限制。

(3)物权公示原则。这是指物权的各种变动必须采取法律认可的方式向社会予以展示，以获得社会的承认和法律保护的原则。物权公示最根本的作用，是给物权的各种变动提供有公信力的法律基础。确定物权公示原则的理由主要有：①物权是对世权，物权变动涉及人的范围很广，不公示不足以明确物的归属，不利于保护权利人。②物权变动直接关系到物的归属和利用，对商品经济发展有着直接作用，不公示不足以确保商品交换的安全和有效，对商品的利用也极为不利。

我国《物权法》第6条规定：不动产物权的设立、变更、转让和消灭，应当依照法律规定登记。动产物权的设立和转让，应当依照法律规定交付。可见,物权公示原则的内容主要包括:①公示的方法。公示的方法由公示的目的决定,而公示的目的在于使他人能够方便地了解物权享有和变动的事实。因此,恰当的公示方法必须针对一切不特定人;而且须简便易行,低成本;必须尽量使公示出来的权利外观与实际的权利状态相吻合。②公示的效力。就公示与物权变动的法律效果之间的关系而言,存在两种不同的立法例:一是公示生效主义,物权变动未经公示,不发生物权变动的效果,更不能发生对抗第三人的效力;二是公示对抗主义,物权变动虽未经公示,但仍发生物权变动的效果,只不过不能发生对抗第三人的效力。在我国,不动产变动采取的是公示生效主义,登记对不动产变动具有决定性的影响;准不动产变动采纳的是公示对抗主义,登记对准不动产变动没有决定性的影响,而只有证明的作用;动产变动采纳的是公示生效主义,交付对动产变动具有决定性的作用。

此外,我国物权法还规定坚持基本经济制度原则和合法原则这一特具中国社会主义物权法特色的基本原则。我国物权法明确规定,国家在社会主义初级阶段,坚持公有制为主体、多种所有制经济共同发展的基本经济制度。国家巩固和发展公有制经济,鼓励、支持和引导非公有制经济的发展。国家实行社会主义市场经济,保障一切市场主体的平等法律地位和发展权利,明确确定了坚持社会主义基本经济制度原则。同法还规定,物权的取得和行使,应当遵守法律,尊重社会公德,不得损害公共利益和他人合法权益。国家、集体、私人的物权和其他权利人的物权受法律保护,任何单位和个人不得侵犯。由此确立了物权合法原则和保护原则。

2. 试论物上请求权。

【解答】物上请求权,又称物权的请求权,是指在物权的实现上遇有某种妨害或可能会发生某种妨害时,物权人有对造成妨害其权利事由发生的人请求排除妨害的权利。这是法律为保障物权人对物所享有的充分的支配权，而赋予物权人以请求他人返还原物、排除妨害、恢复原状等各种权利。这些权利在民法上通称为物上请求权。这是大陆法系国家民法所特有的物权法律制度。物上请求权虽然不是物权的权能，但却是保障物权人对物的支配权所必需的。它是以物权为基础或依附的一种独立请求权，是基于物权为绝对权、对世权，具有可对抗任何第三人的性质而发生的法律效力。这种请求权以恢复物权的支配状态为目的，并因物权受到侵犯而发生，因此，物上请求权也是物权所特有的效力。

物上请求权与债权请求权有明显区别，表现在：①性质不同。物权请求权属于物权的效力；债权请求权为债权的效力。②目的不同。物上请求权旨在恢复物权人对其标的物的支配状态，从而使物权得以实现；债权请求权的目的在于消除损害。它是在不能恢复物的原状或恢复物的原状无意义时，以金钱作为赔偿，补偿物权人受到的财产损失。③要件不同。物上请求权不以造成损害为要件，只要有妨害物权的行为之虞就可发生；债权请求权则以侵害行为具有违法性且已造成实际损失为要件。④是否适用诉讼时效不同。物上请求权原则上不适用诉讼时效；而债权请求权则适用诉讼时效。物上请求权是以排除妨害及回复物权的圆满状态为目的而行使的权利。

根据物上请求权行使的方式和内容的不同，可以把它分为以下几种：一是返还原物请求权。这是指物权人对无权占有其所有物的人，有提出返还所有物请求的权利。我国《物权法》第 34 条规定："无权占有不动产或者动产的，权利人可以请求返还原物。"所谓原物返还，就是以原物本来的样态和适用的状态予以返还。有权主张请求权的主体是物权人，包括所有权人、他物权人和占有人。二是排除妨害请求权。也称物权保持请求权，是指物权人在其物权的圆满状态受到无权占有以外的方式侵害时，得请求妨害行为人除去妨害，以使物权回复圆满状态的权利。我国《物权法》

第35条规定："妨害物权或者可能妨害物权的，权利人可以请求排除妨害或者消除危险。"《物权法》第36条规定："造成不动产或者动产毁损的，权利人可以请求修理、重作、更换或者恢复原状。"排除妨害请求权包括停止侵害、排除妨碍、恢复原状请求权等。排除妨害请求权的行使主体是物权人。相对人为现在使物权丧失其圆满支配状态的人。物权人的排除妨害请求权的行使必须符合以下构成要件：(1)物权的行使受到占有以外的其他方法的妨害。(2)妨害必须是不正当的。三是妨害预防请求权。这是指物权有受妨害之可能时，物权人得请求防止妨害发生的权利。妨害预防请求权是在妨害尚未发生时行使的。妨害预防请求权的行使主体是物权人。相对人为对物权有妨害之虞的人。如前所述，我国物权法第35条明确规定了物权人认为相对人有可能妨害物权的，可以请求消除危险。即物权人通过行使妨害预防请求权，要求妨害人采用积极的行为排除发生妨害行为的可能性，使物权回复圆满的状态。这里所谓有受妨害之可能，是指物权现在虽没有发生现实的妨害，但将来有可能会发生妨害。至于是否存在妨害物权的可能性，这是一个事实判断的问题，应根据一般社会观念来决定。至于妨害人主观上是否存在过错，妨害的危险是否基于人的行为还是基于其他原因，则在所不问。

物上请求权是物权在保护方面的效力，它不仅存在于所有权之中，而且用益物权和担保物权都可以发生物上请求权。物上请求权的行使，不必非得以诉讼方式进行，也可以意思表示为之，即物权人在其物权受到妨害时，可以直接向侵害人请求为一定行为，以除去其妨害。

六、案例分析

1.李某家的1只母羊领着3只小羊跑进王某的菜地里。王某以李某损坏了自己的菜苗为由，将该母羊牵回自己家中"扣留"。

后经村干部调解，王某愿意将该母羊送回，但要求李某先赔偿损失。李某向人民法院起诉，请求王某返还该母羊。

问：李某和王某之间的争议是否属于《物权法》的调整对象？

【解答】我国《物权法》第2条第1款规定："因物的归属和利用而产生的民事关系，适用本法。"可见，在我国，物权法的调整对象包括：(1)物的归属关系。它是特定的物质资料归特定民事主体所有的财产关系。基于物的归属关系，物权人有权对其物直接支配并享有由此而生的各种利益。物的归属关系既是物的利用关系的前提，又是物的利用关系的目的。(2)物的利用关系。它是民事主体在生产、生活中对物的使用价值与交换价值进行利用而发生的财产关系。物的利用有两种情形：自主利用与他主利用。

在本案中李某和王某之间各自因自己所有的母羊的所有权和菜苗的所有受到侵害，而发生争议。这种争议属于物权法的调整对象。故李某向人民法院起诉，请求王某返还该母羊后，人民法院应当受理并进行审理和裁判。

2. 陈某与某信用社签订了1份借款合同。合同约定：陈某借用信用社3万元用于购货，借款期限为3个月。同日，信用社与张某签订了1份抵押合同，约定用张某的房地产为该笔借款提供抵押。信用社依约将3万元付给陈某。借款期限届满，陈某结清了利息，但无力偿还本金。为此，信用社向人民法院起诉，请求对张某的抵押房地产变价清偿债务。

问：信用社依据何种权利请求张某清偿债务？这种权利属于何种类型物权？

【解答】(1)信用社是依据抵押权请求张某清偿债务。因为信用社与张某签订了1份抵押合同，约定用张某的房地产为该笔借款提供抵押。

(2)这种权利属于担保物权。根据他物权设立的目的不同，他物权区分为用益物权和担保物权。用益物权是指以实现对物的使用收益为目的而设立的他物权，包括地上权、地役权、永佃权和典权等传统民法中的他物权和我国民法通则和物权法中规定的建设用地使用权、土地承包经营权、采矿权等。担保物权是指以确保债务的履行为目的而设立的他物权，包括抵押权、质权和留置权等。依信用社与张某签订的抵押合同，可知该权利为担保物权。

3.78岁的甲因儿子在外地工作，独自住在自己的1幢房子里，由1个在其家里服务了几年的老保姆乙照顾。某日，甲与乙签订一份合同，约定甲死后，乙可以在该幢房子里居住，直到死为止。此后不久甲即死亡。其子丙继承了甲某该幢房屋的所有权。丙考虑到自己在外地工作无法照看该房，故将该房卖给了当地的丁。丁要求乙搬出该幢房屋。乙拿出其与乙签订的合同声称：甲给自己设定了居住权，丁无权要求自己搬出。运用物权法的基本原理及其相关规定分析本案例。

【解答】(1)甲、乙之间签订的合同，是双方真实自愿的意思表示，没有违反法律、行政法规的强制性规定，合法有效。

(2)既然甲、乙之间签订的合同乙合法有效，乙就有权在该幢房子里居住，直至死亡为止。

第三部分　拓展与探讨

＊评析现代物权法的变化

现代物权法是指资本主义垄断阶段以来现代各个国家和地区的物权法，首推德国民法典。其基础是社会资源的优化配置和利用。

与近代物权法相比，现代物权法发生了以下变化：

1. 物权的社会化。19世纪末，所有权社会化思想逐渐取代个人的所有权思想，而成为社会思潮的主流。所谓所有权社会化思想，特别强调所有权行使的目的，不仅应为个人的利益，同时亦应为社会公共利益，进而主张所有权包含义务成分。这一思想在各个国家和地区立法中纷纷得以体现，于是出现了物权的社会化。具体表现在：(1)所有权的限制，这是物权法法律本位社会化的核心。19 世纪末 20 世纪初，社会经济生活发生了急剧变化，理论和立法均对所有权进行限制，主要是对所有权本身的限制和禁止权利滥用。(2)他物权的强化。20 世纪以来，出现了他物权强化与所有权虚化的倾向，物权法由“以所有为中心”转变为“以利用为中心”，一是他物权的排他性不断加强，二是用益物权成为他物权乃至整个物权法的重心，三是担保物权日益注重发挥物的经济效用。

2. 物权法的公法化。20 世纪以来，法律的基本精神是注重社会公益、强化国家干预，使民法从纯粹的私法变为兼具某些公法内容与特征的法律部门，这就是所谓的“私法公法化”的趋势。由于物的稀缺性及物权在社会生活中的重要性，为了适应生产社会化和资源利用高效化的要求，物权法亦公法化，涉及物权的公法规范大量增加。具体表现在：(1)各个国家和地区民法典物权编本身规定的公法规范以及对公法的适用规范越来越多。(2)民法典以外的其他法律规定涉及物权的公法规范。一是宪法中大量存在物权法律规范，通常是确认物权特别是所有权为基本权利，并确立所有权的法律保护与限制的基本原则；二是在行政法等公法中不断增加物权法律规范，包含对物权的行使作出若干限制、设定某些义务。

3. 物权法的国际化。物权法作为人类开发、利用大自然的产物，在许多方面是相通的，特别是作为物的重要组成部分的自然资源的稀缺性，使人类日益重视对自然资源的合理开发利用，因而开始了在相关领域的合作（如公害防治、海底开发），这就为物权法的趋同乃至在某些方面的国际统一奠定了基础。随着国际贸易发达，世界交通之便利，与世界文明之密切交流，物权法国际化之趋势，遂昭然可见。

4. 物权与债权的模糊化。由于民法权利关系的复杂化，物权、债权逐渐相互渗透、相互融合，物权与债权出现模糊化，这主要表现为物权的债权化和债权的物权化。物权的债权化是指物权逐渐有了债权的某些特征：一是担保物权具有债权性，二是物权的证券化，三是分期付款买卖、融资租赁、租买及让渡担保中受让人所享有的物权是基于合同关系而产生的。债权的物权化是指债权逐渐有了物权的某些特征：一是租赁权的物权化，最重要的是确立"买卖不破租赁"原则；二是在所有权保留买卖、让渡担保中，受让人对标的物的权利具有物权的特性；三是证券的物权化。

＊谈谈物权的优先效力

物权的优先效力，又称物权的优先权，是指物权相对于其他物权或债权优先行使或实现的法律效力。一般包括物权相互间的优先效力和物权优先债权的效力。

1. 物权相互间的优先效力。同一标的物上存在两个以上内容不相抵触的物权时，依以下规则确定其优先效力：(1)他物权优先于所有权。他物权是在他人所有物上设定的物权，他物权仅有物权之部分权能，但他物权之设立本身即是对所有权的限制。不论他物权是用益物权还是担保物权，虽成立于所有权之后，但均优先于所有权。这一规则又称为"限制物权优先于所有权"规则。(2)担保物权优先于用益物权。同一标的物上既存在用益物权，又存在担保物权时，担保物权优先于用益物权而实现。(3)费用性担保物权优先于融资性担保物权。前者指依法律规定为担保因保存或者增加标的物的价值所发生的费用而产生的担保物权，后者指为担保融资而设立的担保物权。由于费用性担保物权与标的物的关系更为密切，因此法律特别予以保护，赋予其优先效力。例如，我国《海商法》第 25 条规定："船舶抵押权后于船舶留置权受偿。"(4)

先设立的物权效力优先于后设立的物权。我国物权法、担保法都有规定:同一财产向两个以上债权人抵押的,拍卖、变卖抵押财产所得的价款依照以下规定清偿:(1)抵押权已登记的,按照登记的先后顺序清偿;顺序相同的,按照债权比例清偿;(2)抵押权已登记的先于未登记的受偿;(3)抵押权未登记的,按照债权比例清偿。海商法对抵押权的规定亦同。这一规则也称为"时间在先,权利在先"规则。

2.物权优先于债权的效力。同一标的物上物权与债权并存时,无论物权成立先后,其效力均优先于债权。具体体现在以下几个方面:(1)出现"一物二卖"时,已取得标的物所有权的买方之权利优先于另一买方所享有的债权,仅享有债权的买者不得依其债权请求已取得标的物的买方交付标的物。即使取得标的物所有权的是后买者,先买者也不得以其买卖合同订立在先而主张后买者返还标的物,只能依合同之约定或法律之规定追究出卖人的违约责任。(2)某特定物已成为债权之标的物,但该物上存在用益物权时,该用益物权优先于债权行使。(3)债务人的财产设立担保时,对于担保物,担保物权优先于一般债权而受偿。物权具有优先于债权的效力,亦有例外的情形。主要有:(1)"买卖不破租赁",即先设立的承租人的租赁权优先于租赁物受让人的所有权。在租赁期间,如出租人将租赁物的所有权移转给受让人,受让人不得依其所有权主张租赁合同终止,要求承租人交出租赁物。我国《合同法》第229条规定:租赁物在租赁期间发生所有权变动的,不影响租赁合同的效力。(2)物权不能优先于被法律特别赋予了优先受偿效力的债权。如根据我国海商法的规定,船长、船员等工作人员的工资、其他劳动报酬、船员遣返费用和社会保险费用的给付请求权,优先于设定在先的抵押权;海难救助费用请求权等船舶优先权,优先于标的物上的抵押权。

＊试析物权行为理论

物权行为是指独立于债权合同的以设立、变更、转让或者消灭物权为目的的民事法律行为。它是物权变动的法律事实。

物权行为具有如下特征：(1)物权行为以设立、变更、转让或者消灭物权为目的。在物权行为论者看来，在买卖过程中，债权合同只发生债的效力，即出卖人承担交付标的物的义务，而买受人承担付款的义务，不直接发生所有权移转的效力。标的物所有权的移转，须当事人就所有权移转达成合意并为交付或者登记。也就是说，物权行为的直接目的和后果是实现标的物所有权的移转。因此，物权行为的目的是设立、变更、转让或者消灭一定的物权关系。(2)物权行为由行为人的意思表示和标的物交付或者登记构成。法律行为以意思表示为要素，物权行为属于法律行为，也以意思表示为要素。但是，单纯的物权变动的意思表示不足以发生物权变动的法律效果，还须为动产交付或者不动产登记之行为，才能发生物权变动的效果。因此，物权行为可表示为“意思表示＋交付”或“意思表示＋登记”。(3)物权行为具有独立性和无因性。物权行为理论有两个基本点：一是物权行为独立性理论；二是物权行为无因性理论。所谓物权行为独立性，是指物权行为独立于债权行为而存在。此理论是物权法实行区分原则的理论支点。在买卖过程中，使当事人承担交付标的物的义务的行为与完成标的物所有权移转的行为是两个分别独立的行为。前者属于债权行为，发生债的效力；后者属于物权行为，发生物权变动的效力。它们各有独立的意思表示和成立方式，各有不同的法律效力。所谓无因性，是指物权行为在效力上不依赖于债权行为，即使债权行为无效或被撤销，也不当然导致物的交付或者登记的无效，仍能产生物权的法律效果，只是此时由于交付或者登记失去了法律上的原因，收受财产的一方应按不当得利返还财产。物权行为的无因性和独立性是相联系的，由于物权行为独立于债权行为，所以物权行为的效力不受债权行为的效力影响。承认物权行为的独立性，也就承认物权行为的无因性。独立性和无因性是物权行为理论的支柱，承认物权行为的独立性和无因性，就意味着接受物权行为的理论。

我国物权立法中的物权行为问题包含两个方面的内容：一是我国现行民事立法是否承认物权行为理论，二是我国民事立法是否应当采纳物权行为理论。无论从理论研究还是物权立法层面上看，目前的主流观点还是倾向于对物权行为理论的否定。

1. 我国民法是否承认物权行为。根据民法通则和物权法等现行有关法律规定的精神可以看出，我国的物权变动立法规定以登记或者交付作为物权变动的必要条件。不动产物权的变动，以登记为生效要件；动产物权的变动，一般以交付为生效要件。法律另有规定或者当事人另有约定的，依法律规定或者当事人的约定。具体来说：(1)基于买卖合同、赠与合同、互易而发生的不动产所有权的移转以登记为生效要件；动产所有权的移转以交付为生效要件。(2)所有权移转不要求在债权合同之外另有移转所有权的所谓物权合意，而是以所有权移转直接作为债权契约的履行所产生的当然结果。虽然法律允许当事人就所有权移转的时间另作约定，但这种约定仍属于债权行为，不构成独立于债权行为之外的另一个物权行为。(3)法律对船舶、飞行器和机动车等动产的所有权移转，非经登记，不得对抗善意第三人，即实行登记对抗主义。由此可见，在立法模式上，我国既不是采取德国民法典的形式主义，也不是采取法国民法典的意思主义，而是采取苏联、奥地利、捷克斯洛伐克和匈牙利等国家民法的意思主义与登记或者交付相结合的模式，在立法上既不要求物权变动须有物权合意，也未承认物权变动的无因构成。

2. 我国民法是否应当采纳物权行为理论。我国立法对物权行为理论应持折中态度——既承认物权行为，又不承认物权行为具有无因性。

物权与债权性质不同，物权为支配权，债权则为债权人对债务人之请求权，而且影响两者设立、变更、消灭的法律事实各不相同，故由债权行为引起债权效果，物权行为引起物权效果则顺理成章。尤其是当法律规定物权变动以交付或登记为其要件时，不仅可从性质上察觉物权与债权之区别，而且亦可在外观上看出其区别。而“否定态度”则无视物权效果与债权效果之间的差异性，不仅在实践上有欠公允，而且也不利于维护交易的安全和稳定现实的财产占有关系。例如，依法国的意思主义立法，当事人就标的物及其价金相互同意时，即使标的物尚未交付，买卖即告成立，而标的物的所有权即依法由出卖人转移给买受人。其结果，买受人受到债权与物权的双重保护，而出卖人却只能依其债权请求买受人交付价金，这显然有失公允。要防止商品交易中的不公平现象的出现，必须承认物权行为的独立性，但这并不等于主张物权行为“无因性”理论。物权行为无因性理论之所以不足取，主要有两个原因：其一，该理论忽视了物权行为与债权行为的联系。在双方当事人订立买卖合同、履行买卖合同的过程中，出卖人交付出卖物所有权的物权行为，实际上不过是履行其由买卖合同所生债务的行为，显然，这里的债权行为（买卖合同）是作为物权行为（交付出卖物并转移出卖物所有权的行为）的原因行为而存在的。其二，该理论严重损害了出卖人的利益。如上所述，物权行为无因性理论否认物权行为与债权行为的联系，因此，在出卖人交付标的物后，即使买卖合同无效或被撤销，因买卖合同而为的物权行为也仍然有效，买受人将继续保有标的物的所有权，此时，出卖人仅能依不当得利的规定请求返还原物，从而由所有人变为债权人，无法享受法律对物权的特殊保护。显然，这对出卖人利益的保护有失公允。然而，依照《瑞士民法典》第 947 条“凡无法律原因或依无约束力的法律行为而完成的登记，为不正当”的规定，则可在买卖合同无效或被撤销时，所有权不发生转移，出卖人仍保有标的物的所有权，从而使其得到物权法的特别保护。主要有以下情形:(1)买受人将标的物转卖后,发现第三人属于恶意,则出卖人得直接对该恶意第三人起诉,请求返还标的物。这是基于物权的返还,而非不当得利的返还。(2)如买受人已在标的物上设定担保物权后,发现买卖合同无效或者被撤销,则担保设定行为无效,出卖人可望依法取回标的物。(3)如买受人的其他债权人对该标的物为强制执行,出卖人得依法提出异议之诉,可望依法取回标的物。(4)如买受人陷于破产,出卖人得依法行使别除权,从破产财产中取回标的物。(5)如买受人对于买卖合同之无效或者被撤销有过失,不能免责,出卖人可望获得赔偿。可见,折中主义既可在理论上弥补德国学说脱离实际之不足,又可在实践中同时矫正德国立法、法国立法和苏联立法失之偏颇的缺陷。

第二章 所有权制度

第一部分 重点与难点

【本章重点】

所有权 所有权的性质 所有权权能(积极权能 消极权能) 所有权的保护方法 善意取得 取得时效 国家所有权 不动产所有权 建筑物区分所有权 相邻关系 先占 遗失物 添附 共有(按份共有 共同共有)

【本章难点】

1.所有权的性质

所有权具有整体性;所有权具有弹力性;所有权是绝对权;所有权具有永久性,也称为永久存续性,是指所有权不受时效限制,也不得为其预设存续期间。

2.所有权的内容

积极权能与消极权能,所有权的权能包括积极权能和消极权能,积极权能主要是指所有权人对所有物的占有、使用、收益和处分,是权利人基于自己的意志而对物进行的支配;消极权能则是当所有权人权利受到侵犯或者不法干涉时,排除他人干涉,保护自己权利的权能。

3.所有权的保护方法

私力救济与公力救济,私力救济包括正当防卫、自助行为等;公力救济又称为国家保护,是指当所有物受到不法侵害时,所有权人向国家机关,一般指国家审判机关提出保护请求,通过诉讼程序恢复对物的支配或者得到赔偿。在民法领域,对所有权的公力救济主要有物权保护方法和债权保护方法两类,且以请求权的形式体现。

4.善意取得及构成要件

善意取得是指物权处分人将他人财产转让给受让人,若受让人取得时出于善意,则确定地取得该财产的所有权,原所有权人不能追夺的法律制度。其构成要件为:受让人在受让时须为善意;受让人须以合理的价格有偿受让;财产转让履行了物权法要求的公示方式;转让合同除转让人无权处分之外,不违反法律规定。

5.相邻关系

相互毗邻的不动产所有人或占有、使用人,在行使不动产的占有、使用、收益和处分权时,相互之间应当给予便利或者接受限制而发生的权利义务关系,称为相邻关系。处理相邻关系的基本原则是:有利生产、方便生活;团结互助、公平合理;尊重历史和习惯。

6.按份共有与共同共有

按份共有是指共有人按照预先确定的份额对共有物按照其份额享有所有权,是对共有物之所有权进行的抽象的量化分割。共同共有是指共有人基于共同关系,不分份额地共享共有物所有权的共有。

第二部分　思考与练习

一、选择题

1.某甲委托某乙为其保管照相机,并允许乙使用。乙未经甲同意擅自将照相机卖给了素不相识的丙,后被丁偷去。丁又卖给了同事戊。甲回来得知情况后,主张所有权,丙、戊也主张所有权,那么，该照相机应归(　　)。

A. 甲所有　　B. 丙所有

C. 戊所有　　D. 甲、丙、戊均有所有权

【解答】应选 B。根据善意取得法律制度，丙受让照相机符合善意取得构成要件，取得照相机所有权。戊因购买赃物不能适用善意取得。

2. 下列行为中属于添附行为中附合的是(　　)。

A. 将不同所有人的米与米混合在一起

B. 将不同所有人不同的金属焊接在一起

C. 在他人的扇子上题字

D. 为木舟配一把桨

【解答】应选 B。附合是指不同所有人的物结合在一起而形成新的物，不同所有人的财产可以从外观识别，但不宜分割，区别于混合。

3. 在我国现行法律规范下，矿产的所有权属于(　　)。

A. 国家

B. 集体

C. 有的属于国家，有的属于集体

D. 归土地使用权人

【解答】应选 A。本题在于考查学生对国家所有权专有客体范围的掌握，矿山属于国家所有权专有客体。

4. 占有是财产所有权的基本权能，但(　　)属于非法占有。

A. 非所有人的占有

B. 无因管理

C. 善意占有和恶意占有

D. 非所有人的占有和恶意占有

【解答】应选 C。按照占有的分类，善意占有和恶意占有均属于非法占有。

5. 甲、乙、丙三人共有一辆拖拉机，农闲时节拖拉机搁置不用，乙、丙均有出卖拖拉机之意，但正值甲外出未归，乙、丙急需钱用，就协商将拖拉机卖给赵某，卖得价未为甲留下一份，其他由乙、丙分割取去。甲回来后获悉此事，认为乙、丙未经自己同意无权卖掉拖拉机，乙解释说："少数应该服从多数人的决定"。甲仍不依，丙又解释说；"我们对拖拉机是按份共有，乙和我有权处分自己的份额。"甲反驳说："我们对拖拉机是共同共有"。甲、乙、丙对自己的主张均不能举证证明，则下列说法正确的是（　　）。

A. 甲、乙、丙对拖拉机是按份共有

B. 甲、乙、丙对拖拉机是共同共有

C. 乙、丙未经甲经同意无权卖掉拖拉机

D. 若赵某善意取得拖拉机，则给甲造成的损失由乙、丙赔偿

【解答】应选 AD。参见《物权法》第 99 条、第 103 条的规定。

6. 甲捡到一只母山羊饲养起来，并到良种站为母山羊配种，母山羊生下三只小山羊。后失主找到甲要求返还山羊，应如何处理？（　　）

A. 失主无权要回山羊

B. 母山羊归还失主，小山羊归甲

C. 所有山羊归还失主，失主付给甲饲养费和配种费

D. 所有山羊归还失主，失主无须支付费用

【解答】应选 C。本题适用遗失物返还的规定，返还遗失物，孳息应一并返还。但对于保管人支出的合理费用，应予补偿，也可适用无因管理制度。

7. 某甲将自己的病重的耕牛弃之郊外，被某乙发现，拉回家中。经治疗，耕牛病愈。某甲发现后，要求乙返还耕牛，某乙不同意，甲诉之法院。该耕牛应属于（　　）。

A. 某甲所有　　　　B. 某乙所有

C. 国家所有　　　　　　　　D. 某甲和某乙共有

【解答】应选 B。根据抛弃与先占的物权法理论，某甲的行为应视为抛弃，某乙先占取得标的物所有权。

8. 对于区分所有人的建筑物（　　）。

A. 区分所有人对整个建筑物享有共同所有权

B. 区分所有人得就共有部分请求分割

C. 区分所有人得就共有部分的权利可单独转让

D. 共有部分的修缮费用及其他分担，由各区分所有人按其所有部分价值的比例分担

【解答】应选 D。区分所有人对专有部分享有单独所有权，共用部分享有共有权；区分所有人的共有权与房屋所有权密切相伴，不能分离，在转让房屋所有权时必然转让共有部分的共有权，且区分所有人不得就共有部分请求分割。

9. 甲、乙、丙、丁分别购买了某住宅楼（共四层）的一至四层住宅，并各自办理了房产证。下列说法正确的是（　　）。

A. 甲、乙、丙、丁有权分享该住宅楼的外墙广告收入

B. 一层住户甲对三、四层间楼板不享有民事权利

C. 若甲出卖其住宅，乙、丙、丁享有优先购买权

D. 如四层住户丁欲在楼顶建一花圃，须得到甲、乙、丙同意

【解答】应选 ABD。甲、乙、丙、丁对于各自居住的房子享有独立所有权，其客体是使用和构造上均具有独立性的部分，所以一层住户不对三、四层的楼板享有所有权。整堵墙以及楼顶属于甲、乙、丙、丁共同拥有的，所以墙的广告收入四人分享，丁在楼顶建花圃必须要得到甲、乙、丙的同意。C 于法于理无据。

10. 甲在家将一件内藏 1000 元人民币的旧棉衣扔到垃圾堆，被拾荒人乙拾取，并发现了此钱。后甲闻讯前往乙家要钱，被乙拒绝。问下列说法正确的是（　　）。

A. 甲已抛弃了衣服和钱

B. 乙依据先占原则得到了衣服和钱

C. 该钱为隐藏物，乙因发现而取得

D. 乙应将钱返还给甲，仅仅保有衣服

【解答】应选 D。甲仅仅抛弃衣服而非抛弃人民币，乙只能先占无主物——衣服，不能先占有主物——钱。发现隐藏物，能证明是他人的，应归还。根据《物权法》第 114 条的规定。

11. 甲有天然奇石一块，不慎丢失。乙误以为无主物捡回家，配以基座，陈列于客厅。乙的朋友丙十分喜欢，乙遂以之相赠。后甲发现，向丙追索。下列选项哪一个是正确的？（　　）

A. 奇石属遗失物，乙应返还给甲

B. 奇石属无主物，乙取得其所有权

C. 乙因加工行为取得奇石的所有权

D. 丙可以取得奇石的所有权

【解答】应选 A。甲遗失奇石，仍享有所有权，乙配基座的行为并非加工行为。加工是指在他人之物上附加自己的有价值的劳动，使之成为新的财产。即使乙的行为是加工，也不能当然导致甲失去对奇石的所有权，丙是无偿取得奇石的，所以不适用善意取得制度而不能取得奇石所有权；乙配的基座，是小价值的添附不影响奇石的所有权，应当归还失主，失主对乙配基座的损失给予补偿。

12. 地役权与相邻关系的区别有（　　）。

A. 相邻关系不是一个独立的物权；地役权是独立的用益物权

B. 相邻关系的产生基于法律的规定；地役权是通过当事人缔结合同而产生

C. 相邻关系是所有人或使用人的财产权利的延伸；地役权的内容依当事人自由设定

D. 相邻关系的权利的取得是无偿的；而地役权合同是有偿的

【解答】应选 ABCD。相邻关系本质上是所有人或使用人的财产权利的延伸，是基于法律规定产生的；地役权是用益物权。

13. 下列各项属于财产所有权的原始取得的是(　　)。

A. 叔叔送给今年刚满 7 岁的小明一辆自行车作为生日礼物

B. 小张继承哥哥的一处房子

C. 小陈的 50000 元存款共得利息 1000 元

D. 10 岁的小高把爸爸给买的铅笔刀送给小朋友

【解答】应选 C。原始取得是指不以原所有人的意志为前提取得财产所有权，即根据法律规定直接取得所有权。

14. 下列属于所有权的传来取得方式的是(　　)。

A. 添附　　　　B. 先占

C. 赠与　　　　D. 没收

【解答】应选 C。所有权的继受取得。即新的所有人根据原所有人的意思，接受原所有人转移的所有权，包括因法律行为取得所有权和因法律事件取得所有权。

15. 在下列民事关系中，哪些应按照相邻关系处理？(　　)

A. 甲在乙的房屋后挖菜窖，造成乙的房屋基础下沉，墙体裂缝引起纠纷

B. 甲新建的房屋滴水，滴在乙的房顶上，引起纠纷

C. 甲村在河流上游修建拦河坝，使乙村用水量剧减，引起纠纷

D. 甲家与乙家相邻，甲家的猫闯入乙家，打碎乙家的花瓶，引起纠纷

【解答】应选 ABC。相邻关系为不动产相邻各方对各自所有或占有的不动产，行使所有权或占有权时发生的权利义务关系。其实质是相邻不动产的所有人或占有人行使权利的一种延伸或限制。

二、判断题

1. 所有权属于有期限的物权。

【解答】错误。所有权具有永久性特征。

2. 通过善意取得制度取得物权属于物权的原始取得方式。

【解答】正确。原始取得是指不以原所有人的意志而取得物之所有权，善意取得符合这一特点。

3. 我国土地所有权可以分为国家土地所有权、集体土地所有权和私人土地所有权。

【解答】错误。我国实行土地公有制，分为国家土地所有权和集体土地所有权。

4. 遗失物的所有人享有返还原物请求权，不承担任何义务。

【解答】错误。根据《物权法》第112条的规定。

5. 我国物权法规定，无主财产归国家或者集体所有，故我国不存在先占取得所有权的问题。

【解答】错误。尽管我国法律规定无主财产归国家或者集体所有，但理论和实践中均承认一般财物先占取得的法律后果。

6. 按份共有人之间有确定的份额，所以对外承担按份责任。

【解答】错误。按份共有人对外承担连带责任。

7. 货币占有的取得或者丧失就意味着货币所有权的转移。

【解答】正确。基于货币的特性，货币占有的取得或者丧失就意味着货币所有权的转移。

8. 行使所有权处分权能，包括事实上的处分和法律上的处分。

【解答】正确。

9. 处分权能的全部让渡，意味着所有权的转移。

【解答】正确。处分权能是所有权的核心权能。

10. 共有人之一出让共有物时，共有人的优先购买权优先于承租人的优先权。

【解答】正确。根据物权优先于债权的理论依据。

三、名词解释

1. 所有权

【解答】系指权利主体在法律允许的范围内，对自己的财产享有占有、使用、收益和处分，并有权排除他人的干涉的权利。

2. 取得时效

【解答】又称时效取得，是指无权占有人以自己所有的意思，公开、和平地继续占有他人之物，经过法定期间而取得该财产所有权及其他财产权利的制度。

3. 建筑物区分所有权

【解答】是指区分所有建筑物的业主对其专有部分享有专有权，对共同使用部分享有共有权，以及相互之间对建筑物的整体享有管理而构成的建筑物所有权的复合共有。

4. 按份共有

【解答】按份共有是共有权的基本类型，其基本特征是对一项财产数个所有权人按照既定的份额，享有权利，负担义务。在按份共有关系存续期间，尽管所有权是一个，但是各个共有人之间对权利是分为份额的，权利的份额是既定的。

5. 共同共有

【解答】狭义的共同共有是指合有，是各共有人共同关系，不分份额地共同享有某项财产所有权的共有。

四、简答题

1. 简述善意取得的构成要件。

【解答】善意取得又称即时取得，是指无权处分人将他人财产转让给受让人，若受让人取得时出于善意，则取的该财产所有权，原所有人不能追夺的法律制度。其构成要件如下：受让人在受让时须为善意;受让人须以合理的价格有偿受让;财产转让履行了物权法要求的公示方式;转让合同除转让人无权处分之外,不违反法律规定。

2.简述按份共有与共同共有的区别。

【解答】(1)二者成立的原因不同。共同共有的成立,须以存在共同关系为前提,按份共有则没有此限制,因此,按份共有人之间不存在共有人的结合关系,而共同共有人则存在这种关系。(2)享有的权利不同。在按份共有中,共有人对应有部分享有所有权,共有人之间的彼此限制相对较小。在共同共有中,共有人的权利及于共有物的全部,并不是按照应有部分享有所有权,因此原则上应得到全体共有人的同意后,方可行使对共有物的使用、收益等权利。(3)分割的限制不同。在按份共有中,共有人除了因共有物的使用目的不能分割或契约约定不能分割的期限之外,随时可要求分割共有物。在共同共有关系中,各共有人则不得请求分割共有物。(4)对共有物的管理不同。在按份共有中,共有人除另有约定之外,对共有物的改良行为需获得共有人过半数同意或其应有部分合计过半数的共有人同意,而对共有物的一般保存行为和简易修缮,则可以单独进行。在共同共有中,除法律规定或当事人另有约定之外,对共有物的管理应获得全体共有人的同意。(5)对应有部分的处分不同。在按份共有中,各共有人可自由处分其应有部分;而共同共有中,则没有应有部分的处分可言。(6)共有关系的存续期间不同。按份共有就其性质而言,共有人之间不存在婚姻家庭等共同关系,因此其共有关系具有短暂性;而共同共有人之间关系相对比较稳定,因此存续期间较长。

3.简述物权保护方法的内容。

【解答】物权保护方法主要包括:(1)所有权确认请求权,是指当所有权主体不清发生争议时,利害关系人得向人民法院提起诉讼,请求确认所有权归属的权利。(2)恢复原状请求权,是指权利人的财产被不法侵害行为损毁时，在能够修复的情况下，权利人要求行为人予以修复或者请求法院责令行为人予以修复的权利。(3)返还原物请求权，是指在物被他人非法占有时，得以请求非法占有人返还原物，以恢复权利人占有的权利。(4)排除妨害请求权，是指权利人行使所有权时，行使权利的状态受到妨害的，请求妨害人不再妨害，恢复权利应然状态的权利。(5)消除危险请求权，是指面临可能发生的对财产所有权将有所侵害的危险时，所有人有权请求危险制造人采取措施消除危险、保护所有权。

五、论述题

如何理解国家所有权内容上的特殊性？

【解答】国家所有权的内容，是指国家对全民财产享有占有、使用、收益和处分的权能。在现在体制下，国有财产的广泛性和国有财产的占有主体的多重性，使得国家所有权的内容较之于其他所有权更为复杂。但仍在所有权内容的原理之内，基本上也是用四项权能加以概括，四项权能之外的其他权利，如对国有财产的管理作出规定，监督财产的使用和处分等，都可以视为国家所有权派生的权利。但由于国家的特殊性，从表面上看，国家所有权的内容似乎是国家由国家自身决定的，谁也不给作为所有人的国家规定行使权利的限度。而事实上，国家对全民财产的所有权的内容是由全民所有制关系的内容决定并受其制约。国家所有权的取得和形式也必须合法，国家不能超越法律，依自己的意志随意创设权利，也不得在行使权利过程中与法律发生冲突。国家所有权和其他类型的所有权一样，在行使中都是平等的(人大常委会在决议将物权法草案提交人民代表大会讨论表决的公告中，明确指出：国家所有权、集体所有权、私人所有权等各种所有权类型平等受法律保护。)

国家所有权的内容不能由行政机关随意创设和扩大国家所有权的内容，而应在民法关于所有权内容的一般规定之中，这是因为:国家所有权的内容在性质上仍主要是财产权,至于国家所有权中具有的某些行政权因素,应视为国家所有权派生出来的权利。如国家向全民企业收取利润的权利,就是国家所有权中收益权能的行使。从另一个角度分析,民法规定的所有权的各项权能,不仅是有所有权主体对客体的经济利益追求所决定,而且是社会经济生活的客观规律的反映,因此,尽管在实际生活中,每个所有权主体对财产支配的实际能力有差别,进而影响到所有权的实际行使结果,但作为所有权的各项权能,是科学概括了各种所有权的权利内涵,当然也适用于国家所有权,另外,从立法法的理论和规范来看,关于基本权利的规定,也只能有基本法作出规定,而不能由行政机关做出。

六、案例分析

1. 孔某所居住的房屋是祖父所留,1999 年,孔某将其中的一间进行翻修改造时,在屋子的房脊内发现一幅清代名人字画,并有孔某祖父对字画裱糊年代的说明。这一字画的发现,引起在场人的震惊,认为这是稀世珍宝,应当归村委会所有。当天,村委会主任就无偿将字画收归公有保存,为此,孔某多次与村委会成员协商索要,均未成功。最后,孔某向当地县人民法院提起诉讼,要求人民法院依法保护他的财产所有权。

问题:请问人民法院应该如何判决该案?理由是什么?

【解答】人民法院应判决该字画归孔某所有,该村委会应当及时予以返还。

本案涉及埋藏物的发现权属问题。埋藏物之发现是指发现埋藏物而予以占有的一种法律事实。在本案中,孔某对其房屋进行修缮时,发现这幅字画并载有其祖父所留笔迹,因此字画应当归孔某所有。按照物权法立法精神及最高人民法院的司法解释,公民、法人对于挖掘、发现的埋藏物、隐藏物,如果能够证明属其所有,而且根据现行的法律、政策又可归其所有的，应当予以保护。

2. 张、王、李、赵、刘五人共同购买一套三居室房屋，简单修饰后即共同居住。两年后，张、王两人提出要求房屋进行装修，以便更好居住。而李、赵、刘则认为目前只是临时居住，日后必然分开，没有必要装修房屋。其后，张、王二人利用李、赵、刘三人被单位外派学习半年的机会，擅自做主，对房屋进行了装修，共花费装修费90000元人民币。李、赵、刘回来后，表示了不满，但木已成舟，也就不再坚持。张、王要求李、赵、刘三人承担装修费用，被拒。问：李、赵、刘是否应承担装修费用？

【解答】李、赵、刘原则上无须承担装修费用，但考虑张、王的行为是对共有物的改良，基于公平原则，可考虑适当分担一定的装修费用。

根据《物权法》第97条的规定，处分共有的不动产或者动产以及对共有的不动产或者动产作重大修缮的，应当经占份额三分之二以上的按份共有人或者全体共同共有人同意，但共有人之间另有约定的除外。张、王二人未经李、赵、刘同意，擅自装修房屋，违反法律规定。但考虑其行为属于改良行为，李、赵、刘三人是受益人，适当分担装修费用符合立法精神。

第三部分　拓展与探讨

* 相邻关系处理原则的理解和适用

【案情介绍】

孙成与李学仁两家是一墙之隔的邻居，孙家在界墙附近种有一棵核桃树，该核桃树很大，有一半的冠枝越过了界墙，深入到李家院中。每年核桃树在秋天都会挂满果实，李家一向也很合作，帮助孙家采摘。孙家也会送一些核桃给李家。后两家闹起了矛盾，当年秋天李家不再允许孙家到自己家里采摘核桃，也不允许捡地上的核桃，并认为核桃落到自己家里就是他李家的东西了。孙成开始时找到村委会解决问题，经调解无效，孙成向县法院起诉，要求法院判令允许其到李家采捡核桃。

【分析】

本案涉及的是目前我国民法没有明确规定的，属于相邻关系中的越界果实的所有权归属问题，理论上也称为“越界果实获取权”。同时，还涉及了公民住宅自由权的法律问题。在实践中颇有代表性。由于我国民法中没有明确规定，理论上讲，越界果实的事实出现后，存在以下几种可能：一是疆界相邻者对越界果实没有异议。在中国的传统观念中，一般认为果实应归属的所有者所有，双方没有纠纷。二是邻居对越界果实的所有权没有争议，但却主张侵权赔偿，这种现象近几年随着人们的法律意识的提高，有越来越多的趋势，理论上也容易解决。三是相邻双方对越界果实的所有权都主张权利，这一问题目前在理论上也存在争议，没有定论或者通说。四是邻居对越界果实的所有权没有主张权利，但却以住宅自由权不得侵犯为由阻止对方进入家中采摘果实。这也是目前理论和实践中均没有达成一致的问题，这一事实引发的不仅是民法问题，还涉及了宪法中规定的住宅自由权。目前理论界多关注所有权的归属，而忽略了对两种权利发生冲突时，如何加以解决的研究。本文将在下面重点阐述这个问题。

1. 越界果实获取权

果实越界属于相邻关系中的竹木越界关系中的一种特殊情况，在实际生活中这类情况是大量存在的，由于《民法通则》的简要和原则，没有规定这种情况下如何解决，理论界也没有给予足够的关注。我国实践中的做法通常是调解解决，调解达不成协议的，则是按照传统观念和民法原理中孳息所有权归原物所有人来处理，从所有权人对所有物行使权利的角度出发，也多支持所有人进入邻居家采摘果实。这种处理结果倒是符合中国的传统观念，但随着民众权利意识的增强，对此处理持有异议者越来越多，他们认为，住宅自由权比之于财产所有权更应受到保护。由于中国长期忽视人身权的保护和研究，这种异议并没有受到关注，但随着人身权研究的深入，不能不重新审视我们习以为常的做法是否合乎法理。下面先看一下国外关于这个问题的立法情况。

关于越界果实的所有权归属问题，最早在法律中有规定的是古罗马的《十二铜表法》，该法规定："越界果实落于邻人土地的，三日之内所有人可以自由拾取，逾期则归邻地所有人所有。"近现代各国民法对此规定大致上是相同的，即越界果实一般归邻地所有人所有。如《德国民法典》第 911 条规定："从树木或者灌木自落于邻地的果实，视为邻地的果实。"这一规定强调"自落于邻地的果实"归邻地所有人，对于仍在树上的果实，没有规定，根据德国民法的相关规定：物权及于物的孳息，可以推定，生长在树木之上的越界果实仍是归原物所有人所有的。但邻地所有人有权请求铲除越界树木或者自行铲除。《意大利民法典》第 896 条也有类似规定："邻人树木的根部越过疆界进入本人土地时，本人可以随时强制邻人进行铲除或自行铲除。从逾越疆界进入邻人土地的枝杈上自行坠落的果实，属于坠落地的所有人。"与德国和意大利民法在此问题上稍有不同的是瑞士民法对此的规定，《瑞士民法典》第 687 条规定："土地所有人容忍邻地的树枝逾越疆界线进入其所有的建筑物或植物的土地时，对树枝上的果实有取得权。"而不管该果实是长在树上还是已经自落。更注重对无过错者的保护。我国台湾对此问题的规定与德国民法规定的内容相同。在上述国家的民法中，也大都规定了不得在离疆界一定距离内种植竹木的要求，显然是要保护没有过错的权利人。

相比之下，我国学者受旧的传统影响比较多，有人认为：果树所有人花费大量的人力物力，果实成熟后竟归他人所有是有悖于民法的公平原则的，对此观点，笔者不敢苟同，这种观点只看重了原物与孳息的关系，认同了原物所有人的劳动付出。但却忽视了邻人的权利，竹木越界，是对邻人权利的一种侵害，自己的权利无端受到侵害，对邻人来讲，这难道就公平吗？还有人认为：为了贯彻团结和睦原则，应当允许进入邻居家采摘越界果实。我认为这一观点是极为荒唐的。竹木冠枝越界或者根系越界已经是对相邻方权利的侵犯，在民法中就是一种违法行为，相邻方的容忍是在事实既存之后的一种不得已之做法，并不能因此就认为可以阻却违法性（事先允许除外）。如果在此违法的基础上再进入邻居家或邻地采摘果实，那只能是"错上加错"，是又一违法行为的产生。和睦团结应是在平衡各方利益基础上的和睦团结，不能作为要求一方过分容忍的借口。没有原则的忍让，就是对违法行为人的纵容，基于人私欲难平的本性，这种容忍也是对社会的不负责任。而当相邻方主张权利时，作为公权力救济机关，没有理由不予以支持，而不是对违法行为予以支持，否则正义何在？持这种观点的学者显然在权利意识上是有忽略的。而且，坚持越界果实归原物所有人，还将遇到另一个权利问题——住宅自由权的保护。

2. 住宅自由权

我国《宪法》第 39 条规定："中华人民共和国公民的住宅不受侵犯。禁止非法搜查或者非法侵入公民的住宅。"住宅自由权是人身自由权的一种延伸，保障公民的住宅不受侵犯，不仅是对人身的一种保护，还意在保护公民的一般私生活和家庭。对住宅的保护不仅被各国立法所重视，《世界人权宣言》也对此有明确的保护性规定。这一切与住宅对私人的重要性是相关的，西方就有这样的法律谚语——每个人的家就是他的堡垒（Every man's house is his castle），可见，家是私人生活的载体，是公民认为最安全、最隐秘、最独立的天地，也是公民其他权利的象征。一般认为，住宅的外延，就独门独院的私有住宅而言，应包括整个宅院。除非经法律授权、紧急避险或权利人允许以外，不得进入公民的住宅。正如法律谚语所说的“风能进，雨能进，国王不能进”。也正是我们长期以来不注重对住宅权的保护，才发生很多侵犯他人权利的违法行为，如公职人员不经法律授权擅自侵入他人住宅（如西安黄碟案的发生），更有邻居们随便到他人家中串门，在现代文明看来，这是很落后的观念。

3.两种权利的对比及解决对策

在竹木越界进入他人住宅后，如果一味强调对原物权利人的财产权的保护，显然是住宅权人所不能容忍的。从这种意义上说，单纯强调越界果实归原物所有人是不科学的，不符合法理的。对比而言，越界果实的获取权只是财产权利的一小部分，而住宅自由权属于人身权的组成部分，牺牲住宅权去保护越界果实的获取权，无论如何是不明智的。对比而言，我们不能为了保护一个小的权利去牺牲一个更大的权利，这也是违反民法基本原理的，是对《民法通则》第83条的错误理解，“有利生产、方便生活、团结互助、公平合理”应是对双方的利益的综合考虑，包括与纠纷相关的其他权利，而不能只着眼于纠纷的本身。否则就容易以偏概全，错误地理解和运用民法的原则性规定，反而走向了立法意图的反面。

笔者认为：采用国外——德国、法国等国的民事立法内容来解决越界果实的获取权问题，虽然符合人类文明的发展，但却不能融入我国的传统。而我国目前理论和实践中的导向，又显然不能符合人类法治进步的要求。在现阶段，处理此类问题应兼顾到这两种处理方式。以求得合理、合法解决。建议在将来的民事立法中，明确规定临界竹木种植的距离要求，以避免越界现象的发生，减少纠纷。发生竹木越界的事实后，可按以下方式解决：(1)先要求双方当事人协商，通过协议的方式解决越界果实的归属及相应的补偿问题，这种做法既可以缓和双方的矛盾，也可以最大限度地发挥物的价值，增加社会财富；(2)协商不成的，在法律中规定对越界部分的竹木及果实有双方共有。双方均作为利益享有者，比之于国外的铲除规则，更符合物尽其用的原则，也含有对相邻方权利受侵犯给予补偿之意思。这样，既解决了物的归属，也避免侵害一方的住宅权，还可以通过利益来维护双方的良好关系。

对本案而言，判决该越界果实有双方共有，公开采摘后分配。比判决孙成可以进入李家采摘核桃应该更符合法理、情理。

第三章 用益物权制度

第一部分 重点与难点

【本章重点】

用益物权 土地承包经营权 永佃权 建设用地使用权 宅基地使用权 地役权 空间地役权 典权 营业质权 回赎 找贴 绝卖 海域使用权

【本章难点】

1. 用益物权与债权性利用权

债权性利用权是指依债权合同而就他人的土地、建筑物等享有的占有、使用、收益的债权性权利，如租赁、借用等。用益物权与债权性利用权的主要区别在于：权利设定不同；权利处分不同；权利效力不同；权利期限不同。

2. 土地承包经营权的取得、流转

土地承包经营权一般通过以下途径取得：基于法律行为而取得；通过招标、拍卖、公开协商而取得；基于土地承包经营权流转而取得等。非农村集体经济组织成员获得土地承包经营权的，应当经过严格的程序。

3. 宅基地使用权与建设用地使用权

宅基地使用权的主体一般限于农村集体成员，通过审批取得，严格坚持一户一宅的规定，没有期限限制。

4.地役权与相邻关系

相邻关系是有法律直接规定而产生，其实质是对所有权内容的适当扩张或者必要限制；地役权一般是基于双方当事人的合意产生，其实质是对他人不动产施以额外负担来提高自己的不动产效益。

5.典权的消灭

典权消灭的一般原因，如标的物的灭失、抛弃、混同等，均适用于典权。除此之外，典权消灭的特殊原因有：回赎，回赎是出典人向典权人提出以支付原典价消灭典权的单方行为；找贴，找贴是典权存续中出典人将典物所有权让与典权人，找回典物当时价格与典价的差额，从而使典权消灭的一种方法；绝卖，有期限的典权，附有“到期不赎，即作绝卖”的条款时，因期限届满由典权人取得所有权，典权亦因混同而消灭；别卖，典权附“到期不赎，听由典权人出卖典物收回典价”的条款时，因典物别卖于第三人而使典权消灭。

第二部分　思考与练习

一、选择题

1.某公司于 1992 年 8 月通过出让方式获得某市一块国有土地使用权，用以工业生产，厂房建成后，该公司于 1994 年 8 月将厂房卖给了白云公司，白云公司又在一年后将该厂房转让给了私营业主李某。此时，李某对该土地的使用期限最长还有(　　)。

A.37 年　　　　B.48 年

C.67 年　　　　D.47 年

【解答】应选 D。依据《城镇国有土地使用权出让和转让暂行条例》第 12 条之规定，工业用地土地使用权最高年限为50年。本题中涉及的是工业用地使用权，且自受让经过了三年。

2. 某农村专业户承包了 500 亩荒山进行植树造林，在承包期间，他对该荒山可以行使（　　）。

A. 部分所有权　　B. 造林收益权

C. 一定期限的所有权　　D. 部分处分权

【解答】应选 B。土地承包经营权的承包方不享有土地所有权，只享有占有、使用、收益权。

3. 因急需用钱，甲将自己的一座 50 平方米的房屋提供给乙使用，由乙一次性付给甲 7 万元，双方约定：7～10 年间甲可以支付给乙 6 万元，从而收回房屋。乙对该房屋享有的权利是（　　）。

A. 承租权　　B. 留置权

C. 典权　　D. 抵押权

【解答】应选 C。典权是指支付一定典价，在一定期限内占有他人的不动产，从而取得使用、收益的权利，典价无利息，房屋无租金。

4. 甲为了能在自己的房子里欣赏远处的风景。便与相邻的乙约定：乙不得在自己的土地上从事高层建筑；作为补偿，甲每年支付给乙 4000 元。两年后，乙将该土地使用权转让给丙。丙在该土地上建了一座高楼，与甲发生了纠纷。对此纠纷，下列判断哪一个是正确的？（　　）

A. 甲对乙的土地不享有地役权

B. 甲有权不让丙建高楼，但得每年支付其 4000 元

C. 丙有权建高楼，但须补偿甲由此受到的损失

D. 甲与乙之间的合同因没有办理登记而无效

【解答】应选 A。物权法明确规定地役权合同未经登记，不得对抗善意第三人。

5. 赵某将私房三间典与郑某，典价 5 万元。后郑某将该房租与陈某。郑某与陈某之间的租赁合同效力如何？（　　）

A. 无效，理由未经赵某同意

B. 有效，理由无须经赵某同意

C. 效力未定，理由郑某欠缺出租权

D. 无效，理由郑某未将该房出租的事实通知赵某

【解答】应选 B。典权人对典物有使用、受益权。

6. 依照我国土地承包法，承包方对取得的土地承包经营权享有流转的权利，该权利包括（　　）。

A. 转包权　　B. 出租权

C. 互换权　　D. 转让权

【解答】应选 ABCD。转包、出租、互换、转让均属于法律确认的土地承包经营权流转方式。

7. 依照我国现行土地承包法，发包方和承包方在承包期内的权利义务关系，下列表述正确的是（　　）。

A. 承包方全家迁入小城镇落户的，发包方有权收回承包土地

B. 承包方全家迁入小城镇落户的，承包方有权保留其土地承包经营权

C. 承包方全家迁入设区的市转为非农业户口的，发包方有权收回承包的土地

D. 承包方全家迁入设区的市转为非农业户口的，承包方有权对其承包的土地依法进行流转

【解答】应选 BC。依据《土地承包法》第 26 条之规定。

8. 对于宅基地使用权，下列表述正确的是（　　）。

A. 自然人在城镇依法买卖房屋时该房屋宅基地使用权应随房屋所有权转移给新房主

B. 宅基地使用权人享有在房前屋后种植树木的权利

C. 宅基地使用权可以单独转让

D. 宅基地使用权可以互换宅基地

【解答】应选 ABD。宅基地使用权人在宅基地上有建造房屋

和种植竹木的权利。村民一生只能申请一次宅基地，农民出卖、出租房屋的，不得再申请宅基地，但可以互换。我国法律要求“房随地走，地随房走”。

9. 赵某将私房三间典与郑某，典价5万元。后郑某将该房租与陈某。夏天因雷电起火，房屋被烧毁。该房屋毁损灭失的损失由谁承担？（　　）

A. 赵某　　B. 郑某

C. 赵某与郑某　　D. 郑某与陈某

【解答】应选C。一般认为，在典权期限内，典物灭失的风险由出典人和典权人共担。

10. 农民甲因其邻居乙越界建房侵入自己的宅基地而诉请法院保护，乙的行为侵犯了甲的何种权利？（　　）

A. 相邻权　　B. 住宅所有权

C. 宅基地使用权　　D. 宅基地所有权

【解答】应选C。农民毗邻而居，必是宅基地相邻，一方建房侵入他人宅基地，应构成侵犯宅基地使用权。

11. 土地所有人在其权利范围内享有排他的支配权，下列行为中，所有权人依法不得请求排除的有（　　）。

A. 地铁公司在地下开凿地铁隧道

B. 电力公司在地上架设输电线路

C. 电信公司在地下铺设通信光缆

D. 航空公司在地上通航飞机

【解答】应选ABCD。土地所有权的范围与分层空间权相结合，可以解决本题。

12. 在地役权法律关系中，下列表述正确的有哪些？（　　）

A. 地役权是为特定人设定的

B. 地役权是为需役地设定的

C. 地役权可以是有偿取得的

D. 地役权也可以是无偿取得的

【解答】应选 BCD。根据地役权的法律特征作出选择。

13. 依照我国土地承包法，不宜采取家庭承包的“四荒”农村土地，其土地承包经营权依法可采取哪些方式流转？（　　）

A. 转让　　　　B. 出租

C. 入股　　　　D. 抵押

【解答】应选 ABCD。参见《土地承包法》第 49 条之规定。

二、判断题

1. 基于物权法定原则，只有法定用益物权，而没有意定用益物权。

【解答】错误。法定用益物权与意定用益物权的划分是以设定方式为标准的，均是在法律规定的物权类型前提下。

2. 土地是农民生存的依赖，所以土地承包经营权的主体仅限于农村集体经济组织成员。

【解答】错误。按照一定的程序，在符合法律规定的前提下，非农村集体经济组织成员也可以取得土地承包经营权。

3. 取得土地承包经营权，不仅要签订承包合同，还须办理登记手续，否则不发生法律效力。

【解答】错误。土地承包经营合同一经签订。即发生法律效力，办理登记是一种行政确认，不影响合同效力。

4. 建设用地使用权行使的客体范围，仅限于城镇国有土地，而不包括集体土地。

【解答】错误。根据《土地管理法》第 44 条的规定。

5. 典权人也应承担典权存续期间典物因不可抗力而全部或部分灭失的风险。

【解答】正确。通说认为，典物因不可抗力而全部或部分灭失的风险应有典权人与出典人共同承担。

6. 建设用地使用权期限届满后,均应再次办理用地申请手续,获得批准后方取得建设用地使用权。

【解答】错误。按照法律规定,非住宅用建设用地使用权依法办理审批手续,住宅用地使用权自动续期。

7. 宅基地使用权的主体仅限于农村集体成员,农民一旦丧失农村集体成员资格,将自动丧失原宅基地使用权。

【解答】错误。宅基地使用权在最初取得时,其主体限于农村集体成员,但可以通过继承等方式依法由非农村集体成员取得。

8. 地役权与其他用益物权一样,也是能独立存在的物权。

【解答】错误。地役权具有从属性。

9. 海域使用权的客体不是传统的土地,故其性质不是用益物权。

【解答】错误。海域使用权虽有别于传统的用益物权,但性质上仍属于用益物权。

10. 有偿利用供役地,约定的付款期间届满后在合理期限内经两次催告未支付费用,供役人有权解除地役权合同。

【解答】正确。根据《物权法》第 168 条的规定。

三、名词解释

1. 用益物权

【解答】用益物权是指非所有人对他人所有之物所享有的占有、使用、收益的他物权。其外延包括土地承包经营权、建设用地使用权、宅基地使用权、地役权等。

2. 土地承包经营权

【解答】是指农村集体经济组织对集体所有或国家所有,由集体经济组织长期使用的耕地、林地、草地等农业土地,采取家庭承包、公开协商等方式进行承包,依法对所承包的土地等占有、使用和收益的用益物权。

3.永佃权

【解答】是指承租人因支付佃租,而享有的永久在他人土地上耕作或牧畜的权利。

4.建设用地使用权

【解答】是指自然人、法人依法对国家使用的土地享有占有、使用、收益,建造并经营建筑物、构筑物及其附属设施的地上权。

5.宅基地使用权

【解答】是指农村居民对集体所有的土地占有使用,自主利用该土地建造住房及其附属设施,以供居住的地上权。

6.地役权

【解答】是指土地所有人或者使用权人为自己使用不动产之便利而使用他人不动产或者对他人不动产使用加以限制的权利。

7.回赎

【解答】是指出典人于典权期限届满后的一定期限内,将原典价返还于典权人并赎回典物的单方行为。

8.找贴

【解答】是在典权存续中出典人将典物所有权让与典权人,找回典物的当时价格与典价的差额,从而使典权消灭的一种方法。

四、简答题

1.简述建设用地使用权的法律特征。

【解答】(1)建设用地使用权以开发利用、生产经营和社会公益事业为目的,建设用地使用权的设立目的,因土地出让方式不同而有所差异。(2)建设用地使用权的标的物为城镇国家所有的土地,其标的物是国家所有的土地,不包括集体所有的农村土地。(3)建设用地使用权的适用范围限于建造并经营建筑物、构筑物及其附属设施。建设用地使用权与传统上的地上权不同,适用范围仅限于建造建筑物、构筑物及其附属设施,但不包括种植竹木。(4)建设用地使用权的性质是地上权。它具有地上权的一切特征,其设立、变更和消灭的规则都适用于地上权的规则。

2.简述土地承包经营权与永佃权的区别。

【解答】永佃权是指承租人因支付佃租,而享有的永久在他人土地上耕作或牧畜的权利。其特征是:(1)是存在于他人土地上的物权;(2)是以耕作或牧畜为目的的物权;(3)系支付佃租而成立的物权;(4)是永久使用他人土地的物权。尽管我国的土地承包经营权与永佃权相似,但两者仍是不同的制度,无法用永佃权取代土地承包经营权。土地承包经营权与永佃权区别如下:(1)二者建立的基础不同。永佃权是建立在土地私有基础上的,是耕作者与地主之间的关系。土地承包经营权是建立在土地共有基础上的,是承包人与发包人的关系,承包人一般是土地所属组织的成员。(2)二者的性质不同。永佃权是地主利用土地获取利益的一种法律形式,具有一定的剥削性质。土地承包经营权并非土地所有者利用土地获取收益,而是通过承包人更好地发挥土地的效用。即使土地承包人也要支付一定的费用,但该费用仍属于集体所有。(3)二者的存续期限不同。永佃权是一种无限期物权,永佃权人可以永久地使用他人土地。土地承包经营权则是一种有期物权,只能在一定期限内存在。

3.简述用益物权的法律特征。

【解答】

(1)用益物权是一种他物权。

用益物权是典型的他物权,其表现为权利人对他人所有之物所享有使用和收益权。用益物权与所有权相对而言,所有权是自物权,而用益物权是在所有权之上设立以使用和收益为目的的物权,其特点就是在他人所以之物上设立的一个新的物权。

(2)用益物权是以使用和收益为内容的限制物权。

设置用益物权的目的就是为了对他人所有的不动产的使用和

收益，因此，用益物权的根本内容就是对物的使用和收益，取得他人所有之物的使用价值。由于用益物权的内容体现为权利人对标的物的实际占有，用益物权便失去了存在的依据。担保物权与其不同，是着眼于物的交换价值而为债权进行担保，因而不强调担保物权人对担保物的占有、使用和收益，这是用益物权与担保物权的重要区别。

(3)用益物权为独立物权。

用益物权一旦以当事人约定或者法律直接规定设立，用益物权人便能独立地享有对标的物的使用和收益权，除了能有效地对抗第三人以外，也能对抗所有人。此外，用益物权是一种有期限的权利，不存在永久无期限的用益物权。在权力存续期间内，用益物权独立存在，不受其他权利的影响。与此相反，担保物权则依附于主债权而存在，为主债权的从权利，主债权一旦消灭，则担保物权随之消灭。

(4)用益物权的客体限于不动产。

不动产因其固定性和价值较大的特性，只有通过设定用益物权才能解决他人的利用问题。另外，动产流通相对快捷，种类繁多，时限较短，采取用益物权的方式进行用益则过于烦琐，不利于充分发挥用益物权应有的效率原则。

五、论述题

试述地役权与相邻权的区别。

【解答】相邻关系是有法律直接规定而产生，其实质是对所有权内容的适当扩张或者必要限制；地役权一般是基于双方当事人的合意产生，其实质是对他人不动产施以额外负担来提高自己的不动产效益。二者之间有以下差异：

(1)权利性质的区别。

相邻关系即相邻权并不是一个独立的权利，而是不动产所有权以及其他物权的权能，仍属于所有权和他物权的范畴，是权利效力的自我扩张或限制。在相邻权受到侵害的情况下，受害人一般不得以独立的相邻权受到侵害为由，要求停止侵害，排除妨害，恢复原状，赔偿损失。只能以所有权受侵害为由提出相应请求。而地役权是一种物权，是由需役地人享有的一种用益物权。在地役权受到侵害的情况下，权利人可以直接以地役权受到侵害为由行使物上请求权；

(2)权利的取得方式不同。

相邻权是法定的权利，依照法律的规定而取得。而地役权是约定的权利，当事人须经过约定而设定这种权利。在一定条件下，地役权也可基于取得时效的完成等法定方式取得，但并不排斥地役权在绝大多数情况下是以约定方式设定的。由于相邻权本质上依附于所有权，不可能作为独立的物权转让或对抗第三人，因此，相邻权的成立无须特定的公示方式。而地役权是一种独立的用益物权，它可能因相对人的意思而发生变动，而在变动过程中会产生对抗第三人的问题，因此地役权须经过登记才能取得。对此，物权法第 158 条做了相关规定。

(3)权利的内容不同。

在相邻关系中，一方为了使自己的权利得到正常的行使，或者使自己能够正常的生活和生产，有权对相邻的另一方提出提供便利的最低要求，其目的在于维护社会最基本的生产和生活秩序。而地役权设定的目的并非为了满足不动产权利行使过程中的最低要求，而是为了使自己的权利更好地得到行使，而对对方提出了更高的提供便利的要求。

(4)对不动产是否相邻的要求不同。

相邻关系依法发生在相互毗邻的不动产合法占有人之间，而地役权则既可以发生在相邻的两块土地合法占有人之间，也可以发生在不相邻的土地合法占有人之间，即不受土地是否相互毗邻的限制。尽管在现代民法中，相邻关系也适用于两个不动产的所有人或使用人相距甚远的情况，如在上游和下游的用水人之间也可以发生相邻关系，但仍未脱离相邻关系的基本范畴。而地役权则可以完全不受不动产是否相邻这一条件的限制。

(5)权利的有偿性和期限限制不同。

相邻权是无偿，无固定期限的，只要不动产物权仍然存续，相邻关系便当然存在；除非相邻权的行使损害了相邻方的合法利益，否则提供便利的一方不得要求对方偿付费用。而地役权一般是有偿的，有固定期限限制的。因为供役地人为需役地人提供了额外的便利，这种便利不是需役地人依法必须提供的，为此，需役地人应当向对方支付一定的费用作为自己获得一定的便利的对价。

六、案例分析

1. 利达公司通过划拨形式获得一块土地使用权用于建设厂房。项目批准后，利达公司为了提高收益，擅自更改图纸，将厂房改建成写字楼，因资金不到位，利达公司与通达公司签订合作建房协议，约定：利达公司负责写字楼的建设施工，通达公司提供建设资金 5000 万元，写字楼建成后，双方各分得写字楼的一半面积。写字楼建成后，利达公司拒绝按照协议分配楼房面积，只同意退还通达公司的建楼款。通达公司诉至法院，要求利达公司履行协议。本案如何处理？

【解答】

(1)利达公司的土地是划拨取得，只能用于批准的建设项目，划拨土地非经批准，不得用于其他商业开发牟利，利达公司违反划拨地的用途未经批准改建写字楼，其写字楼是违章建筑；(2)由于写字楼是违章建筑，利达公司与通达公司合作建房协议的标的物即为不法，因此，合作建房协议应为无效，双方互相返还财产。

2. 王某有房屋一套六间，1991 年 4 月，市粮油加工厂需营业用房，便与王某商量，表示愿意购买其房屋，王某因该房系祖宅，不愿出卖但同意将该房出典，双方遂就六间房屋达成出典协议，协议约定：王某愿将自己的六间房屋出典给市粮油加工厂，典价7万元。双方在协议上签字盖章，市粮油加工厂支付了典价。2003年7月，市粮油加工厂因经营规模扩大，便将六间房屋拆掉，又动工兴建新的营业用房，王某提出异议，但市粮油加工厂继续施工，王某便向法院起诉，要求保护自己对房屋的合法权利，制止市粮油加工厂的侵权行为，并令其赔偿因此造成的一切损失。市粮油加工厂则认为，当初支付的典价相当于房价，该房屋虽名为出典，实为出卖，故有权自行处置该房，他人不得干涉。问：王某与市粮油加工厂之间是何种法律关系？市粮油加工厂是有权处分，还是侵权？如果该房屋现值20万元，王某仍欲以7万元回赎，市粮油加工厂不同意，应如何处理？

【解答】(1)典权关系，订立协议时房主的真实意思表示是出典而非出卖，合同写明为“典价7万元”，非经出典人同意不能转为买卖关系。非经出典人表示放弃回赎，典权人不能取得所有权。

(2)侵权，典权人负有保管典物的义务，非经出典人同意不得毁损典物。

(3)应准许王某以原典价回赎。根据《民通意见》第120条之规定，承典人要求出典人高于原典价回赎的，一般不予支持。

第三部分　拓展与探讨

＊宅基地使用权的流转问题

宅基地使用权是指农村居民及少数城镇居民为建造自有房屋对集体土地所享有的占有、使用的权利。农村宅基地使用权是在集体土地所有制的基础之上，为农民创造方便而创建的一种用益物权，农村宅基地使用权，不仅具有物权的属性，而且在一定程度上，与集体经济组织的成员资格和福利是联系在一起的，这就决定了它不可能像普通的土地使用权作为交易对象自由转让。我国对农村宅基地使用权的流转一直采取禁止性规定。随着农村经济的发展以及城镇化的进程，现实中存在大量宅基地使用权出租、买卖和抵押等的隐性流转，弥补宅基地使用权流转制度方面的不足迫在眉睫。

在有些地方，农村建设用地流转的试点工作已经展开，并形成了初步的理论体系。但是，在调查研究过程中，忽略了对宅基地使用权流转的专项研究。对宅基地使用权流转理论研究和法律规定的缺乏，并未影响现实生活中大量宅基地使用权流转行为的私下进行；城乡结合处或经济较发达的农村表现的尤为强烈。究其原因，受市场经济大潮的影响，部分农民意识到房地产巨大的市场价值，开始超出原来农村的界线，对宅基地的使用权进行一些合法或不合法的处分。

近年来，要求允许农村宅基地房屋及使用权流转的呼声日益高涨，但《物权法》仍回避这一问题，只是概括地规定适用《土地管理法》的有关规定。主张允许农村宅基地房屋及使用权流转的理由主要有：

(1)在我国，随着改革开放的深入，城市化步伐正在加快，人员流动日益频繁，农民进城的趋势不可阻挡，用宅基地使用权不得流转的方法把农民束缚在农村是与社会大潮背道而驰的，既不现实，也不合理。

(2)农村宅基地使用权毕竟是一项有财产利益的权利，在市场经济条件下，往往只有在有效的流转中才能实现资源的最佳配置，将宅基地的转让限制过死，用过多的行政手段对农民权利加以限制，使得农民辛苦挣钱所盖的房屋得不到合理转让，失去了为创业发展等进行有效筹集资金的重要手段，不但不利于对农民利益的保护，反而会妨碍农村经济发展，妨碍城市化进程。

(3)宅基地的有限制转让有较强的现实需求。实际生活中，大多数宅基地使用权的转让还是为了满足和改善生活、生产的正常需要。例如因婚姻、继承、收养等发生的举家迁移，农村子女因上学、经商务工等全家留城居住，或农民图谋发展而筹措生产经营的资金，或生病需要大笔资金等，都可能涉及房屋及宅基地需正常转让问题。

(4)城市居民到农村从事生产、经营，或退休返乡生活等，既可以为农村带来急需的资金、技术，还可以引入先进的知识、观念，对改变农村面貌的积极作用是毋庸置疑的。目前，有的农村已把吸引城镇居民到农村作为招商引资的重要方式，完全阻止其购买宅基地，不尽合理。

(5)农村的社会保障体系在现阶段确实存在很多问题，但不应该也不可能通过限制宅基地使用权的转让来实现和改善其社会保障状况。以社会保障为由限制宅基地使用权转让，会陷入逻辑悖论，不利于农村社会保障体系的逐步建立和完善。

同时，鉴于宅基地使用权所承载的社会功能和土地资源的稀缺性，为防止滥用宅基地使用权的流转牟取不法利益，对其进行适当限制是必要的，也是必需的。这种限制应主要体现在：在坚持“一户只能申请一处宅基地”的原则下，农户转让了宅基地使用权的，不得再申请新的宅基地。对转让住房及宅基地使用权后无房居住的，也是其利益权衡后自行选择的结果。此时，他虽不能再申请取得新的宅基地，但在宅基地使用权相对市场化的情况下，完全可以通过租赁等方法取得宅基地，以满足其生活、居住的需要。

但在目前，农村宅基地使用权的流转仍受到严格限制，尤其是不允许城镇居民购买农村房屋及宅基地使用权。

＊典权制度存在的必要性

作为我国少有的具有传统性的民事法律制度之一，典权在物权法修订过程中曾存在较大争议，虽然三部物权法草案中都对典权制度作了规定：法工委的草案是将典权规定在了第三编用益物权下专设了第 15 章为典权；梁慧星草案中对典权的规定是在第 6 章中；而王利明草案在第 3 章用益物权中将第 5 节规定为典权，但最终没能进入物权法条文。

典权制度是我国特有的传统制度，就目前而言是一种习惯法，在最高人民法院的司法解释中得以确认，除此以外，世界各国目前世界上只有韩国 1958 年民法典和我国台湾地区民法明文确定加以保护。典权是指支付典价对他人所有的不动产占有、使用、收益的权利。占有他人不动产而享有使用收益权利的一方，为典权人；收取典价而将自己的不动产交典权人占有、使用、收益的一方，为出典人；作为典权客体的不动产，称为典物；典价是典权人为对他人不动产占有、使用、收益而付出的对价。实际上，典权除了是提供用益外，还具有担保的功能以及融资的功能。对于典权的概念，学理上并无什么分歧，但由于典权自身的特殊属性以及考虑到其繁荣发展应用时期的社会背景，目前存在以下两种截然相对的观点：

否定者认为：(1)典权制度适用的范围过于狭小，不具有作为一项独立物权存在的必要性；这些学者认为，典权尽管是我国固有法的一项内容，体现了我国的民族习惯，但自新中国成立以来，尤其是消灭了土地私有制以后，典权已经在显示中极少采用，而作为一种融资方法，典权也不如抵押合理。与其将房屋出典而获得典价，不如将房屋设定抵押以获得更多的借款。另外又如我国台湾地区，虽然其民法典对典权作了明文规定，但因市场经济的发达，导致人民观念转变，现实生活中设定典权已经日益稀少。(2)典权与不动产质权和买回极为相似，即使有人拘泥于传统习惯，就房屋设定典权,虽因违背物权法定主义而不能发生物权效力,但仍可通过准用债法关于附买回约款的买卖的规定,而使当事人利益获得保护,不致影响法律关系的稳定,因此废止典权于实际并无害处,而且完全可以用后两种制度代替典权。(3)虽然物权法最具有固有法色彩,但随着国际贸易的发展,一国的国内市场与国际市场沟通导致现代各国民法物权制度的趋同,学者称为物权法的国际化趋势。典权制度是我国特有的制度,现代各国民法没有与之相同的,为适应物权法的国际化趋势,应予废止。

肯定者认为:(1)典权是我国独特的不动产物权制度,源远流长,迄今存在,反映了中国物权制度的特色,也符合中国的传统习惯,我们应当加以继承,不能轻言废止。(2)典权为特殊的用益物权制度,能够同时满足典权人占有使用收益不动产的需要,和出典人对资金的需要,此系其他物权如抵押权所不能替代。(3)随着市场经济的发展和住房制度改革,人民私有房屋大量增加,房屋所有人可以通过设立典权获取资金以解燃眉之急,待经济情况好转时再赎回,或者因各种原因长期不使用房屋,而又不愿出卖时,通过设定典权可以避免出租或者委托代管的麻烦,因此有保留典权制度的必要。

通过对比典权制度与不动产质权、买回合同、租赁之间的关系,不难发现,上述制度不存在替代典权制度的可能。我们主张,典权制度应当在民法中占有一席之地,只是应当结合社会发展情况予以调整,而不是废止。

第四章 担保物权制度

第一部分 重点与难点

【本章重点】

抵押权　按揭　抵押权的效力　抵押权的实现　最高额抵押　财团抵押　浮动抵押　质权　民事质权　商事质权　归属质权　流质契约　转质　权利质押　权利质押的客体　权利质押的效力　留置权　留置权的效力　留置权的消灭

【本章难点】

1. 抵押权的效力

抵押权的效力是指抵押权人具有直接支配抵押物的交换价值的法律效力，包括抵押权的效力范围和效力表现两方面的内容。

(1)抵押权所担保债权的范围。我国《担保法》第 46 条规定："抵押担保的范围包括主债权及利息、违约金、损害赔偿金和实现抵押权的费用。抵押合同另有约定的，按照约定。"依此规定，抵押权所担保债权的范围，依当事人在抵押合同中的约定，抵押合同未作约定或约定不明的，抵押权担保的范围包括主债权、利息、违约金、损害赔偿金和实现抵押权的费用。

(2)抵押权效力及于标的物的范围。一般认为，抵押权的效力不仅及于原抵押物，而且及于抵押物的从物和从权利、抵押物的附和物、抵押物的孳息和抵押物的代位物。

(3)抵押人的权利。这是抵押权对抵押人的效力。抵押人于自己的财产上设立抵押权，并未丧失抵押物的所有权。一是抵押物的占有、使用权。二是抵押物再设立抵押的权利。三是抵押物的出租权。四是抵押人在抵押物上用益物权的设立权。五是抵押人处分权。包括事实上的处分和法律上的处分两种。

(4)抵押权人的权利。这是指抵押权对抵押权人的效力。抵押权人的权利主要包括抵押权的保全权、抵押物价值减少的防止权、抵押物价值减少补救权、优先受偿权等。

2.动产质权的效力

(1)质押担保的范围。当事人有约定的按照约定，没有约定或者约定不明确的一般包括：主债权及利息、违约金、损害赔偿金、质物保管费用和实现质权的费用。

(2)动产质押效力及于标的物的范围。应包括标的物、标的物的从物、孳息和代位物。

(3)出质人的权利。包括质物的处分权、质物孳息的收取权、对质权人的抗辩权、除去权利侵害和返还质物的请求权、物上保证人对债务人的代位求偿权。

(4)质权人的权利。包括留置质物的权利、质物孳息的收取权、费用偿还请求权、转质权、质物的变价权、优先受偿权、质权的处分权、质物的保管义务、返还质物的义务。

3.留置权与同时履行抗辩权有哪些区别

同时履行抗辩权，是指双务合同的当事人一方在对方未为对待给付之前，有权拒绝对方请求自己履行合同的要求的权利。留置权与同时履行抗辩权均为合同债权人的权利，特别是留置权人于债务人未履行义务时得拒绝债务人返还留置物的请求与同时履行抗辩权极为相似。但两者属于不同的法律制度，具有以下主要区别：

(1)目的不同，留置权以确保一个债权的履行为目的，而同时履行抗辩权则以确保两个债权同时交换履行为目的。

(2)性质不同,留置权为物权,对于债务人以外的第三人也可主张其权利,而同时履行抗辩权属于债权之效力,只能对抗相对人。

(3)效力不同,留置权人对留置物享有变价权和优先受偿权,而同时履行抗辩权仅为拒绝自己给付的权利。

(4)保护对象不同,留置权为担保关于占有物所生的债权,留置物与债权具有牵连性,同时履行抗辩权所保护的债权与标的物无关系,仅要求双务合同双方当事人所负对待之债务得以同时履行。

(5)对抗对象不同,留置权所对抗的是相对人所主张的标的物的返还请求权,而同时履行抗辩权对抗的是互有对价关系的各种债务的履行请求权的行使。

(6)消灭事由不同,留置权以担保债权为目的,因而在债务人另行提供相当担保时,留置权即消灭,而同时履行抗辩权并不因对方当事人提供相当担保而消灭,因对方履行其债务而消灭。

第二部分　思考与练习

一、选择题

1. 甲居于某城市,因业务需要,以其坐落在市中心的一处公寓(价值 210 万元)作抵押,分别从乙银行和丙银行各贷款 100 万元。甲与乙银行于 6 月 5 日签订了抵押合同,6 月 10 日办理了抵押登记;与丙银行于 6 月 8 日签订了抵押合同,同日办理了抵押登记。后因甲无力还款,乙银行、丙银行行使抵押权,对甲的公寓依法拍卖,只得价款 150 万元。乙银行、丙银行对拍卖款应按(　　)分配。

A. 乙 75 万元、丙 75 万元

B. 乙 100 万元、丙 50 万元

C. 丙 100 万元、乙 50 万元

D. 丙 80 万元、乙 70 万元

【解答】应选 C。根据《物权法》第 199 条规定，抵押权已登记的，按照登记的先后顺序清偿。丙银行的抵押权于6月8日登记，而乙银行的抵押权于 6 月 10 日办理登记，故丙银行的抵押权优先，因此丙银行对甲的公寓拍卖所得价款优先受偿，即丙银行得 100 万元，而乙银行得 50 万元。

2. 甲向乙借款 20 万元做生意，由丙提供价值 15 万元的房屋作抵押，并订立了书面抵押合同。因办理登记手续费过高，经乙同意未办理登记手续。甲另外以自己的 1 辆价值 6 万元的“夏利”轿车质押给乙，双方订立了质押合同。乙认为轿车放在自己家附近不安全，决定仍放在甲处。1 年以后，甲因亏损无力还债，乙要求行使抵押权和质权。下列各项中，正确的是(　　)。

A. 抵押权与质押权均无效

B. 抵押权与质押权均有效

C. 抵押权有效，质押权无效

D. 抵押权无效，质押权有效

【解答】应选 A。根据《物权法》第 180 条、第 187 条的规定可知，对房屋设立抵押，抵押权自登记时设立；故本题中乙并不享有该房屋的抵押权。根据《物权法》第 212 条规定可知，质押财产不交付则质押权未设立。故乙也不享有对该轿车的质权。

3. 赵某向李某借款 10 万元，赵某将自己的汽车作价 5 万元抵押给李某，未约定担保数额，并依法进行了抵押登记。后一次事故使汽车报废，保险公司赔偿 8 万元。赵某与李某之间的抵押关系(　　)。

A. 应归于消灭

B. 继续有效，应以保险赔偿金中的 5 万元继续担保赵某对

李某的债务

C. 继续有效，应以全部保险赔偿金8万元继续担保赵某对李某的债务

D. 终止，赵某应以保险赔偿金提前清偿对李某的债务

【解答】应选C。本题涉及担保数额和抵押权人的物上代位权问题。本题中，赵某将自己的汽车抵押给李某，因未约定担保数额，则整个汽车的价值均应作为担保债务的标的。该汽车因事故报废，获得保险金8万元，根据《物权法》第174条规定，抵押权人李某对该保险金享有物上代位权，可请求将该保险金提存或者提前清偿债务。据此，本题AB选项错误。D选项因赵某应以保险金提前清偿李某只给予了一种可能性，故D项错误。

4. 李某与甲公司签订商品房购销合同，约定甲公司将一套商业用房销售给李某，由李某预付部分房款，余款由乙银行以按揭贷款方式支付。甲公司为李某的贷款提供连带责任保证。李某并将所购得商业用房抵押于乙银行，并约定抵押合同自签订之日起生效。后乙银行按约发放了贷款，但李某却一直未能依约按期偿还贷款。乙银行提起诉讼，要求提前收回贷款。经查，抵押合同尚未办理登记，甲公司所售商品房尚未完工。下列表述中，正确的是（　）。

A. 乙银行既可以主张抵押权，也可以主张甲公司承担保证责任

B. 乙银行只能主张甲公司承担保证责任，不能主张抵押权

C. 乙银行应先主张抵押权，后主张甲公司承担保证责任

D. 乙银行应先主张甲公司承担保证责任，后主张抵押权

【解答】应选B。根据《物权法》第180条、第187条的规定可知，正在建造的建筑物抵押的，抵押权自登记时设立。因此乙银行并不享有该套房屋的抵押权，其只能主张甲公司承担保证责任。

5. 甲分别有债权人乙、丙、丁。丁为了使自己的债权得到清偿，许诺甲将其全部财产抵押给丁后，为其办理出国手续。甲便与丁签订了抵押合同，并办理了相关手续。因乙、丙的债权得不到清偿而引起纠纷。下列表述中，正确的是（　　）。

A. 甲与丁签订的抵押合同不具有效力

B. 甲与丁签订的抵押合同具有效力，且具有不可撤销性

C. 甲与丁签订的抵押合同具有效力，但乙、丙可请求人民法院撤销

D. 甲与丁签订的抵押合同为效力未定

【解答】应选 C。本题涉及其他债权人对抵押权的撤销问题。依照《担保法解释》第 69 条之规定，在清偿债务时，债务人与其中一个债权人恶意串通，将其全部或者部分财产抵押给债权人，因此丧失了履行其他债务的能力，损害了其他债权人的合法权益，受损害的其他债权人可以请求人民法院撤销该抵押行为。

6. 甲银行与乙公司签订借款合同，约定甲银行贷款 200 万元给乙公司，乙公司以一幢竣工不久的价值 215 万元的综合服务楼设定抵押。贷款尚未到期，综合服务楼由于严重的施工质量问题而垮塌。该楼施工单位为丙建筑公司。因综合服务楼垮塌，乙公司的生产经营状况恶化，其债权人丁、戊等均上门讨债，并要求乙公司将丙建筑公司所赔付款项在各债权人之间公平分配。对此，甲银行表示异议。通过诉讼，丙公司赔偿数额为 150 万元，甲银行债权已届清偿期。下列表述中，正确的是（　　）。

A. 丙公司赔偿款应由甲银行优先获得清偿

B. 丙公司赔偿款应由向乙公司主张权利的债权人平均分配

C. 丙公司赔偿款应由乙公司决定向谁清偿

D. 丙公司赔偿款应由乙公司全体债权人平均分配

【解答】应选 A。根据《物权法》第 174 条的规定，担保期间，担

保财产毁损、灭失或者被征收等，担保物权人可以就获得的保险金、赔偿金或者补偿金等优先受偿。故对于丙公司赔偿金 150 万元，甲银行有优先受偿权。

7. 甲向乙借款而以自己的房屋抵押给乙，双方签订了抵押合同，但因当地登记部门的原因而未登记。但甲将房屋的产权证交付于乙。后甲又以该产权证的复印件与丙签订了抵押合同，并办理了抵押登记，因无力还款而引起纠纷。下列表述中，正确的是(　　)。

A. 乙对甲的房屋享有抵押权

B. 丙对甲的房屋享有抵押权

C. 就该房屋拍卖的价款，乙优先于丙受偿

D. 就该房屋拍卖的价款，丙优先受偿

【解答】应选 BD。根据《物权法》第 180 条、第 187 条的规定，房屋抵押自登记时设立。因此，丙对该房屋享有抵押权，就房屋拍卖的价款可优先于普通债权人乙受偿。

8. 陈玉和韩东共有 4 间房屋，租给刘锋开办一商店。现韩东为担保杜湘所负的债务，将其对上述 4 间房屋中的共有份额抵押给潘兴，该抵押已得到陈玉同意。在通知了刘锋后，在房屋管理局办理了登记。下列表述中，正确的是(　　)。

A. 在房屋抵押后，陈玉、韩东与刘锋间的租赁合同继续有效

B. 在以出卖共有份额的方式实现该抵押权时，如果陈玉与刘锋都愿意购买时，陈玉有优先购买权

C. 在以出卖共有份额的方式实现该抵押权时，如果陈玉与刘锋都愿意购买时，刘锋有优先购买权

D. 在房屋抵押后，陈玉、韩东与刘锋间的租赁合同即告终止

【解答】应选 AB。根据《物权法》第 190 条的规定可知，订立

抵押合同前抵押财产已出租的,原租赁合同关系不受该抵押权的影响。所以A选项正确。在承租人的优先购买权和共有人的优先购买权发生冲突时,应支持共有人的优先购买权。

9. 经债权人和债务人签订协议,下列抵押中,有效的是(　)。

A. 某公办高校以将购买的一批试验设备设定的抵押

B. 某农户以所种的粮食设定的抵押

C. 某个体工商户以将购买的一批货物设定的抵押

D. 某企业以将购买的一批设备设定的抵押

【解答】应选BCD。本题涉及浮动抵押问题。一般而言,抵押财产应当是特定的,但是为了方便融资,特设浮动抵押制度,经当事人书面协议,企业、个体工商户、农业生产经营者可以将现有的以及将有的生产设备、原材料、半成品、产品抵押。应予注意的是:浮动抵押的主体只能是生产经营者,不包括事业单位和社会团体;浮动抵押的客体是现有的和将有的动产;浮动抵押的方式是整体抵押,而不是单一抵押。

10. 甲以自有房屋作抵押向乙借款。在抵押期间,甲未通知乙,便将该房屋转让给丙。对此,下列说法中,正确的有(　　)。

A. 在取得乙同意之前,甲、丙之间的房屋买卖合同为无效合同

B. 在取得乙同意之前,甲、丙之间的房屋买卖合同为效力未定合同

C. 如果丙代为清偿乙的债务,则甲、丙的合同自始发生效力

D. 如果丙代为清偿乙的债务,则乙对甲房屋的抵押权消灭

【解答】应选BCD。本题涉及已设定抵押的财产在抵押期间转让的问题。特别注意的是:《物权法》第191条与《担保法》第49条规定的不一致。依照物权法的规定,抵押期间抵押人出卖抵押

物的，应当取得抵押权人的同意，在取得抵押权人同意之前，该买卖行为效力未定；取得抵押权人同意后，该买卖行为为有效行为；不能取得抵押权人同意的，该行为为无效行为；但是受让人代为清偿债务的，抵押权人不能不同意；一旦代为清偿债务，该抵押权消灭，受让人取得完整意义的所有权。

11. 甲和乙按份共有房屋 3 间，出租给丙开办商店。现丁要向戊借款 5 万元，在丁的要求下，征得乙同意后，甲将其在上述 3 间房屋中的共有份额抵押给戊，并在通知丙后，到房屋管理局作了登记。对其中的法律关系，下列表述中，正确的是（　　）。

A. 房屋抵押后，甲、乙与丙之间的租赁合同继续有效

B. 在以出卖共有份额的方式实现该抵押权时，如果乙与丙都愿意以同一价格购买，则应卖给乙

C. 在以出卖共有份额的方式实现该抵押权时，如果乙与丙都愿意以同一价格购买，则应卖给丙

D. 在以出卖共有份额的方式实现该抵押权时，则甲、乙与丙之间的租赁合同即告终止

【解答】应选 AB。本题涉及共有物的先租后抵及优先购买权问题。依据《担保法解释》第 54 条的规定，按份共有人以其共有财产中享有的份额设定的抵押，抵押有效。在先租后抵的情形下，依据《担保法解释》第 65 条的规定，抵押权实现后，租赁合同在有效期间内对受让人继续有效。如果按份共有人转让按份共有的份额，按份共有人享有优先购买权。

12. 甲向乙借款 5 万元，并以一台机器作抵押，办理了抵押登记。随后，甲又将该机器质押给丙。丙在占有该机器期间，将其交给丁修理，因拖欠修理费而被丁留置。下列说法中，正确的是（　　）。

A. 乙优先于丙受偿　　　　B. 丙优先于丁受偿

C. 丁优先于乙受偿　　　　D. 丙优先于乙受偿

【解答】应选 AC。本题涉及同一动产上设立抵押权和质权的，该动产又被留置的其清偿顺序问题。抵押权登记较质权清偿优先，而留置权又较抵押权优先。

13. 某股份有限公司因进行技术改造需要一笔资金，就以其享有的一项实用新型专利权作为质押，向银行申请了 200 万元人民币的贷款，在签订了贷款合同和质押合同后，双方即向有关部门办理了出质登记手续。下列说法中，正确的是（　　）。

A. 该质权自办理质押登记手续时生效

B. 该质押合同自该公司向银行交付专利证书时生效

C. 质押合同生效后，该公司不得转让或者许可他人使用该项专利权

D. 质押合同生效后，该公司可以转让或者许可他人使用该项专利权，但是应当经过银行同意

【解答】应选 AD。《物权法》第 227 条规定，以注册商标专用权、专利权、著作权等知识产权中的财产权出质的，当事人应当订立书面合同。质权自有关主管部门办理出质登记时设立。知识产权中的财产权出质后，出质人不得转让或者许可他人使用，但经出质人与质权人协商同意的除外。出质人转让或者许可他人使用出质的知识产权中的财产权所得的价款，应当向质权人提前清偿债务或者提存。

14. 甲将所持有的 A 公司债券交付乙，作为向乙借款的质押物。双方签订了书面质押合同，但未在债券上背书“质押”字样。借款到期后甲未还款。甲的另一债权人丙向人民法院申请执行上述债券。下列说法中，正确的是（　　）。

A. 质押合同无效

B. 质押合同自签订书面质押合同之日起生效

C. 乙对该债券不享有质权

D. 乙以债券已出质对抗丙的执行申请，不能得到法院的支持

【解答】应选 BD。根据物权法的规定，负担行为和处分行为是分开的，负担行为可以理解为债权债务行为，双方当事人达成意见一致并不违反法律的强制性规定，便生效。本题的质押合同自双方签订合同之日就已经生效了，质押权的设立可以分为两种——动产质权（交付），权利质权（交付或者登记），以债券设立质权的生效要件是交付，登记只是对抗要件，不登记不得对抗善意第三人。《物权法》第 15 条还规定：当事人之间订立有关设立、变更、转让和消灭不动产物权的合同，除法律另有规定或者合同另有约定外，自合同成立时生效；未办理物权登记的，不影响合同效力。

15. 甲公司因欠乙公司货款 10 万元，乙公司要求甲公司提供担保。甲公司找到丙公司，由丙提供 50 吨纯碱作为质押。丙公司与乙公司签订了质押合同并向乙交付了纯碱。1 个月后，丙公司发现乙公司将纯碱露天存放，时逢雨季，如不采取措施将会造成很大损失，便要求乙公司立即将纯碱移入库房，但乙公司以仓库放不下为由拒绝。丙公司（　　）。

A. 可以要求解除质押合同

B. 可以要求提前清偿债务，收回纯碱

C. 可以要求乙公司将纯碱提存

D. 无权对乙公司提出任何要求

【解答】应选 BC。《物权法》第 215 条规定，质权人负有妥善保管质押财产的义务；因保管不善致使质押财产毁损、灭失的，应当承担赔偿责任。质权人的行为可能使质押财产毁损、灭失的，出质人可以要求质权人将质押财产提存，或者要求提前清偿债务并返还质押财产。

16. 甲向乙借款 20 万元，以其价值 10 万元的房屋和 5 万元的汽车作为抵押担保，以 1 万元的音响设备作质押担保，同时还由丙为其提供保证担保。其间汽车遇车祸损毁，获保险赔偿金 3 万元。如果上述担保均有效，丙应对借款本金在（　　）内承担保证责任。

A. 7 万元　　　　B. 6 万元

C. 5 万元　　　　D. 4 万元

【解答】应选 B。保证责任的免除包括单方免除与法定免除。单方免除指债权人以单方意思表示免除保证人的责任，法定免除指依据法律的具体规定而免除保证人的责任。本题考法定免除的情形。根据《担保法》及《担保法解释》,同一债权既有保证又有物的担保的,保证人对物的担保以外的债权承担保证责任。同一债权既有保证又有物的担保的,物的担保合同被确认无效或者被撤销,或者担保物因不可抗力的原因灭失而没有代位物的,保证人仍应当按合同的约定或者法律的规定承担保证责任。本题中物的担保共计 14 万元、10 万元的房屋、1 万元的音响设备以及汽车遇车祸损毁所获保险赔偿金 3 万元,其中保险赔偿金 3 万元可以看做担保物的代位物。

17. 蓝天股份公司(上市公司)的董事长甲,公司上市半年后,因单位房改急需款项,遂将其个人所有的蓝天股份公司股票质押给乙,借款 10 万元。有关该事例中质押合同效力的下列表述中,正确的是(　　)。

A. 质押合同自甲与乙签订质押合同之日生效

B. 质押合同自甲与乙办理质押合同登记之日生效

C. 质押合同自甲取得乙的借款之日生效

D. 质押合同因甲的股票不能设定质押而无效

【解答】应选 D。以股票设定质押的条件,《公司法》第 142 条规定:“发起人持有的本公司股份,自公司成立之日起一年内不得转让。公司公开发行股份前已发行的股份,自公司股票在证券交易所上市交易之日起一年内不得转让。公司董事、监事、高级管理人员应当向公司申报所持有的本公司的股份及其变动情况,在任职期间每年转让的股份不得超过其所持有本公司股份总数的百分之二十五;所持本公司股份自公司股票上市交易之日起一年内不得转让。上述人员离职后半年内,不得转让其所持有的本公司股份。公司章程可以对公司董事、监事、高级管理人员转让其所持有的本公司股份作出其他限制性规定。”《担保法》第 75 条第 2 款规定,股票可以质押,但必须是依法可以转让的股份、股票。本题中,根据《公司法》第 142 条的规定,甲为蓝天股份公司的董事长,其个人持有的蓝天股份公司的股票在上市未满 1 年内依法不能转让,因此根据《担保法》第 75 条第 2 款的规定,该股票也不能作为质押物。

18. 甲向乙借款而将自己的货物出质给乙,但乙将该批货物放置在露天地里风吹日晒。在此情形下,人民法院对甲的下列请求哪些应给予支持?(　　)

A. 因乙保管不善,请求解除质押关系

B. 因乙保管不善,请求提前清偿债权返还质物

C. 因乙保管不善,请求乙向有关机构提存该批货物

D. 因乙保管不善,请求乙承担货物的损失

【解答】应选 BCD。质押关系中质权人对质物的保管义务,物权法第 215 条:“质权人负有妥善保管质押财产的义务;因保管不善致使质押财产毁损、灭失的,应当承担赔偿责任。”质权人的行为可能使质押财产毁损、灭失的,出质人可以要求质权人将质押财产提存,或者要求提前清偿债务并返还质押财产。

19. 甲将一匹马租给乙,乙因向丙借款,又将该马出质给丙,因乙无力还款,丙欲对该马行使质权,遭甲反对,为此发生纠纷。下列选项中,正确的是(　　)。

A. 乙对该马享有出质权

B. 丙对该马享有质权

C. 乙对该马不享有出质权

D. 丙对该马不享有质权

【解答】应选 BC。本题涉及质权的善意取得问题。本题中,甲

为马的所有人，乙为马的承租人，乙无权出质该马，因此不享有对该马的出质权，但依照《物权法》第106条规定，质权适用善意取得制度，丙对该马享有质权。

20. 甲、乙、丙于2007年9月9日各出资1万元购得1幅名画，约定由甲保管。1个月后，甲遇丁，丁愿购买此画，甲即将该画作价4.5万元卖与丁。事后，甲告知乙、丙，乙、丙要求分得卖画款项，甲即分别给乙、丙各1.5万元。丁购得该画后，又以6万元的价格卖与戊，与戊约定价款分五次支付。戊嫌该画装裱不够精美，遂将该画送庚装裱店装裱。因戊未按期付庚装裱店费用，该画被庚装裱店留置。庚装裱店通知戊应在30日内付其应付费用，但戊仍未能按期支付。庚装裱店遂将该画折价，扣除费用，将差额补偿给戊。戊不同意庚的这一做法。根据以上案情，请回答：

(1) 戊未按期支付装裱费时，庚扣留该画的权利是一种（　　）。

A. 债权　　B. 法定物权

C. 占有物权　　D. 动产物权

【解答】应选BCD。留置权为法定担保物权、占有担保物权和动产担保物权。

(2)庚行使上述权利的做法，效力是（　　）。

A. 庚的做法正当，因为系行使留置权的行为

B. 庚的做法正当，因为系自助行为

C. 庚的做法不正当，因为庚给予的支付报酬的宽限期太短

D. 庚的做法不正当，因为庚不能折价受偿所有权

【解答】应选CD。《物权法》第236条规定，留置权人与债务人应当约定留置财产后的债务履行期间；没有约定或者约定不明确的，留置权人应当给债务人两个月以上履行债务的期间，但鲜活易腐等不易保管的动产除外。债务人逾期未履行的，留置权人可以与债务人协议以留置财产折价，也可以就拍卖、变卖留置财产所得

的价款优先受偿。留置财产折价或者变卖的，应当参照市场价格。本题中，留置权人给予的履行债务的时间不足2个月，且未经与债务人协议即折价处理，都不合法。

二、判断题

1.甲企业为了担保其对乙银行的200万贷款，将其机器设备、原材料、产品及半成品一并抵押给了乙银行，并办理了抵押登记。甲企业转让其产品无须取得乙银行的同意。

【解答】正确。根据《物权法》第181条规定：经当事人书面协议，企业、个体工商户、农业生产经营者可以将现有的以及将有的生产设备、原材料、半成品、产品抵押，债务人不履行到期债务或者发生当事人约定的实现抵押权的情形，债权人有权就实现抵押权时的动产优先受偿。本题中的抵押即为浮动抵押。《物权法》第189条第2款规定："依照本法第一百八十一条规定抵押的，不得对抗正常经营活动中已支付合理价款并取得抵押财产的买受人。"因此，浮动抵押中，债权人不得以对抗正常经营活动中已支付合理价款并取得抵押财产的买受人。

2.同一财产向两个以上债权人抵押的，对于拍卖、变卖抵押财产所得的价款，抵押权未登记的，按照签订合同的先后顺序清偿。

【解答】错误。根据《物权法》第199条规定：同一财产向两个以上债权人抵押的，拍卖、变卖抵押财产所得的价款依照下列规定清偿：(1)抵押权已登记的，按照登记的先后顺序清偿；顺序相同的，按照债权比例清偿；(2)抵押权已登记的先于未登记的受偿；(3)抵押权未登记的，按照债权比例清偿。由此可知，抵押权的受偿顺序为：已登记的，按登记的先后顺序受偿，顺序相同的，按比例受偿；已登记的先于未登记的受偿；未登记的，按比例受偿。

3.抵押权是物权，不受诉讼时效的限制。

【解答】错误。《物权法》第202条规定：抵押权人应当在主债权诉讼时效期间行使抵押权;未行使的,人民法院不予保护。而《担保法解释》第12条第2款规定:担保物权所担保的债权的诉讼时效结束后,担保权人在诉讼时效结束后的二年内行使担保物权的,人民法院应当予以支持。对比可知,关于抵押权行使期间的规定,物权法的规定不同于《担保法解释》,根据法律的位阶和后法优于前法的规则,实践中应当适用物权法的规定。因此,抵押权的行使是有期限限制的。

4. 1998年2月1日甲向乙借款5万元,约定3个月内还。为了担保其债权,甲将房屋一栋抵押给乙并办理了抵押登记。到期后,甲未还款,乙碍于情面一直没有索要。到2001年7月乙由于经济紧张要求甲还款,甲拒绝。现乙向人民法院起诉,要求甲偿还债务,实现其抵押权。对此,两个请求权人民法院都不应当支持。

【解答】正确。根据《民法通则》第135条规定:向人民法院请求保护民事权利的诉讼时效期间为两年,法律另有规定的除外。本题中,1998年2月1日,甲向乙借款5万元,约定3个月内还,两者之间属于自然人之间的借贷合同,关于其诉讼时效的规定不适用于法律的特别规定,因此,其诉讼时效期间为两年,应截至于2000年5月1日。乙于2001年7月向法院起诉要求甲偿还债务,此时,其债权已过诉讼时效而变为自然之债,因此,其诉讼请求将不会得到人民法院的支持。同样,根据《物权法》第202条的规定,抵押权人超过主债权诉讼时效行使抵押权的,人民法院也不予支持。

5. 以合伙企业中的财产份额出质的,未经其他合伙人一致同意,质押无效,由此给善意第三人造成损失的,由行为人依法承担赔偿责任。

【解答】正确。《合伙企业法》第25条规定:合伙人以其在合伙企业中的财产份额出质的,须经其他合伙人一致同意;未经其他合伙人一致同意,其行为无效,由此给善意第三人造成损失的,由行为人依法承担赔偿责任。由此可知，以合伙企业中的财产份额质押的，不适用善意取得制度。

6. 王某为购买出租车向甲银行贷款5万元，并以该出租车设定了抵押，并办理了登记。在春节期间，因下雪路滑，王某不慎出了车祸，乘客受伤，车辆也遭受严重损失，由修理厂修理，共花费修理费5000元。由于车辆受损，无法营运，王某不但无力偿还已到期的贷款，而且连支付修理费的能力都没有。甲银行得知后，要求实现抵押权，不料乙修理厂不同意。为此，发生纠纷。经查，出租车拍卖所得价款4万元。对该4万元，甲银行获得3.75万元，乙修理厂2500元。

【解答】错误。根据《物权法》第239条规定，同一动产上已设立抵押权或质权，该动产又被留置的，留置权优先受偿。所以该车的拍卖款应先支付乙修理厂的修理费5000元，余款再偿付甲银行贷款。因此，正确答案是：甲银行获得3.5万元，乙修理厂5000元。

7. 甲公司向乙银行贷款1000万元，约定2005年12月2日一次性还本付息。丙公司以自己的1栋房屋作抵押。甲到期没有清偿债务，乙银行每个月都向其作催收，均无效果，最后一次催收的时间是2007年3月6日。乙银行在2009年3月6日前行使抵押权，才能得到人民法院的保护。

【解答】正确。本题涉及抵押权的行使期间问题。依据《物权法》第202条的规定，抵押权人应当在主债权行使期间内行使抵押权，未行使的，人民法院不予支持。同时，本例中的诉讼时效期间为2年，本例中乙银行每个月都向甲公司催收，直至2007年3月6日，故主权诉讼时效至2009年3月6日届满。即抵押权应当在主债权诉讼时效期间届满前行使。

8. 5月10日，甲以自己的房屋1套为债权人乙设定抵押并办理了抵押登记。6月10日，甲又以该房屋为债权人丙设定抵押，但一直拒绝办理抵押登记。9月10日，甲擅自将该房屋转让给丁并办理了过户登记。对于本案，甲与丙之间的抵押权已生效。

【解答】错误。本题涉及抵押登记及抵押物的转让问题。甲与乙之间的房屋抵押已经办理抵押登记，乙对该房屋享有抵押权。以房屋为标的抵押的，我国物权法采登记要件主义，未经登记的抵押不生效力，抵押权未设立。本题中，甲与丙之间的抵押一直未办理抵押登记，故甲与丙之间的抵押权不生效。

9. 甲向乙借款并将自己的房子抵押给乙，并办理了抵押登记。抵押后甲又将该房屋出租给丙，因甲无力还款，乙欲行使抵押权。对于本案，甲与丙之间的租赁合同具有效力，但抵押权行使后租赁合同对新的受让人不具有效力。

【解答】正确。本题涉及先抵后租的问题。依据《担保法解释》的规定，经过登记的抵押物，抵押人又租给他人的，虽然该租赁合同具有效力，但抵押权行使后，租赁合同对新的受让人不具有约束力。故本题正确。

10. 甲为一农民，因建房而向乙借款，双方约定，将村里分配给甲承包的5亩耕地及地上所种的小麦抵押给乙。后因甲无力还款而引起纠纷。该抵押合同中涉及小麦作为抵押物的条款有效，涉及的5亩承包地作为抵押物的条款无效。

【解答】正确。本题涉及抵押财产。依照《物权法》第180条第3项可知，甲的土地承包经营权的取得方式不属于招标、拍卖、公开协商三种中的任何一种，所以甲的土地承包经营权不得抵押。但是耕地上的种植物，当事人之间可以约定设定抵押。

11. 甲向乙借款10万元，以价值8万元的汽车设质，乙将汽车置于自家庭院。一日台风降临，刮倒院中古树，砸坏汽车，经相关机构认定，汽车价值不足5万元，则乙可以要求甲提供相应的担保，否则，乙可以拍卖或变卖小汽车，以变价款提前清偿债务或者提存。

【解答】正确。根据《物权法》第 216 条的规定。

12. 以基金份额、股权、知识产权中的财产权、应收账款出质，均应办理登记，质权自登记时设立。

【解答】正确。根据《物权法》第 224 条、第 226 条、第 227 条、第 228 条的规定。

13. 甲委托乙从机场运输 1 台进口机床到市区，运费 1000 元，约定运到目的地即付费，该机床价值 1000 万欧元。乙运到后，甲不付款。乙可以就整个机床进行留置。

【解答】正确。根据《担保法解释》第 110 条的规定。

14. 甲委托乙修理彩电 1 台，约定修理好的次日甲应付费，3 个月内，甲不付费的，乙可行使留置权。乙于 6 月 1 日修好，并告知甲。9 月 2 日过后，甲仍未付费，乙申请一拍卖机构拍卖彩电，得款 1100 元。乙扣下 100 元修理费，余下 1000 元交给甲。乙的做法并无不妥。

【解答】正确。根据《物权法》第 236 条的规定。

15. 甲公司与运输个体户乙于 6 月 1 日签订一运输木材合同，委托乙将木材从北京运至上海，到上海后甲即付费。乙于 6 月 3 日运到后，甲未付费。乙可以对该批木材行使留置权。

【解答】正确。根据《物权法》第 230 条的规定。

16. 甲公司与运输个体户乙于 6 月 1 日签订一运输木材合同，委托乙将木材从北京运至上海，到上海后甲即付费。乙于 6 月 3 日运到后，甲未付费，但乙还是将全部木材交与乙。8 月 1 日，甲又委托乙运一批钢材由北京至上海，并约定到沪后即付运费。当日，乙接到钢材后即留置下来，用于扣除 6 月 3 日甲所欠运费。乙的做法合法。

【解答】错误。根据《物权法》第 231 条的规定，此时乙对钢材的占有与 6 月 3 日运费的发生并无牵连关系，不能产生留置权。

17. 甲公司与运输企业乙于 6 月 1 日签订一运输木材合同，委托乙将木材从北京运至上海，到上海后甲即付费。乙于6月3日运到后，甲未付费，但乙还是将全部木材交与乙。8月1日，甲又委托乙运一批钢材由北京至上海，并约定到沪后即付运费。当日，乙接到钢材后即留置下来，用于扣除6月3日甲所欠运费。乙的做法合法。

【解答】正确。根据《物权法》第231条的规定，企业之间的留置权不受同一法律关系的限制。

18. 甲、乙构成无因管理，本人甲不支付管理人乙为管理事务支出的必要费用，乙得留置因管理事务所占有的甲的物品。

【解答】正确。根据《物权法》第232条的规定。

19. 甲委托乙保管1套高级组合音响，乙在保管期间发现该音响有质量问题，遂交给丙修理。丙修好后，乙不支付修理费，丙可行使留置权。

【解答】正确。根据《担保法解释》第108条的规定。

20. 甲委托乙从机场运输1台进口机床到市区，运费1000元，约定运到目的地即付费，该机床价值1000万欧元。乙运到后，甲不付款。乙留置整个机床后，甲提出以价值几千元的1辆摩托车出质给乙，乙欣然接受，于是甲将摩托车交给乙。此时留置权即告消灭。

【解答】正确。根据《物权法》第240条的规定。

21. 甲欠乙债1万元，甲以价值2万元的高级音响1套抵押给乙，并办理了登记手续。后甲又欠丙1万元，以该音响出质给丙。丙在占有期间发现音响有音质问题，故拿到丁修理部修理，约定修好即付修理费。丁修好后丙未付款。2个月后丙来取音响，丁碍于朋友情面，让其取回。后甲不能还款，乙、丙主张优先受偿权。丁闻讯后亦主张优先受偿权。丁的主张有道理。

【解答】错误。根据《物权法》第240条的规定，丁本可依留置权的善意取得规则，取得留置权。但后来又丧失了对留置物的占有，留置权不复存在。

三、名词解释

1. 抵押权

【解答】抵押权，是指债务人或者第三人不移转占有而以其财产为他人之债权提供担保的一种担保物权。其中，提供财产的债务人或者第三人称为抵押人，接受担保的债权人为抵押权人，作为担保的财产称为抵押物。抵押权人对于抵押物，于债务人不履行债务时，就抵押物变价所得享有优先受偿的权利，即为抵押权。

2. 按揭

【解答】关于按揭的含义，有广义和狭义两种解释：广义上的按揭包括抵押，抵押一词在英文中的对应词为 legal charge。抵押的基本特征是抵押人为保证偿还债务或者履行对债权人的某些责任，在有关责任解除以前，抵押人把其资产（asset）的法定权益赋予债权人。房地产抵押是业主赋予抵押权人某些权利，包括优先受偿权和直接取得或出售抵押物取得款项偿还债务或直接占管经营及取得抵押物经营收入等权利，作为还款的保证。但抵押权人不因此成为业主，在还款后，抵押权人通过相应手续将其原有权益撤销。狭义上的按揭是业主（按揭人）将其物业转让给按揭受益人（通常为银行）作为还款保证的法律行为，经过这样的转让，按揭受益人成为业主，在还款后，按揭受益人将物业转回于原按揭人。

3. 抵押登记

【解答】抵押权的设立，除订立抵押合同外，还应进行登记。这是物权的公示公信原则所要求的，其目的是为了保护第三人的利益。关于登记的效力，各国立法上有两种立法体例：其一是登记要件主义，未经登记的抵押不生效力，抵押权未设立，如德国、瑞士等国；其二是登记对抗主义，不经登记的抵押可以有效，但抵押权人不能对抗第三人。我国担保法兼采以上两种立法例，即抵押权登记的效力是依抵押物的不同而采取两种规则:法律规定应当登记的,登记为抵押的生效条件;法律规定可以自愿登记的,登记为抵押的对抗要件。

4. 最高额抵押

【解答】最高额抵押,是指抵押人与抵押权人协议,在最高债权额限度内,以抵押物对一定期间内连续发生的债权作担保。最高额抵押又称限定额抵押、根抵押,始于法国。我国担保法、物权法也设专节对最高额抵押作了规定。

5. 动产浮动抵押

【解答】物权法专门规定了动产浮动抵押制度。经当事人书面协议,企业、个体工商户、农业生产经营者可以将现有的以及将有的生产设备、原材料、半成品、产品抵押,债务人不履行到期债务或者发生当事人约定的实现抵押权的情形,债权人有权就实现抵押权时的动产优先受偿。以该类财产制定抵押的,应当向抵押人住所地的工商行政管理部门办理登记。抵押权自抵押合同生效时发生效力;未经登记的,不得对抗善意第三人,但办理登记的,也不得对抗正常经营活动中已支付合理价款并取得抵押财产的买受人。

6. 财团抵押

【解答】财团抵押,是指以企业的有形资产和无形资产为整体而设立的抵押。财团抵押与一般抵押不同,一般抵押仅就单独的财产(或动产或不动产或某项权利)上设立抵押权,各个独立的财产应分别设立抵押权;但财团抵押是以抵押人所有的不同形式的财产(包括动产、不动产和某些财产权利)作为一个整体,为一个债权而设立抵押权。设立财团抵押,避免了当事人分别就各个财产设立抵押所带来的麻烦。同时,财团抵押的标的可以包括抵押人的各种财产,对充分发挥企业财产的担保价值和使用价值有着积极的作用。

7. 共同抵押

【解答】共同抵押，是指为共同担保同一债权而在数个不同的财产上分别设立抵押权，又称总括抵押。共同抵押不同于一般抵押，其抵押权的标的物是数物，而不是一物，各物上设立抵押权为同一债权连带担保。共同抵押也不同于财团抵押，其抵押物是独立的，每个抵押物分别设立抵押权，而不是数个物集合而设立一个抵押权。另外，共同抵押中的连带关系不同于连带债务中的连带关系，连带债务是一种人的连带，属于债的关系；而共同抵押是一种物的连带，属于物权关系。

8. 质押

【解答】质押是指债务人或者第三人将其动产或者权利凭证交给债权人占有，以该动产或者权利凭证作为债权的担保。当债务人不履行债务时，债权人有权以该动产或者权利折价，或以拍卖、变卖所得的价款优先受偿。

9. 动产质权

【解答】动产质权，是指债务人或者第三人将其动产移交债权人占有，以该动产作为债权的担保，当债务人不履行债务时，债权人有权依法以该动产折价或者以拍卖、变卖该动产的价款优先受偿。

10. 权利质权

【解答】又称为准质权，是以所有权以外的可让与的财产权为质权的标的而设立的担保方式。我国物权法规定可以出质的权利有：汇票、支票、本票；债券、存款单；仓单、提单；可以转让的基金份额、股权；可以转让的注册商标专用权、专利权、著作权等知识产权中的财产权；应收账款；法律、行政法规规定可以出质的其他财产权利。

11. 流质契约

【解答】包括抵押中的流质契约和质押中的流质契约，除了担保形式不同，两者并无差异。指在质权(抵押权)设定时，质权人(抵押权人)与出质人(抵押人)在质押合同(抵押合同)中约定，质权人(抵押人)在债务清偿期届满仍不履行债务致使质权人(抵押权人)的债权未受清偿时，质物(抵押物)的所有权转移给质权人(抵押权人)所有的合同。我国法律是禁止约定流质契约的。

12. 留置权

【解答】留置权，是指债权人依合同约定占有债务人的动产，在债务人不按照合同约定的期限履行债务时，债权人有权留置该动产，以该财产折价或者以拍卖、变卖的价款优先受偿的权利。在留置权关系中，享有留置权的债权人称为留置权人，被留置的财产(动产)称为留置物。

四、简答题

1. 简述抵押权的特征。

【解答】抵押权是典型的担保物权，其主要特征有：

(1)从属性或附随性。抵押权与其所担保的债权有从属关系，抵押权为从权利，其担保的债权为主权利，通常称为主债权。抵押权随主债权的存在而存在，随主债权的转移而转移，随主债权的消灭而消灭。抵押权不能与主债权相分离而单独转让，也不能与主债权相分离而单独提供为他人债权的担保。

(2)不可分性。抵押权的效力及于抵押财产的全部，抵押财产部分分割或者让与第三人时，抵押权人仍得就抵押财产的全部行使其权利。抵押财产部分灭失时，未灭失部分仍担保全部债权。主债权经分割或者部分让与时，各债权人仍得就其享有的债权份额行使全部抵押权；主债权部分受偿时，抵押权人仍得就其未受偿部分的债权对抵押财产全部行使抵押权。

(3)特定性。抵押物和抵押权担保的债权都只能是特定的，这既是抵押权作为物权性质的要求，也是其担保作用的要求。

(4)物上代位性。抵押权的效力及于抵押物的代位物上,在抵押物毁损、灭失而受有赔偿金或保险金等代位物时,抵押权人得就该代位物行使权利,抵押权的物上代位性是由其价值权所决定的。

(5)顺序性。在同一财产上设有数个抵押权时,各抵押权之间有一定顺序的,顺序在先的抵押权优于顺序在后的抵押权而实现。

(6)追及性。抵押人擅自将抵押财产转让给他人时,抵押权人得追及该抵押物并对之行使抵押权;在抵押财产受到不法侵害时,抵押权人得请求除去妨害。

2.简述抵押物的范围。

【解答】抵押物须是具有特定性,具有交换价值和可让与性,且不会因继续使用收益而损毁其本来的价值及形态,并能够依登记的方式予以公示的财产。总之,抵押物必须是法律允许设立抵押权之物(或权利)。

我国《担保法》第 34 条规定了可以抵押的财产种类,物权法的规定则扩大了可以抵押财产的范围,依第 180 条规定,债务人或者第三人有权处分的下列财产可以抵押:(1)建筑物和其他土地附着物;(2)建设用地使用权;(3)以招标、拍卖、公开协商等方式取得的荒地等土地承包经营权;(4)生产设备、原材料、半成品、产品;(5)正在建造的建筑物、船舶、航空器;(6)交通运输工具;(7)法律、行政法规未禁止抵押的其他财产。抵押人可以将上述所列财产一并抵押。由此可见,物权法从解决生产者特别是农业生产者贷款的需要以及保障债权安全的角度出发,明确规定了“生产设备、原材料、半成品和产品”可以抵押,同时明确规定凡法律、行政法规未禁止抵押的财产都可以抵押,此处采取的立场是反面排除法。债务人或者第三人对抵押财产有处分权的情形包括三种:一是债务人或者第三人为所抵押财产的所有权人;二是债务人或者第三人对抵押财产享有用益物权,我国《城市房地产管理法》第 31 条、第 47 条规定可以用土地使用权来抵押;三是债务人或者第三人根据法律、行政法规的规定，或者经过政府主管部门的批准，可以将其占有使用和管理的财产来设定抵押。同时根据我国担保法、物权法规定，下列财产不得抵押：(1)土地所有权；(2)耕地、宅基地、自留地、自留山等集体的土地使用权，但法律另有规定的除外；(3)学校、幼儿园、医院等以公益为目的的事业单位、社会团体的教育设施、医疗卫生设施和其他社会公益设施；(4)所有权、使用权不明或者有争议的财产；(5)依法被查封、扣押、监管的财产；(6)依法不得抵押的其他财产。

3.试比较最高额抵押与一般抵押。

【解答】最高额抵押又称限定额抵押，是指抵押人与抵押权人协议，在最高债权额限度内，以抵押物对一定期间内连续发生的债权作担保。与一般抵押相比，最高额抵押有其优越性，因为不论其债权发生几次，只需进行一次财产评估和抵押物登记即可，不仅省时、省力和省钱，而且还可加速资金的流通，从而有利于促进经济的发展。我国担保法和物权法设专节对最高额抵押作了规定。

最高额抵押作为特殊抵押权的一种，与一般抵押相比，具有以下特殊性：

(1)相对独立性。一般抵押具有典型的从属性，抵押权随主债权存在而设立，并随主债权消灭而消灭。而最高额抵押的设立不以主债权的存在为前提，也不随某一具体主债权的消灭而消灭。设立最高额抵押时，主债权可以尚未发生。

(2)所担保债权的不确定性。一般抵押的抵押物和所担保的债权均需特定，而最高额抵押所担保的仅是一定范围和一定期限内可能发生的债权，将来是否发生债权及金额多少都是不确定的。而一般抵押则不允许除约定担保债权之外连续发生的债权由已约定的就特定债权提供担保的抵押物获得担保。应当指出的是，最高额抵押权人优先受偿的债权范围以约定的最高限额为限，抵押权人所享有的超过最高限额的债权部分只能是作为一般债权来请求债务人清偿。《物权法》第 203 条第 2 款规定,最高额抵押权设立前已经存在的债权,经当事人同意,可以转入最高额抵押担保的债权范围。

(3)适用范围上的限定性。一般抵押的适用范围原则上不加以限制,而最高额抵押由于是对一定期间内连续发生的债权的担保,因此其适用范围受到一定的限制,仅适用于连续发生债权的法律关系,如连续借贷关系、连续交易关系。根据我国《担保法》第 60 条的规定,借款合同可附最高额抵押合同;债权人与债务人就某项商品在一定期间内连续发生交易而签订的合同,也可以附最高额抵押合同。应指出的是,国外的最高额抵押并不仅限于上述两类合同,还包括长期租赁合同、交互计算合同和行纪合同等。

4. 简述转质。

【解答】所谓转质,是指在质权的存续期间,质权人经出质人同意或者以自己的责任,为担保自己的或者他人的债务,将出质人提供的质物交给自己的债权人或者质权人占有,从而成立一个新的质权的行为。转质的实质是质物的转占有,在一个质物上再设立一个质权。

根据成立条件和前提的不同,转质可以分为承诺转质和责任转质。前者是质权人经出质人同意而为自己或他人的债务设立新的质押,后者则没有经过出质人的同意设立的新质押。由于两者以是否经过出质人的同意为区分,承诺转质和责任转质的法律后果各不相同。前者对出质人有对抗效力,即出质人要承担转质带来的风险,并受到转质权的制约,转质权的质权优先于原质权人的质权。责任转质的风险则由质权人承担,质权人还负有赔偿因无权处分他人财物而造成损失的责任。承诺转质是尊重出质人意思自治的表现,责任转质则主要注重出质人的权利保护。物权法第 217 条明文承认了承诺转质,同时规定责任转质较重的责任承担,即质权人在质权存续期间,未经出质人同意转质,造成质押财产损毁、灭失的，应当向出质人承担赔偿责任。

5. 留置权的成立要件

【解答】留置权是一种法定担保物权，依法律规定而发生。只有具备法律规定的条件，债权人才享有留置权。

留置权成立的积极条件：(1)留置的财产须是债权人基于合同关系占有债务人的动产。(2)留置的财产必须与债权人的债权有牵连关系。(3)须债权已届清偿期。留置权以债权已届清偿期为其成立要件，但作为例外，其后颁布的最高人民法院《关于适用〈中华人民共和国担保法〉若干问题的解释》第112条则明确规定：债权人的债权未届清偿期，其交付占有标的物的义务已届履行期的，不能行使留置权。但是，债权人能够证明债务人无支付能力的除外。

留置权成立的消极条件：(1)当事人未约定排除留置权。(2)留置权的行使不违反法律规定或公序良俗。(3)留置权的行使与债务人所承担的义务不相抵触。

五、论述题

1. 试论动产质权的善意取得。

【解答】《物权法》第106条第1款、第2款规定了善意取得制度，同时在其第3款中扩展了该制度的适用范围："当事人善意取得其他物权的，参照前两款规定。"这里的"其他物权"理应囊括了动产质权，也就是说动产质权可以适用善意取得制度。

所谓动产质权的善意取得是指出质人以无处分权的他人财产而设定质权时，以质权人善意取得质物的占有为条件，承认质权效力。由于出质的动产一般是无登记或者无注册的财产，债权人往往无法审查出质人对质物是否具有所有权或者处分权，而往往从外观上判断。法律是否应该保护这种对外观判断的信赖呢？答案显然是肯定的。试想若质物移交债权人占有时，质权人并不知道出质人对质物没有处分权，事后质物真正的所有人可以追回质物，对善意取得人的损害是很大的，而且还可能影响质权人以后的交易。在以后的交易中，善意取得人或者选择穷尽力气确定出质人是不是真正的权利人，或者保守地选择不交易或少交易。无论哪种选择对善意取得人权利的保护和维护交易安全都是有害无益的。建立动产质权的善意取得制度的目的正是在于保护交易安全，保护质权人的合法权益。

在实践中，适用善意取得制度应当满足五个要件：

(1)标的物须为动产。在我国不动产不适用质押制度，权利质押也要背书“质押”字样或者办理登记，难以适用善意取得制度。而动产设立质押只需交付，有善意取得适用的空间。

(2)出质人应为动产的占有人。只有出质人为质物的占有人时，才发生质权人信赖善意的问题，从而适用善意取得制度。如果出质人根本不占有的质物，很难说质权人占有质物属于善意。出质人占有质物可以是借用、保管或者其他。但出质人必须是无权处分人，如果出质人有处分权，则质权人出质属于有权设定，自然不存在善意取得的问题。

(3)质权人已取得质物的占有。善意取得质权以质权人占有质物为要件，如果质权人为实际取得质物的占有不能认定其为善意取得。质权人实际占有质物包括出质人现实交付、交易交付、指示交付，但不包括占有改定。

(4)质权人占有质物须为善意。所谓善意，是指质权人不知道出质人无权处分，如果其知道或者应当知道出质人无权处分而接受其出质则应认为属于恶意。善意认定的节点应当为取得人占有质物时，若占有质物后才知道出质人无权处分，仍应认定善意取得质权成立。

(5)质权人占有质物须基于当事人的法律行为。即质权人占有质物依据的是双方签订的质押合同，如果当事人之间不存在质押合同关系，难以证明其占有质物属于因质押而占有。

质权人不知道出质人无权处分而取得质权，行使质权时必然给所有人造成损失，由于该损失是由无权处分人造成的，只能由出质人赔偿所有人由此造成的损失。

2. 试论留置权的法律效力。

【解答】留置权的法律效力包括两方面内容，即留置权的效力范围和效力表现。留置权的效力范围包括留置权所担保的债权的范围和留置权标的物的范围。留置权所担保的债权范围，原则上与其他担保物权所担保的债权范围相同，包括主债权及利息、违约金、损害赔偿金、留置物保管费用和实现留置权的费用。留置权标的物的范围，一般认为应包括留置物、留置物的从物、孳息和留置物的代位物。

留置权的效力表现包括留置权对留置权人和债务人（即被留置人）的效力，即留置权人的权利义务和债务人的权利义务。

(1)留置权人的权利义务。当留置权成立后，留置权人享有下列权利：①留置物的占有权。②留置物孳息收取权。③留置物的必要使用权。④留置物必要保管费用的返还请求权。⑤对留置物的变价权和优先受偿权。留置权人在享有上述权利的同时，必须承担下列义务：①留置物的保管义务。②不得擅自处分留置物的义务。③返还留置物的义务。此外，留置权人行使留置权不得违反社会公德，不得与留置权人承担的义务相抵触，对法律禁止流通物和禁止强制执行的财产不得留置和加以处分。

(2)债务人的权利义务。这主要表现在以下几方面：①保有对留置物的处分权。②承担因保管留置物而支出必要费用的义务。③承担不作为的义务。即债务人不得干扰、阻碍留置权人行使权利。

同时，留置权的效力还涉及留置权的对外效力，对此，物权法上明确规定：同一动产上已设立抵押权或者质权，该动产又被留置的，留置权人优先受偿。该项规定表明，在同一动产上，无论留置权是产生于抵押权或者质权之前，还是产生于抵押权或者质权之后，留置权的效力都优于抵押权或者质权。留置权对抵押权或者质权的优先效力不受其产生时间的影响。同时，留置权对抵押权或者质权的优先效力还不受留置权人在留置动产时主观是善意还是恶意的影响。

六、案例分析

1.2003年5月，A房地产开发有限公司向B银行借款5000万元，双方约定以A房地产开发有限公司所购买的一块位于市中心的土地作为抵押。抵押合同订立后，双方在有关部门办理了登记。由于该地块仅值500万元，B银行不放心，遂要求A房地产开发有限公司必须找第三人作担保。A房地产开发有限公司便请C信托投资有限公司和D建筑公司作保。C信托投资有限公司和D建筑公司同意担保。2003年6月15日，C信托投资有限公司负责人张某出具担保书，写明“愿对A房地产开发有限公司向B银行的借款负连带担保责任”，并签字盖公司章。D建筑公司则将其一块价值2200万元的土地作为抵押，担保A房地产开发有限公司向B银行的借款，并办理抵押登记。A房地产开发有限公司因为将借款挪作他用，不能在2004年5月借期届满后还款。B银行为避免抵押权实现的麻烦，便直接诉求C信托投资有限公司承担担保责任，偿还A房地产开发有限公司的银行借款5000万元并支付逾期利息。

请问：B银行直接诉求C信托投资有限公司偿还银行借款5000万元并支付逾期利息的主张是否可以成立？如果你认为B银行的诉求可以成立，请说明理由。如果你认为不能成立，请说明应如何处理及处理的理由。

【解答】本题涉及债务人提供物的担保与第三人提供物的担保

及第三人提供的保证并存时，债权人应该怎样实现债权的问题。

在本案中，B银行直接诉求C信托投资有限公司偿还银行借款5000万元并支付逾期利息的主张是不成立的。B银行应当先从A房地产开发有限公司提供抵押的土地中实现抵押权，然后再向第三人C和D主张未受清偿债权的余额。对于债权人B银行来说，担保人D和保证人C承担的是连带保证责任，债权人B对担保人D和保证人C主张保证责任无先后顺序之分。但建筑公司D仅以其提供抵押的土地为限清偿。当建筑公司D和信托投资有限公司C承担了保证责任之后，可以向债务人A追偿。理由如下：

(1)当债务人对债提供了物的担保与第三人对债提供了物的担保和人的担保三种担保并存时，根据《担保法》第5条以及《担保法解释》第38条的规定，债权人应当先在债务人提供的物的担保范围内优先受偿。

(2)债权人对其未受清偿的余额得以向第三保证人和第三担保人主张受偿。第三人提供的物的担保与人的保证并存时，在外部关系来看，即对于债权人来说，依《担保法解释》第38条的规定，物保人与保证人负连带责任，被执行顺序上不存在先后之分。但在第三人C和D内部的份额上，因为抵押人建筑公司D提供的土地抵押价值低于债务未受清偿的债务均额，所以建筑公司D仅在提供抵押的土地实际价值范围内承担担保责任。

当保证人C和担保人D代为清偿债务之后，可以在其承担保证责任的范围内向债务人追偿。

2.冯某系养鸡专业户，为改建鸡舍和引进良种鸡需资金20万元。冯某向陈某借款10万元，以自己的1套价值10万元的音响设备抵押，双方立有抵押字据，但未办理登记。冯某又向朱某借款10万元，以该音响质押，双方立有质押字据，并将音响设备交付于朱某占有。冯某得款后，改造了鸡舍，且与县良种站签订了《良种鸡引进合同》。合同约定：良种鸡款共 2 万元，冯某预付定金 4000 元，违约金按合同总额的 10%计算，冯某以销售肉鸡的款项偿还良种站的货款。合同没有明确约定合同的履行地点。后县良种站将良种鸡送交冯某，要求支付运费，冯某拒绝。因发生不可抗力事件，冯某预计的收入落空，冯某因不能及时偿还贷款和支付货款而与陈某、朱某及县良种站发生纠纷。诉至法院后，法院查证上述事实后又查明：朱某在占有该设备期间，不慎将该设备损坏，送蒋某修理，朱某无力交付蒋某的修理费 1 万元，该设备现已被蒋某留置。问：

(1)冯某与陈某之间的抵押关系是否有效？为什么？

(2)冯某与朱某之间的质押关系是否有效？为什么？

(3)朱某与蒋某之间存在什么法律关系？

(4)陈某要求对该音响设备行使抵押权，朱某要求行使质押权，蒋某要求行使留置权，应由谁优先行使其权利？为什么？

【解答】(1)冯某与陈某之间的抵押关系有效。根据担保法第 43 条的规定，当事人以其他财产抵押的，可以自愿办理抵押物登记，抵押合同自签订之日起生效。当事人未办理抵押物登记的，不得对抗善意第三人。

(2)冯某与朱某之间的质押关系有效。由于冯某与陈某之间的抵押合同未办理抵押物登记，抵押合同不得对抗善意第三人。《物权法》第 212 条规定，质权自出质人交付质押财产时设立。由于冯某与朱某之间立有质押字据，并将该设备交与朱某占有，故质押关系有效。

(3)朱某与蒋某之间存在承揽合同关系(修理合同关系)和留置权法律关系。

(4)根据《物权法》第 239 条的规定，对该设备，应由蒋某优先行使其权利。因为留置权是为了恢复标的物本身价值而发生的权利，在各担保权中应最优先。

3.1月6日，甲公司与某信用社签订了为期3个月的借款合同，借款金额30万，乙公司以价值33万元的动产作质押担保。借款逾期后，甲公司未还分文。6月6日，乙公司给信用社书面通知，其内容为：因质物有降价的趋势，请贵社在7月1日前及时行使权利，否则，由质物降价而造成我公司所受的损失，贵社负赔偿责任。信用社接此通知后，至8月1日与乙公司就质物折价。按此时市场行情双方协商将质物折价为21万元。出质人乙公司认为信用社在接到通知后，怠于行使权利致使质物价值下跌12万元，应由信用社负赔偿责任。而信用社拒绝赔偿，形成纠纷，乙公司将信用社诉至人民法院。问：

(1)动产质权的实行方法有哪些？

(2)乙与信用社之间的质押合同是否有效？

(3)人民法院是否应该支持乙公司的请求？

【解答】(1)质物折价、拍卖或者变卖质物，根据是《物权法》第224条第1款。

(2)乙与信用社之间的质押合同有效。

(3)人民法院应该支持乙公司的请求。根据《物权法》第224条第2款“出质人请求质权人及时实现质权，因质权人怠于行使权利造成的损害的，由质权人承担赔偿责任”及《担保法解释》第95条第2款“债务履行期间，出质人请求质权人即时行使权利，而质权人怠于行使权利致使质物价格下跌的，由此造成的损失，质权人应当承担赔偿责任”。

4.张某将某贵重物品A出质给陈某，以担保欠陈某的8万元钱，还款截止到2006年7月20日。后陈某经张某同意，将质物A转质给李某，以担保陈某欠李某的7万元借款，还款截止日期2006年6月22日。在2006年6月23日，陈某无法清偿对李某的借款，于是李某准备采取拍卖质物A的方式优先受偿，但是遭到张某的阻拦，张某认为A属于自己所有，首先担保的是自己对陈某的借款，李某无权拍卖。双方发生争执，诉至人民法院。人民法院应该如何裁判？请分析。

【解答】本案涉及承诺转质中，转质权相对于原质权的优先效力。

根据《物权法》和最高人民法院《关于适用〈中华人民共和国担保法〉若干问题的解释》的相关规定，承诺转质中，转质权在效力上由于原质权，即原质权人的权利要受到转质权人的权利的制约，这种优先效力还表现在：转质权人对质权人的债权若已届清偿期，则无论债权人的债权是否届期，转质权人均可直接行使质权，从质物变价中优先受偿。

在本案中，质权人陈某经出质人张某同意而转质给李某，成立承诺转质，李某为转质权人。李某的权利优先于陈某的权利，当李某的债权已届清偿期时，李某有权就质物优先受偿，而不问陈某与张某之间的债权是否已届清偿期。所以，此时张某出来阻拦李某实现质权，没有法律依据，人民法院应当不予支持。

第三部分　拓展与探讨

＊抵押合同的订立与抵押权的设定之区分

我国《物权法》第 15 条规定："当事人之间订立有关设立、变更、转让和消灭不动产物权的合同，除法律另有规定或者合同另有约定外，自合同成立时生效；未办理物权登记的，不影响合同效力。"第 187 条规定："以本法第一百一十八条第一款第一项至第三项规定的财产或者第五项规定的正在建造的建筑物抵押的，应当办理抵押登记。抵押权自登记时设立。"第 188 条规定："以本法第一百一十八条第一款第四项、第六项规定的财产或者第五项规定的正在建造的船舶、航空器抵押的，抵押权自抵押合同生效时设立;未经登记,不得对抗善意第三人。”

以上规定涉及物权行为的理论问题。物权行为是发生物权变动效果的法律行为。只有物权的意思表示(如转移标的物)与形式(如动产交付或者不动产的登记)相结合,才构成物权行为。曾经有很长一段时间,我国民事立法并没有区分物权行为和债权行为的效力,结果造成了民法理论与立法规范上的混乱。物权法分清了物权行为与债权行为的效力:(1)不论是不动产还是动产抵押合同,均为要式合同,双方在合同书上签字或者盖章,即成立并生效,除非法律另有规定或者合同另有约定如附条件或附期限外。(2)不动产抵押、动产浮动抵押合同生效后的效力体现在:抵押人必须依法办理抵押登记,否则将构成违约;其他动产抵押合同生效后的效力则体现在:抵押人有依约定办理抵押登记的义务,否则也构成违约。(3)办理抵押登记手续后,不动产抵押权成立且立即生效。抵押登记是抵押权而非不动产抵押合同的生效要件。这样,在立法上就区分了不动产抵押合同与不动产抵押权的生效要件,使得债权行为和物权行为的界限清晰下来。

*** 抵押物的转让问题**

抵押期间,抵押人可以转让抵押物。但转让抵押物,抵押人应尽两个义务:一是经过抵押权人的同意(《物权法》第 191 条,《担保法》第 49 条原来规定告知抵押权人即可);二是告知受让人(告知受让人的依据是《合同法》第 150 条的权利瑕疵担保义务)。但是,实践中存在的问题是,未经过抵押权人同意的抵押物转让,其行为效力如何?为了清楚展现这一法律问题的复杂性,特分几种情形分别讨论:

1. 已经登记的不动产、动产(不包括第 181 条所规定的动产浮动抵押之动产)的抵押权。已经登记的不动产、动产抵押权不仅有效,而且具有对抗第三人的效力。但是,这并不能得出未经债权人同意的抵押物转让行为当然无效的结论。唯有那些已经损害债权人优先受偿权的擅自转让行为，经债权人主张且经过人民法院判决认定无效的，方为无效。如果不损害债权人优先受偿权的擅自转让行为，则并非当然、绝对无效，存在以下几种情形：(1)《物权法》第 191 条第 2 款之规定，即抵押期间，抵押人未经抵押权人同意，不得转让抵押财产，但受让人代为清偿债务消灭抵押权的除外；(2)抵押人擅自转让抵押物后，将所得价款向抵押权人提前清偿或者提存。如果抵押人擅自转让抵押物后，携款逃匿或者以明显低价擅自转让抵押物，损害债权人优先受偿权的，债权人才有必要也有权利请求法院确认抵押人的转让行为无效。

2. 动产浮动抵押中，抵押权人不得对抗特定买受人。依据《物权法》第 189 条第 2 款规定，已经设立抵押并登记的动产未经抵押权人同意而被转让的，原则上亦适用上述规则。但有一个特殊规则是：不得对抗在经营活动中已经支付合理价款并取得抵押财产的买受人。

3. 未登记的动产（包括动产浮动抵押中的动产）抵押权。动产抵押未予登记的，抵押权有效但不得对抗第三人。

*** 关于动产质权设定中的“交付”方式**

如我们所知，动产质权须交付质物方能设定。即动产质权的公示方法为占有与交付，其中，占有是在物权静态情况下公示占有人权利的存在，而交付则主要是在物权动态的情形下公示物权的变动。

交付可以分为现实交付和观念交付。一般所讲的交付，指的是现实交付，又称直接交付，即一方将物的直接占有转移给另一方的行为。此种交付，一般自动产转移给受让人占有时完成。现实交付，可以是受让人自提标的物，也可以是让与人送交标的物。现实交付还有委托交付和拟制交付两种形式。委托交付，顾名思义，委托他人交付。拟制交付，是指让与人将代表标的物权利的凭证交付给受让人，交付即告完成的交付方式。现实交付理应成为质权设定中交付的方式。

观念交付是对现实交付的变通，是在特殊情形下，法律允许当事人通过特别的约定，不现实交付动产而采用变通的或者观念上转移标的物的权利的交付方式。它有三种形式。其一，简易交付，指受让人让与动产之前，基于某种法律关系已占有标的物，并于让与合同成立时，发生所有权移转的效力。指示交付，是指在交易标的物为第三人占有的场合，出让人与受让人约定，出让人将其对占有人的返还请求权转移给受让人，由受让人向第三人行使权利，以代替现实交付的方式。占有改定，是指让与人转移所有权后，仍继续占有该物，依照当事人之间订立的合同，使受让人因此而取得直接占有，以取代现实交付。可见，以上三种交付方式颇为便捷和经济，可以简化交易的程序、降低交易成本。简易交付中，质权人已经占有了质物，实际上达到了现实交付的效果，应当承认交易交付也可以作为质权设定中交付的方式。但观念交付中的指示交付与占有改定，毕竟没有伴随标的物占有的转移，不具备完整的公示作用，公信力也大打折扣。为维护交易的安全，法律上通常有必要对其适用及引起物权变动效果予以适当的限制。

先看指示交付，指示交付应当通知第三人，告知第三人质物已经出质的情形，该第三人在接到通知后即向质权人交付，而不得继续向出质人交付，否则构成侵权。质押通知到达第三人后，才对第三人发生效力。由此，也应当认定指示交付为质押设定中的交付方式。

再看占有改定，在占有改定中，质权人没有现实地占有质物，如果承认这种方式设定的质权是合法有效的，基于质权的欠打物权效力，很容易给交易第三人的利益造成不测损害，进而危及交易安全。所以我国法律不承认以占有改定方式设定质押。可以看出，禁止的理由在于第三人利益的保护和交易安全的维护。在不涉及第三人的场合，也就无所谓交易安全的维护，此时是否应当承认质押成立呢？其一，从质押设定的目的来看，出质人和质权人达成合意，以质物保障债权的实现，并无可指责之处。其二，从充分发挥质物效用的角度来看，也应当承认占有改定作为质权成立的方式。例如，出质人甲与质权人乙约定，以甲所有的高级音响设定质押，因质物于乙无用而甲急需音响，两人约定音响不转移占有，仍由甲占有，就该种质押在不涉及第三人利益时，似乎不应当否定质押的效力。那我国法律为什么否定占有改定作为质押设定的方式呢？细看不难发现，这种形式的质押，实际上是抵押，甲以自有之物不转移占有地为自己的债务设定担保，符合抵押的构成要件。依据物权法定原则，应当否定占有改定形式设定的质押，而应当认定为抵押。所以，我国法律否定以占有改定方式设定质押不是否定当事人意思自治的结果，而是实践物权法定原则的效果。

*** 留置标的物的限定：同一法律关系说评析**

1. 关于牵连关系的学术争议

留置权的设立，不仅需以债权人占有债务人的财产为必要，而且还需债权人所占债务人的财产与其债权的发生具有牵连关系，此为各国立法对留置权设立的共同要求。但究竟何为“牵连关系”，对此各个国家和地区有不同的立法例和主张。

一种是德国立法例，又称债权与债权有牵连说。该说主张，债权人在占有的债务人的物上能否成立留置权，取决于债权人的债权与相对人物的返还请求权之间是否存在牵连关系。依德国民法典第 273 条的规定，债权人的债权和相对人物的返还请求权因同一标的物而发生，才能产生留置权。法国民法也采债权之间有牵连关系的主张，但其牵连关系只限于两个相对应的请求权产生于同一合同关系，否则不能成立留置权。应当指出的是，法国民法上规定的留置权制度，仅为双务契约同时履行抗辩权的特例。

另一种为瑞士立法例，又称债权与标的物有牵连关系说。此说认为，债权人的债权与其占有的标的物之间有牵连时，才可成立留置权。瑞士、日本及我国台湾地区立法均采用这种主张。瑞士民法典第 895 条第 1 款规定："债权已到期，按其性质该债权与留置的标的物有关联时，债权人在受清偿前，得留置经债务人同意由债权人占有的财产或有价证券。"日本民法典第 295 条第 1 款规定："他人物的占有人，就该物产生债权时，于其债权受清偿前，可以留置该物。"我国台湾地区民法第 928 条仿瑞士、日本立法例，作了类似的规定。

通说认为，债权的发生与该动产有牵连关系，这种牵连关系有三种：(1)债权是由该动产本身发生的。例如台湾地区民法第 596 条规定：受寄人因寄托人之性质或瑕疵所受之损害，对寄托人有损害赔偿请求权。这种损害赔偿债权是由寄托物所生，因而在寄托人未为赔偿前对寄托物有留置权。(2)债权与交付该动产的义务是由于同一法律关系发生的。(3)债权与交付该动产的义务是由于同一事实关系而发生的。以上是就普通当事人间的留置权而言，如双方当事人都是商人，因商业关系而占有对方的动产，并因营业关系而生有债权时，则不问有无上述情况，法律规定均视为有牵连关系，可以成立留置权。例如，《瑞士民法典》第 895 条第 2 款规定："商人间因营业发生的债权和占有之财产之间的关联，仅以因营业取得占有为必要。"我国台湾地区"民法"第 929 条规定："商人间因营业关系而占有之动产，及其因营业关系所生之债权，视为有前条所定之牵连关系。"此外，《德国商法典》第 369 条和《日本商法典》第 521 条也有相类似的规定。由此可见，商事留置权的范围较民事留置权广。

2. 我国物权法的"同一法律关系说"

牵连关系的概念过于模糊，范围不确定，法律适用中容易产生分歧。因此，我国物权法没有采用牵连关系的概念，而是明确规定，留置财产应当与债权属于同一法律关系。采用了留置财产与债权属于同一法律关系的直接关联模式，对牵连关系的构成作了较为严格的限制。同时，由于在商业实践中，企业之间相互交易频繁，追求交易效率，讲究商业信用，如果严格要求留置财产必须与债权的发生具有同一法律关系，则有悖交易迅捷和交易安全原则，因此，我国物权法同时规定，企业之间留置的财产，可以不与债权属于同一法律关系，承认了商事留置权。

第五章

占有制度

第一部分 重点与难点

【本章重点】

占有 民法占有 自然占有 占有权利 占有制度 占有事实 自主占有 他主占有 有权占有 无权占有 直接占有 间接占有 善意占有 恶意占有 无过失占有 过失占有 有瑕疵占有 无瑕疵占有 共同占有 和平占有 强暴占有 公然占有 隐秘占有 持续占有 权利占有 事实占有 占有的原始取得 占有的继受取得 占有推定效力

【本章难点】

1. 占有的属性

占有,是指占有人对物的实际控制和管领力的事实。对于占有的内涵和性质,无论是民法理论上还是物权法的立法上都有不同的认识和主张。主要有事实说、权利说、权能说三种。一是“事实说”,认为占有是一种物的事实状态,即为人所支配(控制、管领的事实),这一概念具体体现在罗马法和日耳曼法中。马克思认为,私有财产的真正基础,即占有,是一个事实,是不解释的事实,而不是权利。只是由于社会赋予实际占有以法律的规定,实际占有才具有合法的性质,即私有财产的性质。二是“权利说”。认为权利的要素一为利益,二为法律保障。占有是占有者得利用其物,并受令状(诉讼的保护),使自己具备了权利的要件。日本法、英美法作以规定。三是“权能说”。苏联民法中，占有被视为是所有权的一项权能。对于以上三说，通说以事实为其主张。我国物权法确立占有制度，并明确规定，给予合同关系等产生的占有，有关不动产或者动产的使用、收益、违约责任等，按照合同约定，合同没有约定，或者约定不明确的，依照法律有关规定。这是我国物权立法上第一次确立占有制度，是物权立法上的一个重大突破和进步。

2.占有的效力

所谓占有的效力，是指占有所具有的法律上的证明力和强制力。也就是说，法律为了平衡占有关系中各主体的权益而对其权利义务所作的强制性配置。占有的效力主要体现了对占有人的保护，同时也兼顾了真正的权利人乃至社会整体之利益。占有的效力，从理论上主要包括占有的状态推定效力、占有的权利推定效力、时效取得的效力、善意取得的效力、占有人的权利义务等内容。这里，仅从我国物权法有关占有的效力的规定的介绍，了解占有效力状况：

(1)占有人的权利和义务

占有人的权利与义务，包括有权占有人的权利义务和无权占有人的权利义务，在无权占有中，又包括善意占有人的权利义务和恶意占有人的权利义务。在通常情况下，有权占有人可依照其权利而不必借助占有进行自我保护，所以，我国物权法的“占有章”主要是从无权占有中的善意占有和恶意占有两个方面对其权利义务加以规定，以期对此两类社会生活中常见的无权占有作出更加有效的规范。

①有人的损害赔偿责任。《物权法》第242条规定，占有人因使用占有的不动产或者动产，致使该不动产或者动产受到损害的，恶意占有人应承担赔偿责任。

②善意占有人负有返还占有物的义务并享有费用求偿权。对于善意占有人，由于属于无权占有性质，因此，在真正权利人提出

请求返还占有物时,善意占有人同样负有返还占有物的义务。物权法第243条规定,不动产或者动产被占有人占有的,权利人可以请求返还原物及其孳息。但应当支付善意占有人因维护该不动产或动产支出的必要费用。所谓必要费用,是指为了妥善保管占有的不动产或动产,使其保持原有的效用,避免占有物毁损、灭失而支出的费用,如对占有物的修缮费、饲养费、保管费等。

③占有人负有赔偿损失的义务。当占有物因可归责于占有人的原因而毁损、灭失时,善意占有人负有向权利人赔偿损失的责任。物权法第244条规定,占有的不动产或者动产毁损、灭失,该不动产或者动产的权利人请求赔偿的,占有人应当将因毁损、灭失获得的保险金、赔偿金或者补偿金返还给权利人;权利人的损害未得到足够弥补的,恶意占有人还应当赔偿损失。依此规定,因善意占有的不动产或者动产的毁损、灭失,权利人所请求损失赔偿的不是该占有物的全部损失的赔偿责任,而是将该占有物的毁损、灭失所获得收益返还给权利人。这样处理完全符合善意占有人的善意占有性质和返还原物原则。

(2)占有的推定效力

所谓占有的推定效力,是指法律为了更好地保护占有人的利益,实现占有制度设立之宗旨,而作出在无相反证明的情况下,推定占有人之占有为无瑕疵占有或其占有所产生的各种权利外象具有真实权利基础的规定。占有的推定效力包括占有的状态推定效力和占有的权利推定效力两类。

①占有的状态推定效力。这是指在非有他人举出有力的反证证明时,法律上推定占有人的占有为自主占有、善意占有、和平占有、公然占有、继续占有。《物权法》一审(草案)规定:占有人属于善意占有或者恶意占有不明的,推定为善意占有。虽然十届五次人代会通过的物权法对此未作规定,但并不因此否定状态推定效力制度,以及它对取得时效产生直接、重大的影响,因而成为取得

时效的成立要件。但占有状态的推定既然属于推定，当然可以以反证推翻，由意图推翻善意占有之推定者承担举证责任。

②占有的权利推定效力。这是指占有人于占有物上行使之权利，推定其具有适法的权利。占有的权利推定，是占有的最主要效力。这是因为，在现代民法中，占有是权利变动的要件，是权利的外观，占有存在时，通常都有实质或真实的权利为其基础，基于这种盖然性而赋予占有以权利推定的效力，更加集中地体现了占有制度的社会功能。物权法一审（草案）定有条款规定：不动产或者动产的所有权人不明的，占有该不动产或者动产的占有人，推定为所有权人。但通过的《物权法》未作有规定，而这一占有的权利推定效力的理论原则仍然是司法实践处理占有权利争议的一项法律原则。

3.准占有的性质

准占有制度源于罗马法，产生于人役权中的用益权，罗马法赋予用益权人以占有人在法律上的所有保护，但却拒绝给予"占有"名分。认为对用益权不构成占有，对其加以保护只是占有保护的扩张，因此称为"准占有"。以便与占有相区别。世界各国立法对准占有持不同的态度和做法，我国台湾学者认为，对于财产权有事实上之管领力者，社会上常予以信赖，基于维护社会之和平秩序之需要。自与占有保护具有相同的必要性，故承认准占有制度。梁慧星教授亦认为，权利的占有人如果具有使他人足以信其享有该权利的表象并且事实上行使该项权利，亦应加以保护，其目的同样是为了保护社会的和平秩序。可见，准占有是指对所有权以外的物权的占有，又称为权利占有。其立法目的在于扩大和强化对权利事实行使者的保护，从而维护社会和平秩序之稳定。但是我国物权法对准占有制度未作规定。

第二部分 思考与练习

一、选择题

1. 下列占有人属于间接占有的是(　　)。

A. 质权人　　B. 承租人

C. 出质人　　D. 抵押人

【解答】应选 C。间接占有是指占有人虽然自己不对物直接占有,但对于直接占有该物的人具有返还请求权,从而间接地对该物具有管领支配的作用。质权人、承租人、抵押人均为直接占有人,出质人为间接占有人。

2. 在现代民法上,占有作为一种独立于所有权和他物权的法律制度,其下列表述正确的是(　　)。

A. 所有权人的占有不受占有制度的保护

B. 只有非所有权人的占有受占有制度的保护

C. 只有非法占有受占有制度的保护

D. 所有权人的占有及非所有权人的合法占有、非法占有均受占有制度的保护

【解答】应选 D。在现代民法上,占有作为独立于所有权和他物权的一项制度,无论所有权人的占有,还是非所有权人的合法占有、非法占有等均受占有制度的保护。应当注意的是,我国《民法通则》及相关法律规定,只将占有作为所有权的一项权能加以规范,并未承认占有作为一项独立的制度。

3. 占有是在事实上对物的管领和控制,因此不要求占有人有占有物的权利,下列属于占有的是(　　)。

A. 主人请客,客人对餐具的占有

B. 时装模特为展示衣装,对展示衣装的占有

C. 土地承包经营权人因使用土地而对土地的占有

D. 顾客挑选货物而对货物的临时占有

【解答】应选 C。占有是事实上对物的管领和控制，至于根据什么标准确定占有人对物事实上控制和管领，应当从人对物的空间、时间支配来确定。在空间上，物应当居于人的力量作用的范围内，始为占有；在时间上，人对物的某种支配应当持续一定时间方为占有，仅为暂时的接触，不为占有，而为持有。本题中，ABD 选项中只为暂时的接触，为持有而不为占有，C 选项为占有。

4. 甲去朋友家做客，不慎将手机遗忘在乙家，乙发现后没有通知甲，而是自用。一周后，乙将手机丢失，后来甲得知此事，要求乙返还手机，乙不愿返还，为此引起纠纷。以下说法正确的是（　　）。

A. 甲无权请求赔偿，因为乙是无因管理

B. 甲无权请求赔偿，因为乙是善意占有人

C. 甲无权请求赔偿，因为乙是保管人

D. 甲有权请求赔偿，因为乙是恶意占有人

【解答】应选 D。本题中 A 选项所说无因管理必须是为了他人利益，题面交代材料表明乙不是为了甲的利益而保管手机，而是为了自用而未通知甲。同理，B 选项中认为乙为善意占有人不能成立。C 选项中认为乙是保管人亦不能成立。乙的行为构成恶意占有，因此应赔偿甲所受到的损失。

5. 下列受法律保护的占有类型有（　　）。

A. 所有人占有其所有物

B. 善意取得人对物的占有

C. 恶意取得对物的占有

D. 侵占人对物的占有

【解答】应选 AB。本题涉及受法律保护的占有问题。所有人的占有、善意取得人的占有受法律保护应无疑问。恶意取得人的占有不受法律保护，侵占人的占有实质上是一种侵权行为，也不受

法律保护。

6. 下列占有中，属于间接占有的是（　　）。

A. 出质人对质物的占有

B. 寄存人对保管物的占有

C. 承租人对承租房屋的占有

D. 质权人对质物的占有

【解答】应选 AB。间接占有是指基于一定的法律关系对于事实上占有物的人有返还请求权，因而间接对物的占有。间接占有的特点在于，占有人与直接占有人之间存在特定的法律关系，基于这种法律关系，间接占有人对于直接占有人享有返还请求权。本题中，AB 选项属于间接占有，CD 选项属于直接占有。

7. 下列占有中，属于有权占有的是（　　）。

A. 典权人对于典物的占有

B. 留置权人对留置物的占有

C. 拾得人对于遗失物的占有

D. 质权人对于质物的占有

【解答】应选 ABD。有权占有是指基于本权对物进行占有。无权占有是指无本权的占有。典权人、留置权人、质权人的占有均是基于本权而享有的占有，而遗失物拾得人对遗失物的占有是无本权的占有。

8. 以下占有属于善意占有的是（　　）。

A. 甲受乙之托照看乙的自行车

B. 甲捡到钱包之后等待失主前来认领

C. 母亲在收拾孩子的房间时发现一本新书，以为是自己的孩子买的（其实是自己的孩子向他人借的），便放在自己的房间里

D. 甲趁乙不在，将乙的笔拿回自己的家中

【解答】应选 BC。本题 A 选项为有权占有，BC 选项为无权占

有中的善意占有，D 选项为恶意占有。

9. 下列哪种情况不属于占有？（　　）

A. 甲从乙处捡到手表一块

B. 丙从商店买到手机一部

C. 乙的自行车存放在戊家中

D. 丁帮别人提包，但不知道包内有毒品

【解答】应选 D。A 属于恶意占有，B 属于自主占有，C 属于间接占有，D 属于持有而非占有。

10. 承租人对承租物的占有属于（　　）。

A. 自主占有　　B. 他主占有

C. 善意占有　　D. 恶意占有

【解答】应选 B。根据占有人在主观上对占有财产是否属于自己所有意思分别为自主占有和他主占有。

11. 下列关于占有说法正确的有（　　）。

A. 占有是物权的一种

B. 占有动产是善意取得的必要条件

C. 占有是动产所有权移转的标志

D. 占有只是一种状态，不受法律保护

【解答】应选 B。占有指对物在事实上的占领、控制，空间上该物处于占有人的力量作用的范围；时间上占有人对物的支配应持续一定时间。占有只是一种事实状态，不是权利。但法律依然对它进行保护，是因为占有物，特别是占有动产，可以产生一种公示作用，为了保护人们对这种状态的信赖，法律才特设占有制度对占有进行保护。善意取得制度是动产原始取得的一种方式，要求转让人已经移转占有给善意取得人，至于占有是直接占有还是间接占有，在所不问。所有权转移的标志因为动产和不动产而不同，在动产为交付，在不动产为登记。占有与此没有任何关系。

12. 以下关于占有的说法正确的是(　　)。

A. 甲散步时拾得一个小包，拿回家后，发现里面装的是手枪，甲获得对手枪的占有

B. 甲善意占有一个彩电，后将彩电移转于乙，乙必须合并占有

C. 甲将自己偷来的电脑放在家中，一个月后，转手给乙，乙如果合并占有，可以承受甲占有时的瑕疵，也可以不承受

D. 乙通过继受取得对房屋的占有，其前手甲占有有瑕疵，如果乙要合并占有，必须承受其瑕疵

【解答】应选 D。占有是受法律保护的一种事实状态，与持有不同。持有也是一种事实状态，但不受法律保护。占有的标的物必须合法，手枪是禁止流通物，不能成为占有的客体，但可以成为持有的对象。通过继受取得方式获得占有，后手即现在的占有人，可以合并占有也可以不合并占有。但需要注意，主张合并占有人只能是继承人或者继受人，通过原始取得方式获得占有的人无权主张；合并占有可以是直接前手的占有，但必须承继其瑕疵，不得主张剔除其瑕疵后合并占有。占有的合并经常发生在取得时效制度使用中。同理，占有的前手可以主张占有的分离。

13. 质权人对质物的占有属于(　　)。

A. 有权占有　　　　B. 无权占有

C. 自主占有　　　　D. 他主占有

【解答】应选 AD。有权占有是指占有人对物的管领、控制和支配符合法律规定受到法律保护的占有。他主占有是指占有人不是将占有的财产作为自己所有的财产的主观意志而形成的占有。

14. 可以成立占有关系的有(　　)。

A. 专利权　　　　B. 没收的赃物

C. 地役权　　　　D. 汇票

【解答】应选 BD。这道题涉及对占有概念的理解。占有是指对物在事实上的占领、控制。因此，占有的客体只可能是物，对于不因物之占有而成立的财产权，如专利权和地役权等，不能成立占有。只要是物，无论是动产还是不动产，无论是公有物还是私有物，均可以成立占有。

15. 以下甲属于直接占有的有（　　）。

A. 甲将买来的彩电一台置于乙家后甲对彩电的占有

B. 出租人甲将房屋出租给乙后甲对房屋的占有

C. 质权人甲对于质物的占有

D. 甲负责保管乙的财产

【解答】应选 CD。直接占有和间接占有是依照占有人是否直接占有标的物为标准对占有进行的分类。对标的物有直接的事实上的管领力，是直接占有；相应的，仅仅间接地对标的物进行支配的是间接占有。直接占有通常包括质权人对质物的占有，承租人对租赁物的占有以及保管人对保管物的占有。间接占有通常包括出质人对质物的占有，出租人对租赁物的占有以及委托人对保管物的占有。这两者的区别在于间接占有不能脱离直接占有而存在。

16. 有关占有制度，下列说法正确的是（　　）。

A. 占有是一种事实状态

B. 占有人无须对占有事实负举证责任

C. 法律推定占有人对占有物行使的权利合法

D. 推定占有人是以所有人的意思而占有

【解答】应选 ABCD。占有是对物在事实上的占领、控制，这是一种事实状态，而不是一种权利类型。基于占有具有一定的公示作用，对社会生活有一定的影响，对于占有，法律有以下推定：占有人无须对占有的事实负举证责任，而且推定占有人是以所有人的意思而占有，有占有证据的推定其继续占有；同时还推定占有人对占有物行使的权利合法。

17. 乙受甲的委托，暂时保管甲的财务，但被丙强行夺走。下列说法正确的有（　　）。

A. 甲有权要求丙将财物返还给自己

B. 甲只能要求丙把财物返还给乙，而不能直接给自己

C. 乙可以占有为基础要求丙向其返还财物

D. 乙无权要求丙返还财物给甲

【解答】应选 ACD。乙占有甲的财物，是基于保管合同，从物权法的角度来看，乙是有权占有人。法律上赋予占有人一些权利，以保护他们的占有不受任意侵害。一方面，占有人可以对侵夺或者破坏其占有利益的人进行防御，排除妨害；另一方面，占有的标的物被人侵夺后，可以要求对方返还，取回占有物。所以乙有权基于其对财物的占有而要求返还。所有人甲可以依据所有权的要求要求丙返还财物，既可以直接还给所有权人自己，也可以返还给占有人乙。

18. 以下乙属于有权占有的情形有（　　）。

A. 乙占有甲出质的笔记本电脑

B. 甲称自己偷窃得来的财物为自己经营所得而交乙保管，乙深信不疑并为其保管

C. 甲擅自将丙委托保管的彩电转卖给乙

D. 乙因甲不支付修理费而留置甲送修的手表

【解答】应选 AD。本题考查的是占有的一种分类。有权占有是指占有人基于法律上的原因进行占有，受到法律保护；无权占有就是没有法律上的原因进行占有，不受法律保护。设定质权需要移转质物的占有，A 项中，乙作为质权人占有质物，符合法律规定，因而有权占有；D 项中乙占有甲的手表是其依法行使留置权的结果，也是有权占有。B 项中虽然乙主观上不知情，但是由于该物系赃物，而非一般的遗失物。故乙仍为无权占有，被盗人既可以要求

甲返还,也可以要求乙返还。C项中甲的行为属于无权处分,依照我国《合同法》第51条的规定,无权处分的行为属于效力待定的行为,因此乙不属于有权占有。

19. 以下不属于善意占有的是(　　)。

A. 乙以为甲偷窃得来的财物为甲经营所得而进行保管

B. 甲在雨天拿错了雨伞但并未发觉

C. 甲占有其抢劫来的财物

D. 甲外出错拿了别人的包,但被第三人当场指出

【解答】应选CD。善意占有与恶意占有是对无权占有的进一步分类。善意占有是指误信为有权占有而进行的占有;恶意占有是指明知为无权占有仍为占有。各国法律区分善意占有和恶意占有并赋予不同的法律后果。

20. 以下说法正确的是(　　)。

A. 甲因先占而取得对手表的直接占有

B. 乙继承其父的遗产,获得对父亲遗产的占有

C. 丙和他人签订转让合同获得对合同标的物的占有

D. 丁拾获一钱包,获得对钱包的占有

【解答】应选ABCD。与权利的取得一样,占有的取得方式也可以分为两类,原始取得和继受取得。原始取得就是非基于他人的权利而取得的占有,主要有无主物的先占、遗失物的拾得、漂流物的取得等,这些方式往往与所有权的原始取得分不开,一旦占有该物,就获得相应的所有权。但是我国《民法通则》第79条第2款规定:“拾得遗失物、漂流物或者失散的饲养动物,应当归还失主。”由此可见,在我国拾得人只能获得占有,而不能获得所有权。占有还可以继受取得,也就是基于他人的权利而取得占有,占有不具有专属性,往往双方可以通过法律行为移转占有或者因为继承而获得占有。

二、判断题

1.占有人因使用占有的不动产或者动产，致使该不动产或者动产受到损害的，占有人应当承担赔偿责任。

【解答】错误。根据《物权法》第242条的规定，恶意占有人应当承担赔偿责任。

2.占有的不动产或者动产毁损、灭失，该不动产或者动产的权利人请求赔偿的，占有人应当将因毁损、灭失取得的保险金、赔偿金或者补偿金等返还给权利人；权利人的损害未得到足够弥补的，恶意占有人还应当赔偿损失。

【解答】正确。根据《物权法》第244条的规定。

3.占有人返还原物的请求权，自侵占发生之日起两年内未行使的，该请求权消灭。

【解答】错误。根据《物权法》第245条第2款的规定，占有人返还原物的请求权，自侵占发生之日起一年内未行使的，该请求权消灭。

4.不动产或者动产被占有人占有的，权利人可以请求返还原物及其孳息，但应当支付占有人因维护该不动产或者动产支出的必要费用。

【解答】错误。根据《物权法》第243条的规定，应当支付善意占有人因维护该不动产或者动产支出的必要费用。

5.基于合同关系等产生的占有，有关不动产或者动产的使用、收益、违约责任等，按照合同约定；合同没有约定或者约定不明确的，依照有关法律规定。

【解答】正确。根据《物权法》第241条的规定。

6.刘小五将自己的电脑交由小赵保管，刘小五是直接占有人，小赵是间接占有人。

【解答】错误。刘小五是间接占有人，小赵是直接占有人。在所有人与非所有人之间，因为法律行为转移占有后，原所有人成为物的间接占有人，合法占有人成为物的直接占有人。

7. 甲乙是夫妻，拥有一处多余的房产，甲（丈夫）擅自将该房屋出租给丙，并向丙出示了房屋产权证（登记名为夫妻双方）和他们两人的身份证。对此，丙深信不疑，遂和甲签订了为期一年的租赁合同。从占有的角度来看，丙是善意占有人。

【解答】正确。

8. 典权人对典物的占有属于直接占有、自主占有。

【解答】错误。典权人对典物的占有属于直接占有、他主占有。

9. 某日，甲刚耕完田回家，邻村的村民乙来到他家。说甲的耕牛是他的，应当返还给他。如果不还，就要起诉。甲申辩，自己的耕牛是买来的。经证实：此牛原为乙所有，但一年前被小偷偷走。小偷当天将此牛卖给了丙。因丙知道此牛是赃物，只花掉 500 元价款。此牛在丙家饲养不到一个月，便再次丢失。后来丁拾得此牛，饲养了 12 天，后又将此牛卖给了甲，则甲对耕牛的占有为自己占有。

【解答】正确。

10. 甲将其所有的耕牛借给乙使用，时间约定为一年，乙称此牛为其所有将其交给丙保管，此后该牛产下一牛犊，不久被甲发现，要求丙返还，则丙无须将耕牛和牛犊全部返还给甲。

【解答】错误。丙应当将耕牛和牛犊全部返还给甲。乙自称该牛为他所有，而事实上他占有并使用该牛，故可认定丙为善意，对于善意占有人来讲，他在占有期间对物有使用、收益及取得的，在返还占有物时不必返还这些利益。而饲料费为在使用期间支出的必要支出，甲也不必向丙支付这些费用。牛犊属于牛的自然孳息。归属于原物的所有权人，所以丙应当将牛犊一并返还。

三、名词解释

1.无权占有

【解答】无权占有又称为无权源占有、非法占有,是指无本权的占有,即非依合法原因而取得的占有。如拾得人对遗失物的占有,盗贼对赃物的占有等。

2.恶意占有

【解答】恶意占有是指占有人知道或者应当知道其占有为无权占有的占有。恶意占有除在本权人提起返还原物诉讼前受“占有适法”推定原则的保护外,基本上不受其他法律保护。

3.自主占有

【解答】自主占有是指以所有人的意思对物进行占有。虽非物的真正所有人,但自信为物的所有人,如继承人把被继承人为第三人寄存保管的物品视为被继承人的遗产而进行的占有;或自视为物的所有人的占有,如小偷把偷窃物据为己有而进行的占有,也是自主占有。

4.强暴占有

【解答】强暴占有是指以强行暴力的手段而为的占有。

5.无瑕疵占有

【解答】无瑕疵占有是指对于物以善意且无过失、和平(非以强暴手段)、公然(不以隐藏的方法)并持续(时间上继续无间断)占有。

6.占有的继受取得

【解答】占有的继受取得是指他人既存的占有而取得的占有。占有的继受取得,与其他权利的继受取得一样,可分为让与继受取得与创设继受取得。

四、简答题

1. 占有具有哪些特征？

【解答】占有具有以下三个方面的特征：(1)占有的客体为物。占有系以物为客体，包括有体物和无体物，动产和不动产，公有物和私有物，均可成立占有。但对于不因物之占有而形成的地役权、专利权等财产权均不成立占有，而成立准占有；对于非属于权利的无体物，如电力，在未特定化之前，也不能成立占有。(2)占有为占有人对物有事实上的控制和管领。占有属于人与物的关系，具体表现为人对物有事实上的控制力和管领力，无论这种控制是否具备为我所有的意思，只要形成客观上事实上的控制状态，即可成立占有。也就是说，在空间上表现为人与物有场所上结合关系，在时间上表现为人与物有相当的继续性的结合关系。这种事实状态本身并非权利，只是在法律赋予其一定的法律效力时，占有人才根据该事实享有一定的权利。(3)占有应为事实。对于占有的本质，究竟为事实还是权利，理论上和立法上尚无统一的定论。罗马法认为占有是事实；日耳曼法认为占有是一种物权，是物权法的核心；德国民法典系采混合占有制度；法国、日本、韩国民法则认为占有为权利；瑞士民法、我国台湾地区民法认为占有为单纯的事实。我国民法通则未确立占有制度，物权法立法确立了占有制度，依其规定，系采取“事实说”确认占有是一种法律事实，并依此事实使非所有人取得占有权。这就是占有与权利、持有、所有等相关概念明显的区别之处。

2. 占有人享有哪些权利？

【解答】占有人的权利与义务，包括有权占有人的权利义务和无权占有人的权利义务，在无权占有中，又包括善意占有人的权利义务和恶意占有人的权利义务。占有人的权利和义务主要包括以下几个方面：(1)占有人的损害赔偿责任。《物权法》第 242 条规定，占有人因使用占有的不动产或者动产，致使该不动产或者动产受到损害的，恶意占有人应承担赔偿责任。(2)善意占有人负有返还占有物的义务并享有费用求偿权。对于善意占有人，由于属于无权占有性质，因此，在真正权利人提出请求返还占有物时，善意占有人同样负有返还占有物的义务。《物权法》第243条规定，不动产或者动产被占有人占有的，权利人可以请求返还原物及其孳息。但应当支付善意占有人因维护该不动产或动产支出的必要费用。所谓必要费用，是指为了妥善保管占有的不动产或动产，使其保持原有的效用，避免占有物毁损、灭失而支出的费用，如对占有物的修缮费、饲养费、保管费等。(3)占有人负有赔偿损失的义务。当占有物因可归责于占有人的原因而毁损、灭失时，善意占有人负有向权利人赔偿损失的责任。《物权法》第244条规定，占有的不动产或者动产毁损、灭失，该不动产或者动产的权利人请求赔偿的，占有人应当将因毁损、灭失获得的保险金、赔偿金或者补偿金返还给权利人；权利人的损害未得到足够弥补的，恶意占有人还应当赔偿损失。依此规定，因善意占有的不动产或者动产的毁损、灭失，权利人所请求损失赔偿的不是该占有物的全部损失的赔偿责任，而是将该占有物的毁损、灭失所获得收益返还给权利人。这样处理完全符合善意占有人的善意占有性质和返还原物原则。

3.简述占有的效力。

【解答】占有的效力，是指占有所具有的法律上的证明力和强制力。占有的效力主要体现了对占有人的保护，同时也兼顾了真正的权利人乃至社会整体之利益。占有的效力，从理论上主要包括占有的状态推定效力、占有的权利推定效力、时效取得的效力、善意取得的效力、占有人的权利义务等内容。这里，仅从我国《物权法》有关占有的效力的规定，介绍其主要内容：(1)占有人的权利和义务。占有人的权利与义务，包括有权占有人的权利义务和无权占有人的权利义务，在无权占有中，又包括善意占有人的权利义务和恶意占有人的权利义务。主要有以下这几方面的权利和义务:占有人的损害赔偿责任;善意占有人负有返还占有物的义务并享有费用求偿权;占有人负有赔偿损失的义务。(2)占有的推定效力。

占有的推定效力是指法律为了更好地保护占有人的利益,实现占有制度设立之宗旨,而作出在无相反证明的情况下,推定占有人之占有为无瑕疵占有或其占有所产生的各种权利外象具有真实权利基础的规定。占有的推定效力包括占有的状态推定效力和占有的权利推定效力两类:(1)占有的状态推定效力。这是指在非有他人举出有力的反证证明时,法律上推定占有人的占有为自主占有、善意占有、和平占有、公然占有、继续占有。《物权法》一审(草案)规定:占有人属于善意占有或者恶意占有不明的,推定为善意占有。虽然十届五次人代会通过的《物权法》对此未作规定,但并因此否定状态推定效力制度,以及它对取得时效产生直接、重大的影响,因而成为取得时效的成立要件。但占有状态的推定既然属于推定,当然可以以反证推翻,由意图推翻善意占有之推定者承担举证责任。(2)占有的权利推定效力。这是指占有人于占有物上行使之权利,推定其具有适法的权利。占有的权利推定,是占有的最主要效力。这是因为,在现代民法中,占有是权利变动的要件,是权利的外观,占有存在时,通常都有实质或真实的权利为其基础,基于这种盖然性而赋予占有以权利推定的效力,更加集中地体现了占有制度的社会功能。《物权法》一审(草案)有规定:不动产或者动产的所有权人不明的,占有该不动产或者动产的占有人,推定为所有权人。新通过的《物权法》虽未作有规定,但这一占有的权利推定效力的理论原则仍然是司法实践处理占有权利争议一项法律原则。

五、论述题

论述建立和完善占有制度的意义。

【解答】

我国是否应当在物权法中建立占有制度，在理论上是有很大分歧并在立法上持有不同的认识和主张。但在我国物权法立法最后还是规定了占有制度，使之成为物权法的重要组成部分，必将在规范现实社会生活中的物权关系产生着积极的作用和意义。

从物权理论层面上看，物之归属、支配关系的调整仅有所有权及他物权制度显然力不从心，这不仅表现在有些对物的所有或利用之权利因证明之艰难而丧失以物权保护的机会，也表现在有些事实上的支配关系本身就无法证明其权利基础，如不能对这一部分支配关系予以有效的调整，物权法理论就无法做到自身体系的完善，就无法实现其为物的流转和市场经济的秩序建立稳固基础的目标。因此，建立完善的占有制度，对于优化物权法理论体系有着积极意义，使得上述难以证明有权利基础的对物事实上的支配关系得以调整，解决了物权法理论本身调整范围上的不周延性，而且，占有制度与所有权、他物权制度相结合从而优化了物权制度的功能。此外，占有制度是物权法中许多制度及规则建立的基础，如作为动产公示方法的占有、占有的转移、占有改定、指示交付、善意取得、取得时效、无主物的先占以及善意占有和恶意占有的不同效力，都以占有为其制度设计的基础。如果没有占有的一般规定，物权法有关许多占有的立法必然在立法技术上产生重复、累述的问题，使物权法体系欠缺科学性、严谨性。可见，占有制度的确立和完善，确是物权法理论体系完善和优化的客观要求。

从物权制度的社会作用层面上看，占有制度作为物权法中不可缺少部分，对物权法的社会作用的发挥起到了重要的补充作用。在物权法中，所有权和他物权制度，是以权利为本位，以公平和安全为价值目标的,而占有制度是以占有事实为基础,以维护对物的支配秩序的和平与稳定为其价值目标。这两种法律调节模式不同,所起到社会作用不同。占有制度从推定一定的现实占有为合法占有出发,对占有予以变通的法律保护,特别是对一些缺乏本权的占有给予适当保护,从而对物权制度的社会作用的发挥起到重要的补充作用。具体表现:一是有利于稳定现实占有关系,维护社会的和平秩序。占有制度通过占有保护请求权的行使,是直接基于占有本身即给予保护,这样可以使有权占有人承担较轻的举证责任的情况下受到保护,体现了其保护权行使的经济效率的原则;二是有助于维护交易安全,促进商品交易关系的发展。占有制度是通过占有的权利推定和善意取得机能实现的。在现实商品中,就一般而论,商品的占有人应被视为有权处分商品的人,而据此处分取得商品的人,只要没有恶意,便可受到占有制度的保护;三是有助于协调各方当事人的权益,维护社会之公平观念。占有制度规定占有人对占有物的孳息收取权和对权利人费用偿还请求权以及占有的善意和恶意不同权利义务效力,均体现对占有人的权益保护和对本权人、社会利益保护的平衡,更加有效地维护了社会之公平观念。

六、案例分析

1.关瑞民与吕晓妹于1990年秋结婚。婚后夫妻感情很好,生活非常美满。1992年秋,关瑞民迷上了游戏机,经常泡在游艺室玩游戏机。后来,关瑞民花400多元钱买了一台“小霸王”游戏机,又先后花费了800余元购买游戏卡。自从关瑞民买了游戏机,家里和谐的生活就被打乱了。关瑞民一有时间就玩游戏,而且几乎天天玩到深夜,吕晓妹想看电视也看不成。为此,夫妻二人多次发生争吵,但关瑞民还是我行我素。1993年10月,关瑞民到外地出差。在此期间,吕晓妹将游戏机连同游戏卡以600元的价格卖给了刚刚调到她所在单位的职工周永江。周永江对关瑞民和吕晓妹夫妇关系紧张这一情况并不了解,并且吕晓妹当时说是因为他们玩够了,所以打算将游戏机卖掉。关瑞民出差回来后,得知游戏机被吕晓妹卖掉,十分恼火。在得知卖给了吕晓妹的同单位的周永江后,关瑞民一口气跑去找到周永江要求把游戏机还给他,因为这台游戏机是他用自己的钱买的,属于个人所有,吕晓妹无权卖掉它。周永江认为游戏机是自己正大光明买来的,不能再还给他,如果关瑞民真的想要,自己可以以 1000 元钱的价格卖给他。关瑞民认为周永江有意为难自己,就起诉到法院,要求确认吕晓妹与周永江的买卖关系无效。

法院在处理本案中,发生不同的处理意见:

一种意见认为,本案游戏机和游戏卡是关瑞民用自己的钱买的,应认定为关瑞民个人所有的财产,吕晓妹与关瑞民虽为夫妻,但未经关瑞民同意私自处分该财产应属无权处分,属于无效行为,周永江以低价取得该财产,有悖公平原则,应判令返还财产。

另一种意见认为,本案游戏机和游戏卡虽是关瑞民用自己的钱买的,但依据法律规定,双方未有特别约定,应认定为夫妻共同共有的财产,夫妻双方享有平等的共同管理和处分权利,而妻子吕晓妹未经丈夫关瑞民同意私自处分夫妻的共有财产,且受让人以不合理的低价取得该项财产,应认定该处分无效,受让人周永江应负返还责任。

第三种意见认为,本案游戏机和游戏卡应属关瑞民和吕晓妹夫妻共有财产,吕晓妹未经关瑞民同意私自处分夫妻共有财产,依照法律规定一般应认定无效。但本案第三人周永江是新来职工,不了解关瑞民、吕晓妹夫妻情况,而且吕晓妹当时声称之所以出卖是因为他们玩够了,因此,误认为吕晓妹有权出卖该财产,其购买行为应属善意行为,而且以 600 元购买用过的游戏机、卡,显然也属以适当的价格有偿取得财产,法律应当保护其善意取得的财产所有权。

请用占有制度分析本案，法院在处理中产生三种不同的处理意见，你认为哪一种意见正确，并阐述其法理和法律依据。

【解答】占有制度的设定，确立占有具有相应的法律效力，包括权利推定效力、善意取得、对占有物的用益效力及占有物上请求效力等。根据这些占有效力的法理和法律规定，有效地保护占有人的合法占有权益。本案游戏机和游戏卡虽为关瑞民用自己的钱买的，但依据法律规定，仍应属于关瑞民和吕晓妹夫妻共有财产，吕晓妹未经关瑞民同意私自处分夫妻共有财产，依照法律规定一般应认定无效。但本案第三人周永江是新来职工，不了解关瑞民、吕晓妹夫妻之间的实际情况，而且吕晓妹当时声称之所以出卖是因为他们玩够了，因此，误认为吕晓妹有权出卖该财产，其购买行为应属善意行为，而且以 600 元价格购买用过的游戏机、卡，显然也属以适当的价格有偿取得财产，故法律应当保护其善意取得的财产所有权。所以，我们认为法院的第三种意见正确，符合占有的法理和法律规定的精神。

2. 柯立志、贾利国、刘兴华、曲传强四人是某大学同窗好友。2006 年 5 月 1 日，四人共同出资 200 元(其中每人 50 元)到长城游览。第二天中午返回学校时，发现仅剩 8 元钱。恰好校门口附近有关人员正在销售福利彩券，每张 2 元。柯立志建议，剩 8 元钱不值得分，干脆买 4 张福利彩券，每人 1 张，说不定还会中大奖，贾利国等三人立即表示同意。于是他们买 4 张福利彩券，每人分了 1 张。当场兑奖，发现刘兴华分得的那张福利彩券中了头等奖，奖金 10000 元，其余三人均未获奖。于是，柯立志等三人要求与刘兴华平分这 10000 元奖金。刘兴华认为，福利彩券已分到个人，谁获奖就归谁所有，不同意平分。四人为此争执起来，柯立志等三人起诉到法院，要求依法处理。

法院在处理本案过程中，形成了两种不同的观点：

一种意见认为，这 10000 元奖金应当平分。其理由如下：用来购买彩券的8元钱是从四人共同出资的200元钱中剩下的，属于按份共有财产。那么，用这8元钱购买的福利彩券显然也属于按份共有财产。由于福利彩券存在中奖的可能性，换句话说，可能带来一定的收益，所以购买福利彩券以后，这四人的共同财产变为福利彩券和彩券可能带来的一定收益。按照我国《民法通则》第78条第2款的规定："按份共有人按照各自的份额，对共有财产分享权利，分担义务。"四人旅游用的200元钱由每人出资50元，剩余的8元钱每人也应有2元，也就是说柯立志、贾利国、刘兴华、曲传强四人对共有财产享有平等的盈亏分担权。这样一来，这四张福利彩券带来的10000元收益就应该由四人平分，不能由刘兴华一人所得。

第二种观点认为，这10000元奖金应当归刘兴华一人所有，不应当四人平分。柯立志等四人用8元钱购买的4张福利彩券的确是他们的按份共有财产，但每人分得其中的1张，已构成了共有财产的分割。而共有财产一经分割，共有关系就不再存在了，各个共有人就他分得的份额取得了单独的所有权。本案中，柯立志等四人每人分得1张福利彩券，他们之间的共有关系就消失了，每人就他分得的那张福利彩券享有所有权。也许有人会认为每人分1张福利彩券不是对共有财产的分割，而是对共有财产权利的共同行使。其实这是不能成立的。假设柯立志等四人每人分得2元钱，而且各人实际占有了2元钱，没有人会怀疑这是对共有财产的分割，每人就分得的2元钱单独享有所有权。那么每人分得2元钱1张的福利彩券与每人分得2元钱的情况实质上是一样的，也是对共有财产的分割，不应认为二者有什么不同。当然，福利彩券本身具有中奖的机会，可能会带来一些收益，但这些可能的收益与福利彩券本身紧密联系在一起，随着彩券所有权的变动而变动。福利彩券因为分割，由不同的实际占有，已变为个人的财产，福利彩券可能带来的收益也相应地转归个人所有。柯立志、贾利国、曲传强三人在分发福利彩券时，并没有说明获奖后平分，实际上是放弃了这项权利。现实生活中，不少财产在日后都可能增值。作为共同财产，只要在分割时公平合理，且共有人又没有另外约定对增值的部分应当合理地分配，就应认为各共有人对其分得的份额日后增值的部分享有单独所有权，其他共有人不得要求对增值的部分重新分配。因此，刘兴华就其分得的福利彩券享有所有权，该彩券中奖所得的10000元奖金也就归他一人所有。

请用占有制度分析本案，法院在处理本案中形成两种截然不同的意见，你认为哪一种意见正确，阐述其法律依据。

【解答】本案柯立志等四人各自出资50元，旅游后还余有8元，有人建议购买彩票碰碰运气。于是他们买了4张彩票，每人分得1张。刮票结果，一人得头奖，三人无奖。最后因奖金分配问题引起纠纷。法院处理中形成截然两种意见：一种是奖金属1人所有；另一种是奖金属4人所有，由4人平均分配。但具体分析，本案的焦点是余款8元购得4张彩票分给4人，其性质是属于按份共有还是个人所有？本案事实是柯立志建议，剩8元钱不值得分，干脆买4张福利彩券，每人1张，说不定还会中大奖，贾利国等三人立即表示同意。于是他们买4张福利彩券，每人分了1张，当场兑奖。由于他们没有约定彩票为按份共有，应推定为个人所有，依占有推定效力原理，彩票分给谁手中就应属谁所有，自然其奖金应属彩票所有人所有。所以，法院的第一种意见正确，该项10000元奖金应判给刘兴华所有。

第三部分　拓展与探讨

＊占有的效力制度上的完善

所谓占有的效力，是指占有所具有的法律上的证明力和强制力。也就是说,法律为了平衡占有关系中各主体的权益而对其权利义务所作的强制性配置。占有的效力主要体现了对占有人的保护,同时也兼顾了真正的权利人乃至社会整体之利益。占有的效力,从理论上主要包括占有的状态推定效力、占有的权利推定效力、时效取得的效力、善意取得的效力、占有人的权利义务等内容。这里,综述我国物权法有关占有的效力的规定,并提出完善该制度的法律思考:

1. 占有人的权利和义务

占有人的权利与义务,包括有权占有人的权利义务和无权占有人的权利义务,在无权占有中,又包括善意占有人的权利义务和恶意占有人的权利义务。在通常情况下,有权占有人可依照其权利而不必借助占有进行自我保护,所以,我国物权法的“占有章”主要是从无权占有中的善意占有和恶意占有两个方面对其权利义务加以规定,以期对此两类社会生活中常见的无权占有作出更加有效的规范。其规定主要有:《物权法》第242条规定,占有人因使用占有的不动产或者动产,致使该不动产或者动产受到损害的,恶意占有人应担负赔偿责任。确立恶意占有人过错损害赔偿义务。《物权法》第243条规定,不动产或者动产被占有人占有的,权利人可以请求返还原物及其孳息。但应当支付善意占有人因维护该不动产或动产支出的必要费用。由此确立了善意占有人负有返还占有物的义务并享有费用求偿权。《物权法》第244条规定,占有的不动产或者动产毁损、灭失获得的保险金、赔偿金或者补偿金返还给权利人;权利人的损害未得到足够弥补的,恶意占有人还应当赔偿损失。依此规定,明确规定了善意占有人与恶意占有人不同损害赔偿义务和责任。

2. 占有的推定效力

这是指法律为了更好地保护占有人的利益,实现占有制度设立之宗旨,而作出在无相反证明的情况下,推定占有人之占有为无瑕疵占有或其占有所产生的各种权利外象具有真实权利基础的规定。占有的推定效力包括占有的状态推定效力和占有的权利推定效力两类。前者是指在非他人举出有力的反证证明时，法律上推定占有人的占有为自主占有、善意占有、和平占有、公然占有、继续占有。物权法一审(草案)曾设有条款规定：占有人属于善意占有或者恶意占有不明的，推定为善意占有。十届五次人代会通过物权法对此条款未作规定，但并不因此否定占有状态推定效力制度，以及它对取得时效产生直接、重大的影响，因而成为取得时效的成立要件。但占有状态的推定既然属于推定，当然可以以反证推翻，由意图推翻善意占有之推定者承担举证责任。后者是占有的权利推定效力。这是指占有人于占有物上行使之权利，推定其具有适法的权利。占有的权利推定，是占有的最主要效力。但我国物权法对此未作有规定，使这一占有的权利推定效力仍然要靠占有理论原则或是司法实践处理占有效力的事实上形成相关原则去适用。这不能不说是立法上的疏漏，需要进一步完善。

＊占有保护的范围拓展

我国物权法设定了占有物权制度，也必然对占有的保护制度作有相应的规定。各国民法对占有的保护，采取物权法上的保护和债权法上的保护两种方法。前者包括占有人自力救济权和占有保护请求权，后者包括不当得利返还请求权与侵权损害赔偿请求权。我国《物权法》第 246 条明确规定：占有的不动产或者动产被侵占的，占有人有权请求返还原物；对妨碍占有的行为，占有人有权请求排除妨碍或者消除危险；因侵占后者妨害造成损害的，占有人有权请求损害赔偿。占有人返还原物的请求权，自侵害发生之日起一年内没有行使的，该请求权消灭。依据这一规定，我国物权法有关占有保护请求权主要规定了占有的物权法上的保护方法。如占有物返还请求权、占有物排除妨害或消除危险请求权、占有损害赔偿请求权等保护方法均属于物权上的请求权，对占有制度予以一定的法律保护，这是不争之说。但当合法占有人的占有受到不法侵害时，当事人除了行使物权上的请求权外，是否还可以选择债法上的不当得利请求权请求占有人返还占有或侵权损害赔偿请求权请求侵权人赔偿损失。而我国物权法对此作有规定，使当事人失去多一种的选择机会，这不能不说是我国物权法立法上的不足。

第六章 债权法概述

第一部分　重点与难点

【本章重点】

债　债权　债务　责任　债权人　债务人　债的发生原因　合同　侵权行为　不当得利　无因管理　单方允诺　悬赏广告　债权法

【本章难点】

1. 债的概念

债是特定当事人之间请求为一定行为或不为一定行为的权利义务关系。在债的法律关系中，享有权利的一方当事人为债权人，他所享有的权利称为债权，其内容是债权人有权要求债务人为特定行为或不为特定行为；负有义务的一方当事人为债务人，他所负担的义务称为债务，其内容是应按债权人要求为一定行为或不为一定行为。

2. 债的特征

第一，债是特定主体之间的民事法律关系。体现为主体的特定、内容特定以及责任的特定性。

第二，债是与财产流转有关的法律关系。

第三，债是实现当事人特定利益的法律保障手段。

3. 债权的特征

第一，债权具有相对性。债权债务关系发生在特定的当事人之间，所以债权人只能向特定的债务人主张权利，债权人只能请求负有义务的特定人为一定行为或不为一定行为。债务人之外的任何人，因与债权人之间无权利义务关系，故债权人不能向他们主张债权。此即为债权的相对性。这个相对性就是指请求权只能相对特定的人，对特定人以外的人就没有这个权利了。

第二，债权具有平等性。数个债权人对同一个债务人先后发生数个普通债权时，其效力一律平等，不因其成立先后而有效力上的优劣。

第三，债权具有兼容性。在同一标的物上，可以同时存在两个或两个以上内容相同的债权，这几个债权之间能够相容而不会相互排斥。

第四，债权是请求权。债权既然是特定当事人间得请求为特定行为的法律关系，则债权人当然有权请求债务人为一定行为或不为一定行为。因此，债权为请求权。由于债权人的利益实现必须要通过债务人的给付行为，因此，债权人的给付请求权是债权的核心权能。

第五，债权具有期限。债权是对债务人人身或财产的约束，在性质上不允许永久存在。债权可因法律规定、当事人约定等原因归于消灭，如清偿、抵销、提存等。

4.债权与物权的区别

第一，债权具有相对性，物权具有绝对性。

第二，债权具有平等性，物权具有优先性。

第三，债权具有兼容性，物权具有排他性。

第四，债权是请求权，物权是支配权。

5.债的发生原因

第一，合同之债。

第二，侵权行为之债。

第三，无因管理之债。

第四，不当得利之债。

第五，其他债发生的原因，如单方允诺、缔约过失责任等。

第二部分　思考与练习

一、选择题

1. 下列关于债权的论述，不正确的是（　　）。

A. 债权具有相容性，在同一标的物上可以存在数个债权

B. 债权具有平等性，数个债权人对同一个债务先后发生普通债权时，不因发生的先后顺序而有效力上的区别

C. 债权一般具有期限性，但也可以设定无期限的债权

D. 债权为财产上的请求权，故债权人不得请求对债务人的人身进行限制

【解答】应选 C。债权可因法律规定、当事人约定等原因归于消灭，如清偿、时效届满。债权是对债务人人身或财产的约束，在性质上不允许永久存在。

2. 关于债权的说法正确的是（　　）。

A. 债权具有排他性

B. 其主体的一方是特定的，另一方是不特定的

C. 其客体可以是物，也可以是行为

D. 债权是一种支配权

【解答】应选 C。债权的特点：债权具有相对性；债权具有平等性；债权具有兼容性；债权是一种请求权。

3. 债务人根据特定事由，对抗债权人行使债权的权利是（　　）。

A. 请求权　　　　B. 支配权

C. 形成权　　　　D. 抗辩权

【解答】应选 D。抗辩权是指债权人行使债权时，债务人根据

法定事由对抗债权人行使请求权的权利。抗辩权以法律规定的抗辩事由为依据，以对方当事人请求权的存在和有效为前提，这一权利的行使可以造成对方请求权的消灭或者使其效力延期发生。

4. 产生债的原因（　　）。

A. 只能是合法行为

B. 只能是不合法行为

C. 只能是民事法律行为

D. 既可以是合法行为，也可以是不合法行为

【解答】应选D。债发生的原因包括了合同之债，侵权行为之债，无因管理之债，不当得利之债及其他特殊原因。合同之债即是合法行为，侵权行为之债则由不法行为引起。

5. 关于债权和请求权的说法错误的是（　　）。

A. 债权和请求权有一定的不同

B. 债权和请求权其实就是一回事

C. 债权和请求权一般不可分离

D. 债权的请求权消失，债权仍可能存在

【解答】应选B。债权是请求权，但债权不等于请求权，请求权不仅包括债权请求权，还包括物上请求权等其他请求权；而且请求权仅是债权的权能之一，债权还包括受领、保护请求权、处分权等。

6. 下列事实中，能发生不当得利的是（　　）。

A. 债务人清偿还未到期的债务

B. 给付因赌博而欠缺钱

C. 养子女给其生父母的赡养费

D. 顾客多付给售货员的货款

【解答】应选D。不当得利是指没有法定或约定的合法根据而取得利益，使他人遭受到损失的事实。

7. 在下列哪种情形下，在当事人之间形成合同关系（　　）。

A. 甲拾得乙的手机

B. 甲为灾区捐赠 100 万元

C. 甲开车撞伤了乙

D. 甲鱼池中的鱼被洪水冲到了乙家的鱼池

【解答】应选 B。因其形成赠与合同关系。而 A 项可构成不当得利，C 项为侵权行为，D 项为不当得利

8. 下列诸项中，属于无因管理的是(　　)。

A. 在保管合同中，保管人提供防雨设施，使保管物少受雨淋

B. 买方无正当理由拒收之物，卖方对该货物进行管理

C. 甲拾得乙家丢失的爱犬，积极寻找失主的同时，对该犬进行管理

D. 超市对进入超市的顾客的皮包进行保管

【解答】应选 C。无因管理指无法定或约定的义务，自愿管理他人事务使他人免遭损失的行为。

9. 下列属于债的发生原因的有(　　)。

A. 某超市为吸引顾客，宣布在每周六的 15～16 点之间抽出本周的幸运奖，获奖消费者可凭购物发票退还该单购物款

B. 张红与四川某福利院签订协议，收养一地震孤儿

C. 某酒厂未经允许，擅自将某明星的照片印在自己企业使用的包装盒上

D. 李四捡到王五的 100 元，拒不归还

【解答】应选 ACD。A 项为单方允诺，C 项为侵权行为，D 项为不当得利，均为债的发生原因。而 B 项不属于债法调整。

10. 债的相对性是指债的内容只对债的当事人发生效力，但是在特殊情形下，债的效力也会及于第三人，这些情形包括(　　)。

A. 债权人行使代位权

B. 债权人行使撤销权

C. 合伙关系中的三方当事人

D. 委托合同关系的相对人

E. 不法侵害债权的第三人

【解答】应选 ABE。在代位权、撤销权及第三人侵害债权中，债的效力将扩及第三人，是对债的相对性的突破。而 CD 项不具有以上特征。

二、判断题

1. 债是指依照法律规定在当事人之间产生的特定的权利和义务的关系。

【解答】错误。债是依照法律规定或当事人的约定在当事人之间产生的特定权利、义务关系。

2. 债权的主体都是特定的人，而所有权的权利主体是特定的人，义务主体则是不特定的人。

【解答】正确。这是债权的基本特征，也是债权与所有权的根本区别。

3. 凡权利人行使权利时，只有特定的人负有相应义务的权利称之为相对权。

【解答】正确。相对权，又称对人权，是指其效力及于特定人的权利，即义务人为特定人的权利。相对权的主体必须通过特定义务人的履行义务的行为才能实现其权利。债权就是一种相对权。

4. 单方允诺实质上就是一种单务合同。

【解答】错误。单务合同是与双务合同相对应的合同分类。在单务合同中，合同的当事人双方并不互相享有权利和负担义务，仅有一方负有给付义务。单方允诺与单务合同存在相似之处，单方允诺中仅表意人为自己设定某种义务，单务合同中与仅有一方当事人负有义务，但两者有较大的区别：第一，两者成立时间不同。单方允诺为单方行为，表意人作了意思表示时即告成立；而单务合同是双方行为，须双方当事人意思表示一致才能成立合同。第二，相对人意思表示的作用不同。单方允诺中，表意人作出意思表示时，该意思就对表意人产生一定的约束力，而不论相对人的意思表示如何；而单务合同的性质是一种合同关系，只有双方当事人意思表示一致合同才成立，仅有一方的意思表示无法成立单务合同。

5.双重买卖首先体现了债权具有平等权的特征。

【解答】错误。双重买卖首先体现了债权具有兼容性。

6.债权的存续期限可以当事人双方的约定，也可以是法律的规定，在性质上不允许永久存在。

【解答】正确。这是债权的法律特征的具体表现。

7.法定之债不受诉讼时效的限制，权利人得随时主张债权。

【解答】错误。法定之债也受诉讼时效的限制，超过诉讼时效，会丧失胜诉权，失去诉讼上的保护。

8.知识产权也是一种债权，体现为一种请求权，具有相对性、兼容性的特点。

【解答】错误。知识产权不同于债权，知识产权是绝对权，具有支配性、排他性，其他任何人负有不侵害权利人权利的消极义务。

9.当事人得自由创设债权，债权法所包含的规范都是任意性规范。

【解答】错误。债权法所包含的规范绝大部分是任意性规范，但也有些规范是强制性规范。

10.悬赏广告是最典型的单方允诺，是一种单独行为或单务约束。

【解答】正确。这是悬赏广告的基本性质和特征的具体表现。

三、名词解释

1.债

【解答】债是特定当事人之间请求为一定行为或不为一定行为的权利义务关系。在债的法律关系中，享有权利的一方当事人为债权人,他所享有的权利称为债权,其内容是债权人有权要求债务人为特定行为或不为特定行为;负有义务的一方当事人为债务人,他所负担的义务称为债务,其内容是应按债权人要求为或不为一定行为。

2.债权

【解答】债权是请求特定人为特定行为或不为特定行为的权利,债权具有三项权能:一是给付请求权;二是给付受领权;三是保护请求权。

3.债务

【解答】债务是指根据法律的规定或当事人的约定,义务人所负有的应为特定行为的或者不为特定行为的约束。

4.单方允诺

【解答】单方允诺是指表意人向相对人作出的为自己设定某种义务,使相对人取得某种权利的意思表示。

5.债权法

【解答】债权法包括形式意义上的债权法和实质意义上的债权法。形式意义上的债权法即狭义的债权法,是指一个国家民法典中债权法编的规定或有关债的法典。实质意义上的债权法即广义的债权法,是指调整债权债务关系的法律规范的总称。

6.悬赏广告

【解答】悬赏广告是最为常见、最为重要的单方允诺的形式。悬赏广告是指以广告的方式公开表示给予完成一定行为的人报酬的意思表示。

四、简答题

1.债权法的特征

【解答】债权法作为民法的重要组成部分,具有民法的私法性、权利法等共性。但它作为财产流转关系的法律又具有其独特性,并在整个社会经济生活中发挥着重要的作用。

第一,债权法是财产法中的交易法。债权法的调整对象是财产流转关系,即一种动态的财产关系,这种关系主要是因为交易而发生的,所以债权法是一种交易法。它不同于物权法,物权法是以静态的财产关系作为调整对象。债权法的主要功能则在于保护财产动态交易的有序进行,促进交易的繁荣,维护公平的社会经济机制。

第二,债权法是任意法。所谓的任意法是指债权法上的规范多为任意性规范,当事人可以在不违背法律强制性规定的范围内,根据自由的意志选择合同当事人缔结合同、确定合同的主要内容、变更合同的内容、选择解决合同纠纷的方式等。“私法自治”、“契约自由”的精神在债权法中得到充分的体现。

第三,债权法具有很强的可移植性,具有国际化统一趋势。在现代化市场经济条件下,世界经济出现全球化的趋向,财产交易早已突破了国与国的界限。一方面,它促使各国之间法律交流和相互借鉴,特别是债权法相互吸收,其共性日益增多;另一方面,它要求各国努力消除债权法上的冲突,建立统一的债权法规则,由此出现不少国际条约或国际惯例,出现了债权法国际化的倾向,如《联合国国际货物买卖合同公约》、《国际商事合同通则》已被包括我国在内的许多国家承认和成为合同立法的参考。

2.债的发生原因

【解答】债的发生原因主要有以下几个方面:

(1)合同之债。合同又可称为契约,是平等主体之间设立、变更、终止债权债务关系的合意。合同中所约定的当事人的权利义务,即合同之债的关系中的债权债务。在当今交易发达、意思自治得到充分尊重的社会中,人们常常通过合同交换、取得各种资源,合同是人们为满足生产、生活需要而进行社会、经济交往的主要手段,所以合同是债发生的最为常见也是最为重要的原因。

(2)侵权行为之债。侵权行为是指不法侵害他人的债法权利，使他人遭受损害的行为。一旦发生侵权行为，根据法律规定，受到侵害的人享有请求加害人赔偿损失的权利，加害人负有赔偿受害人损失的义务。因为这种侵权行为而在特定当事人之间发生的权利义务关系，就是一种债的关系，即侵权行为之债。值得一提的是，我国民法通则将侵权行为规定于民事责任一章，从应当承担民事责任的角度规定了侵权行为引起的法律后果，突出了对不法行为的制裁后果。但这种民事责任是建立在侵权人应对受害人承担损害赔偿义务的基础上，所以它是一种债发生的根据。

(3)不当得利之债。不当得利是指没有法定或约定的合法根据而取得利益，使他人遭受损失的事实。当不当得利的事实发生时，由于一方利益的取得既没有合法的根据，且另一方却因此受到损害，故法律基于平衡当事人之间的利益所需，规定遭受损失的一方享有请求不当得利人返还不应得之利益的权利，不当得利人负有返还此等不应得之利益的义务，当事人之间即发生债权债务关系。因不当得利行为所发生的债称为不当得利之债。

(4)无因管理之债。无因管理是指无法定或约定的义务，自愿管理他人事务使他人免遭损失的行为。管理他人事务的人为管理人；受管理人管理事务的人为本人，又称受益人；因事务的管理在管理人和本人之间发生的债权债务关系，为无因管理之债。无因管理的现象在社会生活中是一种十分常见的现象，大到救人性命，小到替人照料物件、收取衣物，凡是为了维持他人利益或使他人利益免受损失的管理行为，都可成立无因管理行为。

3.单方允诺的特征

【解答】单方允诺是指表意人向相对人作出的为自己设定某种义务，使相对人取得某种权利的意思表示。单方允诺是表意人的单方行为，他一旦作出意思表示，不需要任何人的意思表示，即发生法律效力，表意人负有其给自己所设定的义务。单方允诺有如下特征：

(1)单方允诺是表意人单方的意思表示。单方允诺不需要相对方对其意思表示进行承诺，一旦表意人一方作出意思表示，则允诺即告成立，它不同于赠与合同。赠与合同虽然也是一方当事人单方为自己设定义务，而无须对方的对待给付，但是赠与合同毕竟是一种合同，合同是双方当事人意思表示一致的结果，仅有一方的意思表示合同不可能成立，所以如果一方当事人作出意思表示无偿为自己设定给予对方当事人某项财产或某种利益的义务，而对方当事人没有表示接受赠与，双方当事人没有形成合意，则合同没有成立。

(2)单方允诺的对象一般是社会上不特定的人。单方允诺一般是由表意人向社会上不特定的人发出的，凡是符合单方允诺中所列的条件的人，都可以成为相对人，取得表意人所允诺的权利。如某市政府明文规定，年满 70 岁以上的老年人可以免费搭乘公交车，那么所有符合这一条件的老年人都可以免费搭乘公交车。

(3)单方允诺的内容是表意人为自己单方设定某种义务，使相对人取得某种权利。单方允诺的内容体现了民法的意思自由原则，而等价有偿原则在其中并不体现。法律允许民事主体根据自身的需要，为自己设定单方义务并自愿承担由此发生的法律后果。单方允诺不需要相对人付出任何对价，相对人无义务为一定行为或不为一定的行为。

(4)单方允诺之债在相对人符合条件时才发生。单方允诺虽为表意人单方的意思表示，单方允诺之债并不是在表意人作出表意时即成立。通常情况下，表意人仅在其意思表示中指明相对人取得权利的条件，所以在表意人作出意思表示时，相对人是不确定的。由于债的关系的主体都应是特定的，因而在相对人尚未确定前单方允诺之债并不成立。单方允诺之债为附条件的债务，当具备条件的相对人出现时，单方允诺之债则在双方当事人之前发生法律效力。

五、论述题

论述债的相对性。

【解答】

(一)债的相对性的概念

一般认为,债的相对性起源于罗马法。[1] 在罗马法中,债被称为"法锁"(Juris Vinculum),是指"当事人之间之羁束(Gebundenheit)状态而言"。它包含两层含义:一方面,债作为法律上的锁链将债的双方当事人锁在一起,双方均受其约束,任何一方均不得破坏之;另一方面,债只对债权人和债务人产生拘束力,债以外的其他人则是自由的。

罗马法确立的债的相对性规则对两大法系的债法产生了重大影响。两大法系都认为,债的相对性,是指债的效力仅及于债的当事人,债权一般只能由债权人行使,债务一般只能由债务人履行。与双方当事人没有发生债权债务关系的第三人,不能依据该债的关系向其当事人主张权利,也不承担由该债的关系产生的义务或责任。基于此,有学者指出,"此种仅特定债权人得向特定义务人请求给付之法律关系,学说上称之为债权之相对性"。债的相对性包括:

1. 主体的相对性。所谓主体的相对性,是指债的关系只存在于当事人双方之间,因而权利义务的效力也只发生于债的双方之间,债以外的第三人是完全自由的,不受其约束该权利义务也不对第三人产生任何实质性影响。债的主体的相对性,排除了债之外的第三人依据该债向其当事人主张权利的可能,也排除了债的当事人依据该债向第三人主张权利的可能。

---

① 王利明:《论合同的相对性》,载《中国法学》1996年第4期。

2. 内容的相对性。所谓内容的相对性，是指只有债的当事人才能享有该债所规定的权利，承担其义务；债的关系之外的任何第三人均不能对该债主张任何权利，也不对其当事人承担该债所规定的债务。由于债的内容的相对性债权债务只对当事人有约束力。一般来说，权利会对主体带来一定利益，而义务则会为义务人带来一定负担或使其蒙受不利利益。

3. 责任的相对性。责任的相对性，是指违约责任只发生在合同关系的当事人之间，债权人不得要求第三人承担违约责任，第三人不对债权人负违约责任；债务人只对债权人而不是对第三人承担违约责任。有学者认为，债的相对性还表现在债的效力判断的相对性上，即应当基于合同本身提供的事实对其效力进行认定。

（二）债的相对性的突破

1. 债的保全。债的保全是指法律为了防止因债务人的财产不当减少给债权人的债权带来危害，允许债权人代债务人之位向第三人行使债务人的权利，或者请求法院撤销债务人与第三人的民事行为的法律制度。债权人的代位权是指当债务人怠于行使其对第三人享有的权利而害及债权人的债权时，债权人为保全自己的债权，可以自己的名义代位行使债务人对第三人的权利之权。我国《合同法》第 73 条规定了代位权制度。当发生债务人对第三人享有到期债权而怠于行使时，债权人债权实现的可能性即受到危害，此时如仍拘泥于债的相对性原则，债权人不能向第三人主张任何权利，则正常的商品流通被阻塞，交易安全被破坏，长此以往，整个商品经济秩序必将受到不利影响。

2. 契约责任的扩张。随着现代产品责任的发展，许多国家的法律和判例为保护消费者的利益，扩大了合同关系对第三人的保护，要求产品的制造者和销售者对与其无合同关系的第三人（如产品使用人、占有人等）承担保义务和责任。本来，经营者只是和消费者之间存在合同关系，按照债的相对性，经营者只需对消费者本人承担责任即可。

3. 涉他契约。涉他契约包括向第三人给付契约和由第三人给付契约。向第三人给付契约又称为第三人利益合同，是指第三人可依该合同而取得对债务的直接请求权，即直接发生第三人享有独立债权效力的合同。由第三人给付契约又称第三人负担契约或担保第三人给付之契约。此种契约，以第三人之给付为其内容，即合同双方约定，合同所设定的债务由债务人负责使第三人向债权人履行。

4. 债权的物权化。债权是相对权，只能请求债务人并通过履行债务的行为得以实现。物权是绝对权，直接支配其物，不需要其他人的行为即可实现其利益。但是，20 世纪以来，民法发展呈现出新的趋势，其表现之一就是债权的物权化。债权物权化是债权对人的特定性导入了具有对世的绝对性因素，法律赋予某些债权具有对抗第三人的效力。主要表现为“买卖不破租赁”原则的确立和不动产预告登记制度。

5. 第三人侵害债权及其责任制度。债权是否具有不可侵犯性是困扰民法理论的一个重大问题。根据债之相对性，债权是一种相对权，债权只对债务人有拘束力，第三人处于债的关系之外，即使是债务人由于第三人的原因未能履行债务，债务人仍应向债权人承担责任，然后要求第三人承担相应的责任。但是，现代商业竞争日益激烈，同行之间挖人才、挖资金来源、挖客户资源等现象十分普遍，第三人以利益、人事、技术乃至暴力威胁、人身强制等手段诱使合同一方当事人签约，而致使其撕毁原有合同或履行不当，屡见不鲜，严重损害了合同债权人的利益。有的国家和地区在法律上建立了第三人侵害债权的责任制度。其典型立法是《德国民法典》。

（三）债的相对性突破的原因

1. 合同自由受到修正，向合同正义过渡。在各种因素的作用下，随着市场经济和商业交往的发展，传统债法发生了巨大变化，契约自由在现代社会暴露出诸多弊端：以合同自由作为冲击正常秩序的挡箭牌，以合同自由作为强者欺诈和掠夺弱者的天然借口，以合同相对性理论来推卸自己的社会责任，这是20世纪以来当事人滥用合同自由的具体表现。因此，必须对合同自由有所限制，合同自由原则已经被“合同正义”所修正，传统的契约概念由于以诚实信用原则为基础的一般契约义务上的缔约过失责任的引入，以及司法实践对信赖利益的广泛认同，发生了飞跃性的变化。

2.随着现代社会商品交换的内容日益复杂、环节增多，为适应现代社会中交易各方利益多元化以及连带性日趋增强的情况，诚实信用原则发挥了更为重要的作用。作为民法的一项基本原则，它要求每一民事主体在民事活动中应尊重他人利益，以诚待人，不仅履行债务时如此，行使权利和自由时同样如此。每一个民事主体均应恪守信用，积极主动履行义务，不刻意利用他人的某些缺陷或利用法律及合同的漏洞规避债务，逃避履行。

3.市场竞争的加剧导致交易风险上升，需要有更周密、更精致的合同制度来降低风险，稳定交易秩序。为维护市场经营秩序，使经营者有一个准确的预期，各国纷纷扩张合同的效力，以加强合同的法律约束力。这样，各国立法和判例纷纷承认债的相对性的例外，以更好地适应市场交易的需要。传统的债的相对性被突破了。①

六、案例分析

2000年3月4日晚，李建在某电影院看电影，散场时将随身携带的装有价值200万元钢材提货单的提包遗失。张平在散场后

① 姚秋英：《论债的相对性的突破》，载《黄河科技大学学报》2007年第7期。

拾到此包，等候片刻见无人寻包，便将该包带回家中。李建为寻提包在3月5日的日报上刊登了寻包启事，表示对送还者酬谢2万元人民币。两日过后见无人送还，便在3月7日的日报上又登了一则启事，并将酬金提高到5万元。张平在3月7日看到了3月5日的寻包启事，3月8日与李建联系并将提包归还，李建也将2万元酬金给付张平。后张平看到了李建的第二次悬赏广告后便与李建联系，要求再给付他3万元酬金，但遭李建拒绝，遂起诉至法院。①

上述案件是一则有关悬赏广告的典型案例。关于悬赏广告，很多国家的民商事立法都对之予以承认。由于在我国《民法通则》中对悬赏广告没有作出规定，而在实践中有关悬赏广告惹出的民事纠纷又层出不穷，以至于在法院审判过程中经常出现同性质案件却得到不同判决结果的情况。在立法还没有对悬赏广告作出明确规定之前，理论界应该对其做进一步深入细致的研究。笔者希望通过本案例的讨论，能够对保持法律适用的统一性起到一定作用。

悬赏广告性质的认定是解决此类纠纷的理论前提。关于悬赏广告的性质，学术界存在两种具有代表性的说法：

一种是“单方法律行为说”。此说认为悬赏广告的性质本质上是一种单方法律行为而不是合同，广告人对完成指定行为的人单方面负有支付报酬的义务，而不需要完成指定行为的人作出有效的承诺。理由如下：第一，采用单方法律行为说，只要广告人发出了悬赏广告，不需要他人表示同意即能发生法律效力，广告人应当受到广告的约束。如果行为人不知道广告人发出了悬赏广告而完成了广告中指定的行为，该人仍能取得对广告人的报酬请求权，而

① 樊广军：《悬赏广告》，http://www.joinwaylawfirm.com/html/news_pop.aspx? type=law&article_id=17，下载日期：2009年1月20日。

广告人不得以该人不知广告的内容为由而拒绝给付报酬。广告人应受广告的约束,悬赏广告一经发出,不得随意撤回。第二,限制民事行为能力人和无民事行为能力人在完成广告所指定的行为后,也可以对广告人享有报酬请求权。第三,任何人完成广告中所指定的行为都将是一种事实行为,而不是具有法律意义的承诺行为,这样只要行为人完成了广告中指定的行为即享有报酬请求权,而不必准确判定在什么情况下是有效承诺以及承诺的时间问题,可以极大地减轻行为人在求偿时的举证负担。第四,采用单方法律行为说的主张,可以避免行为人享有同时履行抗辩权,避免因行为人在对方不履行给付报酬的时候而拒绝完成广告指定行为的弊端。

另一种是“合同性质说”。此说认为悬赏广告的性质是契约,即合同性质。悬赏广告是广告人以不特定的多数人为对象发出的要约,只要某人完成指定的行为即构成承诺,双方成立合同。完成广告行为的人享有报酬的请求权,广告人负有按照悬赏广告的约定支付报酬的义务。该说已成为理论界的通说并运用于实务操作。

但采用单方法律行为说更为合适。理由如下:

1. 从契约的定义和特征上分析,悬赏广告实际上并不具有契约之特征。悬赏广告,它是广告人以广告的形式声明对完成广告中规定行为的任何人,给予广告中约定报酬的意思表示。从该定义可以看出它只是单方的一种意思表示,而合同强调两个或两个以上的平等主体在平等自愿的基础之上的意思表示一致,从而形成设立、变更、终止民事权利义务关系的协议。广告的主要内容如指定行为的形式,完成标准,报酬的种类,标准形式等都只是广告人在权衡利益关系,并在一定程度上是与行为人之间进行博弈的基础上由他单方面确定的,而行为人根本就没有表达自己意思的机会,因而也就不存在平等自愿的基础上意思表示一致的协议。

悬赏广告相对应的不特定的人只有无条件地接受悬赏广告的内容，否则的话他就得不到悬赏广告中约定的报酬，也就不能达到悬赏广告的目的，所以悬赏广告并不具备上述契约（合同）的特征。

2. 从法律行为的概念与特征上分析，可以看出悬赏广告更具有单方法律行为的特性。

民事法律行为是指公民、法人，或公民与法人之间设立、变更、终止民事法律权利和民事义务的合法行为。单方法律行为是指仅由一方行为人的意思表示就能成立的民事法律行为。它的特点是无须他方的同意就能发生法律效力。从悬赏广告的定义我们可以得知，只有当相对行为人完成广告中约定的特定行为时，他才能取得对悬赏广告人的报酬请求权；而当相对行为人没有完成悬赏广告中约定的特定行为时，悬赏广告人的给付许诺报酬的义务并不会实际发生。事实上悬赏广告具有利益交换的功能，即悬赏广告人为获得相对行为人完成指定行为中所包含的利益，就必须支付报酬给相对行为人，而且相对行为人恰恰是悬赏广告人自己做不到的，其中包含的利益就变为悬赏广告人的收益，其实也就是一种利益交换过程。悬赏广告人作出意思表示，表示对完成广告中规定行为的任何人给予广告中约定的报酬，也就是约定一种债务负担在具备相对行为人完成指定行为的法律事实时与相对行为人形成一种债权债务关系，这种以意思表示为构成要素，并且因意思表示的内容真实，合法而发生法律上的效力的法律要件实际上是符合法律行为的特征的。尤其是悬赏广告只需要悬赏广告发布方一方的意思表示就能成立的特点，更符合单方法律行为的特性，故而笔者认为悬赏广告的性质更倾向于单方法律行为。

3. 除了上文中从悬赏广告的法律特征分析更符合单方法律行为的原因之外，在司法实践中采用单方法律行为说可以避免契约说所存在的各种弊端，并且更有利于保护相对行为人的利益。原因主要有以下几个方面：

(1)契约说要求悬赏广告人和相对行为人双方都必须为完全民事行为能力人,这就意味着如果是限制民事行为能力人或者是无民事行为能力人在完成悬赏广告所指定的行为后,并不能够获得对悬赏广告人的报酬请求权。因为无民事行为能力人和限制民事行为能力人他们并不具有完全的民事行为能力,因而也就没有与悬赏广告人缔约的能力,显然这对于无民事行为能力人和限制民事行为能力人是不利的。但是如果采用单方法律行为说,则对此没有限制,他们只要完成悬赏广告中指定的行为就对悬赏广告人享有报酬请求权。

(2)契约说将悬赏广告视作悬赏广告人发出的要约,行为人只有对该要约作出正式承诺双方才发生法律上的权利义务关系,而且可以随时撤回。如果行为人不知道有此悬赏广告而完成了广告中所约定的行为,他就不能取得对悬赏广告人的报酬请求权。很显然这也是有损于相对行为人的利益的。单方法律行为说则很好地解决了这个问题,它规定只要悬赏广告人发出了悬赏广告,作出了单方的意思表示,他不需要相对行为人作出正式承诺就能发生法律效力,悬赏广告人就应当受悬赏广告的拘束,并且不能够随意撤回。这不仅保护了相对行为人的利益,而且有利于调动相对行为人完成悬赏广告中指定行为的积极性,有利于悬赏广告人与相对行为人利益交换的实现。

(3)如果将悬赏广告视为单方法律行为,那么任何人完成广告中所指定的行为都将是一种事实行为,而非要求相对行为人具有完全民事行为能力的承诺行为。这样只要相对行为人完成了悬赏广告中指定的行为即享有对悬赏广告人的报酬请求权,而不必准确地判定在什么情况下有效承诺的存在以及承诺的时间地点等问题,从而可以极大地减轻相对行为人在向悬赏广告人求偿的举证责任的负担。

(4)在失物寻找悬赏广告中若采用契约说会产生很复杂的问

题。根据契约说的规定，寻找失物的悬赏广告人与遗失物拾得人之间会产生同时履行抗辩权。因为按照合同法第 66 条之规定，当事人互负债务，没有先后履行顺序的应当同时履行。一方在对方履行之前有权拒绝其履行要求。一方在对方履行债务不符合约定时，有权拒绝其相应的履行要求。但是当悬赏广告人拒绝履行支付酬金的义务时，遗失物拾得人是否可以拒绝归还其拾得物呢？当然不行。因为根据《民法通则》第 72 条规定："拾得遗失物、漂流物或者失散的饲养动物，应当归还失主。"同时按照最高人民法院的司法解释，拒不归还，按侵权之诉处理。从这些规定可以得知，拾得遗失物后将遗失物归还给失主，是拾得遗失物行为人的义务。若是悬赏广告人拒不给付酬金，遗失物拾得人如拒绝返还遗失物，则违反了行为人的法定义务。所以采纳契约说，实用同时履行抗辩权是不适当的。但是采用单方法律行为说就不会产生这种问题了，根据单方法律行为说，当遗失物拾得人因悬赏广告人拒不支付报酬而不归还拾得物，他不是在履行同时抗辩权，他是在实施侵权行为。当悬赏广告人不支付酬金时，相对行为人应该采取哪些合法手段来维护自己的合法权益呢？笔者认为广告人实施了广告行为以后，应对完成特定行为的人负有依照广告内容支付报酬的义务，因此，遗失物拾得人可以要求悬赏广告人依法履行支付报酬的义务。如果悬赏广告人不支付，则可以请求法院强制执行。

综上所述，无论是从悬赏广告的定义特征上分析，还是从司法实践中的运用情况来看，采用单方法律行为说更符合我国民法规定的诚实信用、公平原则，而且也更有利于维护相对行为人的合法利益和交易安全，也更符合悬赏广告内容本身的要求。本案中李建于 3 月 5 日发出悬赏广告，但因无人送还而于 3 月 7 日又登启事并提高报酬。这实际上是撤销了 3 月 5 日作出的意思表示，又作出了一项新的允诺，此允诺之效力于 3 月 7 日开始发生效力。由于张平是在 3 月 8 日将提包返还，李建应根据新允诺，按 5 万元的标准给付给张平酬金，所以张平的诉求合理，李建应再给付张平3万元酬金。

第三部分　拓展与探讨

＊试分析债与责任

债是指特定当事人之间可以请求一定给付的民事法律关系。现代民法上的债的概念源自罗马法，罗马法上“债”这个词原来是指保障履行义务的法律约束，债的侧重点是“责任”、“法律约束”。债的概念发展到现在，已经不仅仅强调债的“责任”或“法律约束”，而是更加强调债作为一种特定当事人之间的债权债务关系，它与物权关系、人身权关系以及知识产权关系的区别。

在罗马法上，责任并不是一个独立的概念，它是与债融合在一起的，债务与责任合而成为债务的概念，责任常随债务而生，二者有不可分离之关系。将债务与责任区别开来始于日耳曼法，在日耳曼法上，称责任是债务的羁束状态，也就是债务的担保，因此在日耳曼法中往往称责任为保证或担保。随着社会进步与法律观念的发展，责任的概念已有义务说、处罚说、法律后果说、责任能力说、法律地位说等。其中法律后果说较有代表性。本文也赞同此说，认为责任是“行为人由于违法行为、违约行为或者由于法律规定而应承受的某种不利的法律后果”。

关于债责之间的关系，法理界有诸多学说。认为债责之间截然不可分离者，以我国台湾地区的学者林诚二先生为代表。他认为“债之本质在于责任，债与责任之间截然不可分离，亦即债务系为责任所包含，债务为肉，责任为皮，去之皮，肉不存”。我国台湾地区的学者诸葛鲁先生则在《债务与责任》一文中明确指出，债责之间可以分离存在。诸葛鲁先生之所以得出债责可以分离的结论，是由于他认为社会生活中客观地存在着一些债责分离的现象，如自然债务、赌债等。笔者认为，债的上位概念是法律关系，它包含债权和债务两个基本内容，债的本质在于其相对性，即某特定人请求其他特定人作为或不作为特定行为。而责任的上位概念是一种法律制度，是为保护权利人实现权利、督促义务人履行义务而人为设计的一种法律救济制度，债和责任分属两个不同的法律概念体系。

这里有必要分析权利和义务的定义及狭义的责任与义务的关系。在法理学上权利和义务是一对相对应的概念，民事权利与民事义务相对应，有民事权利即有民事义务。但是狭义的责任与义务却并不一定相对应，它们之间是有区别的：(1)本质不同。民事义务的本质是权利人实现民事权利的必要条件；民事责任的本质是促使义务人履行民事义务、使权利人实现其民事权利的辅助条件。(2)对应关系不同。民事义务存在于正常的民事法律关系之中，它与民事权利相对应，有民事权利即有民事义务。民事责任则产生于正常的民事法律关系遭受破坏之后，通常它与民事义务相对应，有民事义务的违反就有民事责任，但又不完全对应。(3)内容与形式不同。民事义务的内容和形式，取决于民事法律关系的性质和内容，在绝对法律关系中，民事义务通常为非财产性的不作为义务；在相对法律关系中，民事义务则多为财产性的作为义务。民事责任的内容和形式，则取决于违法行为的性质和后果，因侵权行为引起的民事责任，既有财产性责任，也有非财产性责任；因违约行为而产生的民事责任，则均为财产性法律责任。

明确了责任与义务的关系，关于责任与债务的关系也就进一步明确，债务是义务的一种，是特定的双方当事人之间设定的义务，但债务与义务也有区别，一是债务主要是特定当事人之间为实现一定的法律效果而设定的特定的民事义务，包括作为和不作为，而义务的范畴更广泛，不仅局限在当事人之间，更主要的是来源于法律的规定；二是债务的主体是特定的民事主体，而义务人却是相对于权利人而言的，不具有特定性；三是违反债务和义务的法律效果不同，救济手段也有区别，违反债务，主要对债权人承担赔偿损失等经济责任，而违反义务则要根据义务的性质承担相应民事责任。可以说民事义务与狭义的民事责任以分离为常态，以结合为非常态，债务作为民事义务的一种，只有不履行或不完全履行债务时才有责任的承担。史尚宽先生认为"债务与责任，为各别之观念，故二者可离可合，即合者亦可异其主体或各有其范围内容"。他列举了几种债责分离的情形：(1)有债务而无责任者(自然债务)；(2)无债务而有责任者，如物上保证人之责任；(3)责任先于债务而存在者，如附停止条件之债务所设定之担保。有学者认为由于救济方式和救济效果形式的相似性，即一方当事人可以向对方当事人请求特定的给付，这种特定当事人之间可以请求一定给付的民事法律关系就是债，也因此构成债的内在统一性。笔者认为，这种说法单方面强调债务的承担，没有认识到债作为一种民事法律关系是两方面内容共同构成的，不能因此而混淆了债与责任以及债务与义务的其他区别。

民事责任的另一种含义是从受害方即请求责任人承担责任的一方而言，是一种请求救济权利。民事权利分为原权利和救济权，民事责任与债这种法律关系一样，可以从两方面看，一方面是债权人的债权请求权，一方面是债务人的给付义务。对于债权人债权请求权而言，责任是一种救济权；对于债务人的不履行债务即给付义务而言，责任又是一种不利的法律后果。民事责任制度体系的设定，并不否认请求权的存在，民事责任也不仅仅是对于债务人设立的强制手段或强制措施，单纯地强调民事责任内容的某一方面都是片面的。有学者认为，救济权请求权是在一方当事人需要承担责任的情况下产生的，责任是产生救济权请求权的前提，没有责任，就不会产生救济权的请求权。而笔者认为，与其说责任是产生救济权的前提，不如说救济权也是责任的一种必然含义，是属于广义上责任的范畴，对于求责人来说，他实现权利的方式就是要求义务人承担责任，而这种权利也是责任的表现。

＊债法新发展——合同法与侵权法边界模糊化现象评析[①]

现代各国债法出现了合同法与侵权法相互融合、边界模糊化的趋势，这反映在各国的相关立法、学说和判例中，试简要展述如下：

1.相关立法

(1)《法国民法典》第1382条："任何行为致他人受到损害时，因其过错致行为发生之人，应对该他人负赔偿之责任。"

(2)《德国民法典》第823条："(1)因故意或过失不法侵害他人生命、身体、健康、自由、所有权或者其他权利者，对他人因此而产生的损害负赔偿义务。(2)违反以保护他人为目的的法律者，负相同的义务。如果根据法律的内容并无过失也可能违反此种法律的，仅在有过失的情况下，始负赔偿义务。"

(3)《德国债法现代化法》："(德国民法典)第241条修正如下：a)该条规定的原有文义成为第1款。b)增加第2款：(2)依债务关系内容的不同，债务关系可以使任何一方当事人负有顾及另一方当事人权利、法益及利益的义务。"

(4)中国台湾地区"民法典"债编修正案第184条："因故意或过失不法侵害他人之权利者，负损害赔偿责任。故意以悖于善良风俗之方法加损害于他人者也同。违反保护他人之法律，致生损害他人者，负赔偿责任。但能证明其无过失者，不在此限。"

(5)《欧洲合同法原则》第2章第301条："悖于诚信的磋商：

① 衡爱民、段小兵：《现代合同法与侵权法边界模糊化现象评析》，载《重庆工商大学学报》2005年第6期。

(一)当事人有磋商自由,对没有达成合意不负责任。(二)但如果一方当事人所为磋商或终止磋商有悖于诚实信用,则要对给对方当事人造成的损失负责。(三)一方当事人在没有真实意图与对方当事人达成合意的情况下从事磋商或继续进行磋商,则有悖于诚实信用。"

(6)《中华人民共和国民法通则》第106条:"公民、法人违反合同或者应当承担民事责任。公民、法人由于过错侵害国家的、集体的财产,侵害他人财产、人身的,应当承担民事责任。没有过错,但法律规定应当承担民事责任的,应当承担民事责任。"

(7)《中华人民共和国合同法》第122条:"因当事人一方的违约行为,侵害对方人身、财产权益的,受损害方有权选择依照本法要求其承担违约责任或者依照其他法律要求其承担侵权责任。"

此外,各国民法典和国际法律文件中还有很多相关立法,如中国《消费者权益保护法》第35条等,限于篇幅和重要性,在此仅扼要列举以上。

2.相关学说、判例

(1)债权不可侵性理论。20世纪初法国学者通过对《法国民法典》第1382条"任何行为使他人受损害时,对该他人负赔偿责任"的规定进行学理解释,认为第三人侵害债权负损害赔偿责任得直接以该条为依据,法国判例也对该理论持肯定态度。学者对债权侵害进行了类型化分析。德国、瑞士法中,侵权行为人以权利的侵害为要件,违反法律保护规定及善良风俗的加害,均构成侵权行为。故包括对债权的侵害。我国台湾学者通过对台湾地区"民法典"第184条的解释,认为规定了对债权侵害的保护。王泽鉴先生并对其分为四类:其一,侵害给付标的物,使债务人给付不能或给付迟延;其二,侵害债务人人身;其三,引诱债务人违约;其四对于债权归属的侵害……在我国大陆,现行《合同法》第121条(合同相对性的规定)实际上否定了该理论,学界主流观点持否定态度,也少有肯定的案例。

(2)“附保护第三人作用的契约”。此为德国法的创造。在德国法上,是指特定契约一经成立,不但在当事人之间发生权利义务关系,同时,债务人对于与债权人有特殊关系的第三人,也负有照顾、保护等义务。其目的旨在加强保护与债权人具有特殊关系的第三人(其范围限于因债务人的给付受到影响的人)利益。其基于诚信原则而发生的附随义务之上。德国帝国法院在创设此制度初期,适用《德国民法典》第328条的规定,认为属于“第三人利益契约”的一种形态。但德国权威学者拉仑兹教授认为,应称为“附保护第三人作用的契约”。此一理论经联邦法院采用,业已被德国国民意识所认可,具有习惯法上的效力。英美法也在1997年的《统一商法典》第2-318条明定了对利益第三人的保护责任。我国仅仅有特别法有相应规定,如《消费者权益保护法》第2条:“消费者为生活消费需要、使用或接受服务。其权益受法律保护……”(其消费者不要求必须与生产者有合同关系);《产品质量法》第31条也有相似规定。

(3)缔约过失责任。此为德国法与耶林的“伟大发现”,其究竟属契约责任还是侵权责任,有不同主张,理论依据有:①侵权行为理论。认为应当用侵权行为来解释缔约过失责任。因为有关损害赔偿请求权要么是合同上请求权,要么是侵权行为上的请求权,如果属于合同上请求权,就应当认为属于侵权行为的请求权。因此,缔约上的过失致人损害既然不属于当事人合同上的约定,那么就应当认为是一种侵权行为,并按照侵权行为的归责要件来追究侵权行为人的责任。在德国民法典制定后的十年间,这种理论占有优势。②法律行为理论。认为缔约过失责任源于当事人的约定,但这种约定源于何时?有的主张源于目的契约,即其后缔结的契约。此说很受批评,因为如果契约根本未成立之情形则难以适用缔约过失。为弥补其理论缺陷,后判例又提出了“默示责任契约说”,即缔约过失责任源于当事人缔约之际以默示方式缔结的责任契约(实质为拟制责任合同)。③法律规定理论。德国民法典有关条文中(第 122 条、第 179 条、第 307 条、第 309 条等)包含了一条基本原则,即因缔约上的过失致人损害者应负赔偿责任。该说遭到拉仑兹的反对,认为以上条文分散且适用范围受限,借类推方法试图发现一条基本原则实难妥当。④诚实信用理论(通说)。认为缔约过失责任的基础在于民法典的诚实信用原则。根据该原则,从事缔约磋商的人,应尽交易上必要的注意,维护相对人利益。于此义务违反者,应就所生损害负赔偿责任。我国大陆《合同法》第 42 条也对缔约过失责任适用情形作了具体的类型化列举,但其范围宽于德国法的规定。

(4)“安全保障义务”。依法从事生产经营的经营者以及其他依法对他人负有必要注意义务的人,对他人安全的保护性义务。未尽合理的注意而致对方人身和财产损害的应承担损害赔偿责任。其始于德国法,由判例创设,具体随着现代社会的发展及危险的剧增,过错责任面临冲击,危险责任的登场而产生。此外,还源于诚信原则的附随义务。德国法上判例有:1902 年枯树案,1903 年撒盐案、兽医案。法国法中也认为“安全义务”兼具契约性和侵权性,其判例有法国最高法院在 1896 年 6 月 16 日的某判决等。我国最高人民法院 2003 年颁布的《关于人身损害赔偿问题的解释》第 6 条也规定了经营者和其他自然人、法人、其他组织对消费者等的安全保障义务。

(5)加害给付。早期民法理论中盛行的是违约形态二元论,即认为违反契约不外两种情况:或者是给付不能,或者是给付迟延。《德国民法典》即采此观点。后来逐渐发现该划分不周延,典型的是加害给付,它不能被给付不能和给付迟延所涵盖。加害给付理论在德国提出后引起强烈的重视,认为是法学上的伟大发现,具有重大理论意义:首先弥补了在德国法上占统治地位的违约形态二元论的不足，弥补了德国民法典关于这一问题的漏洞；其次，它提出的积极侵害契约的救济，也是对德国民法理论及判例的伟大贡献。其名称经历了“积极侵害契约”、“积极侵害债权”“不良履行”到“加害给付”的演变。日本和我国台湾地区民法典称为“不完全给付”。英美法以判例方式达到与加害给付相同救济的，即通过“损害是否由违约行为自然引起”进行救济。其理解存在分歧。依我国台湾学理主张，指债务人虽以完全给付的意思提出给付，但不符合债务主旨。我国大陆学理对加害给付的理解也存在分歧：一种观点认为，加害给付指债务人虽然履行，但其履行有瑕疵或给债权人造成损害的情形。另一种观点主张，加害给付指债务人的不当履行造成债权人履行利益以外的其他损失的行为。可见前者范围较宽，后者较窄，区别在于是否包括履行利益的损失。

通过对以上材料进行整理，我们发现，现代合同法与侵权法之间的界限正在模糊。传统民法理论先验地认为，合同法与侵权法这两种责任的适用范围一目了然，契约责任以契约的有效成立和存在为条件，仅对契约当事人适用，不对契约以外的第三人适用，除非第三人因他人明示契约而享有利益；侵权责任是适用于那些没有契约关系的当事人之间，以当事人之间无契约联系作为前提条件。二法域界限泾渭分明，不存在“灰色地带”和相互越界情况。但是进入 20 世纪后，伴随产业革命的深入发展，导致私人间抽象的平等性和互换性的丧失，保护弱者的理念成为社会公识，以私人平等自治为中心的传统合同法和以过错责任为基础的传统侵权法必须作出相应的调整，以救济弱者，维护社会实质正义。所以，现代合同法与侵权法实际上已告别古典时代泾渭分明的局面，边界日益模糊，具有融合的趋势。笔者认为出现这种趋势归因于以下几个因素：首先，根本原因——社会变迁和从近代民法到现代民法的发展。人类社会步入 20 世纪后，社会发生了巨大变迁（从自由经济时期走向垄断经济时期），社会两极分化、对立和矛盾加剧，加强弱势群体保护成为社会的共识。相应的，随着平等性和互换性这两大近代民法的基本判断的丧失，以形式正义为理念的概念法学式的近代民法不能适应社会发展，进而以实质正义为理念，以社会妥当性为价值取向的现代民法登场，即出现了从近代民法到现代民法的发展，以更周全地保护民事权益，维护弱者利益，调和社会矛盾，发挥民法的社会功能。

其次，侵权法过错责任的衰落，无过错责任的兴起。传统侵权法以过错为责任原则，以实现其道德非难性、惩罚性、赔偿性等目的，但因举证能力不平等导致弱势方举证难，从而使过错成了经济上优势方逃避责任的挡箭牌，导致助桀为虐，悖于正义，此外，现代工业社会，事故不断，也强烈要求加强对弱者的保护，因而出现归责原则客观化的趋势，表现在：(1)过错推定的采用。一方面，它是一种转移举证责任的方式，但由于现代法过错的客观化，其结果与无过错责任相差无几。(2)无过错责任的勃兴。其理论依据有风险说、公平说、遏制说、利益均衡说等。由于其弱者救济理念和责任社会化(以社会保险制度为后盾)符合现代社会要求，可预见其将进一步发展，甚至可能超过过错责任在侵权法中的主导地位。(3)“过错”本身的标准客观化。传统主观说认为过错是一种心理状态，导致其主观色彩浓，认定上有较大任意性，影响法的可预见性。近代客观说已成为主流，认为过错是对注意义务的违反，并借鉴罗马法，分为“疏忽之人”可有之注意，“善良”之注意等。一般过失，有抽象轻过失、具体轻过失之分等。这样，侵权法中过失的认定因客观化而较为容易。侵权法中“过错”的衰落，无过错责任的兴起，侵权法与奉行严格责任的合同法鸿沟变小，呈融合趋势。

再次，合同法中“意思自治”的衰落、诚信原则的兴起导致其适用范围扩张。传统合同法以意思自治为核心，奉行合同相对性原则，“无合同即无责任”。进入近现代，合同法中“意思自治”呈现衰落趋势，以致学者惊呼“契约的死亡”，法院通过对当事人意思的拟制、解释等方式更积极地干预合同，为双方订立合同，学说上还出现了“事实关系契约”等理论，使合同责任进一步扩张范围。此外，诚信原则性的附随义务功能扩张，使一方对与其没有合同关系或合同关系不成立的他方也产生保护、照顾等义务，即安全保障义务和缔约过失责任等，从而突破了合同相对性和“无合同即无责任”原则，实质上是合同法向侵权法领域的扩张。

现代合同法与侵权法的传统边界虽然仍然存在，已日益模糊和被局部性突破，但尚未根本动摇债法的体系，却已经难以在现代合同法与侵权法之间找到一条普适的明确的边界。追求法律的确定性品格本身是人类不懈的努力，法律的确定性当然也包括法律内部构造的确定性、逻辑划分的确定性如合同法与侵权法的逻辑区分。现代合同法与侵权法相融合、边界模糊化的现象，使我们再一次认识到：法律和逻辑仅仅是手段，人类生活才是目的。当法律不能适应社会发展和人类需要时，打破传统的逻辑与制度安排是必要的，而不能固守陈规。而这种打破传统的逻辑与制度安排，其本身的目的指向于正义这一崇高的法律价值的！现代合同法与侵权法的融合现象正是正义这一法律价值的体现。例如债权的不可侵性理论，按传统学说，债权具有相对性，不能约束合同外第三人，侵权法的调整对象限于物权、知识产权等绝对权，对侵害债权的行为则不予调整，这样就造成第三人恶意侵害债权的情况下出现法律的漏洞，使恶意第三人有所欲为损害合同自身利益，这显然违背了正义原则，因而矫正的正义便发生作用，要求合同外恶意第三人承担赔偿责任，填补合同中受害人利益，于是债权不可侵性理论便应运而生，这也必然使侵权法突破边界，向合同法领域扩张——又如缔约过失责任，按传统观点，从逻辑上说，因合同未成立，不产生合同责任，即“无合同即无责任”。而因缔约一方过失合同不成立的情形下，一方违背诚信原则之保护注意义务而造成对方信赖利益损失，有过错，按其性质本应运用侵权法予以救济，但一方面，侵权法调整的损害通常指现存利益的减损，与信赖利益的损害不同；另一方面，运用侵权法救济本身也有不少缺点，如在存在雇主使用他人缔约的情形下其通常可以证明其于选任监督已尽相当注意而负责，导致受害方救济不力，有违公平，因此，将一方缔约过失合同没有成立、无效等情形纳入合同法调整，成为最佳选择，缔约过失责任理论也就产生了。这样，以合同法向侵权领域适当扩张的方式，实现了救济受害方，匡扶正义的目的。

第七章 合同法概述

第一部分 重点与难点

【本章重点】

合同　契约　双方法律行为　合意　有偿合同　单务合同　要式合同　要物合同　主合同　从合同　有名合同　无名合同　确定合同　射幸合同　一次性合同　持续性合同　民事合同　商事合同　行政合同　劳动合同　平等原则　自愿原则　公平原则　诚实信用原则　合法原则　公序良俗原则　禁止权利滥用原则

【本章难点】

合同法作为商品经济、市场经济的基本法律和民法的重要组成内容，各国的立法体例和我国合同法立法体例及其体系有很大不同，由此产生我国合同法的效力及具体适用特殊性。

1.合同的概念

由于各国的法律文化上的差异，各国法律和法理对合同的概念规定和表述有很大不同。罗马法称合同为双方当事人间发生债权债务的合意。法国民法典称合同为一种合意，依此合意，一人或数人对于其他一人或数人负担给付，作为或不作为的债务。美国法律研究所的合同法复述称合同是一个允诺或一系列允诺，违反该允诺将由法律给予救济，履行该允诺是法律所确认的义务。德国民法典称合同为民事主体之间以设立、变更或消灭债权债务为目的的双方法律行为。我国台湾地区民法把合同称为契约，所谓契约，即为两人以上之当事人，以债之发生的，所为对立之意思表示，互相一致之法律行为。

我国合同法、民法通则立法上对合同都作有定义：1981 年经济合同称经济合同是平等民事主体的法人、其他经济组织、个体工商户、农村承包经营户相互之间为实现一定经济目的，明确相互权利义务的协定。1987 年技术合同法称技术合同是法人之间、法人与公民之间、公民之间就技术开发、技术转让、技术咨询和技术服务所订立的确立民事权利与义务的协议。1986 年民法通则称合同是当事人之间设立、变更、终止民事关系的协议。1999 年统一合同法称合同是平等主体的自然人、法人、其他组织之间设立、变更、终止民事权利义务关系的协议。婚姻、收养、监护等有关身份关系的协议，适用其他法律的规定。

从上述不同国家法律规定中，对合同的概念或定义使用了合意、允诺、法律行为、协议等不同用语表述方式，如何正确认识和把握这些用语、概念的含义以及它们之间存在有共同之处和不同之点，从而更好地理解我国合同法对合同定义所作规定的真实含义。

2. 我国合同法的立法体例

我国经济体制改革进程和社会主义市场经济建立和完善客观情况，决定了我国民法典迟迟不能制定，因此在立法体例上，既不同于大陆法系国家，也有别于英美法系国家，而是根据我国的国情和市场经济发展的需要，采取制定单行法的形式作为立法的特殊体例，分别通过由全国人大及其常委会制定单行的合同法律和其他有关合同的法律和国务院制定合同条例及实施细则、办法加以完成。这是特殊历史条件和社会主义市场经济体制下采取的特殊的立法体例。正确把握我国合同法的特殊立法体例对我们正确认识和把握我国合同法的立法体系及其效力、具体适用等问题将具有积极意义。

3.我国合同法的立法体系

我国特殊的合同法立法体例,产生了我国特殊的合同法的立法体系。改革开放初期至1999年这一历史阶段,我国合同法的立法体系表现为:(1)民法通则对我国合同制度作了原则规定;(2)经济合同法、涉外经济合同法、技术合同法三大合同法对我国合同制度作了分类规定;(3)国务院颁行的20多个合同条例、实施办法对我国合同制度作了具体规定;(4)其他法律对我国合同制度作了专项规定。1999年3月5日,中华人民共和国合同法的颁行后,并宣布10月1起实施,原三大合同法废止,由此形成了具有中国特色的社会主义合同法律新的体系:(1)我国民法通则对合同制度作了原则规定;(2)合同法对我国合同制度作了基本规定;(3)其他有关合同规定的法律对合同制度作了补充规定。使我国合同法的立法体系更趋于科学和完善。

4.我国合同法的效力和具体适用

由于我国合同法独特的立法体例和立法体系所决定,合同法的效力涉及其他法律有关合同的规定,非典型合同的效力问题;以及合同法与民法通则、合同法与其他法律对合同的不同规定时的法律适用问题和涉外合同的具体适用问题。掌握我国合同法这些效力和具体适用等难点问题,有利于学生正确理解和把握适用合同法的相关规定。

第二部分　思考与练习

一、选择题

1.依照合同法法理和法律规定,合同法的调整对象是(　　)。

A.平等主体之间民事权利义务关系

B.平等主体之间具有一定身份关系

C. 劳动者与用人单位之间的劳动关系

D. 平等主体之间的民事关系

【解答】应选 A。根据《合同法》第 2 条的规定，本法所称的合同是指平等主体的自然人、法人、其他组织之间设立、变更、终止民事权利义务的协议。婚姻、收养、监护等有关身份关系的协议，适用其他法律规定。由此决定合同法的调整对象只能是 A 项，而否定 BCD 项。

2. 安徽省某县李某，2002 年 7 月高考被浙大录取，但因家境清贫上不起大学，经表兄介绍与包工头包某认识，签订一份“恋爱协议”，约定包某在 4 年内每年向李某借款 1 万元，帮助李某上大学，其条件是李某应与其建立恋爱关系，如恋爱成功，该款项转为赠款；如恋爱失败，李某应归还本息。该“恋爱协议”的性质和法律适用是（　　）。

A. 民事合同，适用合同法规定

B. 普通合同，适用民法通则规定

C. 身份协议，适用婚姻法规定

D. 身份协议，适用民法通则规定

【解答】应选 C。依据《合同法》第 2 条第 2 款规定：婚姻、收养、监护等有关身份关系的协议，适用其他法律的规定，表明了该“恋爱协议”不是民事合同，属身份关系的协议，自应适用婚姻法的规定。

3. 经某市新城区工商局批准，133 户个体户到该局兴建的农贸市场设摊经营，该局为此收取了管理费和摊位费，事后，该局未经个体户同意，三次改变了摊位地点，最后挪到非该局管理的其他市场。为此，个体户把新城工商局告到法院，要求退还摊位费，对此案件的性质，法院受理时有不同看法，正确的应属于（　　）。

A. 行政纠纷，应适用行政法有关规定

B. 民事合同纠纷，应适用合同法有关规定

C. 兼具行政、民事纠纷，法院可选择适用行政法，合同法规定

D. 兼具行政、民事纠纷，法院可选择适用行政法，民法通则规定

【解答】应选 B。某市新城区工商局向个体户收取摊位费，目的在用于投资建设市场还贷，应属个体户投资合同行为，该合同因新城工商局非法集资行为而无效，所收摊位费应当全额退回，并偿付同期银行贷款利息。因此，法院应按合同纠纷，依照合同法第52条规定受案并作出处理。

4. A 县人民政府为建宾馆，向该县 B 银行贷款 500 万元，届期未能偿还，B 银行以 A 县人民政府为被告向人民法院提起诉讼。该案所涉及的法律关系是（　　）。

A. 不是平等主体之间的民事法律关系

B. 应属政府行政行为，应由行政法调整

C. 是管理者和被管理者之间的纵向经济关系，应由经济法调整

D. 是平等主体之间的民事法律关系，应由民法调整。

【解答】应选 D。A 县人民政府作为国家行政机关，一般依法行使行政管理和经济管理职能；但作为国家机关法人，有权参与民事活动。A 县人民政府为建设宾馆需要，向该县 B 银行贷款 500 万元，发生借款合同，在这种情况下，A 县人民政府与 B 银行都是作为平等的民事主体资格参与民事活动，发生的是平等民事法律关系，自应由民法调整。

5. 在英美法系国家中，合同依据合同当事人不同的意思表示方式为标准可分为（　　）。

A. 明示合同　　B. 默示合同

C. 双边合同　　D. 单边合同

E. 准合同

【解答】应选 AB。双边合同与单边合同的分类是根据当事人双方是否都负有权利义务标准所作分类，因此不属于以意思表示方式的分类范畴，故不应作为选项。准合同为不当得利，属事实行为，亦不作选项。只有明示合同和默示合同是根据当事人意思表示标准进行分类的。

6. 在新合同法颁行之前，我国有关合同法立法相当复杂，由此形成的立法体系是（　　）。

A. 民法通则对我国合同制度作原则规定

B. 合同法对我国合同制度作基本规定

C. 三大合同法对我国合同制度作分类规定

D. 其他法律对我国合同制度作专项规定

E. 各类法规对我国合同制度作补充规定

【解答】应选 ACDE。1999 年《合同法》颁布之前，对我国合同制度作有规定的主要有民法通则、三大合同法、其他法律及国务院、地方人大常委会制定的法规，由此形成我国合同法体系。所以，本题 B 项新合同法不应选。

7. 根据合同成立是否必须交付标的物为标准，可以将合同分为（　　）。

A. 有偿合同与无偿合同

B. 有名合同与无名合同

C. 诺诚合同与实践合同

D. 要式合同与不要式合同

【解答】应选 C。因为实践合同是以实际交付标的物为合同成立要件的，使之成为诺诚合同与实践合同分类的标准。

8. 研究各国合同立法体例，大陆法系国家采取的立法体例有（　　）。

A. 民法典对合同作基本规定

B. 其他法律对合同作专门规定

C. 判例法对合同作补充规定

D. 法律解释对合同作适用规定

【解答】应选 AB。因为判例法是英美法的立法体例。其对合同立法一般采取判例法和单项合同立法相结合的立法体例，而不是大陆法系的立法体例。

9. 合同自愿原则包括以下内容（　　）。

A. 缔结合同的自由，当事人有权决定是否与他人订立合同

B. 决定合同内容的自由，当事人在法律规定的范围内，可以自由订立合同条款

C. 变更和解除合同的自由，当事人可以在合同成立之后依法变更和解除合同

D. 选择合同方式的自由，当事人依法选择合同方式的自由

E. 履行合同的自由，当事人可以自主决定履行或不履行合同，他人不得干涉。

【解答】应选 ABCD。合同自愿原则是合同（契约）自由本质特征的体现，它包括当事人是否订立合同、与谁订立、订什么内容、采取什么形式，甚至合同成立后变更、解除和处理争议的方式，只要不违反法律强制性规定，都可以自由选择约定。唯独依法成立的合同，即具有法律约束力，当事人只能无条件、全面地履行合同义务，没有自由履行或不履行的权利。

10. 赵某家住北京朝阳区，应邀到海淀区清河南镇朋友家做客，赵某招停一辆出租车说明情况后，该车王司机以路途远僻、难行，拒绝搭乘，依合同法规定，该司机拒载行为违反了合同法哪些基本原则。下列不正确的是（　　）。

A. 平等原则　　B. 自愿原则

C. 公平原则　　D. 诚实信用原则

E. 合法原则

【解答】应选 ACDE。根据合同法第 289 条规定，从事公共运

输的承运人不得拒绝旅客、托运人通常、合理的运输要求。这一规定是合同法对从事公共运输承运人适用合同自由原则的限制。因此，本案出租车承运人拒载行为违反了旅客享有合同自由原则的权利。

11. 贾先生向法院告被告有线电视台，在办理收视合同后，一直出现在收视中央台节目时插播很多广告，严重影响收视效果，多次反映，被告拒不改正。为此请求法院责令被告停止插播，公开道歉并赔偿损失。法院审理该案，在适用合同法基本原则时，以下不能适用的原则是（　　）。

A. 自愿原则　　　　B. 公平原则

C. 诚实信用原则　　D. 合法原则

【解答】应选 ABD。按照合同法规定，当事人在订立和履行合同中，应遵循诚实信用原则履行合同义务。本案贾先生与有线电视台所形成的权利义务关系，被告应认真履行。而被告一直插播广告违反的是诚实信用原则，而不是其他原则。

12. 依照我国民法通则、合同法有关规定，涉外合同纠纷处理可以适用的法律原则有（　　）。

A. 平等自愿原则　　B. 选择适用原则

C. 必须适用原则　　D. 优先适用原则

E. 参照适用原则

【解答】应选 BCDE。根据《合同法》第 126 条规定，可选择 BC；根据民法通则第 142 条、第 145 条规定，可选择 BDE。

13. 陈先生于 2001 年去北京出差，在逛西单商场时被某托儿欺骗购买了某商场伪劣次布 6 匹，发现后要求某商场退货遭到拒绝，诉至某区法院，某区法院对该买卖行为应作何认定，并适用什么法律处理？（　　）

A. 认定欺诈民事行为无效，按《民法通则》第 55 条处理

B. 认定可撤销民事行为，按《民法通则》第 57 条处理

C. 认定合同欺诈无效，按《合同法》第 52 条处理

D. 认定合同欺诈可撤销，按《合同法》第 54 条处理

【解答】应选 D。在合同法律制度上，民法通则为普通法，合同法属特别法，当合同法与民法通则有不同规定时，依法理应优先适用合同法规定。所以，按照《合同法》第 54 条第 2 款之规定，当事人之间发生合同欺诈行为，应适用可撤销制度予以处理。

14. 合同活动应遵循合法原则，依《民法通则》、《合同法》规定，其内容包括（　　）。

A. 必须遵守法律，法律没有规定的，应当遵守国家政策

B. 应当尊重社会公德、不得损害社会公共利益，破坏国家经济计划，扰乱社会经济秩序

C. 应当坚持四项基本原则、坚持一个中心两个基本点

D. 必须符合国家指令性计划要求

【解答】应选 AB。根据《民法通则》第 6 条、第 7 条，《合同法》第 7 条规定，确定了合同的内容合法的范围，而 CD 项属于政策、计划范围，不属于合同合法性的选项。

15. 1999 年新合同法颁行后，具有中国特色的社会主义合同法的立法体系为（　　）。

A. 民法通则对我国的合同制度作了原则规定

B. 合同法对我国的合同制度作了基本规定

C. 三大合同法对我国的合同制度作了分类规定

D. 国务院有关合同条例对我国合同作了具体规定

E. 其他有关合同的法律对我国合同制度作了专项规定

【解答】应选 ABE。因为 1999 年新合同法颁行后，原三大合同已经废止，国务院有关条例也处于清理、修改、废止之中。

二、判断题

1. 合同是平等主体的自然人、法人、其他组织之间设立、变更、

终止民事权利义务关系的协议。所以，合同的特征表现为一种协议，因此所有民事关系的协议都可以称为合同。

【解答】错误。根据《合同法》第2条的规定，合同是一种协议，即平等当事人之间设立、变更、终止民事权利义务关系的协议。但不是所有协议都是合同，不能产生民事权利义务关系（债权债务关系）的协议，不属于合同。

2. 劳动合同也是一种合同，是劳动者与用人单位订立的确立双方劳动权利义务关系的协议，因此也可以适用合同法相关规定。

【解答】错误。因为劳动合同关系突出区别于一般民事合同关系，合同主体是劳动者与用人单位，从法律上讲主体地位是平等的，但在社会经济生活中，劳动者多表现为弱势群体，在劳动合同关系上难以与用人单位平等、自愿，为此，我国劳动合同法对劳动合同制度有较多的强制性规定，这样更有利于保障劳动者的合法权益。因此，劳动合同应适用劳动法、劳动合同法的具体规定，而不适用于合同法的规定。

3. 依合同法理，买卖、租赁、借款等合同都属于双务和有偿合同。

【解答】错误。从性质上看，买卖合同和租赁合同是绝对双务和有偿合同。如果买卖合同和租赁合同是无偿、单务的话，就变为赠与合同与借用合同。而借款合同则不同，在我国，银行之间借款和银行与法人、自然人之间借款合同，都是双务、有偿合同，但在自然人之间发生的借款合同，可以是有偿、双务合同，也可以是无偿、单务合同。

4. 依据我国现行法律规定，合同是调整平等主体之间民事关系的协议。

【解答】错误。1986年颁行的我国《民法通则》第85条规定，合同是当事人之间设立、变更、终止民事关系的协议。在当时，这一规定较经济合同法等三大合同法的规定是有很大进步。但民事关系涉及范围太广，既包括合同关系，也包括婚姻、收养、监护、继承、侵权民事责任等民事关系，所以，以民事关系作为合同法的调整对象是不甚严密和科学的。1999 年通过的我国《合同法》第 2 条规定，本法所称合同是指平等主体的自然人、法人、其他组织之间设立、变更、终止民事权利义务关系的协议。把合同的调整对象具体确定为债权债务关系范围，这样规定，使合同的概念更加科学、准确和严密，更符合合同法理的要求。

5. 合同法律制度是随着商品经济产生、发展而产生发展和完善起来，所以，各国合同发展史一直把合同自由原则确定为合同法律制度的基本原则。

【解答】错误。因为不同商品经济的历史时期和阶段，合同法律制度的特征是不尽相同的。合同自由原则固然是合同法的基本原则，但在古代合同制度阶段，奴隶社会的奴隶就不是合同主体，不享有合同自由权利，而在现代合同制度阶段，由于社会本位地位的确立，合同自由原则也受到一定的限制，所以不同历史时期对合同自由原则采取不同的立法原则。

6. 原告某保险公司与被告某汽车公司于 1998 年 1 月签订机动车辆的保险合同，约定被告投保 49 辆机动车，保险费为 31.9 万元，保险期为 1 年。双方签订的投保单所附的保险条款规定，被保险人应一次交清保险费，否则保险人有权拒赔或终止合同。3 月被保险人给付支票一张，票面金额为 31.9 万，但保险人交票银行后，因被告存款金额不足被退回，事后原告多次催付无果，原告遂起诉法院请求被告承担违约责任。法院经审理，认为原告在已免除合同责任情况下，要求被告承担违约责任，违反了公平原则，遂判决解除合同。

【解答】正确。根据保险法以及双方签订保险单所附保险条款规定，被保险人未按约定交付保险费，保险人有权拒赔或解除合同。本案被保险人未按约定交付保险费，实际上保险合同未成立，原被告之间不存在权利义务关系,因此原告要求被告承担责任,有违合同法规定的公平原则,故法院不支持原告的请求是正确的。

7.2001年6月,天津市居民王某,经朋友介绍与李某签订房屋租赁合同一份,约定王某将60平方米房屋租给李某开办游戏厅,月租金2000元,经营中一切责任由李某负责,与王某无关。签约后,7、8两月,李某按期交租。以后李某未再交租金,12月李某游戏厅因涉赌被公安部门查封,王某多次要李某交付9—12月租金未果,遂起诉法院。法院以房屋租赁合同违反社会公共利益为由,判决合同无效,9—12月租金属违法所得,全部判罚交归国库。法院对该案处理是否正确?

【解答】正确。王某与李某在订立租赁合同时,约定经营中一切责任由李某负责,预计到李某可能进行违法经营,所以作出规避法律的约定,因此该合同违反社会公共利益被判无效是正确的。其租金属于违法所得,应当全部收缴国库。

8.美国公民杰克逊与中国某企业协商举办一所化妆品生产合资企业,双方签订中外合资经营企业合同一份,由中方企业向外经贸部申请批准,因合同中规定“双方发生争议时,适用美国法律规定”未得到外经贸部批准。杰克逊对此提出异议,认为他们签订的涉外经济合同,可以约定选择适用法律的,杰克逊的主张是否符合我国法律?

【解答】错误。因为中外合资经营企业合同虽属于涉外经济合同,但依照我国《合同法》第126条第2款规定,中外合资经营企业合同等三种涉外合同,必须适用我国法律规定,不适用涉外合同的选择适用原则。

9.张家界市某公司下属矿泉水厂因故停产,其公司职工董某愿意承包该厂,但要求借款5万元,经协商,双方订立承包借款合同一份。约定承包期5年,每年缴承包费1万元;董某以公职向公司担保借款2万元,期限6个月,如到期不还款,即解除董某与公司劳动关系。合同订立后，在履行中董某发现因工厂设备存在问题，引起生产的矿泉水不合格。为此，董某要求与公司解除承包合同，并赔偿损失，遭公司拒绝，遂起诉至法院，后经法院解除合同，公司赔偿3.5万元。不久，公司以担保借款合同为依据解除董某劳动关系，又引起纠纷，董某再诉至法院，法院以公司解除董某劳动关系缺乏法律依据，判决公司解除劳动关系无效。该判决是否正确？

【解答】正确。本案涉及承包合同、借款合同、劳动合同三种不同性质的法律关系，各适用民法通则、合同法、劳动合同法的有关规定处理，它们之间没有必然联系。因此，某公司与董某订立借款合同以公职作担保，没有法律根据，且有违劳动合同法规定精神，认定该担保借款合同无效，所以判决撤销某公司解除董某劳动关系决定是正确的。

10. 无名合同，也称为非典型合同，当事人订立此类合同，依照合同法规定，其合同的效力，可以适用合同法法总则的规定，并可以参照合同法法分则或其他法律最类似的规定。

【解答】正确。根据《合同法》第124条的规定，本题表述内容正确。

11. 我国已建立和实行社会主义市场经济体制，因此，普通合同与计划合同的分类就没有实质上的意义。

【解答】错误。市场经济也要计划，我国《合同法》第38条对计划合同作有专门规定，在我国这样一个经济发展很不平衡的国家里，对关系国计民生的物资供应合同，仍然需要国家下指令性任务加以规范。所以，我国合同法对计划合同作有明确规定，表明这一分类仍具有一定意义。

12. 在合同制度的历史沿革中，强调诚实信用原则是近代合同制度即资本主义自由竞争阶段的基本特征。

【解答】错误。近代合同制度的基本特征表现为奉行合同自由原则、确认抽象的平等人格原则和确立个人责任原则三大原则，而强调诚实信用原则是现代合同制度表现的基本特征。

13.合同是双方法律行为,故要约、承诺、要约邀请都是合同法律行为的表现形式。

【解答】错误。要约是希望与他人订立合同的意思表示,承诺是受要约人同意要约的意思表示。它们都是订立合同的法律行为意思表示的表现方式。但要约邀请是希望他人向自己发出要约的意思表示,其不是订立合同的必要方式,故不属于合同法律行为的表现形式。

14.长江公司与利华海运公司订立一份货物海运合同,在履行中发生纠纷,长江公司主张按合同法的规定处理,利华公司主张按海商法规定处理。受理法院审理中认为,货物海运合同是一种特殊合同,海商法有具体规定,依照合同法和海商法的效力关系,海商法对该合同有规定的,应优先适用海商法规定处理,只有在海商法没有规定时,可按合同法处理。

【解答】正确。在合同制度中,合同法对合同制度作了基本规定,从属性看应属普通法,海商法有关海上运输合同的规定应属特别法,依法理,在法律适用时,海商法应优先于合同法适用。

15.在合同法的调整对象上,我国民法通则规定为平等主体之间的民事关系,合同法规定为平等主体之间的民事权利义务关系,这两者规定都符合民法原理要求的。

【解答】错误。民法通则规定合同的调整对象为民事关系,从民法法理上讲,调整对象范围太广泛,不准确、不科学。合同法规定调整对象为民事权利义务关系,即债权债务关系,较之更科学、更准确,所以,本题的结论是错误的。

三、名词解释

1.合同

【解答】各国立法和法理上有不同规定和表述。我国合同法第

2条规定，本法所称合同是指平等主体的自然人、法人、其他组织设立、变更、终止民事权利义务关系的协议。我国不同历史时期以及大陆法系、英美法系各国的法律和法理对合同概念都有不同的规定和解释。

2. 双方民事法律行为

【解答】依照民法通则规定，双方民事法律行为是指双方当事人以意思表示为要件，旨在设立、变更、终止民事权利义务关系的合法行为。俗称双方当事人通过要约、承诺，达成完全一致协议的一种订立合同行为。

3. 实践合同

【解答】实践合同，是指不仅要求双方当事人意思表示达成一致，而且还要求以标的物实际交付为成立要件的合同，所以，也称要物合同，如借用合同、民间赠与合同、民间借贷合同等。

4. 射幸合同

【解答】射幸合同是指合同的法律后果在合同订立时尚不确定的合同，如保险合同、有奖销售合同等。

5. 无名合同

【解答】无名合同，亦称非典型合同，是指现行法律尚未确定合同的名称和相应制度的合同，如借用合同、雇佣合同、典当合同、旅游合同、医疗服务合同等。

6. 准合同

【解答】这是英美法系的衡平法上的概念，是指确立在合同之债与侵权行为之债之间存在一个“无人地带”，即指“所得不得多于应得”的不当得利之债，被称为“准合同”，用以弥补这个真空地带的法律问题。大陆法系国家有关准合同包括无因管理和不当得利等内容。

7. 不可强制履行的合同

【解答】不可强制履行的合同，这是英美法系的合同分类，是指某些合同虽然可产生法律上的权利和义务，但不能通过法律程序强制履行，如超过诉讼时效期间而丧失胜诉权的合同就属此类。

8. 关系性交易合同

【解答】关系性交易合同，这是英美法系的合同分类，是指当事人订立的、事关长期交易合作关系的合同。其与大陆法系持续性给付合同相似。

9. 公平原则

【解答】公平是社会道德观念、正义观念的体现，要求当事人在确定合同权利义务关系时应当对应、对等、对价，做到双方权利义务基本上合理和互利，不得对一方特别有利，对另一方特别不利。合同法上公平原则不仅要求合同当事人应依据社会公认的公平观念进行合同行为，而且要求司法机关也应当依据公平观念处理合同纠纷。

10. 实信用原则

【解答】诚实信用原则，是法律确认一项道德性的原则，它作为民法、合同法的基本原则，要求民事主体或合同当事人在从事民事活动或合同活动中，应当讲诚实、守信用，以善意的方式履行其义务，不得规避法律规定和合同约定，使之成为民法或合同法普遍遵循，并贯穿始终的“帝王原则”。

四、简答题

1. 简述合同与契约。

【解答】在我国立法上，司法实践和社会生活中把合同和契约统称为合同，但传统民法学理上仍然有合同与契约的区分。所谓合同是指当事人之间进行目的相同，意思表示方向平行并完全一致的共同民事法律行为，如合伙人决议、股东会、董事会的决定均属于合同。所谓契约是指双方当事人之间发生目的对立、意思表示方向相反的双方民事法律行为，如买卖、互易、借贷、租赁等契约皆属此类。今天我国台湾地区民法仍使用“契约”概念，台湾民法规定：所谓契约，即为二人以上之当事人，以债之发生为目的，彼此所为对立之意思表示，互相一致之法律行为。而且台湾契约有广义、狭义之分：广义的契约是指以发生私法上效果为目的一切合意之总称，包括物权契约、债权契约、身份契约等；而狭义的契约则专指以发生债的关系为目的的契约。与我国合同法立法体例有着相同之处。

2.简答合同的法律特征。

【解答】合同作为商品交易、市场经济的基本形式，直接体现着商品经济、市场经济的基本规律要求，具有区别与其他民事法律关系的法律特征：(1)合同主体具有平等性。合同主体包括自然人、法人和其他组织等平等民事主体，其法律地位都是平等的，任何一方当事人不得强迫另一方当事人与自己订立合同。(2)合同关系具有协议性。合同是双方当事人通过要约、承诺所为意思表示，就双方民事权利义务关系达成完全一致的协议，因此，协议性是合同关系的普遍性特征，但并非所有协议都发生合同，凡不能发生当事人之间民事权利义务关系的协议，以及合同法明文规定具有身份属性的协议都不属于合同。(3)合同内容具有合法性。国家通过合同形式规范商品交换、市场经济正常运行，因此要求合同的内容、标的和形式都不得违反法律的强制性规定、不得违反社会公德、不得损害国家利益和社会公共利益。所以，合法性成为合同活动最本质的特征。(4)合同效力具有约束性。作为商品交易的基本形式合同，不仅应具有自由性、便捷性等特征，而且还应具有合法性、效力性的特征，才能在市场经济活动中发挥作用。为此，合同法明确规定，依法成立的合同，受法律保护。当事人应当按照合同约定履行自己的义务，任何一方都不得擅自变更或者解除。合同的法律约束力，使之当事人依法订立的合同产生“相当于法律”的强制力。(5)合同性质具有法律行为性。合同是双方当事人以意思表示为要件,为设立、变更、终止民事权利义务关系的民事合法行为,受到法律确认和保护,所以,双方法律行为的特征是合同性质的根本体现。

3.简述合同制度历史发展时期的不同阶段的法律特征。

【解答】合同作为商品经济最普遍、最基本的形式,它随着商品经济的发生、发展而产生和发展,经历了漫长的历史过程,使合同制度得到不断发展和完善。大体可分为三个历史阶段,分别具有不同的法律特征,确立不同法律原则:古代合同制度,也称为资本主义前合同产生发展阶段,其合同制度带有浓厚的奴隶社会封建主义色彩,表现为:(1)对合同主体限制极严,奴隶只能成为合同的客体而不能成为合同的主体;(2)注重形式,程序烦琐;(3)国家对合同很多干预;(4)对违约者处以重罚。到了近代合同制度,也称为资本主义自由竞争时期合同发展阶段,资产阶级民主革命胜利,资本主义商品经济的发展体现在合同制度上有很大的发展和进步,表现为:(1)全面奉行契约自由原则;(2)确认抽象的平等的人格原则,从法律上承认民事主体法律地位平等;(3)确立个人责任原则。明确合同当事人因个人过错违约应承担相应的违约责任制度。到了现代合同制度,也称为现代市场经济时期下的合同制度,使合同制度逐渐趋于完善,更适应现代市场经济发展的要求,表现在:(1)合同自由原则受到限制;(2)强调诚实信用原则;(3)适用情事变迁原则;(4)推行严格的社会责任原则。

4.我国合同法在具体适用中应注意哪些问题?

【解答】基于我国合同立法上采取的特殊体例和所形成的合同法的特殊体系,即包括民法通则的原则性规定、合同法的基本规定和其他法律的专项规定三个层次,决定了合同法在具体适用中具有特殊要求应予以特别关注。除合同法具体适用应遵循一般原则外,还有四个问题应予以注意:一是合同法与民法通则对合同制度有不同规定时,按照合同法为民法的特别法属性,应实行合同法优先适用原则。二是合同法与其他法律对合同制度有不同规定时，按照法理，规定有合同制度的其他法律应属于合同法的特别法属性，应实行以其他法律优先适用为原则。三是涉外合同的法律适用。在1999年新合同法颁行之前，存在经济合同法、涉外经济合同法、技术合同法三足鼎立状况，新的统一合同法制定颁行后，三大合同法合并，保留第18章技术合同，而取消涉外经济合同，不另设独立章节，仅在总则第8章“其他规定”中规定了三个条款，由此形成了涉外合同法律适用的基本原则，包括处理涉外合同纠纷应遵循的选择适用、必须适用、优先适用、参照适用四项原则，处理和解决涉外合同纠纷可采取和解、调解、仲裁、诉讼四种途径以及适用处理涉外合同纠纷的特殊诉讼时效。四是合同解释的法律适用。包括合同解释应遵循的一般原则和特别原则，以及合同解释可适用的各项规则。

五、论述题

为什么说合同法是市场经济的基本法律和最重要的民事法律制度?

【解答】市场经济是商品经济的高级形式或现代形态，市场经济的价值、供求、竞争等规律，突出体现在市场经济具有自由经济、竞争经济、契约经济等性质，使之与计划经济不同，所具有经济自由化、交易契约化、经营竞争化、宏观调控化等特征，使市场经济不仅具有巨大的能量，即极大地调动了经济人参与市场交易、经营、竞争的积极性，而且也衍生了市场的投机性、短期性和风险性的两面性作用问题。因此，极需要民法、合同法去规范市场交易、经营行为，也需要经济法去调控市场竞争行为和投机行为，确保市场经济正常地运行，建立良好的市场秩序。所以，民法、合同法历来在现代市场经济国家的法律体系中被摆在仅次于宪法的第二级基本法地位就不难理解了，其理由是显而易见的。

首先，从合同法的私法机理看，合同法本身就是商品经济、市场经济的产物，又反过来积极为规范和保障市场经济发展服务。合同法是调整平等主体之间合同关系的法律规范总称，其典型的私法属性，要求合同当事人可以遵循意思自治原则，平等、自主地进行各种交易行为，以实现各自所期待的目标，这是商品经济、市场经济的客观规律要求，合同法律制度正是适应市场经济这一规律应运而生，而且在规范保障市场经济正常运行发挥着应有而且是其他法律不可替代的作用，使它成为市场经济的重要的、基本的法律制度。

其次，从合同法的功能、作用看，其是市场经济最重要的法律制度。市场经济是各类市场主体通过其交易(经营)行为来实现市场运行目标的。这就要求市场主体的交易行为、交易关系规范化，各主体交易权益受到法律保障。要做到这一点，只要完善合同法律制度才能真正实现。这是因为，合同作为各种经济人进行市场交易活动的重要法律形式，是各类经济主体实行专业化经营和加强横向经济联合的重要纽带，还是企业加强经济核算制和对外经济技术合作的重要手段。合同的这些功能和作用，需要通过合同法律制度加以确认和规范，这就决定了合同法在市场经济中的地位。

最后，合同法在债权法上的地位，决定了它是民法的重要法律制度。自罗马法以来，民法包括有物权、债权、人格权、亲属权、继承权等内容，虽在现代社会，知识产权的出现，亦成为重要的民事权利，但不因此改变民法的体制和格局。而且债权和物权，作为基本财产权，历来在民法体系中占有重要地位，尤其在市场经济体制下，债权的地位和作用更是突出，而在债权制度中，合同更是首屈一指。以法国民法典为例，该法共有 2283 条，而合同条款就占去很大份额和比重，合同法在债权法、民法所占的地位之重要可想而知，由此说合同法是民法最重要的民事法律制度就不无道理了。

六、案例分析

1998年元月初，福建省宁化县物资局业务员谢正才到河南省巩义市先后委托李太和和李顺和采购固体烧碱。其中李太和购得烧碱28吨，宁化县物资局经收货验收合格后依约定将货款汇入李太和指定的巩义市回郭镇永固五金配件厂的010—169账号上。但该镇村民王光先，以李顺和经手给宁化县物资局发去78吨烧碱至今未收到货款为由，于元月29日向巩义市工商局报案，该局于2月10日认定"福建谢正才违法倒卖烧碱"，作出"罚没款划拨通知书"，并将宁化县物资局汇给永固五金厂账号上5万元货款作为罚没款划入王光先账号。对此，李太和不服，向郑州市中院提起诉讼，郑州市中院于2000年12月12日以李太和不具备原告资格，裁定驳回起诉；李太和不服上诉河南省高院，高院以一审裁定事实不清，证据不足撤销一审裁定，发回重审。郑州市中院经重审，于2002年7月1日以巩义市工商局罚没不属具体行政行为为由，驳回李太和起诉，李太和不服又向省高院上诉，省高院审理认为一审认定不能成立，且程序违法，于2002年10月9日再次撤销一审裁定，驳回再审。郑州市中院于2004年8月9日仍以李太和诉讼主体不合格，第三次驳回李太和起诉；李太和再次上诉，河南省高院审理认为，郑州市中院三次裁定驳回，认定事实错误，程序违法，于2004年11月24日再次撤销裁定，并指定平顶山市新华区法院审理。新华区法院审理认为，宁化县物资局谢正才委托李太和购买烧碱，双方货款两清，符合法律规定，永固五金厂账号上5万元货款应属李太和所有，王光先认为宁化县物资局收到烧碱未付货款，应向当地法院主张权利；巩义市工商局以罚没款将李太和的货款划入王光先账号，属错误的具体行政行为，侵害了李太和的合法权益，遂判决依法返还款项，支付利息，赔偿损失。

请用现代法治理念分析本案，它给了我们哪些法治思考和启示?

【解答】本案案情并不复杂,法律关系也很简单、清楚,但处理过程却令人震惊。有三点问题值得认真思考:

思考一:依法维权是公民的基本权利。本案原本是两个委托合同关系和两个烧碱买卖合同关系,合同关系应按合同规则和制度去规范,即使是发生合同纠纷也应该按民事责任制度处理。但对李太和来说,祸从天降,突然被巩义市工商局作出罚没款划拨的行政处理,使他的5万元货款受到严重侵害,由此发生了行政纠纷。在这种情况下,李太和拿起法律武器,将工商局告上法庭,不管多么艰巨,花了五年时间,打了八场官司,终于打赢了官司,维护了自己的合法权益。因此,依法维权,救济权是公民的一种重要的人身权利和财产权利等基本权利派生出来的重要民事权利。

思考二:依法行政是现代法治国家机关必尽职责。法治国家的一个重要特点,就是对私权的充分保护和对公权的严格限制。本案本是合同纠纷,王光先认为宁化县物资局未履行付款义务,可以向当地法院起诉,请求物资局承担违约责任,即使向巩义市工商局报案,因他缺乏法律知识可以理解,但工商局作为执法机关,怎么会把民事案件当做行政案件处理,若不是其执法水平太低,就是案中有案,敢于违法执法。这给我们行政执法提出一个重要问题,能不能依法行政、依法执法,这是对行政机关的严重考验,巩义市工商局错误执法值得人们认真思考。

思考三:公正司法是现代法治国家的重要保障。在市场经济体制下,经济、民事纠纷和行政争议是难以避免的,可以通过各种途径加以及时处理和解决,而最后最有权威的解决是司法解决。这就要求司法机关要遵循公正、效率原则处理各种纠纷案件,实现和谐社会、公平交易的目标。但如果像本案一个很小的合同纠纷却变为行政诉讼,竟经历了五年八场官司才了结,这还有什么公正和效率可言?特别是对郑州市中级人民法院来说,为什么会有三次误判，而在高院撤销判决后仍一而再，再而三坚持错误，是审判水平问题还是司法腐败问题，很值得人们深思。像这样简单案件复杂处理可能是不多见的，但它提出司法公正和效率问题，值得人们认真深思。否则，法治社会是得不到司法保障而难以实现的。

第三部分 拓展与探讨

合同法律制度在世界各国都是一个比较成熟和完善的民事法律制度，但由于各国理论、观念上的差异以及合同制度的不断发展，因而也会产生一些理论和制度上值得探讨的问题。本案提出大家探讨的问题有以下两点：

*** 合同的性质和特征问题**

合同作为商品经济、市场经济的基本法律形式，合同是双方民事法律行为，已得到合同法理上的认同和共识。但双方民事法律行为是合同的性质还是合同的特征，这在合同法理论上各有说法。许多合同法专著或民法有关合同法理上，在论述合同的基本特征时，都把双方民事法律行为专指为合同特征，表述合同的法律特征有四个方面的表现：一是合同为一种民事法律行为；二是合同为一种双方民事法律行为；三是合同为一种能够产生法律后果的民事法律行为；四是合同为当事人之间在平等、自愿的基础上产生的民事法律行为。但由江平教授 1985 年主编电大教材《民法教程》中表述合同的法律特征时列举出以下三方面：一是合同主体具有平等性，即合同主体是平等主体的自然人、法人、其他组织，他们在进行合同关系时法律地位是平等的，任何一方不得强迫另一方与自己订立合同；二是合同关系具有协议性，即当事人通过订立协议明确约定双方的权利义务关系，协议是一切合同的表现形式；三是合同内容形式具有合法性。之所以法律上确认合同效力，保障合同当事人的合同权益，是因为当事人订立合同的内容和形式都必须符合法律要求，不得违反法律的强制性规定，不得违反社会公共利益。合同的合法性，使合同具有“相当于法律”的效力。陈训敬教授在《合同法》教材中，针对当前社会合同观念淡薄的情况，增加第四点，即合同效力具有约束性，是指依法成立的合同，对双方当事人具有约束力，不得擅自变更、解除，违约应承担责任。对于以上认识和看法，各有理论依据，需要进一步研究和探索，为此出现第三种主张即折中说，认为双方民事法律行为是合同的基本性质，而合同主体平等性、合同关系协议性、合同内容合法性、合同效力约束性才是合同区别于其他民事关系的基本特征。这种折中说是否合理，值得大家探讨。

*** 合同法立法的体系及内容亟待拓展**

合同法作为民法的重要组成部分，其立法体系和内容应该如何设计和安排？我国现行合同法设置总则、分则、附则三编 25 章，其中总则篇，规定有合同的一般规定、订立、效力、履行、变更转让、权利义务终止、违约责任、其他规定 8 章。这些内容，在传统民法中多数由债的总则加以规定。我国正在制定民法典，民法典要不要规定债的总则，如果规定，肯定与合同法总则重复，这在立法技术上是不可取的。2002 年全国人大常委会审议的民法(草案)，在总则中，在民事权利章规定债的概念及无因管理之债和不正得利之债 3 条，有可取之处。分则设置 15 章，规定了 15 类合同，其中租赁融资合同、技术合同等适应现代社会技术发展和投资多元化的需要而设定的新型合同，具有创新性。但现代社会经济生活中还有很多合同关系，均未作立法，如借用合同、雇用合同、医疗服务合同、旅游服务合同等，目前仍处于无名合同地位，这不能不说是立法上的不足和漏洞。法律是社会关系的特殊调整器，既然某种社会关系客观存在，而立法滞后，让这些社会关系在无法规范的情况下长期存在，这对市场经济正常、有序地运行秩序不能不说是一个法律缺位问题，应该从合同立法上加以拓展和完善。

第八章
合同的订立、效力与履行

第一部分　重点与难点

【本章重点】

要约　承诺　要约邀请　要约撤回　要约撤销　承诺迟延　承诺撤销　缔约过失责任　先合同义务　信赖利益　合同成立　合同生效　附条件合同　附期限合同　效力待定合同　可撤销合同　表见代理　无权代理　无权处分合同　无效合同　合同无效或被撤销的法律后果　全面履行原则　实际履行原则　适当履行原则　协作履行原则　履行规则　同时履行抗辩权　先履行抗辩权　不安抗辩权　代位权　撤销权

【本章难点】

1. 要约与要约邀请

要约是希望和他人订立合同的意思表示，而要约邀请则是指希望他人向自己发出要约的意思表示。二者的不同在于：(1)目的不同，要约的目的在于与受要约人订立合同，而要约邀请的目的在于唤起别人的注意，其目的是希望他人发出订立合同的要约；(2)效力不同，要约是一种意思表示，其发出后会产生一定的法律约束力；要约邀请则是行为人订立合同的预备行为，性质上属于事实行为，不具有法律意义；(3)相对人范围不同，要约原则上是针对特定受要约人对象进行的，要约邀请一般是不特定的多数人。

2.合同适当履行原则

合同适当履行原则是指当事人就合同某些条款没有约定时的处理方法。《合同法》第61条规定:合同生效后,当事人就质量、价款或者报酬、履行地点等内容没有约定或者约定不明确的,可以协议补充;不能达成补充协议的,按照合同有关条款或者交易习惯确定。这时,当事人依照《合同法》第61条仍然无法确定,此时,合同法第62条规定了具体的适当履行原则。

3.表见代理

表见代理是指在无权代理的场合,如果善意相对人客观上有正当理由相信无权代理人具有代理权,从而与其为法律行为,则该法律行为的效果直接由被代理人承担。根据合同法第49条以及我国的司法实践,表见代理的构成要件应包括:(1)无权代理人并没有获得本人的授权;(2)第三人有合理的理由相信——权利外观;(3)相对人主观上是善意的且无过失;(4)无权代理行为的发生与本人有关。

4.可撤销合同中的撤销权与债权人撤销权

可撤销合同的撤销权是基于可撤销合同而产生的,该撤销权属于形成权,适用除斥期间,自撤销权人知道或应当知道撤销事由之日起1年内行使,并且该撤销权的行使必须经人民法院或仲裁机构确认,不能由当事人自己确认。而债权人的撤销权是基于合同法第74条规定产生,行使主体只能是债权人,该撤销权也同样适用除斥期间,自债务人行为发生之日起5年内行使。同时,这两者撤销权发生的原因也不同,《合同法》第54条和第74条分别作有规定。

第二部分　思考与练习

一、选择题

1. 甲商场向乙企业发出采购100台冰箱的要约，乙于5月1日寄出承诺信件，5月8日信件内容寄至甲商场，适逢其总经理外出，5月9日总经理知悉了该信内容，遂于5月10日电传告知乙收到承诺。该承诺何时生效？（　　）

A. 5月1日　　B. 5月8日

C. 5月9日　　D. 5月10日

【解答】应选B。根据我国合同法规定，对承诺的生效时间采用到达主义的原则。因此，在本题中，承诺是5月8日到达，因此也是在5月8日到达时即生效。

2. 乙公司向甲公司发出要约，旋又发出一份“要约作废”的函件。甲公司的董事长助理收到乙公司“要约作废”的函件后，忘记交给了董事长。第三天甲公司董事长发函给乙公司，提出只要将交货日期推迟两个星期，其他条件都可以接受。后甲、乙公司未能缔约，双方缔约没能成功的原因是什么？（　　）

A. 要约已被撤回

B. 要约已被撤销

C. 甲公司对要约作了实质性改变

D. 甲公司承诺超过了有效期间

【解答】应选B。《合同法》第18条规定，要约可以撤销。撤销要约的通知应当在受要约人发出承诺通知之前到达受要约人。在本题中，在受要约人甲公司作出承诺之前，乙公司发出“要约作废”的通知已经由甲公司收到，即已经进入受要约人的控制范围，可以产生撤销要约的效力。随后甲公司董事长向乙公司发函的行为，应视为提出新要约。

3. 甲公司通过电视发布广告，称其有100辆某型号汽车，每辆价格15万元，广告有效期10天。乙公司于该则广告发布后第5天自带汇票去甲公司买车，但此时车已全部售完，无货可供。下列哪一选项是正确的？（　　）

A. 甲构成违约

B. 甲应承担缔约过失责任

C. 甲应承担侵权责任

D. 甲不应承担民事责任

【解答】应选A。本题关键在于对该商业广告进行定性，是要约还是要约邀请。根据《合同法》第15条规定，商业广告在特定情况下也构成要约。本题中，甲在广告中说明了汽车的型号、数量、价格，内容具体明确；并且甲还声称广告的有效期为10天，其实是表明即受要约人承诺，由此可判定该商业广告的性质应当是要约。而乙在规定的时间内前往甲公司买车的行为构成承诺，买卖合同成立，因此，甲应承担违约责任。

4. 甲公司于6月5日以传真方式向乙公司求购一台机床，要求“立即回复”。乙公司当日回复“收到传真”。6月10日，甲公司电话催问，乙公司表示同意按甲公司报价出售，要其于6月15日来人签订合同书。6月15日，甲公司前往签约，乙公司要求加价，未获同意，乙公司拒绝签约。对此，下列哪一种说法是正确的？（　　）

A. 买卖合同于6月5日成立

B. 买卖合同于6月10日成立

C. 买卖合同于6月15日成立

D. 甲公司有权要求乙公司承担缔约过失责任

【解答】应选D。本题中，乙公司于6月5日作出“收到传真”

的回复，仅是对收到传真这一事实的确认，并非是同意该要约的意思表示，故合同没有成立。6月10日，乙公司虽然表示同意按照甲公司报价出售，但是要求签订合同书，根据合同法第32条规定，当事人采用合同书形式订立合同的，自双方当事人签字或盖章时合同成立。故B项也是错误的。6月15日，甲虽然前往签约，但是乙公司拒绝签约，合同书并未签订，故合同仍未成立。而乙公司在整个合同书签订的过程中，临时加价并拒绝签约，该行为已经构成过失致使合同未能成立，依法应当承担缔约过失责任。

5. 甲公司得知乙公司正在与丙公司谈判。甲公司本来并不需要这个合同，但为排挤乙公司，就向丙公司提出了更好的条件。乙公司退出后，甲公司也借故中止谈判，给丙公司造成了损失。甲公司的行为如何定性？（　　）

A. 欺诈

B. 以合法形式掩盖非法目的

C. 恶意磋商

D. 正常商业竞争

【解答】应选C。根据《合同法》第42条规定：当事人假借订立合同，恶意进行磋商给对方造成损失的，应当承担缔约过失责任。甲公司恶意磋商，应向丙公司承担缔约过失责任。

6. 甲与乙订立合同，规定甲应于8月1日交货，乙应于同年8月7日付款。7月底，甲发现乙财产状况恶化，无支付货款之能力，并有确切证据，遂提出终止合同，但乙未允。基于上述因素，甲于8月1日未按约定交货。依据合同法原理，有关该案的正确表述是（　　）。

A. 甲有权不按合同约定交货，除非乙提供了相应的担保

B. 甲无权不按合同约定交货，但可以要求乙提供相应的担保

C. 甲无权不按合同约定交货，但可以仅先交付部分货物

D. 甲应按合同约定交货,如乙不支付货款可追究其违约责任

【解答】应选A。该题主要考查对不安抗辩权的理解。《合同法》第68条规定:应当先履行债务的当事人,有确切的证据证明对方有下列情形之一的,可以中止履行:(一)经营状况严重恶化;(二)转移财产、抽逃资金,以逃避债务;(三)丧失商业信誉;(四)有丧失或者可能丧失履行债务能力的其他情形。当事人没有确切证据中止履行的,应当承担违约责任。

7. 甲向乙提出,以500元的价格购买乙的一部MP3,乙要求600元,否则不卖。甲听后没有说什么,便掏出600元给乙,并要求乙将MP3交给自己。下列选项正确的是哪些?(　　)

A. 乙提出600元的行为构成承诺

B. 乙提出600元的行为构成要约

C. 甲掏出600元的行为构成承诺

D. 甲与乙之间的合同不成立

【解答】应选BC。甲提出以500元的价格购买乙的MP3的行为,符合要约的构成要件,构成要约。乙更改价格条款,构成对要约的实质性变更,所以乙的行为属于新要约。甲未反对乙的条件,掏出600元给乙,是以行为的方式作出了承诺,乙与甲的意思表示一致,合同成立。

8. 甲将其所有的房屋出租给乙,双方口头约定租金为每年5万元,乙可以一直承租该房屋,直至乙去世。该租赁合同的性质如何?(　　)

A. 附解除条件的合同　　B. 附延缓条件的合同

C. 附始期的合同　　D. 附终期的合同

【解答】应选D。附期限合同与附条件合同二者的主要区别在于,期限是一定能够到来的,而条件则是不确定的,其有可能成就也可能不成就。在本题中双方约定"乙可以一直承租该房屋,直至

乙去世”，这就表明该合同是一个附期限的合同。

9. 某手表厂为纪念千禧年特制纪念手表两千只，每只售价2万元。其广告宣传主要内容为：(1)纪念表为金表；(2)纪念表镶有进口钻石。后经证实，该纪念表为镀金表；进口钻石为进口人造钻石，每粒价格为1元。手表成本约1000元。为此，购买者与该手表厂发生纠纷。该纠纷应如何处理？（ ）

A. 按无效合同处理，理由为欺诈

B. 按可撤销合同处理，理由为欺诈

C. 按可撤销合同处理，理由为重大误解

D. 按有效合同处理

【解答】应选B。《合同法》第54条规定：下列合同，当事人一方有权请求人民法院或仲裁机构变更或者撤销：(1)因重大误解订立的；(2)在订立合同时显失公平的。一方以欺诈、胁迫的手段或乘人之危，使对方在违背真实意思的情况下订立的合同，受损害方有权请求人民法院或者仲裁机构变更或者撤销。因此，按照法条规定，本题中的情形属于可撤销合同类型。

10. 公民甲与房地产开发商乙签订一份商品房买卖合同，乙提出，为少交契税建议将部分购房款算作装修费用，甲未表示反对。后发生纠纷，甲以所付装修费用远远高于装修标准为由，请求法院对装修费用予以变更。该装修费用条款效力应如何认定？（ ）

A. 是双方当事人真实意思表示，有效

B. 显失公平，可变更

C. 以合法形式掩盖非法目的，无效

D. 违反法律禁止性规定，无效

【解答】应选C。《合同法》第52条规定：有下列情形之一的，合同无效：……(三)以合法形式掩盖非法目的。从本题可知，甲乙双方为了少交契税而采用装修费用方式计算，以合法形式掩盖了非法目的，应属无效。

11. 甲是乙企业的销售人员，随身携带盖有乙企业公章的空白合同书，便于随时对外签约。后甲因收取回扣被乙企业除名，但空白合同书未收回。甲以此合同书与丙签订购销协议，该购销协议的效力应如何认定？（　　）

A. 不成立　　B. 无效

C. 效力待定　　D. 有效

【解答】应选D。《合同法》第49条规定：行为人没有代理权、超越代理权或者代理权终止后以被代理人名义订立合同，相对人有理由相信行为人有代理权的，该代理行为有效。在本题中，甲由于持有乙企业盖有公章的空白合同书，该情形有理由使丙相信甲享有代理权，甲的行为构成表见代理，所签订合同有效。

12. 甲向首饰店购买钻石戒指二枚，标签标明该钻石为天然钻石，买回后即被人告知实为人造钻石。甲遂多次与首饰店交涉，历时一年零六个月，未果。现甲欲以欺诈为由诉请法院撤销该买卖关系，其主张能否得到支持？（　　）

A. 不可以，因已超过行使撤销权的一年期间

B. 可以，因首饰店主观上存在欺诈故意

C. 可以，因未过两年诉讼时效

D. 可以，因双方系因重大误解订立合同

【解答】应选A。《合同法》第55条规定：有下列情形之一的，撤销权消灭：(1)具有撤销权的当事人自知道或者应当知道撤销事由之日起1年内没有行使撤销权；(2)具有撤销权的当事人知道撤销事由后明确表示或者以自己的行为放弃撤销权。另《〈合同法〉解释(一)》第8条规定：合同法第55条规定的“一年”为不变期间，不适用诉讼时效中止、中断或者延长的规定。因此，从本题中可知甲虽然多次主张权利，但是从其知道或应当知道撤销事由之日起已经过了1年零6个月，甲的撤销权已经依法消灭。

13. 甲因出国留学，将自家一幅名人字画委托好友乙保管。在此期间乙一直将该字面挂在自己家中欣赏，来他家的人也以为这幅字画是乙的，后来乙因做生意急需钱，便将该幅字画以 3 万元价格卖给丙。甲回国后，发现自己的字画在丙家中，询问情况后，向法院起诉。下列有关该纠纷的表述中哪些是正确的？（　　）

A. 乙与丙之间的买卖合同属于无效合同

B. 乙与丙之间的买卖合同属于效力未定的合同

C. 甲对该幅字画享有所有权

D. 丙对该幅字画享有所有权

【解答】应选 BD。《合同法》第 51 条规定：无处分权的人处分他人的财产，经权利人追认或无处分权的人订立合同后取得处分权的，该合同有效。在本题中，乙作为无权处分人私自将甲所有的字画卖与丙，该买卖合同根据法律规定，可属是效力待定合同，故 B 选项正确。另根据善意取得制度，在无权处分他人动产的占有人处分他人动产时，只要受让人出于善意、有偿取得的话，就可依法取得该动产的所有权。因此，本题中丙为善意取得，依法取得该字画的所有权，D 选项正确。

14. 在一份保险合同履行过程中，当事人就合同所规定的"意外伤害"条款的含义产生了不同理解，投保人认为其所受伤害应属于赔付范围，保险公司则认为投保人所受伤害不属于赔付范围，两种理解各有其理。在此情形下，法官应当如何解释意外伤害条款的含义？（　　）

A. 按照通常含义进行解释

B. 按照公平原则进行解释

C. 按照法理进行解释

D. 按照对保险公司不利的原则进行解释

【解答】应选 D。保险合同，一般情况下为格式合同。《合同法》第 41 条规定：对格式条款的理解发生争议的，应当按照通常理解予以解释，对格式条款有两种以上解释的，应当作出不利于提供格式条款一方的解释。因此，在本题中应按照不利于提供格式条款一方（保险公司）的原则予以解释。

15. 甲、乙双方约定，由丙每月代乙向甲偿还债务 500 元，期限 2 年。丙履行 5 个月后，以自己并不对甲负有债务为由拒绝继续履行。甲遂向法院起诉，要求乙、丙承担违约责任。法院应如何处理？（　　）

A. 判决乙承担违约责任

B. 判决丙承担违约责任

C. 判决乙、丙连带承担违约责任

D. 判决乙、丙分担违约责任

【解答】应选 A。《合同法》第 65 条规定：当事人约定由第三人向债权人履行债务的，第三人不履行债务或履行债务不符合约定，债务人应当向债权人承担违约责任。本题主要考查第三人代为履行的责任。

16. 老王向老刘买了一台二手电脑，但没有约定付款和交货的先后次序，那么应当如何确定老王与老刘履行义务的次序？（　　）

A. 老王先付款，老刘后交货

B. 老刘先交货，老王后付款

C. 必须确定先后次序，否则合同因为不能确定债务履行顺序而归于无效

D. 一手交钱，一手交货，同时履行

【解答】应选 D。在未约定先后履行顺序的情况下，老王与老刘均享有请求对方履行的权利，也享有同时履行抗辩权，对方未履行，则自己可拒绝履行。在这种情况下，双方应同时履行。

17. 甲委托乙前往丙厂采购男装，乙觉得丙生产的女装市场看好，便自作主张以甲的名义向丙订购。丙未问乙的代理权限，便与

之订立了买卖合同。对此，下列哪些说法是正确的？（　　）

A. 甲有追认权　　B. 丙有催告权

C. 丙有撤销权　　D. 构成表见代理

【解答】应选 ABC。本题中，乙超越代理权与丙订立合同，构成无权代理。丙应询问乙的代理权限，但丙未询问，乙的行为不具有使丙相信其有代理权的表象，不构成表见代理，因此该合同为效力待定合同。甲可以追认合同为有效，而丙可以催告甲在 1 个月内予以追认。甲未做表示的，视为拒绝追认。合同被追认之前，善意相对人具有撤销的权利，丙并不知道乙无相应的代理权，为善意相对人，享有撤销权。

18. 合同规定甲公司应当在 8 月 30 日向乙公司交付一批货物。8 月中旬，甲公司把货物运送到乙公司。此时乙公司有权应当如何处理？（　　）

A. 拒绝接收货物

B. 不接收货物并要求对方承担违约责任

C. 接收货物并要求对方承担违约责任

D. 接收货物并要求对方支付增加的费用

【解答】应选 AD。《合同法》第 71 条规定：债权人可以拒绝债务人提前履行债务，但提前履行不损害债权人利益的除外。债务人提前履行债务给债权人增加的费用，由债务人负担。本题中，甲公司在 8 月中旬就将货物运送到了乙公司，这属于合同提前履行的情形。而提前履行在一定程度上有可能会损害乙公司的利益，因此 A 项正确。另一方面，如果乙公司愿意接收货物，这就说明双方合意对合同履行的时间进行了有效的变更，但是因此增加的费用乙公司可以要求甲公司承担，故 D 选项正确。而本题中甲的行为只是提前履行，并不涉及违约情况，因此 BC 选项是错误的。

19. 某市的甲、乙两公司依法签订了一份买卖合同，约定甲公司向乙公司提供钢材 1500 吨，依规定执行国家定价。甲公司由于

一时疏忽，比约定交货时间晚了半个月。关于产品价格，下列说法中正确的有哪些？（　　）

A. 遇到价格上涨时，按原价格执行

B. 遇到价格上涨时，按新价格执行

C. 遇到价格下降时，按新价格执行

D. 遇到价格下降时，按原价格执行

【解答】应选 AC。根据《合同法》第 63 条规定：执行政府定价或者政府指导价的，在合同约定的交付期限内政府价格调整时，按照交付时的价格计价。逾期交付标的物的，遇价格上涨时，按照原价格执行；价格下降时，按照新价格执行。

20. 乙是 A 市的建材经销商，因资金周转困难，便从 A 市甲处借了 50 万元人民币，购买了一批建材，并销售给了 B 市的丙，约定价款为 60 万元人民币，但丙未付款。乙与丙约定的合同履行地在 A 市。后来，甲要求乙还钱，乙说因为丙没有支付货款，所以无力偿还。鉴于此，甲欲直接起诉丙，要求其支付 50 万元。请回答以下(1)～(5)题。

(1)如果甲对丙提起诉讼，法院在下列何种情形下不应当受理？（　　）

A. 甲对乙的债权未到期

B. 甲向 A 市的法院起诉

C. 乙不愿意通过诉讼或仲裁的方式主张对丙的到期债权

D. 甲以乙的名义起诉

【解答】应选 ABD。本题主要考查代位权诉讼，对于该种类型的诉讼，要求债权都必须是到期债权，所以 A 选项是错误的。另外，根据《〈合同法〉解释（一）》第 14 条规定，代位权诉讼一般由次债务人住所地法院管辖，故 B 选项也是错误的。根据《合同法》第 73 条关于代位权定义的规定，可知债权人是应当以自己的名义提起诉讼，故 D 选项也是错误的。

(2)假设法院受理甲对丙提起的诉讼，下列关于乙的诉讼地位，何种表述是错误的？(　　)

A. 乙在诉讼中是有独立请求权的第三人

B. 乙在诉讼中是无独立请求权的第三人

C. 如果参加诉讼，就处于共同原告的地位

D. 乙在诉讼中处于共同被告的地位

【解答】应选 ACD。无独立请求权的第三人，是指对原告、被告双方争议的诉讼标的没有独立的请求权，但案件的处理结果可能与其有法律上的利害关系，为维护自己的利益而参加到原告、被告已经开始的诉讼中进行诉讼的人。本题中，债权人甲对次债务人丙提出代位权诉讼，这时该诉讼的结果直接影响到债务人乙的利益，因此根据《〈合同法〉解释(一)》第 16 条规定，债务人乙可以作为无独立请求权的第三人参与诉讼。

(3)在代位权诉讼中，关于债权人、债务人、次债务人三方的关系，下列何种说法是正确的？(　　)

A. 次债务人对债务人的抗辩可以向债权人主张

B. 债务人对债权人的债权提出异议，经审查成立的，人民法院应当裁定驳回债权人的起诉

C. 债权人胜诉的，诉讼费用由次债务人负担

D. 债权人请求人民法院对次债务人的财产采取保全措施的，应当提供相应的财产担保

【解答】应选 ABCD。本题主要是对法条内容的直接考查。根据《〈合同法〉解释(一)》第 18 条第 1 款规定："在代位权诉讼中，次债务人对债务人的抗辩，可以向债权人主张。"因此 A 选项正确。《〈合同法〉解释(一)》第 18 条第 2 款规定："债务人在代位权诉讼中对债权人的债权提出异议，经审查异议成立的，人民法院应当裁定驳回债权人的起诉。"故 B 选项正确。《〈合同法〉解释(一)》第 19 条规定："在代位权诉讼中，债权人胜诉的，诉讼费用由次债务

人负担，从实现的债权中优先支付。”故 C 选项正确。《〈合同法〉解释(一)》第 17 条规定：“在代位权诉讼中，债权人请求人民法院对次债务人的财产采取保全措施的，应当提供相应的财产担保。”因此，D 选项也是正确的。

(4)如果甲在向丙提起诉讼前，已经向乙提起了要求返还借款的诉讼，在甲对乙提起的诉讼裁决发生法律效力以前，法院对甲与丙之间的诉讼应当如何处理？(　　)

A. 延期审理

B. 中止该诉讼

C. 终结该诉讼

D. 继续诉讼，作出判决

【解答】应选 B。本题是对诉讼中止的考查。《民事诉讼法》第 136 条规定，本题即属于其中第(五)项“本案必须以另一案的审理为依据，而另一案尚未审结”的情形。

(5)法院如果判决丙支付货款，那么以下何种做法是正确的？(　　)

A. 判决丙直接将货款 60 万元交付给甲，甲扣除 50 万元及利息后，将余下的钱支付给乙

B. 判决丙直接将货款 60 万元交付给乙，乙将 50 万元并加上利息支付给甲

C. 判决丙直接将 50 万元及利息支付给甲，并将剩下的 10 万元货款支付给乙

D. 判决丙将 50 万元及利息支付给甲

【解答】应选 D。《〈合同法〉解释(一)》第 20 条规定：“债权人向次债务人提起的代位权诉讼经人民法院审理后认定代位权成立的，由次债务人向债权人履行清偿义务，债权人与债务人，债务人与次债务人之间相应的债权债务关系即予以消灭。”

二、判断题

1. 承诺可以撤销，要约则不可以撤销。

【解答】错误。要约可以撤销，而承诺则不存在撤销的问题，承诺一经到达即可生效。

2. 双方当事人以合同书形式订立合同的，双方异时异地签字、盖章的，以最后一方签字、盖章地为合同成立地。

【解答】正确。根据《合同法》第 35 条的规定。

3. 缔约过失责任救济的是履行利益。

【解答】错误。缔约过失责任救济的是信赖利益，而违约责任救济的则是履行利益。

4. 甲、乙双方为了少交税，将一份进口整车的合同签订成了一份进口汽车配件的合同，该合同为可撤销合同。

【解答】错误。本题中，甲、乙双方所签订的合同属于以合法形式掩盖非法目的，应为无效合同。

5. 出租车司机甲借乙抢救病人急需用车之时，将车价提高 5 倍，乙被迫接受。甲、乙所订立的合同为效力待定合同。

【解答】错误。本题中甲的行为属于乘人之危而订立的合同，根据《合同法》第 54 条的规定，应为可撤销合同。

6. 甲与乙约定，如乙的儿子明年不结婚，则甲向乙赠与 2 万元，该合同属于附积极的解除条件的合同。

【解答】错误。本题中，所附条件决定了合同是否生效，故应为停止条件。另该条件以某种事实的不发生为内容，应为消极条件。

7. 同时履行抗辩权可以存在于任何类型的合同中。

【解答】错误。行使同时履行抗辩权的前提是：双方当事人因同一合同互负债务，即只能在双务合同中出现。

8. 乙欠甲债务 2000 元到期未还，乙无其他财产，但丙欠乙退休金 3000 元，乙到期未主张。因此，甲可以对丙行使代位权。

【解答】错误。根据《〈合同法〉解释(一)》第12条规定:"退休金专属于债务人自身的债权,债权人不得行使代位权。"

9.假设乙欠甲债务10万元,到期未还。乙仅有一辆汽车,价值在15万元左右。如果乙将该汽车赠与丙,而丙不知道甲、乙之间的债务情况,则甲不可以行使撤销权。

【解答】错误。根据《合同法》第74条规定,甲可以行使撤销权。

10.甲、乙订有一买卖合同,约定甲于6月1日前交货,乙收到货后1个月内付款。假设甲于5月8日请求乙付款,乙可以行使先履行抗辩权拒绝付款。

【解答】错误。先履行抗辩权的行使前提是双方债务都到期时,才能行使。而本题中,乙主张的是其无该履行的义务。

三、名词解释

1.要约

【解答】要约是希望和他人订立合同的意思表示。

2.要约邀请

【解答】又称为要约引诱,是指希望他人向自己发出要约的意思表示。

3.要约的撤回

【解答】是指在要约发出以后,尚未到达受要约人之前,也就是在要约发生效力之前,要约人使其失去法律效力的意思表示。

4.要约的撤销

【解答】是指要约人在要约到达受要约人并生效以后,在受要约人作出承诺之前,将该项要约取消,从而使要约的效力归于消灭的意思表示。

5.承诺

【解答】承诺是受要约人同意要约的意思表示。

6. 承诺撤回

【解答】是指受要约人在发出承诺通知以后，在承诺正式生效之前撤回其承诺。

7. 承诺迟延

【解答】是指受要约人在承诺期限届满后才发出的承诺。

8. 缔约过失责任

【解答】指在签订合同过程中，因一方当事人的过错，使合同的相对人的信赖利益遭受侵害，对该损失有过错的当事人应当承担赔偿责任。

9. 合同效力

【解答】指已成立的合同对当事人各方乃至第三人产生的法律拘束力。

10. 附条件合同

【解答】指当事人在合同中特别规定一定的条件，以条件的是否成就来决定合同的效力的发生或消灭的合同。

11. 附期限合同

【解答】指当事人在合同中设定一定的期限，并将期限的到来作为合同效力的发生或消灭根据的合同。

12. 效力待定合同

【解答】效力待定合同是指已成立的合同因欠缺一定的生效要件，其效力尚未确定，须经过有权人的追认方能生效的合同。

13. 无效合同

【解答】指已成立的合同因违反法律、行政法规强制性规定或其内容损害了社会公共利益而不具备生效要件的合同。

14. 合同的履行

【解答】是指合同的当事人按照合同的约定，全面完成各自承担的合同义务，使合同关系得以全部终止的整个行为过程。

15. 适当履行原则

【解答】又称正确履行原则，是指合同的当事人必须按照合同关于标的、数量、质量、价款或报酬、履行地点、履行期限、履行方式等的约定，正确而完整地履行自己的合同义务。

16. 协作履行原则

【解答】是指当事人在合同的履行中不仅要适当、全面履行合同的约定，还要基于诚实信用原则，对对方当事人的履行债务行为给予协助，使之能够更好地、更方便地履行合同。

17. 同时履行抗辩权

【解答】是指在未约定先后履行顺序的双务合同中，当事人一方在对方未为对待给付以前，有拒绝自己给付的权利。

18. 不安抗辩权

【解答】是双务合同中有先为给付义务的当事人，因他方财产显著减少或资力明显减弱，有难为对待给付的情形时，在他方未为对待给付或提供担保前，有拒绝自己给付的权利。

19. 后履行抗辩权

【解答】是指在有先后履行顺序的双务合同中，后履行的一方有权要求应该先履行的一方先行履行自己的义务，如果应该先履行的一方未履行或者履行不符合约定，后履行的一方有权拒绝应先履行方的履行请求或拒绝其相应的履行请求。

20. 撤销权

【解答】指债权人在债务人放弃对第三者的到期债权实施无偿处分财产或以非正常低价处分财产的行为而妨害其债权实现时，依法享有的请求法院撤销债务人所实施的上述行为的权利。

21. 代位权

【解答】指因债务人怠于行使到期债权，对债权人造成损害的，债权人可以向人民法院请求以自己的名义代位行使债务人的债权，但该债权专属于债务人自身的除外。

22.可撤销合同

【解答】指当事人在订立合同时因意思表示不真实，法律允许撤销权人行使撤销权而使之归于消灭的合同。

四、简答题

1.简述合同成立的要件。

【解答】(1)要有合同的当事人。合同必须具有两个或两个以上的当事人，因为合同的订立是双方或多方法律行为，只有一方当事人就谈不上合意问题，因而也就根本不能成立合同。不过，参加订约当事人并不局限于自然人，也可以是法人或者其他民事主体。(2)合同的订立须经过要约和承诺两个阶段。要约和承诺作为合同订立必须经过的两个阶段，是合同订立的一般程序，也是合同成立必须具备的基本规则。(3)合同当事人须对合同的主要条款达成合意。合同成立的根本标志即在于当事人的意思表示一致，即所谓合同当事人达成了合意。

2.无效合同的特征与类型。

【解答】无效合同的特征有：(1)无效合同是已成立的合同；(2)是不产生法律约束力的合同；(3)是自始无效的合同；(4)属于当然无效的合同。根据合同法规定，无效合同的类型主要有五种：(1)一方以欺诈、胁迫的手段订立的合同，损害国家利益；(2)恶意串通，损害国家、集体或者第三人利益；(3)以合法形式掩盖非法目的；(4)损害社会公共利益；(5)违反法律、行政法规的强制性规定的合同。

3.简述合同履行的基本原则。

【解答】(1)全面履行原则。全面履行原则，又称正确履行原则或适当履行原则，是指合同的当事人必须按照合同关于标的、数量、质量、价款或报酬、履行地点、履行期限、履行方式等的约定，正确而完整地履行自己的合同义务；(2)协作履行原则。协作履行原则是指当事人在合同的履行中不仅要适当、全面履行合同的约定，还要基于诚实信用原则，对对方当事人的履行债务行为给予协助，使之能够更好地、更方便地履行合同。该原则是诚实信用基本原则在合同履行阶段的具体体现；(3)经济合理履行原则。又称效益履行原则。它要求履行合同时，讲求经济效益，付出最小的成本，取得最佳的合同利益。

五、论述题

试述合同成立与合同生效的区别。

【解答】合同成立并不意味着合同就生效，合同成立与合同生效是两个不同的法律概念。区分合同成立与合同生效有很大的实践意义，两者区别主要表现在以下几个方面：(1)构成条件不同。合同成立的条件包括：订约主体存在双方或多方当事人，订约当事人就合同的主要条款达成合意。至于当事人意思表示是否真实，则在所不问，它着重强调合同的外在形式的表现。而合同生效的条件主要有：行为人具有相应的民事行为能力；意思表示真实；不违反法律或者社会公共利益以及符合法定形式。(2)法律意义不同。合同成立与否基本上取决于当事人双方的意志，体现的是合同自由原则，合同成立的意义在于表明当事人双方已就特定的权利义务关系取得共识。而合同能否生效则要取决于是否符合国家法律的要求，体现的是合同守法原则，合同生效的意义在于表明当事人的意志已与国家意志和社会利益实现了统一，合同内容有了法律的强制保障。(3)作用的阶段不同。合同的成立标志着合同订立阶段的结束，合同的生效则表明合同履行阶段即将开始，它是合同履行的前提，又是合同履行的依据。(4)产生责任形式不同。合同的成立过程，如果当事人要承担的责任就是缔约过失责任，而合同生效后，如果当事人要承担的责任就是违约责任，包括继续履行、赔偿损失、支付违约金及适用定金罚则等。(5)赔偿范围不同。

合同的成立，当事人承担的赔偿范围只限于信赖利益损失，且仅限于直接损失，而不包括间接损失。而合同的生效，意味着合同具有法律效力，当事人不履行合同约定的义务，造成违约，给对方造成损失的，承担实际遭受的全部损失。不仅包括现有财产直接损失，而且包括可得利益损失。

六、案例分析

1. 利民网上购物公司积压了很多盗版 CD，为将其全部卖出，于是在网站上刊登了正版 CD 的打折广告，并列明各种 CD 的价格。李玉于 5 月 7 日浏览网页后在网站指定处填写了定单：购买 100 张 CD，共计 1000 元，货到付款，运费 50 元。5 月 8 日李玉收到了利民网上购物公司用于确认定单的 E-mail。5 月 9 日，CD 被送到了李玉住所，李玉付款给送货员。之后他将 100 张 CD 放在自己的音响店内出售，并在店内的广告中指出店内的音像制品均为正版。张帆于 6 月 1 日购买了两张 CD，回家后发现 CD 音质很差，根本不是正版，于是要求李玉退货。此后又出现了类似的情况，李玉才发现 100 张 CD 全是盗版。这使得其音响店的声誉一落千丈。于是李玉便要求利民网上购物公司退货及返还运费并赔偿声誉降低受到的损失，共计 3000 元。但是利民网上购物公司认为李玉在收货时并没有对货物的质量提出异议，就表示对货物质量的认同，因此，坚持不予退货。李玉于是向法院提起诉讼。问：

(1)利民网上购物公司在其网站上列明 CD 价格的行为是什么性质？

(2)如果利民网上购物公司没有发出确认单的 E-mail，当其送货员将 CD 送到李玉的住处时，李玉能否以合同没有成立拒绝收货？

(3)利民网上购物公司和李玉签订的购买合同什么时间成立？

(4)李玉能否以受欺诈主张合同无效？

【解答】(1)列明价格的行为为要约邀请。要约邀请,是指表意人邀请他人向自己发出要约的意思表示。合同法明确规定,寄送的价目表、拍卖公告、招标公告、商业广告等为要约邀请。而要约则是指以订立合同为目的而由相对人受领的意思表示。在本案中,利民网上购物公司在网站上列明CD的价格的行为,并不完全符合要约的三个构成要件,达不到要约所应达到的目的,因此只能认定为一种宣传、推介行为,是要约邀请。

(2)可以合同没有成立为由拒绝收货。合同成立一般要经过要约和承诺两个阶段。由上题我们还可以知道一般列明价格的行为是要约邀请,而李玉下定单的行为则符合要约的三个构成要件,可以认定为要约。利民网上购物公司发出的,用于确认定单的E-mail的行为,由于符合承诺的三个构成要件,则可认定为承诺。如果利民网上购物公司没有发出该E-mail,就相当于没有对李玉的定单,即要约作出承诺,李玉当然也就可以就合同没有成立为由拒绝收货。

(3)合同成立的时间是5月8日。《合同法》第26条规定:承诺通知达到要约人时生效。第16条规定:采用数据电文形式订立合同,收件人指定特定系统接受数据电文的,该数据电文进入该特定系统的时间,视为到达时间;未指定特定系统的,该数据电文进入收件人的任何系统的首次时间,视为到达时间。第25条规定:承诺生效时合同成立。由于本案中采用网上交易,是以数据电文的形式订立合同的,所以,当5月8日利民网上购物公司有关确认定单的E-mail被收件人李玉收到时,该承诺生效,同时,李玉与利民网上购物公司之间的合同也在此时成立。

(4)不能主张合同无效。《合同法》第52条规定:一方以欺诈、胁迫的手段订立合同,损害国家利益的,该合同无效。由此可知要以欺诈为由主张合同无效,除当事人有欺诈的故意,受欺诈人因欺诈而签订合同以外,还必须损害了国家利益。本题中,虽然存在利民网上购物公司以盗版充当正版的欺诈行为，但是并未涉及国家利益，因此李玉不能以此主张合同无效。另外根据《合同法》第54条的规定，李玉可以该合同为可撤销或可变更的合同为由，向人民法院或仲裁机构请求撤销或者变更该合同。

2.济世公司因转产致使一套生产设备闲置，价值2000万元。该公司总经理闪某与联华公司签订了关于该设备的转让合同。合同约定，生产设备作价1900万元，济世公司于2001年8月4日前交货，联华公司在收到货物之后8日内支付全部货款。8月1日，闪某发现联华公司由于投资项目失误，致使该公司经营状况严重恶化，于是便通知联华公司暂停交货，并要求联华公司提供担保，否则将终止合同。此一要求被联华公司断然拒绝。9月10日，闪某发现联华公司处境更加困难，几近破产，于是提出解除合同，并要求联华公司赔偿济世公司因该合同所遭受的损失。联华公司不同意，向济世公司所在地的人民法院以济世公司违约为由提起诉讼。请问：

(1)济世公司可否暂停交货？

(2)济世公司可否解除合同并要求赔偿？为什么？

(3)假设法院查明，联华公司并不存在经营状况恶化的情况，则济世公司是否应当赔偿联华公司因此所遭受的损失？

(4)若合同没有约定一方先为履行，则济世公司能否拒绝先为履行？

【解答】(1)济世公司基于不安抗辩权，可以暂停交货。本案中，济世公司的总经理闪某发现联华公司由于投资项目失误，致使其经营状况严重恶化，作为合同一方当事人的济世公司，可以根据《合同法》第68条规定，行使不安抗辩权，先予中止履行，暂停原来所负的先行给付义务。

(2)济世公司可以解除合同。因为不安抗辩权人在对方于合理期限内未恢复履行能力且未提供适当担保的情况下，可以单方解除合同。在本案中，闪某已经代表济世公司发出中止履行的通知，但是联华公司拒绝提供担保，而且在后续经营中，联华公司的情况进一步恶化，濒临破产，由此济世公司有理由认为对方在合理期限内不可能恢复履行能力，其有权单方面宣布解除合同。

(3)济世公司应负迟延履行的违约责任。不安抗辩权行使应当具备一个重要的前提，即对方有难为预期给付的状况。《合同法》第 68 条第 2 款规定：当事人没有确切证据中止履行的，应当承担违约责任。因此，本案中如果法院查明联华公司并不存在经营恶化的情况的话，则济世公司应当承担迟延履行的违约责任。

(4)济世公司可以拒绝先为履行。因此在本题中，由于济世公司没有先给付的义务，其可以要求同时履行；并且在对方未为履行之前，济世公司可以拒绝履行。因此，根据《合同法》第 66 条规定，济世公司可以行使同时履行抗辩权。

第三部分　拓展与探讨

＊缔约过失责任的赔偿范围

"缔约过失责任保护的是一种信赖利益的损失。"缔约过失责任的赔偿范围为信赖利益的损失，是当事人在合同缔结以前的状态与现有状态之间的差距。合同法第 113 条对在合同责任情况下损害赔偿范围作了明确的规定，即直接损失和可得利益损失，而对缔约过失责任情况下的损害赔偿范围未作明确规定。因此，在审判实践中就存在一个执法尺度问题。对缔约过失责任损失的确定是一个比较棘手的问题，有的甚至难以确定，尤其是在目前法律规定不明确的情况下，更难把握。因此，在确定缔约过失责任的赔偿范围时应注意以下几个问题：(1)须有实际损失，实际损失是构成缔约过失责任的重要条件，如果没有给对方造成实际信赖利益的损失，即使合同未成立、无效、被撤销，也不应承担赔偿责任。(2)实行完全赔偿原则，即受损害人遭受的全部损失都应由缔约过失方予以赔偿。但该原则受到"可预见规则"的限制，即除受损害人因身体受到伤害所遭受的损失应予全部赔偿外，其他信赖利益损失的赔偿额则应限于缔约过失方可预见的范围内，最高不得超过合同实际履行时可以预期得到的平均利润。(3)有因果关系，信赖利益的损失必须是对方过错造成的，也就是说必须有因果关系，如果不是对方过错造成的，即使有损失对方也不承担责任。(4)因一方缔约过失给对方造成损失时，受损失的一方有及时采取措施防止损失扩大的义务，没有及时采取措施致使损失扩大的，无权就扩大的损失要求赔偿。但其因防止损失扩大支出的合理费用，则应由缔约过失方来承担。(5)在特殊情况下应当考虑超出履行利益的损失部分，但应严格掌握必要的、合理的支出费用。(6)原则上精神损失不予考虑，对精神损失受害人可以适用侵权行为责任要求赔偿。

＊ 附条件合同的效力

在附条件的合同中，合同的效力取决于条件是否成就。关于附条件合同的效力，应区分合同所附条件的不同而确定：在附停止条件的合同中，合同虽然已经成立，但暂时停止发生效力。此时，权利人不能行使权利，义务人也不必履行其义务。如果条件不成就，则合同应归于消灭。在附解除条件的合同中，合同所确定的权利义务已经发生了效力，在条件成就以后，合同所确定的权利义务消灭；如果条件不成就，则合同一直有效。

因此，在附条件合同中，对于一方或双方来说，因条件的成就而可能使其享受权利，或可能获得一定的利益，这种可能的或有希望获得的权利或利益，在不同的附条件合同中各不一样。在附停止条件的合同中，一方或双方都希望在条件成就时取得权利，而在附解除条件的合同中，因为条件的成就使合同失效，权利将复归于原权利人。由于这种权利因条件的成就，将从不确定的权利变成确定的权利，并将给当事人带来利益，因此，法律保护当事人的“期待权”，禁止他人侵害。附条件合同的一方于条件成就以前，侵害对方和其他利害关系人的期待权，应负损害赔偿的责任。对于一方或双方来说，因条件的可能成就也可能要承担义务。可能承担义务的一方不得在条件成就以前，通过实施一定的行为而使自己在条件成就后不能履行义务。否则，在条件成就以后，将依法承担履行不能的责任。

附条件的合同效力还表现在：(1)在附条件的合同成立以后，即使当事人已经丧失行为能力、丧失对标的物处分权等，该附条件合同的效力不受影响，仍因条件成就使合同的效力发生或消灭。(2)在附条件的合同成立以后，在条件未成就以前，当事人均不得为了自己的利益，以不正当的行为促成或阻止条件的成就，而只能听任作为条件事实自然发生。当事人为了自己的利益不正当阻止条件成就的，视成条件已成就；不正当地促进条件成就的，视为条件不成就。

＊预期违约与不安抗辩权

我国合同法对大陆、英美两大法系的不安抗辩权、预期违约制度的引进是我国立法的一大突破和完善。但是，“预期违约”与“不安抗辩权”毕竟存有明显的区别但两者又交叉在一起，在审判实践中，对不安抗辩和预期违约较难区分，因此有必要对两者进行比较。(1)适用的前提条件不同。预期违约制度不以双务合同当事人债务之履行存在先后顺序为前提，无论双方当事人是否有义务先行作出履行还是同时作出履行，任何一方均可依法在对方预期违约时中止履行合同而寻求法律救济。相反，不安抗辩权行使的前提条件之一是当事人的债务履行顺序存在先后之分。若没有履行时间的先后顺序，则仅仅适用同时履行抗辩权则不会发生不安抗辩权的余地。(2)行使权利主体不同。不安抗辩权的行使主体仅为一方，具有特定性，即有先为履行合同义务的一方。而预期违约合同任何一方都可提出。(3)行使权利所依据的原因不同。不安抗辩权的行使根据《合同法》第 68 条规定的四种情况，且具有确切证据；而预期违约不限于此，明示的预期违约非常好理解，对于默示预期违约其所依据的情况主要有：债务人的经济状况不佳，没有能力履约；商业信用不佳，有不能履约的危险；债务人的实际状况表明债务人有违约之危险。(4)法律救济方法不同。行使不安抗辩权的债权人可以中止自己的对待给付，但若对方提供履约担保，则债权人仍需履约，默示预期违约则规定在对方不提供履约保证时，债权人可选择解除合同或不解除合同，同时也可要求对方赔偿损失。(5)过错是否为构成要件不同。预期违约制度考虑了当事人的主观过错问题。在预期违约中，当事人的主观过错是必要构成要件，而不安抗辩权，其成立无须对方主观上存在过错，只要其财产或其经营在缔约后明显恶化并导致难为对待给付的危险即可，不究其是因为何种原因所引起。

第九章 合同变动、终止及违约责任

第一部分 重点与难点

【本章重点】

合同的变更 法定变更 裁判变更 依法律行为或其他行为变更 合同转让 债权让与 债务承担 债权债务的概括移转 合同解除 单方解除 协议解除 法定解除 约定解除 清偿 免除 抵销 混同 提存 违约责任 违约行为 预期违约 实际违约 履行不能 拒绝履行 迟延履行 不完全履行 受领迟延 实际履行 采取补救措施 赔偿损失 完全赔偿原则 合理预见原则 减轻损害原则 损益相抵原则 过失相抵原则 经营欺诈惩罚性赔偿原则 违约金 惩罚性违约金 赔偿性违约金 免责事由

【本章难点】

1. 债权债务的概括移转

债权债务的概括移转，可以是基于当事人之间的法律行为而产生的，被称为意定概括移转；也可以是基于法律的规定而产生的，被称为法定概括移转。

债权债务的概括移转，可以是合同权利义务全部由出让人移转至承受人，即全部移转；也可以是合同权利义务的一部分由出让人移转至承受人，即一部移转。一部分债权债务概括移转时，出让人和承受人有约定其各自享有的债权和承担的债务的份额的，双方按约定的比例享有权利承担义务；双方没有约定或约定不明的，视为连带之债。

债权债务概括移转的形式有两种。

(1)合同承受。即一方当事人把自己合同的全部权利、义务，经过对方当事人同意后，移转给第三人。

合同承受，须符合以下条件：一是必须有合法有效的合同存在，这是合同承受的根本前提；二是所承受的合同为双务有偿合同。在单务合同中，当事人或者仅承担义务，或者仅享有权利，故单务合同的移转不是债权债务的概括移转；三是原合同出让人必须与第三人达成移转协议；四是合同承受必须经过对方当事人的同意。

合同承受的效力：原合同当事人的一切债权债务关系由第三人承担，原合同当事人脱离合同关系。

(2)企业的合并与分立。企业合并指两个或两个以上的企业合并为一个企业，包括吸收合并和新设合并两种。企业分立是指一个企业分立为两个以及两个以上的企业，包括解散分立和存续分离两种。《合同法》第 90 条规定："当事人订立合同后合并的，由合并后的法人或者其他组织行使合同权利，履行合同义务。当事人订立合同后分立的，除债权人和债务人另有约定的以外，由分立的法人或者其他组织对合同的权利和义务享有连带债权，承担连带债务。"

2. 债权让与的对外效力

债权让与的对外效力是指债权让与对债务人、第三人发生的法律效果。如上所述，债权让与自当事人双方的意思表示一致时成立，只有在向债务人发出债权让与的通知时，才能对债务人发生效力。债权让与的通知可以是口头、书面或其他方式。债务人收到债权让与的通知，有异议的，可以向对方提出，并要求原债权人即让与人清偿债务；债务人未提出异议的，债权让与对其即发生效力。这一效力主要体现在以下几个方面：

(1)债务人应向受让人履行债务。债权让与对债务人生效后，如果是债权的全部让与，债务人应向受让人清偿债务，而不再向让与人清偿债务。债务人仍向让与人清偿的，除构成向第三人履行外，其清偿无效，不能对抗受让人，而只能依不当得利向受清偿的让与人要求返还。

(2)债务人对原债权人的抗辩权可以向受让人行使。受让人的地位不能优于让与人，其权利不能大于让与人原有的权利，因此，凡债务人可以对抗原债权人即让与人的抗辩权，同样也可以用来对抗受让人。《合同法》第82条明确规定："债务人接到债权转让通知后，以债务人对让与人的抗辩，可以向受让人主张。"这样的抗辩权包括基于被让与的债权而产生的实体法上的抗辩权，如合同未成立、无效的抗辩，同时履行的抗辩和不安抗辩，还包括基于被让与的债权而产生的程序法上的抗辩权，如债权已过诉讼时效的抗辩等。

(3)债务人可以主张以其债权与让与的债权抵销。《合同法》第83条规定："债务人接到债权转让通知时，债务人对让与人享有债权，并且债务人的债权先于转让的债权到期或者同时到期的，债务人可以向受让人主张抵销。"

3.违约金

依据我国合同法，违约金是合同一方当事人不履行合同义务或履行合同义务不符合约定依法应支付给非违约方一定数量的金钱。它具有以下特征：

(1)违约金条款既具有从合同的性质又具有其独立性。违约金的存在以主合同存在为必要条件，当主合同不成立、无效或被撤销时，约定的违约金条款亦不发生法律效力。主合同消灭，约定的违约金责任也随之消灭。但约定违约金也具有相对独立性，如当合同因一方根本性违约而解除时，非违约方仍可请求违约方支付约定的违约金。

(2)约定违约金的主体只能是合同当事人。根据合同自由原则,合同当事人可以对违约发生时赔偿的问题进行协商,他们可以约定一方违约时应根据违约情况向对方支付一定数额的违约金。

(3)违约金的数额是由当事人预先确定的。违约金必须在签订合同时或在违约发生前先予确定,当出现拒绝履行、迟延履行或不完全履行等违约行为时,非违约方可以按照合同对违约金的约定得到补偿。

(4)违约金救济是一种违约后生效的责任承担方式。违约金条款是否适用,取决于合同当事人是否违约。当合同一方当事人违约时,违约金条款才能适用;合同当事人没有违约行为,违约金条款就不能适用。

第二部分　思考与练习

一、选择题

1. 甲、乙双方在 2002 年 2 月 7 日订立买卖鱼粉的合同,约定每吨 3000 元,由丙方为乙方付款提供保证担保。同年 4 月 5 日,甲、乙双方又约定每吨 3800 元。根据已知条件,下列观点正确的是(　　)。

A. 甲、乙变更原买卖合同,不适用要约和承诺的规则

B. 甲、乙变更买卖合同,为更新

C. 甲、乙变更买卖合同,保证人丙方不知情,丙方免除保证责任

D. 甲、乙变更买卖合同,丙方不知情,但丙方不免责

【解答】应选 D。(1)双方协议变更合同,是以第二个合同变更第一个合同,第二个合同也是合同,适用要约和承诺的规则。故 A

项排除。(2)更新不同于变更,更新产生新的给付,即产生新的合同,故排除B项。(3)最高人民法院《关于适用〈担保法〉若干问题的解释》(以下简称《担保法司法解释》)第30条第1款规定,保证期间,债权人与债务人对主合同数量、价款、币种、利率等内容作了变动,未经保证人书面同意的,如果减轻债务人的债务的,保证人仍应对变更后的合同承担保证责任;如果加重债务人的债务的,保证人对加重的部分不承担保证责任。故排除C项。

2. 甲、乙于2000年10月5日签订一借款合同,丙作为担保方在借款合同上签字。合同约定乙的还款日期为2001年2月5日,到期未还则由丙对借款本金500万元承担一般保证责任。2000年12月1日,甲、乙双方经协商将还款期限延至2001年4月5日,并通知丙,丙对此不置可否。2001年5月1日,甲因乙未按期还款而首次要求丙偿还借款本息。根据上述案情,下列哪些表述是不正确的?(　　)

A. 由于丙对延期付款不置可否,故丙不再承担保证责任

B. 就保证范围而言,丙对本金的利息也应该承担保证责任

C. 根据约定的保证条款,甲应该先向乙主张权利后才能向丙主张权利

D. 设丙不同意变更还款期,则甲向丙主张权利的保证期间止于2001年8月5日

【解答】应选A。根据《担保法》第21条规定,保证担保的范围包括主债权及利息、违约金、损害赔偿金和实现债权的费用。保证合同另有约定的,按照约定。题中当事人没有特别约定。《担保法司法解释》第30条规定,债权人与债务人对主合同履行期限作了变动,未经保证人书面同意的,保证期间为原合同约定的或者法律规定的期间。按照《担保法》规定,一般保证的保证人享有先诉抗辩权。

3. 甲方难以向乙方履行债务，即将债的标的物（一枚钻戒）提存，在提存期间提存物被盗，其后果由（　　）。

A. 债权人承担　　　　B. 债务人承担

C. 提存人承担　　　　D. 提存机关承担

【解答】应选 D。提存合同有保管和为第三人利益的性质，且为有偿保管，被盗的事实说明保管人提存机关未尽善良保管人的注意义务，因此应当由提存机关承担后果。

4. 对于合同解除，下列表述错误的是（　　）。

A. 不影响合同仲裁条款的效力

B. 不影响合同结算条款的效力

C. 不影响合同清理条款的效力

D. 不影响当事人要求强制执行的效力

【解答】应选 D。(1)《合同法》第 57 条规定，合同无效、被撤销或者终止的，不影响合同中独立存在的有关解决争议方法的条款的效力。解除是终止的一项原因。故排除 A 项。(2)《合同法》第 98 条的规定，合同的权利义务终止，不影响合同中结算和清理条款的效力。解除是终止的一项原因。故排除 BC 项。(3)选择 D 项。因为解除的效力就是消灭履行效力。

5. 根据我国法律的规定，下列哪种情况下法院可以撤销相关合同？（　　）

A. 甲受乙胁迫高价购买其自行车，一月后，甲请求法院将该买卖合同的价格变更为市场价格

B. 某保健公司向甲声称其保健器材有 30 种功能，甲就高价购买，后发现该保健材料仅具备 5 种功能，甲和保健公司交涉一年半未果后请求法院撤销该合同

C. 甲误认为乙的人造钻石戒指是天然钻石戒指而购买，取得戒指时甲并未支付价款，但甲知晓实情后仍然向乙支付了价款，后甲请求法院撤销该合同

D. 某山区养殖户甲喂牛的饲料草因为不慎起火烧尽，因大雪封山，不能外出购买，不得已按乙提出的高于市价10倍的价格购买乙的饲料草，两个月后，甲请求法院撤销该合同

【解答】应选D。《合同法》第54条规定，下列合同，当事人一方有权请求人民法院或者仲裁机构变更或者撤销：(1)因重大误解订立的；(2)在订立合同时显失公平的。一方以欺诈、胁迫的手段或者乘人之危，使对方在违背真实意思的情况下订立的合同，受损害的一方有权请求人民法院或者仲裁机构变更或者撤销。本题A属于胁迫订立的合同，B属于欺诈订立的合同，C属于重大误解订立的合同，D属于乘人之危订立的合同，故都具有可撤销事由。但依据《合同法》第54条第3款规定：当事人请求变更的，人民法院或者仲裁机构不得撤销。故A项不正确。依据《合同法》第55条规定："有下列情况之一的，撤销权消灭：(一)具有撤销权的当事人自知道或者应当知道撤销事由之日起一年内没有行使撤销权；(二)具有撤销权的当事人知道撤销事由后明确表示或者以自己的行为放弃撤销权。"B项中一年的除斥期间已过，C项中甲知晓实情后仍然支付价款的行为已经放弃了对合同的撤销权，故合同有效，法院不得撤销该合同。因此，BC错误。而D法院依法可以应甲的请求撤销该合同。

6. 甲与乙订立了一份苹果购销合同，约定甲向乙交付20万公斤苹果，货款为40万元，乙向甲支付定金4万元；如任何一方不履行合同应支付违约金6万元。甲因将苹果卖给丙而无法向乙交付苹果，在乙提出的如下诉讼请求中，既能最大限度保护自己的利益，又能获得法院支持的诉讼请求是什么？(　　)

A. 请求甲双倍返还定金8万元

B. 请求甲双倍返还定金8万元，同时请求甲支付违约金6万元

C. 请求甲支付违约金 6 万元，同时请求返还支付的定金 4 万元

D. 请求甲支付违约金 6 万元

【解答】应选 C。定金是指订立合同时，为了保证合同的履行，约定由当事人一方先行给付另一方的货币。合同履行后，定金应当收回或抵作价款。定金是预交的违约金，但对定金的数额法律有限制(不得超过标的额的 20%)，因此定金又不具备违约金完全弥补损失的功能。定金是不充分担保，定金罚则的适用不足于弥补损失时，还可以再适用赔偿金。本案中，请求甲支付违约金 6 万元，同时请求返还支付的定金 4 万元既能最大限度保护自己的利益，又能获得法院支持。

7. 以下对我国合同法说法错误的是(　　)。

A. 直接使用“根本违约”、“重大违约”的术语

B. 实际承认“根本违约”与“非根本违约”的分类方法及对解除的意义

C. 实际承认“根本违约”的概念，对限制解除权的滥用具有积极意义

D. “根本违约”实际上是违约方的不履行或履行不符合约定，剥夺了相对人根据合同有权期待的利益

【解答】应选 A。(1)我国合同法未直接使用“根本违约”、“重大违约”的术语。故选择 A 项。(2)根据我国《合同法》第 94 条的规定，B 项说法正确，不选。(3)C 说法正确。非根本性违约(轻微违约)一方不得通知另一方解除，不选。(4)D 说法正确。“根本性”违约使相对人的合同目的不能实现，不选。

8. 2005 年 10 月，甲商场为了组织元旦的货源与乙收音机厂签订了购买 700 台收音机的合同，交货期为 12 月 15 日。甲商场依约定于 11 月 1 日给付了一半货款，另一半待对方货送到后付清。2005 年 12 月 14 日，乙收音机厂司机在送货途中醉酒将车开

下悬崖，货物全部报废，甲商场因缺少收音机，双节期间利润损失4万元。另外，甲商场与另外两家商场约定的双节期间的展销会无法展开。甲商场因此支付上述两家商场违约金8000元，对此情况，乙收音机厂不知情。以下说法正确的是（　　）。

A. 收音机厂对甲商场遭受的可以预先估计的合同履行后可得的利益4万元应承担赔偿责任。

B. 因为货车司机醉酒摔下山崖导致收音机厂违约，这属于意外事件，故收音机厂的违约责任可以免除

C. 因为收音机厂确实不知道展销会之事，乙收音机厂不必赔偿甲商场的8000元违约金

D. 无论收音机厂是否知道展销会的事情，乙收音机厂都应赔偿甲商场的一切损失，包括甲商场支付的8000元违约金

【解答】应选AC。《合同法》第113条规定：当事人一方不履行合同义务或者履行合同义务不符合约定，给对方造成损失的，损害赔偿额应当相当于因违约所造成的损失，包括合同履行后可获得利益，但不得超过违反合同一方订立合同时预见到或者应当预见到的因违反合同可能造成的损失。

9. 张某于2000年8月向甲家具店定作家具一套，双方约定甲家具店应于9月10日交货，张某预付定金1000元。9月8日，家具店通知张某，因家具店发生火灾，烧毁了部分已做家具，要求迟延履行合同于9月20日交货。张某表示同意，后又于9月16日通知家具店，取消家具订立合同。甲家具店主张已经按张某的要求做好全套家具，因此不许取消，双方发生争议。下列说法正确的是（　　）。

A. 家具店应当承担违约责任。因为家具店构成迟延履行

B. 张某应当承担赔偿责任。因为家具店于交货日期截止前通知张某，要求迟延履行，张某表示同意，其实质是合

同变更，后张某提出取消定作合同，属于解除合同，张某有此权利，但家具店可要求张某赔偿其解除合同致家具店的损失

C. 家具店应当承担违约责任。合同双方应当严格按照合同的约定履行，家具店没有按照合同约定的时间交货，构成违约。但考虑到家具店违约事出有因，可以减轻其责任，同时张某提出解除合同的要求，因此，家具店除双倍返还张某定金外，可以不赔偿张某的其他损失

D. 家具店应当承担违约责任。不管家具店迟延交货是出于故意的还是因为火灾，即使是火灾，家具店本身也有责任，而张某没有任何过错。因此家具店应当双倍返还张某定金

【解答】应选 B。《合同法》第 77 条第 1 款规定，当事人协商一致，可以变更合同。题中，家具店提出变更合同的要求，张某表示同意，合同经协商一致而变更。因此，家具店的推迟交货不构成违约，故 ACD 选项均不正确。后来张某又取消定作合同，属于解除合同，《合同法》第 268 条规定，定作人可以随时解除承揽合同，造成承揽人损失的，应当赔偿损失。

10. 2000 年 8 月，某市天南公司与邻市地北公司签订了一份电脑键盘购销合同，合同约定，天南公司在 2000 年 12 月底，向地北公司提供电脑键盘 5000 件，单价 20 元，总价值 10 万元，交货方式为代办托运，地北公司在收到货物后 10 日内付款。违约方按 5%支付违约金。2000 年 10 月，地北公司致电天南公司，称因电脑销路不好，请求将合同标的物 5000 件变更为 1000 件。天南公司请求对方支付违约金，遭到拒绝。根据此案情分析，天南公司应享有下列哪些权利？（　　）

A. 天南公司有权解除合同

B. 天南公司可以在履行期限届满之前要求对方承担违约

责任

C. 天南公司可以等到履行期限届满、对方不履行债务时请求对方承担违约责任

D. 根据合同法，天南公司只能在履行期限届满后请求对方承担违约金

【解答】应选 ABC。《合同法》第 94 条规定："有下列情形之一的，当事人可以解除合同：(一)因不可抗力致使不能实现合同目的；(二)在履行期限届满之前，当事人一方明确表示或者以自己的行为表示将不履行主要债务；(三)当事人一方迟延履行主要债务，经催告在合理期限内仍未履行；(四)当事人一方迟延履行债务或者其他违约行为致使不能实现合同目的；(五)法律规定的其他情形。"根据第(二)项的规定，选项 A 正确。第 107 条规定："当事人一方不履行合同义务或者履行义务不符合约定，应当承担继续履行、采取补救措施或者赔偿损失等违约责任。"因此，选项 C 正确。第 108 条规定："当事人一方明确表示或者以自己的行为表明不履行合同义务的，双方可以在履行期限届满之前要求其承担违约责任。"因此，选项 B 正确，而选项 D 错误。

11. 甲对乙享有 10 万元到期债权，乙对丙也享有 10 万元到期债权，三方书面约定，由丙直接向甲清偿。下列哪些说法是正确的？(　　)

A. 丙可以向甲主张其对乙享有的抗辩权

B. 丙可以向甲主张乙对甲享有的抗辩权

C. 若丙不对甲清偿，甲可以要求乙清偿

D. 若乙对甲清偿，则构成代为清偿

【解答】应选 ABD。甲、乙、丙之间的三方约定实际上是一个经过债权人甲同意的债务承担协议。依据《合同法》第 85 条规定，B 项正确。同时甲、乙、丙之间的三方约定也具有债权让与的性质，丙可以向甲主张其对乙享有的抗辩权，所以 A 项正确。债务

承担之后，原债务人乙脱离原债权债务关系，若丙不对甲清偿，甲也不能要求乙清偿，若乙对甲清偿，则构成第三人代位清偿。故C项错，D项正确，所以本题选ABD项。三方协议兼具债权让与和债务承担的性质，因此享有双重的抗辩权，这是本题的难点。

12. 甲(卖方)与乙(买方)于2001年1月5日订立买卖合同，约定甲于同年1月10日发货，乙于同年2月18日前付款，由丙接受乙的委托提供保证担保，但丙与乙约定仅对甲这个特定债权人提供保证。至同年3月1日，甲通知乙和丙已将10万元货款债权转让给丁公司。通知要求乙向丁还款，由丙承担保证责任。根据已知条件，下列各项正确的是(　　)。

A. 因当事人事先约定仅对特定债权人承担保证责任，故丙不再承担保证责任

B. 合同债权转让无效

C. 合同债权转让有效

D. 丙应继续承担保证责任

【解答】应选CD。(1)"当事人事先约定仅对特定债权人承担保证责任"，这里的约定是债务人和保证人，不包括债权人，因此，该约定对债权人并不发生效力。故排除A项，肯定D项。(2)本案合同债权转让，是金钱债权的转让，没有无效事由，因此排除B项，肯定C项。

13. 关于合同的变更，下列命题错误的是(　　)。

A. 合同变更，必须双方当事人协商一致

B. 当事人对合同变更的内容约定不明确的，推定未变更

C. 严格意义的合同变更，包括主体的变更

D. 主合同变更，应该取得保证人同意才能发生效力

【解答】应选ACD。(1)合同法规定了法定变更权，如第308条，故选择A项。(2)B项出自《合同法》第78条的规定，故不选B项。(3)主体的变更是合同的转让，故C项命题错误，选择C项。

(4)主合同效力并不取决于从合同当事人的意志,D项命题错误,选择D项。

14. 张某欠李某5000元,经李某同意,张某把其债务的1/2转移给保证人周某承担。(　　)

A. 这属于免责的债务承担

B. 这属于并存的债务承担

C. 保证人赵某不知情,其有权拒绝履行债务

D. 保证人赵某不知情,其有权拒绝5000元转移出去的2500元债务

【解答】应选AD。(1)免责的债务承担,是指对转移出去的全部或部分债务免责,并存的债务承担又称重复的债务承担,是指加进来一个连带债务人。故选择A项,排除B项。(2)保证人只对未经其同意转让出去的债务免责,剩下的2500元,其仍然要承担保证责任,故排除C项,肯定D项。

15. 关于变更,下列哪些观点是正确的?(　　)

A. 标的物失去同一性,不是变更,而是更新

B. 无效合同不存在变更的问题

C. 当事人可以协商一致变更合同,一方也可以依据法律的规定通知对方变更合同

D. 合同主体的变更属于合同转让

【解答】应选ABC。(1)更新是消灭旧债务产生新债务,两项债务之间没有连续性。如双方协商一致,把买卖汽车改为买卖摩托车。故A项正确。(2)变更的前提是合同有效。故肯定B项。(3)合同法规定了单方变更权,如第308条的规定。故C项正确。(4)严格意义的合同变更是对内容的局部调整,故排除D项。

16. 甲、乙双方约定,由丙每月代乙向甲偿还债务500元,期限2年。丙履行5个月后,以自己并不对甲负有债务为由拒绝继续履行。甲遂向法院起诉,要求乙、丙承担违约责任。法院应如何处

理？（　　）

A. 判决乙承担违约责任

B. 判决丙承担违约责任

C. 判决乙、丙连带承担违约责任

D. 判决乙、丙分担违约责任

【解答】应选 A。由第三人履行，是合同当事人约定由第三人履行，这是第三人代合同债务人向债权人履行，并不是第三人成为合同的当事人。第三人的违约，是对债务人的违约，应由债务人对债权人承担违约责任。债权人若打民事官司，只能以债务人为被告提起诉讼，不能以第三人为被告提起诉讼。

17. 依据合同法，出现了下列哪种情况，一方当事人有权解除合同？（　　）

A. 对方当事人有违约行为

B. 发生不可抗力事件，致使合同不能履行

C. 对方当事人在合同约定的期限内没有履行合同，经催告仍未履行

D. 预期非根本性违约

【解答】应选 BC。《合同法》第 94 条规定："有下列情形之一的，当事人可以解除合同：(一)因不可抗力致使不能实现合同目的；(二)在履行期限届满之前，当事人一方明确表示或者以自己的行为表明不履行主要债务；(三)当事人一方迟延履行主要债务，经催告后在合理期限内仍未履行；(四)当事人一方迟延履行债务或者有其他违约行为致使不能实现合同目的；(五)法律规定的其他情形。"据此，选择 BC 项，排除 AD 项。

18. 下列关于《合同法》中"任意解除权"说法正确的是（　　）。

A. 委托合同中，委托人或受托人均可以随时解除委托合同

B. 在货物托运合同中，在承运人将货物交付收货人之前，托运人可以要求承运人返还货物，能够提供正当理由

的，无须赔偿承运人因此遭到的损失

C. 承揽合同中，定作人可以随时解除合同，不需要特定理由。造成承揽人损失的，应当赔偿损失

D. 仓储合同中，存货人可以随时解除合同。造成损失的应予以赔偿

【解答】应选 AC。(1)根据《合同法》第 308 条规定，在承运人将货物交付收货人之前，托运人可以要求承运人中止运输、返还货物、变更到达地或者将货物交给其他收货人，但应当赔偿承运人因此受到的损失，所以 B 项错误。(2)第 410 条规定，委托人或者受托人可以随时解除委托合同。因解除合同给对方造成损失的，除不可归责于该当事人的事由以外，应当赔偿损失。所以 A 项正确。(3)第 268 条规定，定作人可以随时解除承揽合同，造成承揽人损失的，应当赔偿损失。所以 C 项正确。(4)仓储合同中，没有任意解除权。所以 D 项错误。

19. 下列关于合同的解除说法正确的是(　　)。

A. 标的物不符合履行要求，买受人可以解除合同

B. 标的物主物不符合约定而解除合同，解除效力及于从物

C. 出卖人分批交付标的物的，出卖人对其中一批标的物不交付或者交付不符合约定，致使该批标的物不能实现合同目的的，买受人可以就该批标的物解除

D. 分期付款的买受人未支付到期价款金额达全部价款的五分之一的，出卖人可以要求解除合同

【解答】应选 BCD。(1)《合同法》第 148 条规定，因标的物质量不符合质量要求，致使不能实现合同目的的，买受人可以拒绝接受标的物或者解除合同。买受人拒绝接受标的物或者解除合同的，标的物毁损。灭失的风险由出卖人承担。故 A 错误。(2)第 164 条规定，因标的物的主物不符合约定而解除合同的，解除合同的效力及于从物。因标的物的从物不符合约定被解除的，解除的

效力不及于主物。故B正确。(3)第166条规定,出卖人分批交付标的物的,出卖人对其中一批标的物不交付或者交付不符合约定,致使该批标的物不能实现合同目的的,买受人可以就该批标的物解除。出卖人不交付其中一批标的物或者交付不符合约定,致使今后其他各批标的物的交付不能实现合同目的的,买受人可以就该批以及今后其他各批标的物解除。故C正确。(4)第167条规定,分期付款的买受人未支付到期价款的金额达到全部价款的五分之一的,出卖人可以要求买受人支付全部价款或者解除合同。故D正确。

20. 乙公司欠甲公司30万元,同时甲公司须在2000年9月20日清偿对乙公司的20万元货款。甲公司在同年9月18日与丙公司签订书面协议,转让其对乙公司的30万元债权。同年9月24日,乙公司接到甲公司关于转让债权的通知后,便主张20万元的抵销权。下列说法哪些是正确的?(　　)

A. 甲公司与丙公司之间的债权转让合同于9月24日生效

B. 乙公司接到债权转让通知后,即负有向丙公司清偿30万元的义务

C. 乙公司于9月24日取得20万元的抵销权

D. 丙公司可以就30万元债务的清偿,要求甲公司和乙公司承担连带责任

【解答】应选BC。《合同法》第83条规定,债务人接到债权转让通知时,债务人对让与人享有债权,并且债务人的债权先于转让的债权到期或者同时到期的,债务人可以向受让人主张抵销。因此正确答案是BC。A错误,甲公司与丙公司之间的债权转让合同于9月18日生效。D错误,丙公司只能要求乙公司承担责任。

二、判断题

1. 债权人转让权利的,应当征求债务人意见。未经同意,该转

让对债务人不发生效力。债权人转让权利的通知不得撤销，但经受让人同意的除外。

【解答】错误。根据《合同法》第 80 条规定，债权人转让权利的，应当通知债务人。未经通知，该转让对债务人不发生效力。债权人转让权利的通知不得撤销，但经受让人同意的除外。

2. 合同的权利义务终止，不影响合同中结算和清理条款的效力。

【解答】正确。根据《合同法》第 90 条规定，合同的权利义务终止，不影响合同中结算和清理条款的效力。

3. 合同解除后，尚未履行的，终止履行；已经履行的，根据履行情况和合同性质，当事人可以要求恢复原状、采取其他补救措施，但无权要求赔偿损失。

【解答】错误。根据《合同法》第 97 条规定，合同解除后，尚未履行的，终止履行；已经履行的，根据履行情况和合同性质，当事人可以要求恢复原状、采取其他补救措施，并有权要求赔偿损失。

4. 标的物提存后，毁损、灭失的风险由债权人承担。提存期间，标的物的孳息归债权人所有。提存费用由债务人负担。

【解答】错误。根据《合同法》第 103 条规定，标的物提存后，毁损、灭失的风险由债权人承担。提存期间，标的物的孳息归债权人所有。提存费用由债权人负担。

5. 债权人领取提存物的权利，自提存之日起 3 年内不行使而消灭，提存物扣除提存费用后归国家所有。

【解答】错误。根据《合同法》第 104 条规定，债权人领取提存物的权利，自提存之日起 5 年内不行使而消灭，提存物扣除提存费用后归国家所有。

6. 违约金条款只具有从合同的性质不具有其独立性。

【解答】错误。违约金条款既具有从合同的性质又具有其独立性。违约金的存在以主合同存在为必要条件，当主合同不成立、无效或被撤销时，约定的违约金条款亦不发生法律效力。主合同消灭，约定的违约金责任也随之消灭。但约定违约金也具有相对独立性，如当合同因一方根本性违约而解除时，非违约方仍可请求违约方支付约定的违约金。

7. 当事人一方不履行合同义务或者履行合同义务不符合约定，给对方造成损失的，损失赔偿额应当相当于因违约所造成的损失，包括合同履行后可以获得的利益，但不得超过违反合同一方订立合同时预见到或者应当预见到的因违反合同可能造成的损失。

【解答】正确。根据《合同法》第 113 条规定，当事人一方不履行合同义务或者履行合同义务不符合约定，给对方造成损失的，损失赔偿额应当相当于因违约所造成的损失，包括合同履行后可以获得的利益，但不得超过违反合同一方订立合同时预见到或者应当预见到的因违反合同可能造成的损失。

8. 当事人一方因不可抗力不能履行合同的，应当及时通知对方，以减轻可能给对方造成的损失，并可以在合理期限内提供证明。

【解答】错误。根据《合同法》第 118 条规定，当事人一方因不可抗力不能履行合同的，应当及时通知对方，以减轻可能给对方造成的损失，并应当在合理期限内提供证明。

三、名词解释

1. 合同转让

【解答】合同转让，即合同的主体变更，是指在债的内容与客体保持不变的情形下，债的主体发生变更。

2. 广义的债权让与

【解答】广义的债权让与是指债权人的债权由第三人承受，即第三人加入债的关系而成为新的债权人。这种意义上的债权让与既包括因法律规定或裁判而发生的债权让与，也包括因当事人间的合意而发生的债权让与。

3.合同解除

【解答】合同解除是指在合同有效成立以后，当具备解除条件时，因当事人一方或双方的意思表示，使合同自始或仅向将来消灭的行为。

4.提存

【解答】提存是指债务人于债务已届履行期时，将无法给付的标的物提交给提存机关，以消灭合同债务的制度。

5.违约责任

【解答】违约责任又称为违反合同的民事责任，是指合同当事人不履行合同义务或者履行合同义务不符合约定时所应承担的民事责任。

6.迟延履行

【解答】迟延履行是指债务人无正当理由，在合同规定的履行期届满时，仍未履行合同债务；合同中未约定履行期限的，指在债权人提出履行催告后仍未履行债务。

7.合理预见原则

【解答】合理预见原则又叫可预见性原则，是指违约方所承担的赔偿责任范围不得超过他在订立合同时应当预见的损失范围之原则。

8.损益相抵原则

【解答】损益相抵原则，它是指受害人基于损害发生的同一原因而获得利益时，应从所受损害中扣除其所受的利益，从而确定损害赔偿范围。

9.违约金

【解答】违约金是指不履行或者不完全履行合同义务的违约方按照合同约定，支付给非违约方一定数量的金钱。

10.惩罚性违约金

【解答】惩罚性违约金是由合同约定或法律规定由违约方支付一笔金钱，作为对违约行为的惩罚。

四、简答题

1.合同变更的类型。

【解答】合同的变更，从原因与程序上看，主要有以下几类：

(1)法定变更，即基于法律的直接规定变更合同。例如债务不能履行，而债务人又不具有免责事由，则履行合同的债务变为损害赔偿债务。

(2)裁判变更，即基于法院判决或仲裁机构的裁决使合同内容发生变更。例如在合同因重大误解而成立的情况下，有权人可诉请变更或撤销合同，由法院裁决变更合同；又如在情事变更使合同履行显失公平的情况下，当事人可以请求法院变更合同内容。

(3)依法律行为或其他行为变更，其可以分成依单方行为和双方行为变更两种。前者如形成权人行使形成权使合同变更，后者如当事人各方协商同意变更合同。

2.违约责任的承担方式。

【解答】违约责任的承担方式有：(1)强制实际履行。强制实际履行以可能和必要为限。债权人未请求履行的，不得为强制实际履行。(2)违约金。是当事人约定的违约金。违约金具有补偿性。违约金过分高于或低于所造成的损失的，当事人可请求法院或者仲裁机构减少或增加。(3)损害赔偿。当事人未约定违约金的情况下，适用违约损害赔偿救济。损害赔偿的范围包括实际损失和预期利益损失。

3.违约损害赔偿的特征。

【解答】违约损害赔偿具有以下几个特征：

(1)它是违约方违反合同义务所产生的责任形式。违约赔偿损失的前提是当事人之间存在合法有效的合同关系，并且违约方违反了合同约定的义务或法律规定的义务。

(2)它原则上仅具有补偿性而不具有惩罚性。违约赔偿损失的目的主要是弥补债权人因违约方的行为而受到的损失，它具有补偿性。这一补偿性是符合等价交换的交易原则的，因为任何人造成他人财产损害，都必须以等额的财产予以补偿，损害与赔偿之间具有等价性。但在一定情形下，惩罚性赔偿亦会被适用。

(3)它具有一定的随意性。合同法允许合同当事人事先对违约赔偿损失的计算方法予以约定，或者直接约定违约方付给非违约方一定数额的金钱，体现了合同自由的原则。

(4)它以赔偿非违约方受到的实际全部损失为原则。这一原则即完全赔偿原则，非违约方因合同当事人一方的违约行为所遭受的直接财产损失和可得利益的损失，都应当得到赔偿。

(5)违约金救济是一种违约后生效的责任承担方式。违约金条款是否适用，取决于合同当事人是否违约。当合同一方当事人违约时，违约金条款才能适用；合同当事人没有违约行为，违约金条款就不能适用。

4.简述不可抗力的概念和特征。

【解答】不可抗力是当事人不能预见、不能避免并且不能克服的客观情况。可以说，不可抗力是当事人不可抗拒的外来力量，是不受当事人意志左右、支配的自然现象或社会现象。

不可抗力的特征有：

(1)不可抗力是当事人不能预见的事件。当事人订立合同时不能预见不可抗力事件将会发生。这是构成不可抗力的主观要件。能否为当事人所预见应以合理的注意来衡量，即以一个处于合同当事人地位的普通的、通情达理人的预见程度来判断。只有尽到了合理的注意义务而仍不能预见，才能具备不可抗力主观要件。如果某一客观事件的发生当事人能够预见，而由于疏忽大意或其他原因没有预见，则这一事件不能构成不可抗力。

(2)不可抗力是当事人不能控制的事件。不可抗力必须是合同当事人不能避免并且不能克服的阻碍合同履行的事件，也就是说，对于某一事件的是否发生、何时发生和产生怎样的后果，当事人都无法进行人为的控制，它不为当事人的意志所左右。如果当事人对于某一事件的发生能够避免或者虽然不能避免但能克服，那么，就不存在履行合同的不可克服的障碍了。

(3)不可抗力具有客观性、外在性。当事人可以约定不可抗力的范围，但不可抗力本身是当事人意志和行为以外的客观事件，或者说，不可抗力是独立于当事人意志和行为以外的事件。不可抗力的范围较广，包括自然灾害和社会原因引起的事件。

(4)不可抗力是阻碍合同履行的客观事件。合同法理论中的不可抗力与合同履行具有密切的联系。不可抗力对合同履行的阻碍有三种情形：其一，导致合同全部不能履行；其二，导致合同部分不能履行；其三，导致合同不能如期履行。不可抗力作为一种外来事件，对合同的正常履行发生了直接的影响。

五、论述题

试述缔约过失责任。

【解答】缔约过失责任，是指在合同缔结过程中，当事人一方或双方因自己的过失而致合同不成立、无效或被撤销，应对信赖其合同为有效成立的相对人赔偿基于此项信赖而发生的损害。缔约过失责任既不同于违约责任，也有别于侵权责任，是一种独立的责任。

缔约过失责任是一种独立的责任，其成立必须具备以下四个要件：

(1)缔约一方受有损失。损害事实是构成民事赔偿责任的首要条件，如果没有损害事实的存在，也就不存在损害赔偿责任。缔约过失责任的损失是一种信赖利益的损失,即缔约人信赖合同有效成立,但因法定事由发生,致使合同不成立、无效或被撤销等而造成的损失。关于损失的范围,笔者认为,合同法未作出明确规定,参照该法第7章违约责任关于赔偿损失范围的规定,缔约过失责任赔偿范围同样应包括直接损失和间接损失,但不得超过缔约过错方订立合同时预见到或者应当预见到的因违反先合同义务可能造成的损失。具体来说,直接损失应包括缔约费用;准备履行合同所支出的费用;上述费用的利息。间接损失(或称可得利益)为丧失与第三方另订合同的机会所产生的损失。

(2)另一方违反先合同义务。所谓先合同义务,是指自缔约人双方为签订合同而互相接触磋商开始,逐渐产生的注意义务(或称附随义务),包括协助、通知、照顾、保护、保密等义务。它自要约生效开始产生。

(3)违反先合同义务者有过错。这里的过错是指行为人未尽自己应尽和能尽的注意义务而导致合同不成立、无效、被撤销的过错。

(4)违反先合同义务的行为与该损失之间有因果关系,即该损失是由违反先合同义务引起的。

《合同法》第42条采用列举式和归纳式对缔约过失责任的适用范围作了规定,它包括:(一)假借订立合同,恶意进行磋商;(二)故意隐瞒与订立合同有关的重要事实或者提供虚假情况;(三)有其他违背诚实信用原则的行为。

六、案例分析

某省第二建筑公司与某钢铁集团公司订立买卖钢材合同,双方于4月2日达成一致,签订了合同,双方在合同中约定:由钢铁集团公司供应省第二建筑公司6.5线钢材1000吨,单价每吨4250元,总价款425万元。省第二建筑公司自带货款到钢铁集团公司指定单位提货，货发完后即结算货款，如果钢铁集团公司无货或不发货，则承担20万元违约金。

合同订立后，省第二建筑公司按钢铁集团公司指定，把425万元款项汇入第三人某物资供应站的分理账户。4月20日、5月5日，省第二建筑公司先后两次从物资供应站提取6.5线钢材500吨，折合价款212.5万元。此后，省第二建筑公司向钢铁集团公司要求继续供货，钢铁集团公司没有继续供货，物资供应站也不予退款。钢铁集团公司称，省第二建筑公司虽然与其签订了合同，但业务往来的对象是物资供应站，无货可供的责任不在其身上。现问：

(1)省第二建筑公司与钢铁集团公司所订买卖合同未约定履行期限，该合同是否成立生效？为什么？

(2)省第二建筑公司应向谁主张违约责任？为什么？

(3)物资供应站处于何种法律地位？

(4)省第二建筑公司能否请求对方承担20万元违约金责任？为什么？

(5)设省第二建筑公司举证证明，因对方违约造成已方损失7万元，则对方应否同时承担违约金责任并赔偿损失？为什么？

(6)省第二建筑公司能否请求对方继续履行？

【解答】

(1)该合同成立并生效。因为该合同虽然没有订立履行期限条款，但依法可推定出履行期限，并不影响合同的成立、生效。

(2)应向钢铁集团公司主张违约责任。钢铁集团公司是合同当事人。

(3)物资供应站处于履行辅助人地位，不是合同当事人。

(4)省第二建筑公司应请求钢铁集团公司承担10万元的违约责任。因为钢铁集团公司已经履行了一半的义务，依法应按未履行部分的相应比例适用违约金责任。

(5)不能同时适用违约金责任与违约损害赔偿责任。因为我国合同法上约定的违约金属于赔偿性违约金，违约金本身属于事先约定的违约损害补偿，与违约损害赔偿金功能、性质相同，二者不可并用。就本案而言，钢铁集团公司应承担10万元违约金，不再赔偿省第二建筑公司的7万元损失。

(6)可以请求继续履行，违约金不能替代实际履行责任。

第三部分　拓展与探讨

＊预期违约制度

预期违约原是英美合同法中的制度，是指合同一方在合同规定的履行时间到来之前毁弃合同(repudiation of contract)。这里讲的毁弃，就是否认合同的有效性或者说就是明确表示不履行自己承诺的合同义务。

根据英美合同法，如果合同的任何一方预期违约，另一方可以将这种毁弃视为现实发生的对合同的重大违反，并立即就毁约方所许诺的履行的整个价值提起诉讼。

最早关于预期违约的判例见于1853年英国法院审理的霍切斯特诉德·拉·图尔(Hochester v. De La Tour)一案。在该案中，合同双方订立了一个雇佣合同，该合同规定，受雇人将在6月1日之后的3个月内担任雇主的信使。然而在6月1日之前，该雇主通知该受雇人，不再雇佣了。英国法院判决，该受雇人为了自6月1日起向该雇主提供服务不得不作履约的准备，并不得不拒绝他人的雇佣；该雇主对合同的毁弃使该受雇人处于无事可做的境地，这是违反法律所体现的政策的；因此，该受雇人可以立即起诉，不用等到6月1日以后再起诉。

预期违约制度的目的是：使受害方提前得到法律上的救济，防止其蒙受本来可以避免的损失，比如，为了就即将到期的履行进行准备而蒙受的损失；或者，在得知对方毁约后不得不继续自己一方的履行，从而蒙受损失；或者，等合同规定的履行期到来再采取行动，从而丧失了与他人进行交易的机会。

根据英美合同法，在以下情况下可以适用预期违约：

1.“声明毁约”。即合同一方以明确的、不附条件的语言声明自己将不履行合同义务。如果语言是含糊其辞或附有条件的话，不构成预期违约。比如，甲对乙承担了从某年的1月1日起1年内每周向乙购买100吨煤的合同义务。4月份甲对乙说：“除非我方的钢产量进一步增加因而需要更多的煤，否则，我将从7月份开始停止向你方买煤。”甲的话不能构成预期违约。只有等到7月份，如果甲果然不再买煤，乙可以实际违约向甲提出实际履行的请求或者向法院提起诉讼。

2.“事实毁约”。在传统的英美合同法律实践中，预期违约通常是由“声明”构成的，其他事实均不构成对合同的毁弃。然而事实上，在许多情况下，合同一方的行为以及其履约能力上的明显瑕疵，同样会起到与语言构成的毁弃合同同样的作用。为弥补传统制度上的不足，美国《统一商法典》第2-609条作了关于“对履行作出适当保证的权利”的规定：(A)一个买卖合同强加给每一方当事人一种义务，即另一方对合同能得到正常履行抱有的期望不会受到损害。当有合理的依据证明，某一方的履行不能得到保证时，另一方可以用书面形式要求对于正常的履行作出适当的保证。在得到此种保证之前，他可以中止履行与他未收到与其要求一致的答复相对应的那部分义务，只要这种中止在商业上是合理的。……(D)在收到有正当理由的要求后，如果未能在至多不超过30天的合理期限内提供在特定条件的情况下可以认为是合理的对适当的履行的保证，即构成毁弃合同。这一规定表明，除了“明确声明”外，其他事实也可能构成预期违约，不过在这种情况下，非违约方不可以立即主张违约救济，而必须首先要求对方提供担保。

英美合同法中"事实上的预期违约"更接近于大陆法系的"不安履行抗辩"。但它们存在明显的区别：

1. 两者的前提条件不同。对于不安履行抗辩来讲，其行使的前提条件之一是债务履行在时间上有先后顺序，而负有先履行义务的一方，由于有证据证明对方可能不履行或无力履行，从而担心自己得不到对方的对等履行，也就形成了不安履行问题。所以，只有负有先履行合同义务的一方，才可以行使不安履行抗辩权。预期违约不存在这个限制。

2. 适用的范围不同。行使不安履行抗辩权，主要适用于对方财产在订约后明显减少并有难为对等给付的可能；而预期违约适用的范围较广，不仅适用于对方财产明显减少的情况，也适用于债务人经济状况不佳、商业信誉不好、在准备履行以及履约过程中的行为或者债务人的实际状况表明债务人有违约的危险等情况。在新合同法中，第68条关于不安履行抗辩规定了具体的适用情况，而在第108条的预期违约中，规定得相对笼统。

3. 法律救济方法不同。对不安履行抗辩，法律规定不安的一方应当在请求对方提供担保的同时中止履行，在合理期限内对方未能提供担保的话，可以解除合同（在法国、德国这些典型的大陆法系国家，对此规定得十分含糊，判例和学说未达成一致）。对预期违约，虽然也是由非违约方向对方请求提供担保，在合理期限内未能提供担保的，视为毁约，可以要求对方负违约的责任。

相对方（非违约方）可采取下列救济措施：

1. 获得合同解除权。在"声明违约"的情况下，非违约方可以立即解除合同，同时请求获得其他的救济；在"事实违约"的情况下，非违约方不能立即解除合同，而可以中止自己一方的履行并要求对方提供担保，合理期限内未能提供担保时，非违约方才可以解除合同。

2. 解除合同后可获得的其他救济。依据美国《统一商法典》第

2-610 条的规定，当一方预期违约时，相对方有权“寻求任何违约救济”，即在实际违约的情况下可以获得的救济在预期违约中一样可以获得。

3. 减轻损失的义务。根据美国多数州法院的判决，当一方预期违约因而相对方有权获得救济时，他应当及时地主张这些救济，比如解除合同、停止履行、请求赔偿损失等。相对方主张救济时的延误一般不会使他失去获得救济的权利，除非他已经要求预期违约方继续履行合同义务。然而，他将无权就这一拖延所导致的本来可以避免的损失要求获得赔偿，因为相对方有义务减轻损失。

4. 坚持合同的效力。当发生预期违约时，非违约方可以不顾“声明违约”或“事实违约”这些情况，不采取救济措施，坐等合同到期。一旦选择这种方法，也就意味着非违约方放弃了因违约方预期违约而获得救济的权利。在合同规定的履行时间到来之后，如果由于发生不可抗力或合同中约定的免责事由，导致合同不能履行时，非违约方不得以曾经预期违约为由主张按照预期违约获得救济。

相比之后，我国《合同法》第 109 条预期违约责任的规定就显得过于原则和简单了，亟待在司法实践中加强探索和总结，在理论上进一步认真研究，在立法上不断完善，使预期违约制度趋于完善，并具有可操作性。

＊ 合理预见规则

在违约责任的各种形式中，最常见的是损害赔偿。一般说来，损害赔偿以全部赔偿为原则，即损失多少，赔偿多少。现代合同法都将损失界定为直接损失和间接损失两部分，前者是因违约而造成的现有财产的减少；后者是指因违约而导致的可得利益的丧失（有人不同意将间接损失简单地等同于可得利益丧失）。但实践中如何确定损失数额，尤其是如何界定间接损失，这是一个很复杂从而也很有趣的问题。

探讨这个问题，需要与违约行为与损害后果之间的因果关系联系起来。违约责任构成要件中，这个因果关系是必不可少的。只有与违约行为有直接因果关系的损失，才是违约方应赔偿的损失。但按照一般逻辑推理，在两个事物之间找因果关系，并不困难，只要有因果关系的损失，违约方就应当赔偿的话，实践中就可能发生损失无限扩大的情况，为此，西方的合同法及合同法理论创立了“合理预见规则”，即违约方在订约时已经或应当预见到的因违约将会发生的损失，才是他应当赔偿的损失。

合理预见的理论最早由法国学者波蒂埃(Pothier)在其1761年出版的《论债法》一书中提出，并为1804年的《法国民法典》采纳。该法典第1150条规定：“如债务的不履行并非由于债务人的诈欺时，债务人仅就订立契约时所能预见或可预见的损害和利益负赔偿的责任。”该规定主要是为了限制第1149条所提及的损害赔偿应包括“债权人所受现实的损害和所失可获得的利益”。不过第1150条的规定仅适用于非诈欺性的不履行。

英国合同法于1854年通过英国理财法院审理的“哈德勒诉巴克森德尔”(Hadley v. Baxendle)一案正式确立“合理预见规则”。此案中的原告在英国的格洛斯特经营磨坊生意，被告在同一地区经营运输业。一天，原告磨坊的蒸汽机上的曲轴突然断裂，该磨坊不得不停止工作。这种机轴的制造商在格林威治。于是，原告只能把那根断裂的机轴作为样品送到被告那里，请被告把它运到格林威治。该雇员告诉被告的职员：磨坊现在已经停工，这个机轴必须马上送走。同时他还问：新的机轴什么时候可以拿到？得到的回答是：如果能在某一天中午12点之前把机轴送来，第二天就可以送到格林威治。第二天上午，原告让人把旧机轴送到了被告那里，并向被告支付了2英镑4先令的运费。然而由于被告的疏忽，该机轴没有马上送往格林威治。结果，该磨坊的工作延误了几天。

原告提起诉讼，要求被告赔偿因被告的疏忽所致的误工引起的损失。

主持审理这一案件的巴伦·阿尔德松男爵(Baron Alderson)在判决书中说：当两个当事人订立了一个合同，其中一方违反了该合同时，另一方应当获得的损害赔偿应是可以被公平地和合理地认为是对自然地发生的损害的赔偿，即按照事物发展的通常过程产生于这一违约本身的损害的赔偿；或者应当是可以被合理地假定，在当事人双方订立合同时已经在他们的预料之中的作为违反该合同的很可能发生的结果的损害的赔偿。该法官接着指出：在这一案件中，原告的雇员告诉被告的职员的全部情况并不能使被告意识到，在运输机轴的过程中发生延误会使该磨坊不能继续获得利润；这样的延误作为一种特殊情况所导致的这样一种结果在绝大多数情况下也是不会发生的。因此，原告蒙受的利润损失不能被合理地看做当事人在订立合同时本来可以公平地和合理地预料到的违约的后果。

对此规则，美国《第二次合同法重述》第 351 条作了如下的概括：

1. 如果在合同订立时，违约方没有理由预见到所发生的损失是违约的很可能发生的结果，损害赔偿金就不能获得。

2. 在以下情况下，损失可以作为违约的很可能发生的结果而被预见到：A. 该违约是在事物发展的通常过程中发生的；B. 该违约不是在事物发展的通常过程中发生的，而是特殊情况发展的结果，但该违约方有理由知道该特殊情况。

美国学者格兰特·吉尔莫(耶鲁大学法学院终身教授)在其爆炸性的论著《契约的死亡》一书中指出："自 1854 年这一判决以来的 100 多年里，哈德勒诉巴克森德尔案的简练公式已为大多数人所接受。"又说："哈德勒诉巴克森德尔一案仍然是，而且也许将永远是法哲学领域一颗不落的星。"

将预见性作为判断因果关系以及赔偿数额的重要标准，具有充分的合理性。一方面，从交易的现实需要看，在现代市场经济条件下，各种交易活动十分繁荣，各项交易形成了一个有机联系的网络，一项交易的落空，常常会影响到其他交易活动的正常进行，在某些情况下，对于某些交易活动的当事人来说，合同本身不具有社会公开性的特征使得他不可能知道其合作的伙伴与他人之间订立的合同关系的内容，也不知道其违约行为将会给第三人造成的各种损害，如果要他对所有这些损害都赔偿的话，必然使其负担过重的责任，从而影响其从事交易活动的积极性，法律制度如果对某一方过度保护，使对方承担过大的风险，结果会走向这个制度的反面；另一方面，可预见性理论在很大程度上缓解了无过错归责原则产生的冷漠和生硬。虽然违约责任不以违约方主观上有过错为要件，但如果违约方不可能预见到的损失也由其赔偿，未免对原先的过错责任矫枉过正了，合理预见规则的确立无疑起到了将法律立于权利平衡的中间点这样一种关键性的作用。

运用合理预见规则应注意以下事项：

(1)“合理预见规则”在西方国家尤其是在英美合同法中成为一颗不落的星，那是因为有一批又一批优秀的法官和其他法律实务工作者在正确运用这个规则。新合同法引进了这颗星，该星到了我国之后，还能不能继续发出璀璨光芒，要看我们的法官和我们的律师。

(2)《合同法》第 113 条第 2 款规定：经营者对消费者提供商品或者服务有欺诈行为的，依照《消费者权益保护法》的规定承担损害赔偿责任。言外之意，就是不适用“合理预见规则”。

第十章
财产转移类合同

第一部分　重点与难点

【本章重点】

买卖合同　物的瑕疵担保责任　权利瑕疵担保　所有权保留　风险承担　利益承受　互易合同　样品买卖合同　试用买卖合同　供电合同　赠与合同　借款合同　租赁合同　优先购买权　租赁权的物权化　转租　租赁权的转让　融资租赁合同　借用合同　消费借贷合同

【本章难点】

1.物的瑕疵担保义务与权利的瑕疵担保义务

物的瑕疵担保义务与权利的瑕疵担保义务都是买卖合同中出卖人应承担的义务。物的瑕疵担保义务要求出卖人应当按照约定的质量标准交付标的物。出卖人提供有关标的物质量说明的,交付的标的物应当符合该说明的质量要求。这是由买卖合同是有偿性决定的,出卖人交付的标的物不符合质量标准的,属于对物的瑕疵担保义务的违反。而权利的瑕疵担保义务要求出卖人就交付的标的物,除非法律另有规定,负有保证第三人不得向买受人主张任何权利的义务。第三人向买受人主张权利的,属于出卖人对物的权利瑕疵担保义务的违反。由于我国合同法上,违约责任一般采用严格责任原则,传统民法上违约责任与瑕疵担保责任的区别丧失了依据,出卖人违反物的瑕疵担保义务与权利瑕疵义务时,均应当按照当事人的约定承担违约责任。

2.利益承受

利益承受，是指标的物于买卖合同订立后所生的孳息的归属。在买卖合同中，标的物于合同订立后所生孳息的归属与标的物的所有权转移以及风险承担是密切相连的，遵循同一原则。因此在利益承受上，也是以交付时间作为界限，即标的物在交付之前产生的孳息，归出卖人所有，交付之后产生的孳息，归买受人所有。但当事人合同另有约定的，依其约定。

3.凭样品买卖合同

凭样品买卖合同，又称货样买卖合同，是指当事人双方约定一定的样品，出卖人交付的标的物应与样品具有同一品质的买卖。其基本特征在于以样品来确定买卖的标的物，出卖人交付的货物必须与样品具有同一品质。凭样品买卖的当事人应当封存样品，并可以对样品质量予以说明。出卖人交付的标的物应当与样品及其说明的质量相同。这是出卖人对标的物的质量所做的特别担保。现行法律除了“标的物与样品相同”这项特殊规则外，还确立了“通常标准”规则。买受人不知道样品有隐蔽瑕疵的，即使交付的标的物与样品相同，出卖人交付的标的物的质量仍然应当符合同种物的通常标准。

4.赠与合同的任意撤销

赠与合同的任意撤销，是指在赠与财产的权利转移之前，可以由赠与人依其意思任意撤销赠与。赠与人行使撤销权的时间界限是赠与合同成立之后。赠与合同是诺成性合同，赠与人与受赠人双方意思表示一致合同即可成立，在赠与财产权利发生转移之前赠与人可以撤销赠与。但是具有救灾、扶贫等社会公益、道德义务性质的赠与合同和经过公证的赠与合同，赠与人不得任意撤销赠与合同。由此可知，对赠与的任意撤销有两个方面的限制：一是可以任意撤销的赠与合同限于非社会公益、道德义务性质的赠与合同和未经过公证的赠与合同。二是须赠与的标的物未交付或登记。赠与合同被撤销后,赠与人当然无须交付赠与物,受赠人也无权主张赠与人承担违约责任。

5.转租与租赁权的转让

所谓转租是指承租人不退出租赁合同关系,而将租赁物出租给次承租人使用、收益。承租人经出租人同意转租的,为合法转租。此时出租人和承租人的租赁关系继续有效。所谓租赁权的转让是指承租人将租赁权转移给第三人,承租人退出租赁关系,而租赁关系存在于受让第三人与出租人之间。租赁权的转让也须经出租人同意,只有经出租人同意,承租人才得以转让租赁权,这是租赁权的转让与转租的相同之处,但转租与租赁权的转让区别也是显然的:首先,法律关系不同。转租中原承租人仍是出租人的承租人,并未退出租赁关系,租赁权的转让是一种法律地位的转让,原承租人退出租赁关系,第三人取代其位置成为新的承租人。其次,法律效力不同。在转租中,因次承租人过错给租赁物造成损害的,应由原承租人而不是次承租人向出租人赔偿损失;而在租赁权的转让中,因新承租人过错给租赁物造成损害的,应由新承租人而不是原承租人向出租人赔偿损失。

第二部分 思考与练习

一、选择题

1.吴雨购买赵山一套房屋,已经支付一半价款,双方约定余款待过户手续办理完毕后付清。后赵山反悔,要求解除房屋买卖合同,吴雨不同意,遂起诉到法院要求赵山继续履行合同,并转移房屋所有权。下列关于该房屋买卖合同的说法正确的是(　　)。

A.房屋买卖合同尚未生效,赵山应返还所受领的价款并承

担缔约过失责任

B. 房屋买卖合同无效，赵山应返还所受领的价款

C. 房屋买卖合同有效，赵山应继续履行合同

D. 房屋买卖合同有效，法院应当判决解除合同、赵山赔偿吴雨的损失

【解答】应选 C。《合同法》第 135 条规定：出卖人应当履行向买受人交付标的物或者交付提取标的物的单证，并转移标的物所有权的义务。房屋买卖合同自买卖双方意思表示一致时即告成立，房屋所有权的转移是出卖人应承担的义务，因此，本题吴雨与赵山间的房屋买卖合同已有效成立。又根据《合同法》第 60 条的规定，当事人应当按照约定全面履行自己的义务。非有法定或约定解除合同的情形，任何一方都不得宣布解除合同或拒绝履行合同，故赵山应继续履行合同。

2. 2007 年 3 月 15 日，锦绣公司与东风公司签订一份购买 2000 台电饭煲的合同，约定由东风公司于 4 月 10 日之前办理托运手续，货到付款。东风公司如期办理了托运手续。4 月 13 日，锦绣公司又与大发公司签订合同，将处于运输途中的前述合同项下的 2000 台电饭煲转卖给大发公司，约定电饭煲质量检验期为货到后 15 天内。4 月 15 日，货物在运输途中突遇山体滑坡，致使 200 台电饭煲受损报废。4 月 20 日货到大发公司。5 月 15 日大发公司以部分货物质量不符合约定为由拒付货款，并要求退货。下列说法正确的是(　　)。

A. 东风公司办理托运手续后，电饭煲的所有权归锦绣公司

B. 对因山体滑坡致使 200 台电饭煲受损报废，此损失应由东风公司承担

C. 对因山体滑坡致使 200 台电饭煲受损报废，此损失应由大发公司承担

D. 大发公司无权拒付货款和要求退货

【解答】应选 ACD。《合同法》第 133 条规定：标的物的所有权自标的物交付时起转移，但法律另有规定或者当事人另有约定的除外。本题中，东风公司已按照约定的时间如期办理了托运手续，交付已经完成，故电饭煲的所有权转归锦绣公司。《合同法》第 144 规定：出卖人出卖交由承运人运输的在途标的物，除当事人另有约定的以外，毁损、灭失的风险自合同成立时起由买受人承担。锦绣公司出卖交由东风公司运输的在途标的物，因山体滑坡致使 200 台电饭煲受损报废，此损失应由买受人大发公司承担。根据《合同法》第 158 条第 1 款的规定，当事人约定检验期间的，买受人应当在检验期间内将标的物的数量或者质量不符合约定的情形通知出卖人。若买受人怠于通知的，视为标的物的数量或者质量符合约定。本题锦绣公司与大发公司约定电饭煲质量检验期为货到后 15 天内，4 月 20 日货到大发公司，但大发公司直到 5 月 15 日方提出异议，超过了 15 天的货物质量检验期，应视为电饭煲质量符合要求，因此，大发公司无权拒绝支付货款和要求退货。

3. 福州市某商场于国庆促销活动期间，在户外贴出一份醒目的告示："本商场家电一律试用 15 天，满意者付款。"王某从该商场搬回电视机一台，试用期 15 天届满后将电视机退回，商场要求王某支付使用费 100 元，王某拒绝支付。下列哪一种说法是正确的？（　）

A. 王某不应支付使用费，因为双方没有约定使用费

B. 王某应支付使用费，因为其行为构成了不当得利

C. 王某应支付按电视机平均寿命折算的使用费

D. 王某应与商场分摊按电视机平均寿命折算的使用费

【解答】应选 A。试用买卖是附条件的合同，即试用买卖的买受人认可标的物为生效条件。以买受人一方的意志来使合同的条件成就，这样的条件成为随意条件。且试用应当是无偿试用。根据《合同法》第 171 条的规定，试用买卖的买受人在试用期内可以

购买标的物,也可以拒绝购买。试用期间届满,买受人对是否购买标的物未作表示的,视为购买。因此,王某在试用期满后退回电视机的行为应认为是拒绝购买的行为,符合法律规定,故不应支付使用费。

4. 某宾馆为了8月8日的开业庆典,于8月7日向电视台租借一台摄像机。庆典之日,工作人员不慎摔坏了摄像机,该宾馆决定按原价买下,以抵偿电视台的损失,遂于8月9日通过电话向电视台负责人表明购买摄像机一事,对方表示同意。8月15日,宾馆依照约定向电视台支付了价款。摄像机所有权何时转移?(　　)

A. 8月7日　　　　B. 8月8日

C. 8月9日　　　　D. 8月15日

【解答】应选C。买卖合同标的物所有权通常自标的物交付时起转移,但法律另有规定或者当事人另有约定的除外。合同法第140条规定:标的物在订立合同之前已为买受人占有的,合同生效的时间为交付时间。本题中,某宾馆于8月7日占有电视台的摄像机,8月9日双方达成买卖的合意,买卖合同为诺成性合同,自双方达成合意之日起成立,该合同并未附生效条件以及期限,合同成立之日即为合同生效之日。该摄像机买卖合同中,标的物交付时间为8月9日。而且对于摄像机所有权的转移问题,法律并没有另外的规定,当事人也未另作约定,因此,摄像机的所有权应自交付起转移,即从8月9日起转移。

5. 甲向乙购买一台大型设备,由于疏忽在合同中未定检验期。设备运回后,甲即组织人员进行检验,未发现质量有问题,于是投入使用。至第三年,设备出现故障,经反复查找,发现设备关键部位出现质量瑕疵。按照该设备的说明书,其质量保证期为5年。下列判断中哪些是错误的?(　　)

A. 买受人甲在合理期限内未通知出卖人乙标的物质量不

合格，故标的物质量应视为合格

B. 买受人甲在收到标的物之日起 2 年内未通知出卖人乙标的物有瑕疵，故标的物质量应视为合格

C. 该设备有质量保证期 5 年的规定，故出卖人乙仍应承担责任

D. 买卖双方未约定质量检验期限，均存在过错，故应分担责任

【解答】应选 ABD。根据《合同法》第 158 条第 2 款规定：当事人没有约定检验期间的，买受人应当在发现或者应当发现标的物的数量或者质量不符合约定的合理期间内通知出卖人。买受人在合理期间内未通知或者自标的物收到之日起两年内未通知出卖人的，视为标的物的数量或者质量符合约定，但对标的物有质量保证期的，适用质量保证期，不适用该两年的规定。据此，未约定检验期，不等于没有检验期。买受人应当在合理期限或两年期限之内检验。对于质量（不包括数量）有保证期的，按保证期办理。本题中，甲与乙的大型设备买卖合同中，虽然由于疏忽在合同中未定检验期，但设备的说明书上标明质量保证期为 5 年，应适用质量保证期。

6. 王某购买的商品房交付后即进行装修，后发现墙体严重渗水，客厅、卧室墙壁和卫生间的顶部及墙面各有三分之一的渗水面，造成装修后的壁纸卷曲、剥落。开发商接到王某反映后，经检验，发现问题是由施工单位未按设计要求施工，漏做了王某家楼上地面的防水层所致。根据相关法律的规定，开发商应向王某提供哪些补救措施？（　　）

A. 接受退房、退回购房款并赔偿损失

B. 退房并按房价双倍赔偿

C. 妥善修理并支付相应赔偿

D. 接受按原房价在原地置换一套面积更大、楼层更好并且

装修完毕的房屋

【解答】应选AC。购房的主要目的就是为了居住，而本案王某购买的商品房墙体严重渗水，已无法居住，所以王某购买的商品房不具备商品房应当具备的使用性能，且开发商事先也未作说明，根据《产品质量法》第40条第1款的规定，售出的产品不具备产品应当具备的使用性能而事先未作说明的，销售者应当负责修理、更换、退货；给购买产品的消费者造成损失的销售者应当赔偿损失。故王某可以要求开发商修理、更换或者退房，对造成的损失也可要求赔偿。选项A和C的做法是正确的。《消费者权益保护法》第49条规定：经营者提供商品或者服务有欺诈行为的，应当按照消费者的要求增加赔偿其受到的损失，增加赔偿的金额为消费者购买商品的价款或者接受服务的费用的一倍。根据这一规定，双倍赔偿的前提应该是经营者存在欺诈的事实。本案的开发商事先并不知道施工单位漏做王某家楼上地面的防水层，不存在利用消费者的不知情而作虚假的说明、诱使消费者购买商品房的问题。因此开发商没有欺诈行为，不应承担按房价双倍返还的责任。同时，依据最高人民法院《关于审理商品房买卖纠纷案件若干问题的意见》第8条、第9条、第14条的规定，商品房买卖纠纷中出售人双倍赔偿的情况主要有六种：(1)商品房买卖合同订立后，出卖人未告知买受人又将该房屋抵押给第三人；(2)商品房买卖合同订立后，出卖人又将该房屋出卖给第三人；(3)订立合同时，出卖人故意隐瞒没有取得商品房预售许可证明的事实或者提供虚假商品房预售许可证明；(4)订立合同时，出卖人故意隐瞒所售房屋已经抵押的事实；(5)订立合同时，出卖人故意隐瞒所售房屋已经出卖给第三人或者为拆迁补偿安置房屋的事实；(6)出卖人交付使用的房屋套内建筑面积或者建筑面积小于合同约定面积，若误差比超过3%，买卖人同意继续履行合同的，超过3%部分的房价款由出卖人双倍返还给买受人。本案明显不属于以上情况，因此B选项是错误的。D选项提出按原房价在原地置换一套面积更大、楼层更好并且装修完毕的房屋，如果开发商自愿这么做，应当得到支持，但本题要求的是法律义务性的规定：开发商应向王某提供哪些补救，因此D项不应选。

7. 三盛公司在未接到任何事先通知的情况下突然被断电，遭受重大经济损失。下列哪些情况下供电公司应承担赔偿责任？(　　)

A. 因供电设施检修中断供电

B. 为保证居民生活用电而拉闸限电

C. 因三盛公司违法用电而中断供电

D. 因三盛公司经催告在合理期限内不交付电费和违约金而中断供电

【解答】应选ABC。根据《合同法》第180条规定：供电人因供电设施计划检修、临时检修、依法限电或者用电人违法用电等原因，需要中断供电时，应当按照国家有关规定事先通知用电人。未事先通知用电人中断供电，造成用电人损失的，应当承担损害赔偿责任。可见，因供电设施检修中断供电、为保证居民生活用电而拉闸限电和三盛公司违法用电而中断供电时，供电人应按照法律规定事先通知用电人，故ABC三项均属于供电公司应承担赔偿责任的情形。根据《合同法》第182条规定：用电人应当按照国家有关规定和当事人的约定及时交付电费。用电人逾期不交付电费的，应当按照约定支付违约金。经催告用电人在合理期限内仍不交付电费和违约金的，供电人可以按照国家规定的程序中止供电。因三盛公司经催告在合理期限内不交付电费和违约金，所以，供电公司可依法中止供电，而无须承担责任。

8. 张裕将其父去世时留下的毕业纪念册赠与其父之母校，按照赠与合同的约定，该纪念册只能用于收藏和陈列，不得转让。但该学校在接受李洋的捐款时，将其纪念册馈赠给李洋。下列哪一

选项是正确的？（　）

A. 该学校对李洋的赠与无效，李洋不能取得纪念册的所有权

B. 该学校对李洋的赠与无效，但李洋已取得纪念册的所有权

C. 只有经张裕的同意后，李洋才能取得纪念册的所有权

D. 该学校对李洋的赠与有效，李洋已取得纪念册的所有权

【解答】应选 D。根据《合同法》第 190 条：赠与可以附义务。赠与附义务的，受赠人应当按照约定履行义务。本题中张裕与其父之母校约定赠送的毕业纪念册只能用于收藏和陈列，不得转让，这属于附义务的赠与。但毕业纪念册业已交付，学校取得受赠纪念册的所有权，其转赠行为是有效的处分行为。当然，根据《合同法》第 192 条的规定，受赠人不履行赠与合同约定的义务，赠与人可以撤销赠与。张裕可以向学校主张撤销赠与合同，由此剥夺学校的处分权和李洋的所有权，但是在张裕主张撤销赠与合同之前，赠与合同仍然有效，李洋仍合法拥有纪念册的所有权。

9. 甲公司与某希望小学乙签订赠与合同，决定捐赠给该小学价值 20 万元的教学设备。后因甲公司的法定代表人更换，不愿履行赠与合同。对此，下列哪些说法是正确的？（　）

A. 赠与合同属于单务法律行为，故甲公司可以反悔，且不承担违约责任

B. 因为甲公司尚未交付教学设备，故可撤销赠与

C. 乙小学有权要求甲交付价值 20 万元的教学设备

D. 若甲公司以书面形式通知乙小学不予赠与，则甲公司不再承担违约责任

【解答】应选 C。赠与合同是单务合同，权利主体为受赠人一方，义务主体为赠与人一方。本题甲公司的赠与是对希望小学而为的，属于社会公益性质的赠与。根据《合同法》第 186 条的规定，

赠与人在赠与财产的权利转移之前可以撤销赠与。具有救灾、扶贫等社会公益、道德义务性质的赠与合同或者经过公证的赠与合同，不适用前款规定，又依据第188条的规定，具有救灾、扶贫等社会公益、道德义务性质的赠与合同或者经过公证的赠与合同，赠与人不交付赠与的财产的，受赠人可以要求交付。且法定代表人变更并不影响合同的继续有效存在，应由变更后的法人继续承担义务。据此，乙小学有权要求甲交付价值20万元的教学设备。

10. 王立生因无房居住，于2002年3月4日与郭航签订借款合同，双方在借款合同中约定：由郭航提供15万元用于王立生购房，4年后归还，但未约定是否计算利息。同年4月1日郭航如约提供15万元。根据合同法的相关规定，下列说法正确的是（ ）。

A. 借款合同于3月4日生效

B. 借款合同于4月1日生效

C. 借期届满后，郭航有权要求王立生偿还15万元及利息

D. 借期届满后，郭航只能要求王立生偿还15万元

【解答】应选BD。本题王立生与郭航签订的借款合同属于自然人之间的借款合同。《合同法》第210条规定：自然人之间的借款合同，自贷款人提供借款时生效。本题4月1日郭航实际提供借款15万元，借款合同于4月1日生效，故B选项正确。《合同法》第211条规定：自然人之间的借款合同对支付利息没有约定或者约定不明确的，视为不支付利息。既然王立生与郭航双方未约定是否计算利息，则应视为不支付利息，故借期届满后，郭航只能要求王立生偿还15万元本金，但无权要求支付利息。

11. 2004年3月马三与尹四口头约定将一处门面房租给尹四，租期3年，租金每月1200元。同年10月，合同履行半年后，尹四向马三提出能否将门面房转租给龚五，马三表示同意。尹四遂与龚五达成租期2年、月租金1400元的口头租赁协议。龚五接手

后，擅自拆除了门面房的隔墙，马三得知后提出收回房屋。下列选项哪些是正确的？（　　）

A. 马三与尹四之间的租赁合同为不定期租赁

B. 尹四将房屋转租后，马三有权按每月 1400 元向尹四收取租金

C. 马三只能要求尹四承担违约责任

D. 马三有权要求龚五承担违约责任

【解答】应选 AC。《合同法》第 215 条规定：租赁期限 6 个月以上的，应当采用书面形式。当事人未采用书面形式的，视为不定期租赁。第 224 条规定：承租人经出租人同意，可以将租赁物转租给第三人。承租人转租的，承租人与出租人之间的租赁合同继续有效，第三人对租赁物造成损失的，承租人应当赔偿损失。本题中，马三与尹四口头约定门面房的租期为 3 年，但未采用书面形式，故应将马三与尹四的房屋租赁合同视为不定期租赁。尹四在马三表示同意的情形下，将门面房转租给龚五，尹四的行为为合法转租行为。在转租中，次承租人与承租人之间是一种租赁关系，承租人与出租人间的租赁关系仍然存在，但出租人与次承租人之间并不存在租赁合同关系。马三应当按照和尹四之间约定的租金数额来收取租金，而不应按照尹四与龚五之间的租赁协议的租金数额来收取。且依据合同的相对性原理，马三无权要求与其无租赁关系的龚五承担违约责任，而只能要求其承租人尹四承担违约责任。

12. 甲将其所有的房屋出租给乙，双方口头约定租金为每年 3 万元，乙可以一直承租该房屋，直至乙去世。房屋出租后的第三年的一日，一失控的汽车撞到该房屋，致使其临街的玻璃墙毁损，而肇事司机驾车逃逸，乙要求甲维修，甲拒绝，乙便自行花费 1 万元予以维修。现甲乙发生纠纷，均欲解除合同，但就如何解除意见不一。请依据合同法的相关原理，回答以下问题。

(1)该租赁合同的性质如何？（　　）

A. 附解除条件的租赁合同　B. 附延缓条件的租赁合同

C. 附始期的租赁合同　　　D. 附终期的租赁合同

(2)关于乙对玻璃墙的维修及其费用,应如何处理?(　　)

A. 应由甲承担维修费用

B. 应由乙承担维修费用

C. 应由甲乙分担维修费用

D. 应由甲承担大部分维修费用,乙承担小部分维修费用

(3)若本案中双方未约定租赁期限,甲乙双方又无法就租赁期限达成补充协议,下列关于合同解除的说法,表述错误的是(　　)。

A. 甲无权随时解除合同

B. 甲可以随时解除租赁合同,但应在合理期限之前通知乙

C. 乙可以随时解除租赁合同

D. 若合同解除,乙仍应支付解除之前实际租赁期限的租金

【解答】(1)应选 D。合同可以附一定的条件,也可以附一定的期限。甲乙双方在租赁合同中约定乙可以一直承租该房屋,直至乙去世。可见,将确定发生的事实(乙的去世)作为租赁合同效力终止的依据,因此,该租赁合同属于附终止期限的合同,即附终期的租赁合同。(2)应选 A。在租赁合同中,当事人对维修义务没有约定的,应当由出租人承担。根据《合同法》第 221 条的规定,承租人在租赁物需要维修时可以要求出租人在合理期限内维修。出租人未履行维修义务的,承租人可以自行维修,维修费用由出租人负担。本题乙要求甲维修被撞毁的临街玻璃墙,遭到甲的拒绝,乙可以自行维修,因维修而支出的费用 1 万元应由出租人甲负担。(3)应选 A。租赁合同是不要式合同,合同采用何种形式,可由当事人自由决定。《合同法》第 232 条规定:当事人对租赁期限没有约定或者约定不明确,依照本法第 61 条的规定仍不能确定的,视为不定期租赁。当事人可以随时解除合同,但出租人解除合同应当在

合理期限之前通知承租人。本题中，甲乙采用口头形式签订租赁合同，双方既未约定租赁期限，又无法就租赁期限达成补充协议，所以甲乙双方当事人均可以随时解除合同，但是出租人甲欲解除合同的，应当在合理期限之前通知承租人乙。租赁合同是继续性合同，解除合同的效力对已履行的部分没有溯及力，乙仍应支付解除之前实际承租期限内的租金。

13. 甲继承其祖父遗留给他的一幢房屋。甲将该幢房屋出租给乙使用，租赁期限为 2 年。在租赁期内，甲又与急需用房的丙签订了该房屋的买卖合同，并办理了房屋所有权转让手续。丙要求乙即刻从该房中搬出，而乙则以租赁合同期限未满为由，拒绝搬出。甲与乙签订的房屋租赁合同对该房屋的新所有人丙(　　)。

A. 无效

B. 双方有异议，必须重新修改合同，对丙才产生效力

C. 继续有效

D. 双方无异议，则继续有效

【解答】应选 C。《合同法》第 229 条规定：租赁物在租赁期间发生所有权变动的，不影响租赁合同的效力。本题中，甲与丙签订的房屋买卖合同是在甲与乙签订的房屋租赁合同租赁期内进行，因此，房屋的所有权变动不会影响租赁合同的效力，该租赁合同对该房屋的新所有人丙继续有效。

14. 甲根据乙的选择，向丙购买了 1 台大型设备，出租给乙使用。乙在该设备安装完毕后，发现设备不能正常运行。对此，下列哪些判断是正确的？(　　)

A. 乙可以基于设备质量瑕疵而直接向丙索赔

B. 甲不对乙承担违约责任

C. 乙应当按照约定支付租金

D. 租赁期满后由乙取得该设备的所有权

【解答】应选 ABC。甲根据乙的选择，向丙购买了 1 台大型设

备，出租给乙使用，甲、乙和丙之间的合同属于合同法上的融资租赁合同。根据《合同法》第 239 条的规定，出租人根据承租人对出卖人、租赁物的选择订立的买卖合同，出卖人应当按照约定向承租人交付标的物，承租人享有与受领标的物有关的买受人的权利。故乙在租赁物大型设备安装完毕后，发现不能正常运行时，可以基于设备质量瑕疵而直接向丙索赔，甲无须对乙承担违约责任，乙应当按照合同约定向甲支付租金。另据《合同法》第 250 条的规定，出租人和承租人可以约定租赁期间届满租赁物的归属。对租赁物的归属没有约定或者约定不明确，依照本法第 61 条的规定仍不能确定的，租赁物的所有权归出租人。本题中，甲和乙并未约定租赁期间届满设备的归属，故租赁期满后租赁物的所有权仍归出租人甲所有。

15. 甲与乙两人之间存在房屋租赁合同关系。租赁合同期满后，承租人乙仍然使用该房并按照原合同如数交纳租金，出租人甲照收不误。依据合同法的相关规定，在原租赁合同期满后（　　）。

A. 甲乙之间只存在债权债务关系但不存在租赁合同关系

B. 甲乙双方都存在违约行为

C. 承租人乙侵犯了甲的所有权

D. 甲乙双方都以积极的行为建立了不定期租赁关系，因为当事人之间存在建立不定期租赁关系的要约和承诺

【解答】应选 D。根据《合同法》第 236 条的规定，租赁期间届满，承租人继续使用租赁物，出租人没有提出异议的，原租赁合同继续有效，但租赁期限为不定期。本题中甲与乙在租赁合同期满后，承租人仍然使用该房并按照原合同如数交纳租金，而出租人甲照收不误。据此，可认定甲乙双方都以积极的行为建立不定期租赁关系，其中承租人乙仍然使用该房并按照原合同如数交纳租金的行为在合同法上属于合同成立的要约，而出租人甲照收不误的行为在合同法上属于合同推定形式，原租赁合同继续有效，但租赁

期限为不定期。

16. 借用合同与消费借贷合同的区别在于(　　)。

A. 借用合同是单务合同,消费借贷合同是双务合同

B. 借用合同转移的是不可消耗的特定物的使用权,消费借贷合同转移的是可消耗物的所有权

C. 借用合同是不要式合同,消费借贷合同是要式合同

D. 借用合同是无偿合同,消费借贷合同是有偿合同

【解答】应选B。借用合同是指出借人将某项财物无偿交给借用人使用,借用人在使用后按照约定将原财物返还给出借人的合同。可见借用合同是转移标的物的使用权,因必须返还原物,所以借用合同的标的物是特定的不可消耗物;且借用合同是借用人无偿使用借用物的合同。消费借贷合同,是指出借人将一定量的可消耗物交给借用人使用、消费,借用人依约定期限还给出借人同数量、同品质的可消耗物的合同。可见消费借贷合同是转移可消耗物所有权的合同,消费借贷合同可以是有偿的,也可以是无偿的,合同双方当事人可以约定消费借贷的利息,也可以约定为无利息借贷,目前法律上对借用合同和消费借贷合同均未作相应的规范,也没有形式上的要求,此两类合同属于不要式合同。

17. 2003年4月至6月,北京等地发生极为严重的"非典"疫情,广大人民群众的生命财产遭受了巨大损失。全国各地各界人士踊跃捐款捐物支持北京等疫区群众。某省电视台举办大型救灾文艺晚会,号召社会各界向北京踊跃捐款捐物。甲制药厂认为这是宣传本企业的良机,遂于晚会进行中致电组织者,表示甲制药厂愿捐赠各类防治"非典"的药品,价值约500万元人民币,同时捐赠现金200万元。晚会结束后,有关部门即找甲制药厂要求兑现其许诺的。但该厂以企业资金紧张为由拒绝给付200万元捐款。而对于其捐赠的药品则大多数为过期未卖出的,在使用过程中给疫情的防范工作带来了损失。经查:该企业效益很好,只是暂时流动

资金周转不开。依据合同法的相关原理，下列说法正确的是（ ）。

A. 赠与合同是实践性合同，某制药厂并未交付，因此该赠与合同未成立

B. 赠与合同是诺成性合同，该晚会的举办即为要约，某制药厂表示捐款为承诺，因此该赠与合同已经成立并生效，且制药厂不享有任意撤销权

C. 赠与合同是诺成性合同，属于双方法律行为，某制药厂表示捐款，其行为属于要约，有关部门事后表示接受，属于承诺迟延，因此赠与合同未成立，甲厂有权拒绝交付

D. 对于因过期药品的使用带来的损失，制药厂存在故意，有关部门可以要求其承担赔偿责任

【解答】应选 BD。依据我国合同法的规定，赠与合同的性质为诺成合同，即只要双方当事人意思表示一致，赠与合同即成立，不以赠与人交付赠与物作为合同的成立要件。在本题中，某省电视台举办大型救灾文艺晚会，号召社会各界向北京踊跃捐款捐物，应当认为属于要约而非要约邀请，而某制药厂表示捐款为承诺，因此该赠与合同已经成立并生效。依据《合同法》第 186 条第 2 款的规定，具有救灾、扶贫等社会公益、道德义务性质的赠与合同或者经过公证的赠与合同，不能加以撤销。本题制药厂对灾区的捐赠显然具有社会公益性质，所以，制药厂不能任意撤销赠与合同。此外，根据《合同法》第 191 条的规定，赠与人故意不告知瑕疵或者保证无瑕疵，造成受赠人损失的，应当承担损害赔偿责任。因而，制药厂明知药品过期而赠与并未告知，而给疫情的防范工作造成的损失，制药厂应该对该损失承担赔偿责任。

18. 某甲自有房屋 1 间，2002 年 5 月 1 日与乙签订一份为期 3 年的房屋租赁合同，由乙承租该房。同年 8 月 6 日丙向甲提出愿意购买该房屋，甲即将要出卖该房屋的情况告知乙。到了 11 月 7

日乙没有任何答复，甲与丙协商以10万元的价格将该房卖给丙，双方签订了房屋买卖合同，丙支付了全部房款。但在双方准备办理房产变更登记前数日，甲遇见丁，丁愿以12万元价格买下该房。甲遂与丁又签订了一份房屋买卖合同，且双方第二天即到房屋管理部门办理了产权变更登记。不久，丁向银行贷款，以该房设定抵押。就房屋买卖关系而言，下列表述中哪些是正确的？（ ）

A. 因甲已将房屋租与乙，甲若将房屋出售，应事先征得乙的同意

B. 因甲丁之间已办理房产登记，故甲丙之间的买卖合同即使签订在先，丙也无权主张对该房屋的所有权

C. 因甲丙之间尚未办理变更登记，故甲丙之间的合同不生效

D. 甲虽与丙签订了合同，但在未办理变更登记的情况下与丁再订立买卖合同，甲与丁之间的买卖合同是有效的

【解答】应选BD。出租人将出租的房屋出卖，为保护承租人的优先购买权，《合同法》第230条要求出租人应通知承租人，但并无须取得承租人的同意。因此，排除A项。因甲、丁已经办理了房屋产权的过户登记，丁已经取得了所有权。从已知的条件看，没有理由否定这种所有权。一物不能有两个所有权，因此丙不能主张所有权，不能要求实际履行合同。这是选择B项的理由。办理产权过户是当事人的一项义务，是引起物权变动的事实，但不是合同生效的条件，因此排除C项。甲与丙签订了房屋买卖合同，该合同是诺成合同，签订的时候，合同成立并生效。在未办理变更登记的情况下与丁再订立买卖合同，属于有权处分，因而甲与丁之间的买卖合同也是有效的，但甲由于无法履行与丙所签订的房屋买卖合同，故必须为此对丙承担违约责任。

19. 某市春华设备租赁公司与兴达机械厂签订了一份融资租赁合同，合同约定：根据兴达机械厂的要求，春华设备租赁公司将

从法国进口一套生产农机配件的设备，租赁给兴达机械厂，租期4年，租金总额为40万元，分4次交付，每年1次，如果未按期支付当期租金，应当承担迟延利息，并赔偿损失。合同签订后，春华设备租赁公司如期购买并交付兴达机械厂安装使用。兴达机械厂在连续支付2期租金后，因经营不善，无力继续支付。合同到期后，春华设备租赁公司向兴达机械厂多次催讨所欠租金20万元及迟延利息，均遭兴达机械厂以合同中所约定的租金太高为由加以拒绝。于是，春华设备租赁公司向人民法院起诉。下列说法正确的是(　　)。

A. 春华设备租赁公司有权请求兴达机械厂按照合同的约定支付尚欠的租金及迟延利息

B. 春华设备租赁公司无权请求兴达机械厂按照合同的约定支付尚欠的租金及迟延利息

C. 春华设备租赁公司只能请求兴达机械厂按照合同的约定支付尚欠的租金

D. 春华设备租赁公司只能请求兴达机械厂按照合同的约定赔偿损失

【解答】应选A。融资租赁合同是以融资为主要机能，集融资与融物为一体的新型信贷方式。在融资租赁合同中，出租人不仅仅向承租人提供租赁物，更重要的是，承租人为了取得对租赁物的使用收益，以分期支付租金为对价，获得出租人按其指示出资购买的租赁物，以解决其一次性购买标的物资金不足的难题，达到融资目的。从这个角度来看，融资租赁具有借贷的性质，且融资租赁合同的租金并不是承租人使用租赁物的对价，而相当于出租人购买租赁物支付的价金本息及可得利益的分期付款。因此，我国合同法第248条有明文规定：承租人应按照约定支付租金。承租人在经催告后在合理期限内仍不支付租金的，出租人可以要求支付全部租金；也可以解除合同，收回租赁物。在本题中，春华设备租赁公司与兴达机械厂签订的是一份融资租赁合同,其与一般租赁合同有本质的区别,其租金高于一般的租赁合同正是融资租赁合同的特殊性的体现,故兴达机械厂以双方约定的租金太高拒绝支付违反了法律的规定,而春华设备租赁公司有权请求新达机械厂按照合同的约定支付尚欠的租金及迟延利息。

20.2003 年 3 月 5 日,A 房地产开发公司(以下简称“A 公司”)与 B 银行签订一份借款合同。该借款合同约定:A 公司向 B 银行借款,借款总额为 2 亿元;借款期限为 2 年 6 个月;借款利率为年利率 5.8%,2 年 6 个月应付的利息在发放借款之日预先一次从借款本金中扣除;借款期满时一次全额归还所借款项;借款用途为用于房地产项目开发建设;A 公司应当按季向 B 银行提供有关财务会计报表和借款资金使用情况;任何一方违约,违约方应当向守约方按借款总额支付 1%的违约金。合同签订后,B 银行依照约定于 2003 年 3 月 6 日向 A 公司发放借款,并从发放的借款本金中扣除了 2 年 6 个月的借款利息。2004 年 4 月 5 日,B 银行从 A 公司提供的相关财务会计资料中发现 A 公司将借款资金挪作他用,遂要求 A 公司予以纠正,A 公司以借款资金应当由自己自行支配为由未予纠正。同年 5 月,B 银行通知 A 公司,要求 A 公司提前偿还借款,A 公司以借款尚未到期为由拒绝偿还借款。同年 8 月,B 银行向人民法院提起诉讼,要求解除借款合同,并要求 A 公司提前偿还借款。下列说法正确的是(　　)。

A. B 银行可以要求解除借款合同

B. B 银行不可以要求解除借款合同

C. A 公司的实际借款数为 2 亿元

D. A 公司的实际借款数应为 1.71 亿元

【解答】应选 AD。本题涉及贷款人的权利和借款的数额问题。依据《合同法》第 202 条和第 203 条的规定,贷款人有权依照约定检查、监督借款的使用情况。借款人未按照约定的借款用途使用借款的，贷款人可以停止发放借款、提前收回借款或者解除合同。B银行在从A公司提供的相关财务会计资料中发现A公司将借款资金挪作他用，因此，B银行可以依法要求解除借款合同。但在要求A公司偿还借款时，偿还的本金及利息应依照法律的规定。根据《合同法》第200条的规定，借款的利息不得预先从本金中扣除。利息预先在本金中扣除的，处理办法是按照实际借款数额返还借款并计算利息。B银行向A公司发放借款时从发放的本金中扣除了2年6个月的借款利息，故，A公司的实际借款数不应为2亿元，而应扣除预先偿还的利息，即2亿元×5.8%×2.5＝0.29亿元，则实际借款数应为2－0.29＝1.71亿元，并应按此实际借款数1.71亿元计算利息。

二、判断题

1.如果出卖人就同一标的物订立数个买卖合同的，由第一个订立买卖合同的当事人取得标的物的所有权。

【解答】错误。根据《合同法》第133条规定，除法律另有规定和当事人另有约定外，标的物所有权自标的物交付时起转移。

2.周某租赁张某的电脑使用，因张某缺少流动资金，双方约定张某以4000元将该电脑出卖给周某，该电脑的所有权在租赁合同生效时转移。

【解答】错误。根据《合同法》第140条规定，标的物所有权应在买卖合同生效时转移。

3.甲方购买一批货物，约定于6月15日提货，但其因没有安排好汽车而未能提货。当天傍晚，出卖人的仓库遭雷击起火，货物被烧。此时，标的物毁损、灭失的风险应由出卖人承担。

【解答】错误。根据《合同法》第146条规定，因买受人迟延收取标的物，其毁损、灭失的风险自违反约定之日起由买受人承担。

4.标的物毁损、灭失的风险由买受人承担的，即使出卖人履行债务不符合约定，买受人也不得要求出卖人承担违约责任。

【解答】错误。根据《合同法》第 149 条规定，不影响买卖人行使对出卖人履行债务不符合规定，而要求其承担违约责任的权利。

5. 出卖人多交标的物的，买受人可以接收或者拒绝接收多交的部分；买受人接收多交部分的，按照合同的价格支付价款；买受人拒绝接收多交部分的，应当及时通知出卖人。

【解答】正确。根据《合同法》第 162 条规定，买受人依法处理多交部分标的物的做法正确。

6. 凭样品买卖的买受人不知道样品有隐蔽瑕疵的，即使交付的标的物与样品相同，出卖人交付的标的物的质量仍然应当符合同种物的通常标准。

【解答】正确。根据《合同法》第 169 条规定，买受人的要求是正确的。

7. 试用期间届满，买受人对是否购买标的物未作表示的，视为拒绝购买。

【解答】错误。根据《合同法》第 171 条规定，应视为购买。

8. 因自然灾害等原因断电，供电人应当按照国家有关规定及时抢修。但造成用电人损失的，供电人无须承担损害赔偿责任。

【解答】错误。根据《合同法》第 181 条规定，供电人未及时抢修，造成用电人损失的，应承担损害赔偿责任。

9. 2008 年四川汶川抗震救灾期间，某公司捐赠 1000 个活动帐篷给灾民，该公司在赠与帐篷的权利转移前可以撤销赠与。

【解答】错误。根据《合同法》第 186 条第 2 款规定，这类赠与合同属社会公益、道德义务性质的赠与合同，在财产权利转移之前不得撤销。

10. 张三于 2005 年 2 月 14 日表示将赠与李四 2 万元，且已实际支付李四 4000 元，同年 3 月 20 日，李四在与张三之子王五的一次纠纷中，将王五打成重伤，张三有权撤销其对李四的赠与。

【解答】正确。根据《合同法》第 192 条第 1 款第(一)项规定，赠与人对受赠人严重侵害赠与人或者其近亲属的，可以撤销赠与。

11. 甲与乙签订协议，约定甲将其房屋赠与乙，乙承担甲生养死葬的义务。后乙拒绝扶养甲，并将房屋擅自用作经营活动，甲遂诉至法院要求乙返还房屋。法院应判决乙向甲返还房屋。

【解答】正确。根据《合同法》第 192 条第 1 款第(三)项规定，受赠人不履行赠与合同的约定的义务，赠与人可以撤销赠与。

12. 赠与人的经济状况显著恶化，严重影响其生产经营或者家庭生活的，可以不再履行赠与义务。

【解答】正确。根据《合同法》第 195 条规定的情况，赠与人可以不再履行赠与义务。

13. 即使借款人未按照约定的借款用途使用借款的，贷款人也不得解除合同，但可以要求借款人支付违约金。

【解答】错误。根据《合同法》第 203 条规定，发生以上情况的，贷款人可以停止发放借款、提前收回借款或解除合同。

14. 甲需要资金 10 万元，与乙签订借款合同，约定借款期限为 30 个月。但双方对支付利息的期限均无约定，事后亦不能达成补充协议，依照合同法的规定，则甲应当分别在满 12 个月、24 个月和 30 个月时支付利息。

【解答】正确。根据《合同法》第 205 条规定，按每届一年支付一次利息处理，最后一次按第 30 个月还本付息。

15. 公民甲与乙书面约定甲向乙借款 5 万元，未约定利息。则甲与乙之间借款的利率应按照同期银行的利率计算。

【解答】错误。根据《合同法》第 211 条规定，应视为不支付利息。

16. 因不可归责于承租人的事由，致使租赁物部分或者全部毁损、灭失的，承租人可以要求减少租金或者不支付租金，但承租人在租赁期内不得解除合同。

【解答】错误。根据《合同法》第231条规定，因不归责于承租人的事由，租赁物部分或全部毁损、灭失，致使不能实现合同目的的，承租人可以解除合同。

17. 租赁物危及承租人的安全或者健康的，即使承租人订立合同时明知该租赁物质量不合格，承租人仍然可以随时解除合同。

【解答】正确。根据《合同法》第233条规定，承租人享有随时解除合同的权利。

18. 租赁期间届满，承租人继续使用租赁物，出租人没有提出异议的，原租赁合同继续有效，但应当补签租赁合同。

【解答】错误。根据《合同法》第236条规定，法律没有要求补签租赁合同，但租赁期限为不定期。

19. 融资租赁合同中承租人依赖出租人的技能确定租赁物或者出租人干预选择租赁物的，若租赁物不符合约定或者不符合使用目的的，出租人应当承担责任。

【解答】正确。根据《合同法》第244条规定，在这种情况下，出租人应当承担责任。

20. 在融资租赁合同中，出租人和承租人可以约定租赁期间届满租赁物的归属。对租赁物的归属没有约定或者约定不明确，双方又无法达成补充协议的，租赁物的所有权归承租人。

【解答】错误。根据《合同法》第250条规定，这种情况下，租赁物的所有权应归出租人。

三、名词解释

1. 买卖合同

【解答】出卖人转移标的物的所有权于买受人，买受人支付价款的合同。依约定应交付标的物并转移标的物所有权的一方称为出卖人或卖方，应支付价款的一方称为买受人或买方。

2. 所有权保留

【解答】在买卖合同中,当事人可以约定出卖人先行交付标的物,在买受人未履行支付价款或者其他义务之前,标的物的所有权仍归出卖人所有,以担保买受人合同义务的履行。

3. 试用买卖合同

【解答】当事人双方约定,于合同成立时,出卖人将标的物交付买受人试验或检验,并以买受人在约定期限内对标的物的认可为生效条件的买卖合同。试用买卖合同的基本特征在于:一是试用买卖约定由买受人试验或检验标的物;二是以买受人对标的物的认可为买卖合同生效的条件。

4. 赠与合同

【解答】当事人一方将自己所有的财产无偿转移给另一方所有,另一方表示接受的合同。其中转让财产的一方为赠与人,接受财产的一方为受赠人。

5. 信贷合同

【解答】信贷合同又称为贷款合同,是指办理贷款业务的金融机构作为贷款人一方,向借款人提供贷款,借款人到期返还借款并支付利息的合同。贷款人必须是经过中国人民银行及其分支机构批准,依法成立的政策性银行、商业银行、信用合作社或其他金融机构。

6. 租赁合同

【解答】出租人将租赁物交付承租人使用、收益,承租人支付租金并于期限届满时归还原物的合同。租赁合同中交付租赁物供对方使用、收益的一方为出租人,使用租赁物的一方为承租人。交付使用的物为租赁物,租金则为使用租赁物的代价。

7. 承租人的优先购买权

【解答】作为承租人的公民、法人在租赁合同有效期内,当出租人出卖租赁物时,依照法律的规定承租人在同等条件下,享有优先于其他购买人购买租赁物的权利。

8.融资租赁合同

【解答】出租人根据承租人提出的条件和要求，与供货商订立购买合同，买进承租人所需的设备，并与承租人订立租赁合同，在约定的期间内将租赁物交由承租人使用，出租人以收取租金的形式分期收回货款、利息和其他费用的合同。融资租赁与一般租赁不同，融资租赁具有融资、担保和使用功能，是一种贸易与信贷相结合，融资与融物相结合的综合性交易。

9.借用合同

【解答】出借人将某项财物无偿交给借用人使用，借用人在使用后按照约定将原财物返还给出借人的合同。借用合同的当事人是借用人和出借人，其中，交付财物由对方无偿使用的是出借人；取得借用标的物使用权的是借用人。借用合同的标的物即借用物。

10.消费借贷合同

【解答】出借人将一定量的可消耗物交给借用人使用、消费，借用人依约定期限还给出借人同数量、同品质的可消耗物的合同。消费借贷的当事人是贷与人和借用人，将可消耗物转移他方的是贷与人，取得标的物的处分权的是借用人。

四、简答题

1.简述买卖合同中出卖人的义务。

【解答】买卖合同中出卖人的义务主要有：(1)交付标的物并转移标的物所有权于买受人的义务。取得标的物所有权是买受人的主要交易目的，因此，将标的物的所有权转移给买受人，是出卖人的一项基本义务。(2)标的物的瑕疵担保义务，即出卖人就出卖的标的物的价值、效用、品质等对买受人所承担的一种担保责任。物的瑕疵担保义务要求出卖人应当按照约定的质量标准交付标的物。出卖人提供有关标的物质量说明的，交付的标的物应当符合该说明的质量要求。这是由买卖合同是有偿性决定的，出卖人交付的标的物不符合质量标准的，属于对物的瑕疵担保义务的违反。(3)权利的瑕疵担保义务，即出卖人必须承担将买卖标的物上的权利全部转移于买方的义务，并保证标的物上不存在任何第三人可以向买受人主张权利。第三人向买受人主张权利的，属于出卖人对物的瑕疵担保义务的违反。(4)交付有关单证和资料的义务。出卖人还应当按照约定或交易习惯向买受人交付提取标的物单证以外的有关单证和资料，该项义务系出卖人在买卖合同中所负担的从合同义务，此义务辅助主合同义务，实现买受人的交易目的。

2.简述赠与合同的法定撤销。

【解答】赠与合同的法定撤销是指在具备法定事由时，由享有撤销权的人撤销赠与。法定撤销是针对那些具备法定事由，不论何种赠与合同，也不论赠与财产的权利是否转移，撤销权人均可撤销的情形。根据《合同法》第 192 条的规定，赠与人享有的法定撤销事由主要有：(1)受赠人严重侵害赠与人或者赠与人的近亲属的。构成这一事由要求：受赠人存在故意而不是过失的侵害行为；受赠人的侵害行为达到严重程度；受侵害人为赠与人或赠与人的近亲属。(2)受赠人对赠与人负有扶养义务而不履行的。构成这一事由要求：受赠人对赠与人负有扶养义务；受赠人不履行对赠与人的扶养义务；受赠人有扶养能力。(3)受赠人不履行赠与合同约定义务的。赠与人的法定撤销权应当在法定的期限内行使，依照合同法的规定，赠与人的撤销权自知道或者应当知道撤销事由之日起 1 年内行使。超过这一期间，赠与人不得再行使撤销权。倘若因受赠人的违法行为致使赠与人死亡或者丧失民事行为能力的，赠与人的继承人或法定代理人可以撤销赠与。赠与人的继承人或者法定代理人的撤销权，自知道或者应当知道撤销原因之日起 6 个月内行使。

3. 试述金融机构的借款合同与自然人间的借款合同的区别。

【解答】金融机构借款合同与自然人之间的借款合同同属借款合同，但是两者存在明显的区别，主要表现在：(1)前者的贷款人必须是经过中国人民银行及其分支机构批准，依法成立的政策性银行、商业银行、信用合作社或其他金融机构，其他单位和个人不得充当贷款人签订金融机构借款合同；后者的贷款人则是自然人。(2)前者为金融机构发放贷款，意在获取相应的商业利润，除法律另有规定或当事人另有约定外，都必须收取一定的利息，贷款的利息是借款人取得和使用借款的代价。而贷款的利率由国家规定，中国人民银行统一管理。可见金融机构借款合同为有偿合同；后者当事人对支付利息没有约定或约定不明确的，视为不支付利息，即此时自然人间的借款合同为无偿合同。(3)前者为要式合同，金融机构借款合同应当采用书面形式订立，没有采用书面形式，当事人双方就该合同关系的存在产生争议的，推定合同关系不成立。但如果一方当事人已经履行主要义务，对方接受的，则合同成立；[①]后者为不要式合同，自然人间的借款合同，当事人约定采用口头形式的，可以采用口头形式。(4)前者是诺成性合同，只要贷款人和借款人双方协商一致，金融机构借款合同即可成立生效，而无须交付标的物，贷款人交付贷款是这类合同生效之后，贷款人需要承担的合同义务，所以金融机构借款合同为诺成性合同；后者是实践性合同，自然人之间的借款合同从贷款人提供借款时生效。

4. 试述融资租赁合同与一般租赁合同的区别。

【解答】融资租赁合同与一般租赁合同相比，二者有共同之处，如两者的标的物都是特定物；当事人之间转移的是租赁物的使用权，而不是所有权；转移财产使用权是有期限的；承租人均要支付

---

① 王利明、崔建远主编：《合同法》，北京大学出版社 2004 年版，第 273 页。

租金等。但两者间的区别也是显著的:(1)前者是以融资为目的,融物为手段的合同,在承租人直接租入租赁物的同时,解决了购置租赁物所需的资金;后者是以融物为目的的合同。这是融资租赁合同与一般租赁合同最本质的区别。(2)前者出租人是根据承租人的要求,从承租人选定的制造商或批发商购入承租人选择的租赁物;后者出租人所出租的财产通常是根据自己的意愿拥有或购买的。(3)前者承租人不得中途解约,租赁物因意外事故毁损、灭失的危险及维修义务由承租人承担,并且出租人享有瑕疵担保免责的权利;后者出租人负有租赁物的瑕疵担保责任和维修义务,并负担租赁物因意外事故毁损、灭失的风险等。而承租人则在不愿继续使用租赁物时可以解除合同。(4)前者是要式合同,必须采用书面形式加以订立;后者是不要式合同,即便是双方当事人欲订立6个月以上租期的定期租赁合同,法律要求须采用书面形式加以明确,但当事人未采用书面形式合同也不导致合同的无效,而只能认定为不定期租赁合同。(5)前者包含买卖合同和租赁合同,是涉及卖方、出租人和承租人三方的合同;后者只存在租赁合同,涉及的当事人只有两个:承租人和出租人。此外,融资租赁合同的租金是租金、融资费用以及其他费用的综合,一般租赁合同的租金是租赁物的使用费,因此融资租赁合同的租金比一般租赁合同的租金高出许多。融资租赁合同的租赁期限一般都是长期的,只稍低于设备的使用寿命(一般占租赁物估计寿命的75%以上),且租赁期满后,承租人有廉价购买租赁物的选择权。一般租赁合同的租赁期限则相对较短,且承租人在租赁期间届满应返还租赁物。

五、论述题

如何理解买卖合同中标的物的风险承担?

【解答】标的物的风险承担,是指在买卖合同中标的物由于不可归责于买卖合同双方当事人的事由毁损、灭失所造成的损失,该损失应由谁来承担的法律制度。如风险由出卖人负担，则出卖人无权要求买受人支付价款或不得拒绝返还价款；如风险由买受人负担，则买受人无权要求出卖人返还价款或不得拒绝支付价款。

我国民法对于物权变动，采债权形式主义模式，将交付行为作为动产标的物所有权转移的成立要件。我国《合同法》第142条规定：标的物毁损、灭失的风险，在标的物交付之前由出卖人承担，交付之后由买受人承担，但法律另有规定或者当事人另有约定的除外。从而使得该条规定所确立的风险负担的一般规则与《合同法》第133条关于动产标的物所有权转移的一般规则"标的物的所有权自标的物交付时起转移"相一致。可见，我国民事立法就动产标的物毁损、灭失的风险负担的转移，在当事人没有特别约定的情况下既与标的物的交付，又与标的物所有权的转移相一致。这样规定契合当今的立法潮流，应予支持。

在具体适用风险负担原则时，应注意：(1)出卖人出卖交由承运人运输的在途标的物，除当事人另有约定外，标的物毁损、灭失的风险自合同成立时起由买受人承担。之所以这样规定是考虑到在路货物买卖中一般出卖人要转移货物有关单证给买受人，而货物的保险单一般也是同时转让的，当货物发生风险时，买受人就可以凭保险单向保险公司索赔，并不会造成买受人的不公平。(2)当事人未约定交付地点或者约定不明确的，标的物需要运输的，出卖人将标的物交付给第一承运人后，标的物毁损、灭失的风险由买受人承担；标的物不需要运输的，出卖人和买受人订立合同时知道标的物存放地点的，自出卖人在该地点交付标的物时起，风险责任自出卖人转由买受人承担；出卖人和买受人在订立合同时不知道标的物存放地点的，自出卖人将标的物在其订立合同时的营业地交货时起，风险责任转由买受人承担。(3)出卖人按照约定未交付有关标的物的单证和资料的，不影响标的物毁损、灭失风险的转移。这表明在约定保留所有权场合，即使出卖人未向买受人交付提取标的物的单证和资料，标的物毁损、灭失的风险仍自标的物交付之日起转移。(4)因买受人的原因致使标的物不能按照约定的期限交付的，买受人应当自违反约定之日起承担标的物毁损、灭失的风险。(5)出卖人按照约定或者法律的规定将标的物置于交付地点，买受人违反约定没有收取的，标的物毁损、灭失的风险自违反约定之日起由买受人承担。(6)因标的物质量不符合要求，致使不能实现合同的目的，买受人可以拒绝接收标的物或者解除合同。买受人拒绝接收标的物或者解除合同的，标的物毁损、灭失的风险由出卖人承担。(7)标的物毁损、灭失的风险由买受人承担的，不影响因出卖人履行债务不符合约定，买受人要求其承担违约责任的权利。

六、案例分析

1. 村民张志刚与村民张方圆订立一份卖牛合同，合同约定：由张志刚向张方圆交付 4 头牛，分别为牛 1、牛 2、牛 3 和牛 4。总价款为 8000 元；张方圆向张志刚预付款项 2000 元，余下款项由张方圆在半年内付清。双方还约定，在张方圆向张志刚付清牛款之前，张志刚保留 4 头牛的所有权。张志刚向张方圆交付了该 4 头牛。根据合同法回答下列问题：

(1)设在牛款付清之前，牛 1 被雷电击死，该损失由谁承担？为什么？

(2)设在牛款付清之前，牛 2 生下一头小牛，该小牛由谁享有所有权？为什么？

(3)设在牛款付清之前，张方圆与李小飞达成一项转让牛 3 的合同，在向李小飞交付牛 3 之前，该合同的效力如何？为什么？

(4)设在牛款付清之前，张方圆将牛 4 租与王召，租期 3 个月，租金 200 元。该租赁协议是否有效？已收取的租金应如何处理？

【解答】(1)牛 1 被雷电击死的损失由张方圆承担。合同法第

142 条规定：标的物毁损、灭失的风险，在标的物交付之前由出卖人承担，交付之后由买受人承担，但法律另有规定或者当事人另有约定的除外。据此，本案张志刚已向张方圆交付了 4 头牛，买卖合同中牛 1 被雷电击死，该灭失的风险自牛 1 交付时起由买方承担，故牛 1 被雷电击死的损失由张方圆承担。

(2)由张方圆享有牛 2 所生下的小牛的所有权。合同法第 163 条规定：标的物在交付之前产生的孳息，归出卖人所有，交付之后产生的孳息，归买受人所有。本案小牛系牛 2 所产生的孳息，标的物牛 2 已由出卖人张志刚交付给买受人张方圆，因此，在买卖双方对孳息所有权未作特别约定的情况下，牛 2 所产的小牛的所有权，归买受人张方圆所有。

(3)张方圆与李小飞转让牛 3 合同的效力未定。因为依照张志刚与张方圆双方的约定，在张方圆向张志刚付清牛款之前，张志刚保留 4 头牛的所有权。张在牛款付清之前，牛 3 的所有权仍属于张志刚，张方圆无权处分。《合同法》第 51 条规定：无处分权的人处分他人财产的，经权利人追认或无处分权的人订立合同后取得处分权的，合同有效。故张方圆与李小飞转让牛 3 的合同是效力未定的合同。另据物权法的规定，若李小飞在取得财产时符合善意取得制度的规定，转让牛 3 的合同有效。

(4)该租赁协议效力未定。根据《合同法》第 51 条的规定，在牛款付清之前，牛 4 的所有权属于张志刚，张方圆无权将牛 4 出租，因此，出租行为的效力是未定的。本题租金是由牛 4 所产生的法定孳息，依《合同法》第 163 条的规定，租金在买卖标的物交付之后应归买受人即张方圆所有。

2. 甲公司需要乙公司生产的一套机器设备，双方找丙公司商议，由丙公司购买并直接租给甲公司。甲、乙、丙三方签订了如下合同：由丙公司付给乙公司货款 500 万元；甲公司承租该设备，期限为 10 年，每年租金为 80 万元。丙公司签订上述合同后，为筹措资金向丁银行借款300万元,用房产作抵押,丁银行预扣一年的利息30万元,实际交付丙公司270万元。乙公司向甲公司交付货物后,甲公司使用过程中部分部件正常磨损,需要维修。根据合同法回答下列问题:

(1)甲、乙、丙之间的合同属于合同法上的哪种合同?

(2)丙与丁银行的借款合同中的借款数额应为多少?为什么?

(3)现设乙公司交付的设备质量不符合要求,甲公司可否向乙公司追究违约责任?为什么?

(4)设备正常磨损的维修费应由谁承担?为什么?

【解答】

(1)甲、乙、丙之间合同属于合同法所规定的融资租赁合同。《合同法》第237条规定:融资租赁合同是出租人根据承租人对出卖人、租赁物的选择,向出卖人购买租赁物,提供给承租人使用,承租人支付租金的合同。本案中,甲为融资租赁合同的承租人,乙为出卖人,而丙则为出租人和买受人。在承租人甲直接租入租赁物的同时,解决了购置租赁物所需的资金,故该合同是融资租赁合同。

(2)丙与丁银行的借款合同中的借款数额应为270万元。《合同法》第200条规定:借款的利息不得预先在本金中扣除。利息预先在本金中扣除的,应当按照实际借款数额返还借款并计算利息。丙公司与丁银行虽在借款合同中约定借款的数额为300万元,但丁银行预扣一年的利息30万元,实际交付丙公司只有270万元。故借款的数额应为270万元而不是300万元。

(3)甲公司可以向乙公司追究违约责任。因为,根据《合同法》第239条的规定,出租人根据承租人对出卖人、租赁物的选择订立的合同,承租人享有与受领标的物有关的买受人的权利。可见,出租人只在融资租赁合同中充当融资人的角色,乙公司交付的设备质量不符合要求,承租人甲公司依法享有与受领标的物有关的买受人的权利，故甲公司可以向乙公司追究违约责任。

(4)设备的维修费应当由甲公司承担。根据《合同法》第247条的规定，在当事人没有特别约定的情况下，融资租赁合同中承租人应当履行占有租赁物期间的维修义务。这也是融资租赁合同区别于一般租赁合同的表现，故维修费应当由承租人甲公司承担。

第三部分　拓展与探讨

*** 租赁权物权化——“买卖不破租赁”**

租赁合同本质上为债权债务关系，古代民法中，承租人依据合同取得的租赁权只能对应出租人的一系列义务，是纯债权，无法对抗第三人。如在古罗马帝政时期，在重视物之归属、忽视物之功能的理念支配下，当所有权的物权与承租人的债权发生冲突时，须遵守“物权优于债权”、“买卖破坏租赁”的原则，新的所有人基于物的追及权，可以驱逐承租人而夺回标的物，承租人只能基于出租人的不履行合同行为，向其请求损害赔偿。随着社会的公平正义向经济发展的渗透，包括晚近罗马在内各国或地区民法逐渐强化了对承租人利益的维护力度，“买卖破坏租赁”的原则受到限制直至消失，取而代之以“买卖不破租赁”的原则。如德国民法典对于土地租赁以受交付而对抗第三人，法国民法典对于建筑物及农地之租赁契约，如系以公证书或以有确定日期之私证书订立者，其买卖不破租赁。在英国土地租赁，承租人享有禁质的占有权。日本民法原则上采用买卖破除租赁之主义，然依建筑保护法以承租人所有经登记之建筑物为要件，而有对抗力；建筑保护法以承租人受建筑物之交付为要件，而有对抗力。“买卖不破租赁”原则具体而言，是承认在房屋等财产的租赁关系中，租赁物所有权在租赁期间内的变动并不影响承租人的权利，原租赁合同对受让的第三人仍然有效，该第三人不得解除租赁合同。“买卖不破租赁”的情形显然是对传统合同债相对性原则的突破，使租赁权有了对抗第三人的效力。这一法律现象被称之为“租赁权物权化”或“债权物权化”。

我国向来承认“买卖不破租赁”原则，其中，合同法第229条规定：租赁物在租赁期间发生所有权变动的，不影响租赁合同的效力。但在适用时应注意其构成要件。2007年福建省厦门市中级人民法院在终审判决一起房屋租赁纠纷案中，却突破了这一原则。案情大概是：黄锦福夫妇拥有厦门某小区403房的产权。2006年3月，黄锦福夫妇将此房卖给了洪频，洪频随后装修入住，但不久洪频就被告上了法庭。原告是合邦公司，据该公司称，2005年6月1日，黄某夫妇与合邦公司签订了一份《房屋租赁合同》，将该房出租给合邦公司，租赁期限自2005年6月1日至2015年6月1日，租金总额为5万元。但黄锦福夫妇一直没有将房屋交付给合邦公司实际使用。虽然没有实际入住，但合邦公司认为，租赁期未到，根据“买卖不破租赁”的原则，自己作为承租人有权状告洪频和黄锦福夫妇，请求法院判令洪频腾空房屋交其使用。此案历经两审，最终，厦门中院二审法官认为“买卖不破租赁”原则的适用应有相应条件的限制，如租赁物应当已交付于承租人。细推本案案情，存在诸多不合情理的情节，比如租金奇低、租期过长，租赁物至今未交付承租人等。不排除出卖人与承租人恶意串通、损害买受人合法权益的可能，因此应该保护购房者洪频的合法权益，判决驳回合邦公司的诉讼请求。[①] 可见，正确认识和适用“买卖不破租赁”，必须把握好其构成要件。“买卖不破租赁”的构成要件有：第一，出租人与承租人建立租赁合同关系；第二，租赁物已经交付承租人使用；第三，出租人将租赁物所有权转移给第三人。上述要件应同时具备，“买卖不破租赁”方可成立，其中租赁物是否实际交付对是否

---

① 厦门市中级人民法院(2006)厦民终字第2429号。

构成“买卖不破租赁”影响很大,尤须留意。“买卖不破租赁”的法律效果:(1)受让人与承租人的租赁关系按原合同继续存在,该租赁关系的继续存在出于法律明文规定,不以当事人是否知悉为要件。(2)受让人享有租金请求权,同时仍应履行将租赁物交予承租人使用的义务。(3)如承租人存在违约事实,受让人得以请求追究违约责任,包括主张解除合同。

对于我国合同法相关规定的适用,应当注意以下两个问题:(1)“抵押不破租赁”为本条的具体运用。担保法规定,抵押人将已出租财产抵押的,应当书面告知承租人,原租赁合同继续有效。(2)合同法的规定不仅限于“买卖不破租赁”,在因互易、赠与等致所有权发生变动的情况下,均有适用的余地。还应当注意的是,租赁权虽存在物权化倾向,但究其本质仍是债权。首先,租赁权物权化并未改变承租人对租赁物的占有、使用、收益权为基础的权利内容,租赁权效力的特殊规定实际上强化了债权的效力。其次,租赁权物权化本身存在一定边界,其主要是指通过不动产租赁权的物权化来适度和客观体现的,各国立法几近一致,否则,不但有违债权物权化、巩固承租人地位和强化承租人生产单位保护的初衷,而且还可能导致法律体系的紊乱。(3)根据物权法定主义原则,租赁权不属物权种类。因此,债权物权化的租赁权,其权利属性仍未改变。

*** 承租人的优先购买权**

承租人的优先购买权是指作为承租人的公民、法人在租赁合同有效期内,在出租人出卖租赁物时,依照法律的规定享有在同等条件下优先于其他购买人购买租赁物的权利。2007 年,温州市永嘉县发生一起房屋承租人的优先购买权纠纷一案,引起社会的关注。2005 年 8 月,温州市蔡某与永嘉县罗浮电子元件厂协商达成房屋租赁协议,罗浮电子元件厂将位于瓯北镇码道村南路一幢建筑面积3000多平方米的七层楼房，出租给蔡某经营商务宾馆，租期为10年，协议书中还特别约定承租方享有房屋优先购买权。2007年9月，蔡某得知该房已于1年前以250万元卖给当地一家阀门厂，并办理了房产过户登记手续。蔡某认为“房东”侵犯了自己的合法权益，10月份他将罗浮电子元件厂和那家阀门厂一道告上了法庭。对此，法院认为，根据有关规定，存在合法租赁关系的房屋在出卖时，出租人应在出卖房屋前的合理期限内通知承租人，承租人在同等条件下可以优先购买。由于被告罗浮电子元件厂未能在出卖房屋的合理期限内通知原告蔡某以同等条件优先购买，因此，罗浮电子元件厂存在侵权行为。永嘉县人民法院对这起案件作出一审判决：判令被告购买合同无效，原告享有优先购买权。[①]

承租人的优先购买权特征表现在：第一，承租人的优先购买权是一种专属权。由于承租人的优先购买权是根据法律规定而产生的，这种权利仅属于承租人本人，故不能转让和继承。但是，如果承租人承租租赁物是供家庭成员共同使用的，则承租人死亡时，承租人的家庭成员应视为享有优先购买权。第二，承租人的优先购买权是一种附限制条件的形成权。所谓形成权，是指由法律赋予的权利人仅凭自己的单方行为即可使法律关系发生、变更或消灭的权利。由于承租人一旦行使优先购买权，即可依法排除出租人将租赁物出卖给他人的可能，而在其与出租人之间形成买卖租赁物的权利义务关系。由于承租人的优先购买权以同等条件为前提，因此，其又是一种附限制条件的形成权。第三，承租人的优先购买权是一种法定权利。承租人的优先购买权必须由法律直接加

① 《房东随意卖房子　法院维护承租人优先购买权》，http://zjnews.zjol.com.cn/05zjnews/system/2007/12/13/009049386.shtml，下载日期：2009年3月2日。

以规定，即只能由法律加以创设，而不能根据当事人之间的约定而产生。

承租人行使优先购买权必须具备下列要件：(1)承租人与出租人之间必须存在合法有效的租赁合同。由于承租人的优先购买权是由承租人与出租人之间合法有效的租赁合同而派生的一项民事权利，是在出租人租赁物上附加的一项合法负担，因此，承租人行使优先购买权必须以合法有效的租赁合同为前提条件。(2)承租人只能在同等条件下行使优先购买权。承租人行使优先购买权是按照等价有偿的原则，在同等条件下购买出租人的租赁物，而不是以优于第三人的购买条件购买租赁物，在非与第三人同等条件下，承租人不享有优先购买权。(3)承租人必须在一定的期限内行使优先购买权。所谓优先，主要是指时间上的优先。在条件同等时，只有享有优先购买权的承租人放弃优先购买权后，出租人才能将租赁物卖给第三人。根据我国法律的规定，房屋承租人的优先购买权应在接到通知后3个月内行使。如果承租人在接到通知后3个月内未作购买的意思表示，应视为放弃优先购买权。

承租人的优先购买权受到侵害时应如何保护，根据《合同法》第230条的规定，出租人出卖租赁房屋的，应当在出卖之前的合理期限内通知承租人，承租人享有以同等条件优先购买的权利。若出租人在出卖之前不履行通知义务，致使承租人的优先购买权受到损害，承租人有权请求法院确认出租人与第三人间的买卖合同无效。应注意的是，对承租人优先购买权的法律保护，法律的规定是否意味着只能是由承租人请求人民法院宣告出租人与第三人买卖租赁物的合同无效，承租人若要求在同等条件下将租赁物卖给自己还须再次向法院起诉？仅以承租人请求人民法院宣告出租人与第三人关于买卖租赁物的合同无效作为对承租人优先购买权的保护是不够的。对承租人优先购买权的保护，除了规定承租人有权请求人民法院宣告出租人与第三人关于租赁物买卖合同无效外，还应明确规定出租人有直接请求人民法院确认承租人与出租人之间形成以同等条件为内容的买卖关系的请求权。首先，承租人的优先购买权是一种附条件的形成权，根据形成权的法律特征，只要条件相同，承租人的单方意思表示就能使承租人与出租人之间形成以出租人与第三人的同等条件为内容的合同。其次，明确规定承租人有直接请求人民法院确认其与出租人之间买卖关系的请求权，可以减少当事人的讼累，符合“两便”原则，有利于彻底保护承租人的合法权益。如果规定承租人只能先向人民法院起诉请求确认出租人与第三人的买卖租赁物的合同无效，然后再向人民法院起诉要求确认其与出租人之间的买卖关系，不仅耗费了有限的司法资源，而且极易出现出租人以种种理由使承租人的优先购买权无法得到实现的问题。如出租人往往会以租赁物不出卖为由，或以承租人期满后再出卖为由来对抗承租人的优先购买权，此时承租人的优先购买权再也无法实现，由此导致承租人的优先购买权形同虚设，不能发挥应有的功能。

第十一章 提供服务类合同

第一部分 重点与难点

【本章重点】

提供劳务合同　承揽合同　加工合同　定作合同　修理合同　复制合同　测试合同　检验合同　建设工程合同　运输合同　旅客运输合同　货物运输合同　单式联运合同　多式联运合同　保管合同　仓储合同　委托合同　直接代理　间接代理　隐名代理　委托人的介入权　行纪合同　居间合同　培训合同　旅游合同

【本章难点】

1.多式联运合同的效力

(1)多式联运经营人的权利义务

作为多式联运合同的一方当事人,多式联运经营人负责履行或者组织履行多式联运合同,对全程运输享有承运人的权利,承担承运人的义务。多式联运经营人可以与参加多式联运的各区段承运人就多式联运合同的各区段运输约定相互之间的责任,但该约定不影响多式联运经营人对全程运输承担的义务。多式联运经营人收到托运人交付的货物时,应当签发多式联运单据。按照托运人的要求,多式联运单据可以是可转让单据,也可以是不可转让单据。

(2)多式联运各承运人的权利义务

多式联运各承运人的权利义务及相互之间的责任可以由多式

承运经营人就各区段运输情况予以具体约定。在处理货物毁损、灭失责任时,根据货物的毁损、灭失发生于多式联运的某一运输区段的情况,多式联运经营人的赔偿责任和责任限额,适用调整该区段运输方式的有关法律规定。货物毁损、灭失发生的运输区段不能确定的,依照《合同法》第 17 章关于运输合同的相关规定承担损害赔偿责任。

(3)多式联运的托运人的权利义务

多式联运托运人依照多式联运合同享有托运人各项权利,并承担相应的义务,托运人不仅应该支付运杂费,并且依照《合同法》第 320 条的规定:因托运人托运货物时的过错造成多式联运经营人损失的,即使托运人已经转让多式联运单据,托运人仍然应当承担损害赔偿责任。

2. 委托与代理的区别

我国合同法中长期以来没有建立独立的委托合同制度,导致理论上常常将委托和代理混为一谈,认为委托是代理产生的前提,代理是委托的必然结果。应当看到,委托和代理是有着紧密联系的,有时,委托合同本身就含有代理权的授予,委托合同成为代理权产生的根据。而当事人签订委托合同的目的,通常也在于授予受托人以代理权。但二者的区别是明显的,主要表现在:

首先,委托合同是委托人和受托人之间的协议,属于对内关系;而代理属于对外关系,代理人要与相对人(第三人)进行民事活动,不对外也就无所谓代理。

其次,委托合同的成立是委托人和受托人双方意思表示一致的结果,需受托人作出承诺的意思表示;而代理除法定代理、指定代理的代理权产生于法律规定或指定外,委托代理的代理权产生则是被代理人有单方授权行为,代理人不必为承诺的意思表示。

再次,委托合同中受托人受托处理或管理的行为可以是法律行为,也可以是事实行为;而代理人的代理行为限于法律行为,不包括事实行为。

最后，受托人在处理委托人的事务时，既可以以委托人的名义也可以以自己的名义；而代理人在对外进行代理行为时必须以被代理人的名义进行。

3. 隐名代理

依据《合同法》第402条的规定，受托人以自己的名义，在委托人的授权范围内与第三人订立的合同，此时，虽然未表明被代理人的身份，但若第三人在订立合同时知道受托人与委托人之间有代理关系的，受托人的行为构成隐名代理，该合同直接约束委托人和第三人。委托人因此自动介入到受托人与第三人所订立的合同中，取代了受托人的合同地位。但在有确切证据证明该合同只约束受托人和第三人的，则不适用隐名代理的规则。

4. 居间合同与委托合同、行纪合同的区别

居间合同与委托合同、行纪合同十分相似，均为一方当事人接受另一方当事人的委托，提供一定服务的合同，但三者都是独立的有名合同，存在明显的区别：

首先，受托一方的法律地位不同。居间合同中的居间人只是介绍人，向委托人报告订约机会，或为订约媒介，居间人本人不参与委托人与第三人订立合同，因此，居间人不以委托人的名义也不以自己的名义与第三人订立合同。委托合同的受托人办理委托事务时，原则上是以委托人的名义进行活动，受托人通常处于代理人的地位，委托人是合同的一方当事人，直接承受合同的权利义务。行纪合同中的行纪人只能以自己的名义进行活动，行纪人与第三人之间所为的法律行为并不能直接而只是间接地对委托人发生效力。

其次，受托人处理事务的内容不同。居间合同中的居间人是为委托人报告订约机会，或为订约媒介，居间人本身的行为不产生法律后果。委托合同中的受托人按照委托人的要求实施具有法律

意义的行为，委托事务除了贸易活动外，还可以是其他法律行为，也可以是事实行为。行纪合同中行纪人的委托事务是特定的法律行为，仅限于买卖、寄售等贸易活动，且一般为法律行为。

最后，有偿与否不同。居间合同虽为有偿合同，但居间人取得报酬的权利具有不确定性，居间人只有在促成合同成立时才得以请求报酬，并且可以从委托人和其相对人双方取得报酬。委托合同依约定可以是有偿合同也可以是无偿合同，行纪合同为有偿合同，行纪合同中的行纪人和有偿的委托合同中的受托人只能从委托人一方取得报酬。

第二部分　思考与练习

一、选择题

1. 张某委托宋某为其购买木材，宋某为此花去了一定的时间和精力，现张某不想要这批木材，于是电话告诉宋某取消委托，宋某不同意。下列哪些论述是正确的？（　　）

A. 张某无权单方取消委托，否则应赔偿宋某的损失

B. 张某可以单方取消委托，但必须以书面形式进行

C. 张某可以单方取消委托，但需承担宋某受到的损失

D. 张某可以单方取消委托，但仍需按合同约定支付宋某报酬

【解答】应选 C。根据《合同法》第 410 条规定：委托人或者受托人可以随时解除委托合同。因解除合同给对方造成损失的，除不可归责于该当事人的事由以外，应当赔偿损失。可见委托人或者受托人都有单方解除合同的权利，因为委托合同建立在人身信任基础上。

2. 关于承揽合同,下列表述正确的是(　　)。

A. 承揽人可以将其承揽的主要工作交由第三人完成

B. 承揽人可以将其承揽的辅助工作交由第三人完成

C. 定作人可以随时解除承揽合同

D. 定作人解除承揽合同需要与承揽人协商

【解答】应选 ABC。根据《合同法》第 253 条规定:承揽人应当以自己的设备、技术和劳力,完成主要工作,但当事人另有约定的除外。承揽人将其承揽的主要工作交由第三人完成的,应当就该第三人完成的工作成果向定作人负责;未经定作人同意的,定作人也可以解除合同。第 268 条另规定:定作人可以随时解除承揽合同,造成承揽人损失的,应当赔偿损失。承揽人将其承揽的主要工作交由第三人完成的,不违反禁止性规定。而建设工程主体结构的施工必须由承包人自行完成。定作人有单方解约权。

3. 2000 年 2 月,大地公司与海天公司签订施工合同,约定由海天公司为大地公司建房一栋。海天公司与福星公司签订《内部承包协议》,约定由福星公司承包建设该楼房并承担全部经济和法律责任,海天公司收取福星公司支付的工程价款总额 5%的管理费。福星公司实际施工至主体封顶。请问:下列关于海天公司与福星公司签订的《内部承包协议》的说法,何者正确?(　　)

A. 该协议为转包合同,有效

B. 该协议为转包合同,无效

C. 该协议为分包合同,有效

D. 该协议为违法分包合同,无效

【解答】应选 B。建设工程合同因为关系到工程质量安全问题,所以合同法就建设工程的发包、承包、转包、分包作了若干强行性规定,包括:(1)禁止发包人将应当由一个承包人完成的建设工程肢解成若干部分发包给几个承包人;(2)禁止承包人将其承包的全部建设工程转包给第三人或者将其承包的全部建设工程肢解以后以分包的名义分别转包给第三人;(3)禁止分包单位将其承包的工程再分包。在本题中,海天公司与福星公司的协议是转包合同,与上述规定相抵触,在性质上归于无效。

4. 甲公司经营空调买卖业务,并负责售后免费为客户安装。乙为专门从事空调安装服务的个体户。甲公司因安装人员不足,临时叫乙自备工具为其客户丙安装空调,并约定了报酬。乙在安装中因操作不慎坠楼身亡。下列哪些说法是正确的?(　　)

A. 甲公司和乙之间是临时雇佣合同法律关系

B. 甲公司和乙之间是承揽合同法律关系

C. 甲公司应承担适当赔偿责任

D. 甲公司不应承担赔偿责任

【解答】应选 BD。根据《合同法》第 251 条规定:承揽合同是承揽人按照定作人的要求完成工作,交付工作成果,定作人给付报酬的合同。承揽包括加工、定作、修理、复制、测试、检验等工作。在本题中,甲让乙自备工具为其客户安装空调,并约定报酬的行为,是依赖于乙的独立技术、设备和劳力来完成,所以具备承揽合同的承揽人的独立性。在承揽合同中,承揽人在完成工作过程中造成自身损害的,定作人不承担责任。注意与临时雇佣合同相区别。雇佣合同则因雇员对雇主的指示性的遵守而加强了雇主的责任。根据最高人民法院《关于审理人身损害赔偿案件适用法律若干问题的解释》第 10 条规定:雇员在从事雇佣活动中遭受人身损害,雇主应该承担赔偿责任。

5. 甲汽车修理厂和乙运输公司签订一份汽车大修合同,甲欲将主要的修理工作交由丙汽车修理厂,但不知这样做是否合法及效力如何,遂向某律师请教。某律师的以下答复中,正确的是(　　)。

A. 甲可以将主要修理工作交丙

B. 甲若将主要修理工作交丙,须经乙同意

C. 主要修理工作交丙后，对丙的修理工作由丙向乙负责

D. 若未获乙同意，乙得解除合同

【解答】应选 BCD。根据《合同法》第 253 条规定：承揽人应当以自己的设备、技术和劳力，完成主要工作，但当事人另有约定的除外。承揽人将其承揽的主要工作交由第三人完成的，应当就该第三人完成的工作成果向定作人负责；未经定作人同意的，定作人也可以解除合同。第 254 条还规定：承揽人可以将其承揽的辅助工作交由第三人完成。承揽人将其承揽的辅助工作交由第三人完成的，应当就该第三人完成的工作成果向定作人负责。第 268 条规定：定作人可以随时解除承揽合同，造成承揽人损失的，应当赔偿损失。

6. 秦某有一辆中巴，经有关部门批准，秦某跑起了自北京市区至郊区某线路的短途运输业务。某日，秦某在超速驾驶中，为避免与李某的客车相撞，紧急刹车致乘客钱某的物品毁损。经查，钱某尚未买车票。其损失秦某应否赔偿？（　）

A. 不应赔偿，因为秦某与钱某的合同尚未成立

B. 不应赔偿，秦某系紧急避险可以免责，应由李某赔偿

C. 应赔偿，合同虽未成立，但秦某应负缔约过失责任

D. 应赔偿，承运人秦某存在过错

【解答】应选 D。根据《合同法》第 293 条规定：客运合同自承运人向旅客交付客票时成立，但当事人另有约定或者另有交易习惯的除外。所以原则上客运合同自承运人向旅客交付客票时成立。在实践中通常认为先购票者自取得客票时合同成立；后购票先登运送设备者自登上运送设备时起合同成立。《合同法》第 302 条规定：承运人应当对运输过程中旅客的伤亡承担损害赔偿责任，但伤亡是旅客自身健康原因造成的或者承运人证明伤亡是旅客故意、重大过失造成的除外。在本题中，钱某应属于后购票先上车的，自上车时起合同已成立。根据《合同法》第 293 条、第 302 条的

规定，我们已知秦某与李某的客运合同已经成立，而承运人对旅客的伤亡负的是无过错责任，更何况秦某超速驾驶，存在重大过错。

7. 在货物运输合同中，货物毁损、灭失的赔偿额当事人既无约定又不能补充协议的，应以何地的市场价格计算？（　　）

A. 订立合同时货物发运地

B. 订立合同时货物到达地

C. 交付或者应当交付时货物发运地

D. 交付或者应当交付时货物到达地

【解答】应选 D。根据《合同法》第 312 条规定：货物的毁损、灭失的赔偿额，当事人有约定的，按照其约定；没有约定或者约定不明确，依照本法第 61 条的规定仍不能确定的，按照交付或者应当交付时货物到达地的市场价格计算。法律、行政法规对赔偿额的计算方法和赔偿限额另有规定的，依照其规定。

8. 张明、陈敬系好朋友，张明因事需出国两年。出国前，张明将一批名贵药材交陈敬并嘱陈敬妥为保管。陈敬将其与自己的贵重物品放在一起。两年后张明归国，打开药品发现已发霉变质。经查系当地雨水过多，天气潮湿所致。对张明的损失陈敬应否负责？（　　）

A. 陈敬不应负责

B. 陈敬应负责

C. 张明、陈敬应平均分担责任

D. 陈敬只应赔偿通常药材的价值

【解答】应选 A。根据《合同法》第 374 条规定：保管期间，因保管人保管不善造成保管物毁损、灭失的，保管人应当承担损害赔偿责任，但保管是无偿的，保管人证明自己没有重大过失的，不承担损害赔偿责任。在本题中，陈敬为张明保管是出于朋友之谊无偿的保管合同关系，而陈敬将其保管的药材与自己的贵重物品放在一起，应认为是合理的，尽到了一般人的注意保管义务。最终其药品发霉变质，乃系气候所致，陈敬没有重大过失，所以不承担损害赔偿责任。

9. 在仓储合同中，存货人或仓单持有人提取仓储物的时间与仓储费增减的关系是（　　）。

A. 逾期提取仓储物，仓储人得加收仓储费

B. 逾期提取仓储物，仓储人不得加收仓储费

C. 提前提取仓储物，仓储人不减收仓储费

D. 提前提取仓储物，仓储人须减收仓储费

【解答】应选 AC。根据《合同法》第 392 条规定：储存期间届满，存货人或者仓单持有人应当凭仓单提取仓储物。存货人或者仓单持有人逾期提取的，应当加收仓储费；提前提取的，不减收仓储费。

10. 委托合同和行纪合同的经济功能极其类似，但法律性质却有较大不同。关于它们的区别，以下表述正确的是（　　）。

A. 前者应约定为有偿或无偿，后者均为有偿

B. 前者处理委托事务的费用由委托人支付，后者该费用由行纪人负担

C. 前者委托人一般得直接向第三人主张权利，后者委托人一般仅向行纪人主张权利

D. 受托人和行纪人所负注意义务的程度有所不同

【解答】应选 ABCD。行纪人的义务包括：依指示为行纪行为，负担行纪费用，妥善保管委托物，委托物处置的义务。行纪人按照委托人的最低或最高价格要求购入物品或卖出物品的所剩差价利益，除双方另有约定外，归委托人享有。而委托人为委托事务既可以是有偿的，也可以是无偿的。委托人处理委托事务的费用由委托人支付，委托人委托受托人从事民事行为的后果一般由委托人直接承受，所以得直接向第三人主张权利。受托人过错的构成与受托人注意义务、委托合同有偿与否而有别。有偿的委托合同，因

受托人的过错给委托人造成损失的，委托人可以要求赔偿损失。无偿的委托合同，因受托人的故意或者重大过失给委托人造成损失的，委托人可以要求赔偿损失。

11. 甲公司欲购买一批钢材，委托乙提供媒介服务。后在乙的撮合下，甲公司和丙公司顺利地签订了钢材买卖合同。双方对乙的工作均比较满意，但对乙的报酬和费用支出由谁承担问题上发生了争议。关于该问题，以下表述正确的是（　　）。

A. 报酬应由甲、丙连带负责

B. 报酬应由甲、丙平均分担

C. 居间费用应由甲、丙连带负责

D. 居间费用应由乙自负

【解答】应选 BD。居间合同是居间人向委托人提供与第三人缔约的机会，或为订约提供媒介服务，委托人支付报酬的合同。缔约成功的，居间人据此取得报酬；缔约未成功的，委托人可以拒绝支付报酬，但对居间人为此支出的合理费用，应予支付。在本题中乙居间成功使甲和丙签订了钢材买卖合同，所以居间人要自行承担居间费用，但居间人可以请求合同当事人分担报酬。根据《合同法》第 426 条规定，居间人促成合同成立的，委托人应当按照约定支付报酬。对居间人的报酬没有约定或者约定不明确，依照本法第 61 条的规定仍不能确定的，根据居间人的劳务合理确定。因居间人提供订立合同的媒介服务而促成合同成立的，由该合同的当事人平均负担居间人的报酬。居间人促成合同成立的，居间活动的费用，由居间人负担。

12. 下列关于合同解除，说法正确的是（　　）。

A. 委托合同中，委托人或受托人均可以随时解除委托合同

B. 在货物托运合同中，在承运人将货物交付收货人之前，托运人可以要求承运人返还货物，能够提供正当理由的，无须赔偿承运人因此遭到的损失

C. 承揽合同中，定作人可以随时解除合同，不需要特定理由。造成承揽人损失的，应当赔偿损失

D. 仓储合同中，存货人可以随时解除合同。造成损失的应予以赔偿

【解答】应选 AC。(1)根据《合同法》第 308 条规定，在承运人将货物交付收货人之前，托运人可以要求承运人中止运输、返还货物、变更到达地或者将货物交给其他收货人，但应当赔偿承运人因此受到的损失，所以 B 项错误。(2)根据《合同法》第 410 条规定，委托人或者受托人可以随时解除委托合同。因解除合同给对方造成损失的，除不可归责于该当事人的事由以外，应当赔偿损失。所以 A 项正确。(3)根据《合同法》第 268 条规定，定作人可以随时解除承揽合同，造成承揽人损失的，应当赔偿损失。所以 C 项正确。(4)仓储合同中，存货人不可以随时解除合同。所以 D 项错误。

13. 青青将自己的一块手表委托天天寄卖行以 200 元价格出卖。天天寄卖行经与东东协商，最后以 250 元成交。下列哪些选项是正确的？(　　)

A. 青青只能取得 200 元的利益

B. 青青可以取得 250 元的利益

C. 天天的行为属于违反合同义务的行为

D. 天天可以按照约定增加报酬

【解答】应选 BD。行纪合同是指行纪人以自己的名义为委托人从事贸易活动，委托人支付报酬的合同。青青将手表委托寄卖行寄卖，就和天天寄卖行成立了行纪合同关系。根据《合同法》第 418 条规定，行纪人高于委托人指定的价格卖出或者低于委托人指定的价格买入的，可以按照约定增加报酬。没有约定或者约定不明确，依照本法第 61 条的规定仍不能确定的，该利益属于委托人。在本题中，青青与天天约定的价格是 200 元，天天以高于指定

的价格出售寄卖物，由于双方没有约定，因此，该利益属于委托人青青。而行纪人天天可以按照约定增加报酬。

14. 根据合同法的规定，承运人对运输过程中发生的下列哪些旅客伤亡事件不承担赔偿责任？（　　）

A. 一旅客因制止扒窃行为被歹徒刺伤

B. 一旅客在客车正常行驶过程中突发心脏病身亡

C. 一失恋旅客在行车途中吞服安眠药过量致死

D. 一免票乘车婴儿在行车途中因急刹车受伤

【解答】应选 BC。根据《合同法》第 301 条规定：承运人在运输过程中，应当尽力救助患有急病、分娩、遇险的旅客。第 302 条规定，承运人应当对运输过程中旅客的伤亡承担损害赔偿责任，但伤亡是旅客自身健康原因造成的或者承运人证明伤亡是旅客故意、重大过失造成的除外。前款规定适用于按照规定免票、持优待票或者经承运人许可搭乘的无票旅客。

从合同法的规定，我们可以知道承运人对旅客的人身伤亡承担的是无过错责任。其免责条件仅限于旅客自身健康原因造成的、旅客的故意或重大过失造成的。所以 B 项中旅客在客车正常行驶中突发心脏病身亡是属于旅客自身健康原因造成的。应属于承运人免责事项。C 项中失恋旅客在行车途中吞服安眠药过量致死，是由于旅客故意原因导致，应属于承运人免责事项。

15. 何女士提供三块木料给某家具厂订制一个衣柜，开工不久何女士觉得衣柜样式不够新潮，遂要求家具厂停止制作。家具厂认为这是个无理要求，便继续使用剩下的两块木料，按原订式样做好了衣柜。下列说法哪些是正确的？（　　）

A. 家具厂应赔偿因此给何女士造成的损失

B. 何女士应支付全部约定报酬

C. 何女士应支付部分报酬

D. 何女士应支付全部约定报酬和违约金

【解答】应选 AC。承揽合同是承揽人按照定作人的要求完成工作，交付工作成果，定作人给付报酬的合同。何女士提供木料给某家具厂订制衣柜的行为就属于定作，与家具厂成立承揽合同关系。根据《合同法》第 258 条规定，定作人中途变更承揽工作的要求，造成承揽人损失的，应当赔偿损失。第 268 条规定，定作人可以随时解除承揽合同，造成承揽人损失的，应当赔偿损失。由于承揽合同是为了满足定作人的特殊需要，所以定作人有权变更自己的要求。何女士要求家具厂停止制作是合法的请求。家具厂擅作主张继续制作是违约的行为，应赔偿由此给何女士造成的损失，因此 A 应选。另外，家具厂为何女士已经加工制作了家具的部分，有权要求何女士支付部分的报酬，所以 C 当选。

16. 育才中学委托利达服装厂加工 500 套校服，约定材料由服装厂采购，学校提供样品，取货时付款。为赶时间，利达服装厂私自委托恒发服装厂加工 100 套。育才中学按时前来取货，发现恒发服装厂加工的 100 套校服不符合样品要求，遂拒绝付款。利达服装厂则拒绝交货。下列哪些说法是正确的？（　　）

A. 育才中学可以利达服装厂擅自外包为由解除合同

B. 如育才中学不支付酬金，利达服装厂可拒绝交付校服

C. 如育才中学不支付酬金，利达服装厂可对样品行使留置权

D. 育才中学有权要求恒发服装厂承担违约责任

【解答】应选 ABC。承揽合同是承揽人按照定作人的要求完成工作，交付工作成果，定作人给付报酬的合同。育才中学委托利达服装厂加工校服即订立了承揽合同。根据《合同法》第 253 条规定，承揽人应当以自己的设备、技术和劳力，完成主要工作，但当事人另有约定的除外。承揽人将其承揽的主要工作交由第三人完成的，应当就该第三人完成的工作成果向定作人负责；未经定作人同意的，定作人也可以解除合同。所以 A 选项正确；根据《合同法》

第264条规定，定作人未向承揽人支付报酬或者材料费等价款的，承揽人对完成的工作成果享有留置权，但当事人另有约定的除外。所以BC选项正确；因为恒发服装厂与育才中学不是合同的相对人，不存在合同关系，所以育才中学不能请求恒发服装厂承担违约责任。因此D项错误。

二、判断题

1.甲大学与乙公司签订建设工程施工合同，由乙为甲承建新教学楼。经甲同意，乙将主体结构的施工分包给丙公司，后整个教学楼工程验收合格，所以乙与丙之间的分包合同有效。

【解答】错误。根据《合同法》第272条第3款规定：禁止承包人将工程分包给不具备相应资质条件的单位。禁止分包单位将其承包的工程再分包。建设工程主体结构的施工必须由承包人自行完成。建设工程主体结构的施工必须由承包人自行完成，是法律的强行性规定，不允许当事人通过约定变更。所以乙与丙之间关于主体结构的施工分包合同是无效的。

2.由于承揽合同是基于定作人对承揽人的特殊信赖，所以承揽人应当以自己的设备、技术和劳力完成指定工作，不得将工作交给第三人完成，否则承揽人要承担违约责任。

【解答】错误。根据《合同法》第253条规定：承揽人应当以自己的设备、技术和劳力，完成主要工作，但当事人另有约定的除外。承揽人将其承揽的主要工作交由第三人完成的，应当就该第三人完成的工作成果向定作人负责；未经定作人同意的，定作人也可以解除合同。第254条规定：承揽人可以将其承揽的辅助工作交由第三人完成。承揽人将其承揽的辅助工作交由第三人完成的，应当就该第三人完成的工作成果向定作人负责。所以在承揽合同中，承揽人可以将辅助工作交由第三人完成而无须定作人的同意，只有在将主要工作交由第三人完成时才需要定作人的同意，定作人不同意的，定作人可解除合同，要求承揽人承担违约责任。

3. 在客运合同中，承运人对旅客的伤亡承担无过错责任，而对旅客自带物品承担过错责任。

【解答】正确。根据《合同法》第302条、第303条的规定：承运人应当对运输过程中旅客的伤亡承担损害赔偿责任，但伤亡是旅客自身健康原因造成的或者承运人证明伤亡是旅客故意、重大过失造成的除外。在运输过程中旅客自带物品毁损、灭失，承运人有过错的，应当承担损害赔偿责任。从这两条法条我们可以推出本题所得的结论。

4. 在货运合同中，货物在运输过程因不可抗力灭失的，承运人不承担赔偿责任，并且依法可以收取相应的运费。

【解答】错误。根据《合同法》第314条规定，货物在运输过程中因不可抗力灭失，未收取运费的，承运人不得要求支付运费；已收取运费的，托运人可以要求返还。据此，货物因不可抗力灭失的，承运人不承担赔偿责任但是也不得收取运费。

5. 在保管合同中，由于保管合同可以依约定有偿或无偿，保管人承担不同的注意义务。如果发生保管物毁损、灭失的，在有偿保管中，保管人因一般过失就应承担损害赔偿责任，而无偿保管人只有在重大过失的情形下才需要承担损害赔偿责任。

【解答】正确。根据《合同法》第374条规定，保管期间，因保管人保管不善造成保管物毁损、灭失的，保管人应当承担损害赔偿责任，但保管是无偿的，保管人证明自己没有重大过失的，不承担损害赔偿责任。

6. 仓储合同和保管合同一样，都是实践合同，合同自保管物或仓储物交付时起成立。

【解答】错误。保管合同原则上是实践合同，允许当事人约定排除。根据《合同法》第367条规定，保管合同自保管物交付时成立，但当事人另有约定的除外。仓储合同是诺成合同。根据《合同法》第382条规定，仓储合同自成立时生效。

7. 在委托合同中，受托人应当亲自处理委托事务，但经委托人同意或者紧急情况下受托人为维护委托人的利益需要转委托的，受托人可以进行转委托，不再对委托人负责，由转委托的第三人对委托人负责。

【解答】错误。根据《合同法》第400条规定，受托人应当亲自处理委托事务。经委托人同意，受托人可以转委托。转委托经同意的，委托人可以就委托事务直接指示转委托的第三人，受托人仅就第三人的选任及其对第三人的指示承担责任。转委托未经同意的，受托人应当对转委托的第三人的行为承担责任，但在紧急情况下受托人为维护委托人的利益需要转委托的除外。据此可知，虽然受托人按规定进行了转委托，但依然要为转委托的第三人的选任及其对第三人的指示承担责任。

8. 在委托合同中，委托人可以随时解除委托合同，因解除合同给受托人造成的损失，应当赔偿损失，但是受托人不可以随时解除委托合同。

【解答】错误。根据《合同法》第410条规定，委托人或者受托人可以随时解除委托合同。因解除合同给对方造成损失的，除不可归责于该当事人的事由以外，应当赔偿损失。由于委托合同强调双方的信任关系，所以双方在信任的基础不存在的情况下，均享有随时解除合同的权利，但是因此给对方造成损失的，除不可归责于该当事人的事由以外，应当赔偿损失。

9. 行纪合同是行纪人以自己的名义为委托人从事贸易活动，委托人支付报酬的合同。行纪人有权作为买受人购买委托人委托出售的具有市场定价的物品，并且依然可以要求委托人支付报酬。

【解答】正确。根据《合同法》第419条规定，行纪人卖出或者买入具有市场定价的商品，除委托人有相反的意思表示的以外，行纪人自己可以作为买受人或者出卖人。行纪人有前款规定情形的，仍然可以要求委托人支付报酬。

10. 居间人促成合同成立的，居间活动的费用由居间人负担；居间人未促成合同成立的，由委托人支付从事居间活动的必要费用。

【解答】正确。根据《合同法》第426条、第427条规定，居间人促成合同成立的，居间活动的费用，由居间人负担。居间人未促成合同成立的，不得要求支付报酬，但可以要求委托人支付从事居间活动支出的必要费用。

三、名词解释

1. 承揽合同

【解答】承揽合同是承揽人按照定作人的要求完成工作，交付工作成果，定作人给付报酬的合同。其中，有义务完成成果的一方称为承揽人，有义务接受工作成果并支付工作报酬的一方称为定作人。

2. 建设工程合同

【解答】建设工程合同，通常又称为基本建设工程合同，是指承包人进行工程建设，发包人支付价款的合同。建设工程合同依其内容不同，又分为工程勘察、设计、施工合同。

3. 运输合同

【解答】运输合同，又称运送合同，是指承运人将旅客或者货物从起运地点运输到约定地点，旅客、托运人或者收货人支付票款或者运输费用的合同。

4. 单式联运合同

【解答】所谓单式联运合同，是指当事人约定由两个以上承运人以同一种运输方式将货物运至约定地点，托运人支付运费的货物运输合同，两个以上承运人以同一运输方式联运的，与托运人订立合同的承运人应当对全程运输承担责任。损失发生在某一运输区段的，与托运人订立合同的承运人和该区段的承运人承担连带责任。

5.多式联运合同

【解答】所谓多式联运合同，是指多式联运经营人与托运人订立的，约定以两种或者两种以上的不同运输方式，采用同一运输凭证将货物运输至约定地点的货物运输合同。

6.保管合同

【解答】保管合同，又称寄存合同，是指一方当事人保管另一方当事人交付的物品，并按约定的期限返还该物品的合同。其中，委托保管的一方称为寄存人，为他人提供保管劳务的一方称为保管人。

7.仓储合同

【解答】仓储合同，又称仓储保管合同，是指当事人双方约定由保管人储存存货人交付的仓储物，存货人为此支付仓储费的合同。其中，为他人储存货物收取仓储费的是仓储保管人，交付仓储物并支付仓储费的一方是存货人。

8.委托合同

【解答】委托合同，又称委任合同，是指一方委托他方处理事务，他方允诺处理事务的合同。委托他方处理事务的为委托人，允诺为他方处理事务的为受托人。

9.直接代理

【解答】直接代理是指代理人在代理权限内，以被代理人（又称为本人）的名义实施民事法律行为，所为的民事法律行为的后果直接由被代理人承受的民事法律制度。

10.间接代理

【解答】间接代理是指行为人以自己的名义，为本人利益考虑，而为法律行为，其法律效果首先对间接代理人发生效力，然后依间接代理人与本人之内部关系，而移转于本人的制度。

11. 隐名代理

【解答】隐名代理是指第三人在与代理人缔结法律关系时知道存在被代理人，但不知道被代理人姓名的代理关系。

12. 行纪合同

【解答】行纪合同是指行纪人以自己的名义为委托人从事贸易活动，委托人支付报酬的合同。

13. 居间合同

【解答】居间合同，又称中介合同或中介服务合同，是指双方约定一方为他人报告订立合同的机会或者提供订立合同的媒介服务，另一方支付报酬的合同。其中，报告订约机会或提供交易媒介的一方为居间人，给付报酬的一方为委托人。

14. 培训合同

【解答】培训合同是指接受培训一方为适应经济和社会发展需要而与培训机构在平等、自愿基础上约定，对受培训者进行专门职业能力和智力开发的而明确双方权利义务的协议。

15. 旅游合同

【解答】旅游合同是旅行社提供旅游服务，旅游者支付旅游费用的合同。

16. 行纪人的介入权

【解答】行纪人的介入权，是指行纪人根据委托人的指示，实施行纪行为时，有权以自己作为相对人，即自己可以作为买受人或者出卖人进行交易活动。行纪人介入合同，无须委托人的承诺，仅依行纪人的意思表示即生效力，故行纪人的介入权为形成权。

四、简答题

1. 简述承揽合同的概念和特征。

【解答】承揽合同是承揽人按照定作人的要求完成工作，交付工作成果，定作人给付报酬的合同。其中，有义务完成工作成果的一方称为承揽人，有义务接受工作成果并支付工作报酬的一方称为定作人。

承揽合同是双务、有偿、诺成、不要式的合同，此外还具有以下法律特征：

第一，承揽合同的标的是特定的工作成果。承揽合同的标的具有特定性，它是定作人要求承揽人完成并交付的工作成果，同时，该工作成果又是由承揽人提供的特定的具体劳动决定。这种特定的劳动成果用来满足定作人的特殊需要，不能用其他一般财产代替。

第二，承揽人独立完成工作。在承揽合同中，定作人之所以将某项工作任务交给承揽人承担，是与承揽人的技术水平、设备状况、信誉等因素分不开的，而承揽人的技术水平、设备状况、信誉等因素决定着工作成果的质量，最终决定着定作人的特殊物质利益能否得到保障的程度。因此要求承揽人以自己的设备、技术和劳力独立地为定作人完成工作任务。承揽人不经定作人同意，不得将所接受的工作任务转移给第三人，只有在定作人同意的情况下，才可将部分工作移交第三人承担。

第三，承揽人承担工作中的风险责任。承揽人在履行合同期间，对定作人的原材料及定作物负有管理、保护的责任，不仅要对完成工作的数量、质量、期限等负全部责任，而且要对因不可抗力或其他非因当事人双方的过错致使不能完成工作成果或工作物毁损、灭失的风险承担责任。

第四，承揽人对定作物可行使留置权。依照合同法第 264 条之规定，在定作人没有按照约定支付工作报酬或者其他费用时，承揽人有权留置所完成的工作成果。

2. 简述客运合同中承运人的主要义务。

【解答】客运合同中承运人要履行的义务主要包括以下四个方面：

第一，承运人的按约定运送义务。承运人应当按照客票载明的时间和班次运输旅客。承运人迟延运输的，应当根据旅客的要求安排改乘其他班次或者退票。承运人擅自变更运输工具而降低服务标准的，应当根据旅客的要求退票或者减收票款；提高服务标准的，不应当加收票款。旅客因自己的原因不能按照客票记载的时间乘坐的，应当在约定的时间内办理退票或者变更手续。逾期办理的，承运人可以不退票款，并不再承担运输义务。

第二，承运人的安全运送义务。承运人负有安全地将旅客(包括携带的儿童、行李)送达目的地的义务。对旅客在运输过程中的伤亡，承运人应承担损害赔偿责任，但伤亡是旅客自身健康原因造成的或者承运人证明伤亡是旅客故意、重大过失造成的除外。承运人在运输过程中对旅客自带物品的毁损、灭失有过错的，应当承担损害赔偿责任。

第三，承运人的告知和提供方便条件义务。在旅客运输合同履行过程中，旅客对于该合同有关的事项或疑问，承运人应如实予以告知。承运人应当向旅客及时告知有关不能正常运输的重要事由和安全运输应当注意的事项。在运输途中，承运人有义务为旅客提供必要的设施和生活服务。

第四，承运人的救助义务。承运人在运输过程中，应当尽力救助患有急病、分娩、遇险的旅客。

3.简述委托合同与代理的区别。

【解答】虽然委托合同与代理的关系密切，但是它们依然存在许多区别，主要表现如下：

第一，定义不同。委托合同是指一方委托他方处理事务，他方允诺处理事务的合同。而代理是指代理人在代理权限范围内，以被代理人的名义与第三人实施民事法律行为，所产生的法律后果直接归属于被代理人。

第二，关系属性不同。委托合同是委托人和受托人之间的协议，属于对内关系；而代理属于对外关系，代理人要与相对人（第三人）进行民事活动，不对外也就无所谓代理。

第三，意思表示不同。委托合同的成立是委托人和受托人双方意思表示一致的结果，需受托人作出承诺的意思表示；而代理除法定代理、指定代理的代理权产生于法律规定或指定外，委托代理的代理权产生则是被代理人有单方授权行为，代理人不必为承诺的意思表示。

第四，行为属性不同。委托合同中受托人受托处理或管理的行为可以是法律行为，也可以是事实行为；而代理人的代理行为限于法律行为，不包括事实行为。

第五，使用名义不同。受托人在处理委托人的事务时，既可以以委托人的名义也可以以自己的名义进行；而代理人在对外进行代理行为时必须以被代理人的名义进行。

4. 简述行纪合同与委托合同的区别。

【解答】行纪合同和委托合同，都是以接受委托并为委托人提供服务的合同，二者非常类似，因此，我国《合同法》第 22 章“行纪合同”第 423 条规定：“本章没有规定的，适用委托合同的有关规定。”但行纪合同和委托合同毕竟是两种独立的有名合同，其区别主要在于：

第一，行纪合同所谓的委托事务是特定的，仅限于买卖、寄售等贸易活动，且一般为法律行为；而委托合同中的委托事务除了贸易活动外，还可以是其他法律行为，也可以是事实行为。

第二，行纪合同中的行纪人只能以自己的名义进行活动，行纪人与第三人之间所为的法律行为并不能直接对委托人发生效力；委托合同的受托人处理委托事务，可以以自己名义，也可以以委托人名义，所以受托人与第三人间订立的合同有时可对委托人直接发生效力。

第三，行纪合同为有偿合同；委托合同依当事人约定可以是有偿合同也可以是无偿合同。

五、论述题

试述保管合同的效力。

【解答】保管合同，又称寄存合同，是指一方当事人保管另一方当事人交付的物品，并按约定的期限返还该物品的合同。其中委托保管的一方称为寄存人，为他人提供保管劳务的一方称为保管人。当事人的权利义务也是保管合同的效力。

1.保管人的义务

(1)交付保管凭证的义务。根据《合同法》第368条的规定：寄存人向保管人交付保管物的，保管人应当给付保管凭证，但另有交易习惯的除外。保管凭证起到证明保管合同成立的作用，也是寄存人届时领取保管物的书面凭证。因此，除另有交易习惯外，寄存人在寄存保管物品后，保管人须开具交付凭证。

(2)保管保管物的义务。妥善保管是保管人承担的一项最基本义务。法律上对保管人此保管义务的含义主要表现在：第一，妥善保管保管物的义务。保管人应当妥善保管保管物，即对保管物应尽到相当的注意，应当与处理自己事务或保管自己的物品的注意程度相同。第二，亲自保管的义务。保管人应当亲自为寄存人提供保管劳务，除当事人另有约定的外，保管人不得将保管物转交第三人保管。保管人将保管物品擅自转由第三人保管，造成保管物损失的，保管人应当承担损害赔偿责任。第三，不得使用或者许可第三人使用保管物的义务。保管合同只转移保管物的占有权能，而未转移使用权能，因此，保管人不得使用或者许可第三人使用保管物，但当事人另有约定的保管人可以使用的情形除外。

(3)危险通知的义务。当保管物因第三人或自然原因面临可能会失去的危险时，保管人应当及时将危险通知寄存人。若第三人对保管物主张权利除依法对保管物采取保全或者执行的以外，保管人应当履行向寄存人返还保管物的义务;若第三人提起诉讼或者对保管物申请扣押时,保管人应当及时通知寄存人,以便寄存人能够及时参加诉讼或对扣押提出异议,或请求其他的保护方法。

(4)及时返还保管物的义务。在保管合同期限届满或者终止时,保管人应及时将保管物归还寄存人。当事人对保管期间没有约定或者约定不明确的,保管人可以随时要求寄存人领取保管物;约定保管期间的,保管人无特别事由,不得要求寄存人提前领取保管物。但寄存人可以随时领取保管物,若因此给保管人造成损失的,寄存人应予以补偿。保管人在返还时,应当将原物及其孳息一并归还寄存人。

2.寄存人的义务

(1)支付保管费和偿还必要费用的义务。在无偿保管合同中,寄存人不承担给付保管费的义务。在有偿保管合同中,寄存人应当按照约定的期限向保管人支付保管费。不论是有偿保管还是无偿保管,寄存人均应支付在保管期间保管人为保管寄存物而支出的必要费用。

(2)告知和声明的义务。若寄存人交付的保管物有瑕疵或者按照保管物的性质需要采取特殊保管措施的,寄存人应当将有关情况告知保管人。若寄存人寄存货币、有价证券或者其他贵重物品的,应当向保管人声明,由保管人验收或者封存。寄存人未声明的,该物品毁损、灭失后,保管人可以按照一般物品予以赔偿。

六、案例分析

1.2001年12月,被告S市人民银行为扩建办公楼,向原告雷森电梯有限公司定作一部七层电梯,双方签订了一份承揽加工电梯合同,约定原告加工完毕后于2002年7月1日将电梯运抵被告指定工地。原告依约加工电梯完毕,在向被告交付工作成果之前,由于被告扩建办公楼的项目未得到上级批准,被告紧急通知原告暂不要发货，要求原告变更电梯设计。原告停止发货后，多次催促被告来人修订合同、变更设计，但被告推托一年不予任何答复。原告遂于 2003 年 8 月起诉，要求被告履行原合同，接收已完工的电梯。被告辩称，双方既然始终未达成变更原合同的协议，原告就应按原合同约定，于 2002 年 7 月 1 日向被告交付已加工完毕的电梯，原告逾期一年才主张发货，构成根本违约，故被告反诉要求原告承担违约责任、赔偿损失，并要求解除合同。

问：被告作为承揽合同中的定作人，是否享有随时解除承揽合同的权利？本案原告是否有权依据原合同要求被告继续履行合同，接收已完工的电梯？

【解答】在承揽合同中，依照《合同法》第 268 条规定，定作人有权随时要求解除合同，这既涉及责任的承担问题，同时也涉及对承揽人利益的保护，故对定作人要求解除合同须进行一定的限制。

对于本案被告未在合理期限内履行协助义务而构成违约的事实，基本可以确认，对此原告有两种救济方式，一种是主张解除合同，要求被告赔偿损失；另一种是主张继续履行原合同，要求被告接收加工成果。这两种救济方式都符合合同法的规定，究竟选择哪一种，属于原告的权利。原告之所以选择后一种救济方式，是因为后一种方式较简单，只要被告接收加工完成的电梯并给付报酬，就可以使原告的损害获得最大补偿，因此最符合原告的利益。第一种救济方式理论上可行，但操作难度大，实际损失的确定较难掌握，从而会影响到损失赔偿的顺利实现，必然对原告不利。

本案原告有权主张履行原合同，要求被告接收加工成果，但这一种主张也会面临一种风险。一旦被告在诉讼中提出解除原合同，而法官又适用了《合同法》第 268 条的规定，原告的诉讼请求将得不到支持，最终还要以解除合同、被告赔偿损失了结。相对来说，这种结果对被告较为有利，因为解除合同让被告赔偿损失，与让被告接收并自己处理对之已无意义的电梯相比，显然前者的负担要轻得多;而原告虽最终可获得损失赔偿,但处理对之亦无意义的加工成果,无疑会加重原告的负担。这里还应看到,本案被告反诉主张解除合同,是要原告承担违约责任的一种形式,而事实上却是被告方自己违约。如果法官在确认被告违约的同时,又采纳了被告方解除合同的主张,无形中会造成对原告的无辜制裁。适用法律的结果反倒对违约方有利,对守约方不利,这是不公平的,该结果会助长违约方为减轻其责任而违背诚信原则滥用合同解除权的倾向。

本案的焦点在于如何理解适用《合同法》第 268 条的规定:定作人可以随时解除承揽合同,造成承揽人损失的,应当赔偿损失。

笔者认为,该规定立法意图主要在于尊重定作人的选择,避免造成资源的不必要浪费。因为定作人订立承揽合同的目的是为了满足自身的特殊要求。承揽合同作为一种继续性合同,从成立、生效到履行完毕需要一定时间,在这段时间内,定作人因自身要求的变化或出现某种客观情事,会发生合同履行不必要的后果,如不赋予定作人随时解除合同的权利,定作人将会蒙受进一步扩大的损失,造成物质资源的不必要浪费。因此,合同法规定,定作人享有随时解除合同的权利。由于这种解除合同是因定作人的原因而导致的,因此,如若给承揽人造成损失,定作人自应当赔偿。

但是,如果定作物已由承揽方按约定时间加工完成,而恰在此时或之后该定作物对定作人失去了实用意义,物质浪费已不可避免,那么定作人还能解除承揽合同而拒收定作物吗?单纯从《合同法》第 268 条的规定看,似乎是可以的。但《合同法》第 261 条规定:承揽人完成工作的,应当向定作人交付工作成果,并提交必要的技术资料和有关质量证明。定作人应当验收该工作成果。该规定属于绝对确定性规范,在无其他约定时应当适用该规定。因此可以确定《合同法》第 268 条仅适用于定作物尚未加工完毕时的情形,一旦承揽人按约定时间将定作物加工完毕并向定作人主张交付，定作人就应当按《合同法》第261条的规定验收定作物，而不能再行使合同解除权。由此我们可以得出结论，定作人行使随时解除合同的权利，应符合以下条件：第一，须在承揽工作完成前。如承揽人已完成工作，即使履行期限尚未届满，定作人也不能解除合同，因为，解除合同的目的是阻止承揽人进一步工作，避免损失的进一步扩大。第二，须及时通知承揽人。第三，须赔偿承揽人的损失。

所以，落实到本案，定作人所享有的随时解除合同的权利应受到一定的限制，我们认为，被告在原告加工电梯完毕后，已不再享有随时解除合同的权利，定作物在加工完毕后对定作人失去实用效能，物质浪费已成定局，这一结果的产生是出于定作人的原因，那么这一不利后果也应由定作人承担，这样方符合公平原则和公平观念，无过错的承揽人不应承受理应由定作人承受的负担。所以，原告有权选择对自己更为有利的一种方式来维护自己的利益，即主张继续履行合同，要求被告接收已完工的电梯。

2. 受托人对受托事务损害要不要承担过错责任？

2006年7月，个体户甲委托在广州开货运信息部的乙找车将一车铝合金从广州运回福州。乙找到不认识的司机丙，并以甲的名义与丙签订了一份货物运输协议，协议中写明托运方为甲，承运方为丙，中介方为乙，乙代替甲在协议上签上名，丙将自己的驾驶证、行驶证、身份证复印后，连同家中电话号码留给了乙，乙将甲传真过去的提货手续交给丙，后丙在厂家提货后一直下落不明。经查，丙留下的驾驶证、行驶证、身份证及家中号码都是虚假的。甲要求乙赔偿损失，协商不成后诉至法院。

问：(1)甲与乙之间成立什么法律关系？

(2)乙是否应该赔偿甲所遭受的损失？

【解答】(1)甲与乙之间成立委托合同关系。因为委托合同是委托人和受托人约定，由受托人处理委托人事务的合同。乙虽是从事货运信息中介服务的，但其按照甲交代的事项，以甲的名义和丙签订了货物运输协议，虽然在协议中乙将自己列为中介人，但乙的行为表明乙实际上是代理甲与司机丙签订合同的受托人，因为甲并不在签订合同现场，甲的名字也是乙签的，乙行使的是委托代理人的权利，是甲的委托代理人。所以甲与乙之间成立委托合同关系。

(2)乙应该赔偿甲所遭受的损失。根据《合同法》第 406 条之规定，有偿的委托合同，因受托人的过错给委托人造成损失的，委托人可以要求赔偿损失。无偿的委托合同，因受托人的故意或重大过失给委托人造成损失的，委托人可以要求赔偿损失。本案中，乙作为专业从事货物配载信息的人员，未认真审查司机的身份及提供的相关信息的真伪，导致司机丙在提货后下落不明，存在重大过失，且该重大过失造成了甲的货物损失，乙应当承担赔偿责任。

从法理上分析，本案的案情虽然简单，但其涉及委托合同与居间合同的区别。合同的定性不同，往往产生不同的法律后果。在处理这个案例的过程中，一定要区分好委托合同和居间合同。如果乙与甲之间成立居间合同关系，那么乙作为居间人，根据《合同法》第 425 条第 2 款之规定，居间人只有在故意隐瞒与订立合同有关的重要事实或者提供虚假情况，损害委托人利益时，才应当承担损害赔偿责任。而本案中，乙并不知道丙的驾驶证、行驶证、身份证及家中电话是虚假的，因此不存在故意隐瞒事实或故意提供虚假情况的主观故意，乙就不需要赔偿甲的损失。

首先，我们要分析委托合同与居间合同的差异。根据合同法规定，委托合同是委托人和受托人约定，由受托人处理委托人事务的合同。居间合同是居间人向委托人报告订立合同的机会或者提供订立合同的媒介服务，委托人支付报酬的合同。这两种合同有相同点，都是一方受另一方委托为另一方办理一定事务的合同，但是有显著区别：(1)二者当事人的法律地位及处理的事务内容不同。委托合同中，受托人以委托人的名义和费用活动，代委托人与第三人订立合同,以为他人处理事务为目的;而居间合同中,居间人只为委托人报告订立合同的机会或提供订立合同的媒介服务,并不参与委托人与第三人之间的关系,居间人不得以委托人的名义或以居间人自己的名义代为订约。(2)委托合同依约定可以是有偿合同,也可以是无偿合同,而居间合同是有偿合同。本案中,甲委托乙代为找运输车辆,并未提起费用,可以视为无偿委托合同来处理。乙接受甲的委托后,不仅找到了司机丙,而且以甲的名义与司机丙签订了货物运输协议,虽然在协议上乙将自己写为中介人,但这只是乙的一相情愿的自我认识,乙的行为表明其是为甲处理货运业务的受托人,因为居间人是不得以委托人的名义与第三人订立合同的,因此,乙和甲之间是委托合同关系。

其次,要分析乙是否存在重大过失。一般来说,构成重大过失的标准是基于特定的职业或身份,或者基于与受害人之间的特定关系,行为人负有较高标准的注意义务的,如果他连一般人的较低标准的注意义务都没有尽到,即构成重大过失。本案中,乙作为专业从事货物配载信息的从业人员,对于货物运输这一行业应注意的事项应当有清楚的了解,并有足够的防范措施。但乙在接受甲的委托后,既未找自己熟悉、了解的司机,也未对不熟悉的司机丙的身份及提供的信息进行核实,连最基本的注意义务也未尽到,致使丙轻易地将货装运走,存在重大过失。

综上,乙和甲之间是委托合同关系,乙存在重大过失,依照《合同法》第 406 条的规定应承担赔偿责任。

第三部分　拓展与探讨

＊行纪合同与信托制度

长期以来,我国学界上通常认为行纪便是信托,或者虽将行纪合同与英美的信托制度相区别，却又在用语上未作严格区分，考察有关资料表明，20 世纪 90 年代初期出版的民法教材，多把行纪合同称为信托合同。但随着 2001 年 10 月 1 日《信托法》的颁行，信托作为一项独立的制度已经确立，殊有将其与合同法上的行纪合同进行区分的必要。两者存在一定的相似性，都是基于委托人的信任关系而产生；基本上都是为他人的利益而对一定的财产进行管理或处分；都是以自己的名义就委托之事务与第三人进行交易活动，同时负有必要的注意义务。但是信托关系毕竟不同于行纪合同，其在制度上存在有很大的区别：

(1)主体要求不同，行纪人必须是经过核准登记的企业法人或其他非法人企业组织，自然人原则上不能成为行纪人。信托制度中的受托人应当是具有完全民事行为能力的自然人、法人。受益人可以是自然人、法人或者依法成立的其他组织。

(2)归属范畴不同。行纪合同成立时存在对价，当事人双方发生债权债务关系，是属于债法的范畴，由合同法来规范；根据《信托法》第 35 条规定："受托人有权依照信托文件的约定取得报酬。信托文件未作事先约定的，经信托当事人协商同意，可以作出补充约定；未作事先约定和补充约定的，不得收取报酬。"因此，信托的设立并不要求对价，属于用益物权的范畴，属财产法而非合同法，由信托法规范。

(3)法律关系不同。行纪合同是由委托人、行纪人双方当事人订立，合同关系无须第三人，不以交付财产作为合同成立的要件，行纪人是代替委托人行使物的处分权，对第三者而言，行纪人的占有被推定为所有权人，但委托人与行纪人的内部法律关系中，行纪人并不能真正取得交易财物的所有权，在行纪结束后，他应该原封不动地将取得财产移交给受托人；信托关系由信托人、受托人、受益人三方当事人构成，信托关系成立必须有独立的信托财产，受托人成为信托财产的名义所有权人，而在实质上享有的是信托财产的处分权，同时相对应的，其亦负有依信托目的管理信托财产的义务与责任，只有在信托关系终止时，信托财产所有权才转归信托文件所指示的人。

(4)形式要求不同。行纪合同是诺成合同，不要式合同。设立信托要求采取书面形式，书面形式包括信托合同、遗嘱或者法律、行政法规规定的其他书面文件等。采取信托合同形式设立信托的，信托合同签订时，信托成立。采取其他书面形式设立信托的，受托人承诺信托时，信托成立。

(5)设立目的不同。行纪合同的设立是委托人委托行纪人办理委托事务，其法律后果归委托人，通常适用于短期的财产转移与管理；而信托设计上的转移财产主要是以使自己或他人收取利益为目的而作出的一种长期性规划。

＊对间接代理制度的思考

代理制度生命力之所在，是其对私法自治的扩充和补充，因为它的产生极大地拓展了民事法律关系的活动空间，使民事主体能够超越时空的限制在各种民事法律关系中游刃有余，左右逢源。随着中国加入 WTO 后，经济交往形式的多样化，国际贸易活动增加，间接代理成为理论界讨论的重点。

间接代理制度并未在大陆法系和英美法系中作出明确的界定，但从其现行法律规定中可以寻查到间接代理制度的影子。

在大陆法系中谈论有关间接代理制度的规定主要以《法国民法典》和《德国民法典》为例。大陆法传统的国家认为，民法所称的代理，以直接代理为限，所谓“间接代理”，乃代理的类似制度，而非真正的代理。将行纪作为间接代理的主要表现形式，根据《法国民法典》第 1984 条之规定，为使被代理人越过代理人，直接对第三人取得权利和义务，代理人必须以被代理人的名义实施法律行为。《法国商法典》第 94 条第 1 款关于行纪人的规定：“行纪人以自己的姓名或商号，为委托人计算而实施法律行为的人。”大陆法系在代理上坚持的是名义标准，在它们的民法典中也只有直接代理的规定，行纪作为间接代理的主要表现形式，只是商法典中有规定，在民法典与商法典中都没有以间接代理为名的规定，在实务与立法上是以行纪制度来规制，行纪制度也是为适应商事活动的需要而设立的特殊制度，其价值追求具有对效率和交易安全的特殊考虑。

英美法上的关于代理的规定有显名代理、隐名代理和被代理人身份不公开的代理。显名代理相当于大陆法系的直接代理的规定，即代理人在代理权限内，以被代理人名义所为之意思表示或者所受之意思表示，直接对被代理人发生效力的代理。隐名代理，是指第三人在与代理人缔结法律关系时知道存在被代理人，但不知道被代理人姓名的代理关系。被代理人身份不公开的代理是指第三人在与代理人缔结法律关系时不知道存在被代理人的代理关系，代理人以自己的名义表示意思或接受意思。隐名代理与被代理人身份不公开的代理类似于间接代理制度，因为它们区别于显名代理（相当于直接代理），不是直接以被代理人的名义并将代理的所有情况公布于第三方，而是对代理的情况有所保留或者根本保留。

各国立法均没有明确地给间接代理下过定义，只是进行学理上的探讨，我国台湾学者王泽鉴先生的定义被认为是较为精准的定义，他认为，间接代理，指行为人以自己的名义，为本人利益考虑，而为法律行为，其法律效果首先对间接代理人发生效力，然后依间接代理人与本人之内部关系，而移转于本人的制度。

我国《民法通则》将民事法律行为和代理并作一章，在第 4 章专门对代理作了规定，此处是直接代理的规定，从而可以看出沿袭了德国民法典体例，对间接代理并没有涉及。《合同法》总则部分第 3 章“合同效力”中对代理作了更为具体的规定，然而在《合同法》分则“委托合同”第 402 条、第 403 条的规定，可以说这是借鉴了英美法的隐名代理和不公开被代理人身份代理，再加上《合同法》分则“行纪合同”的规定，这又是对大陆法系关于行纪概念的继受的产物，将两大法系关于间接代理制度在借鉴同时规定在合同法中，使得法条之间调整的重叠，增添了法律适用的混乱性和模糊性，这种零散的制度安排有违大陆法系关于法典编纂体系性和逻辑性的要求。

笔者认为，我国在制定《民法典》的过程中，有必要在设置代理制度时给间接代理制度下个明确的法定定义，而间接代理制度的内容包含隐名代理和不公开被代理人身份的代理，从而使代理制度更显完美。《合同法》第 22 章行纪合同的规定作为间接代理的一个主要组成部分，作为特别法予以保留，行纪合同有规定的从其规定，没有规定的，按间接代理有关规定适用。有关间接代理制度的完善还有待诸位进行深入的探讨。

第十二章
科技成果类合同

第一部分　重点与难点

【本章重点】

技术合同　职务技术成果　技术合同无效的认定　技术开发合同　委托技术开发合同　合作技术开展合同　合作技术开发合同的权利与义务　技术开发成果的归属　技术转让合同　专利实施许可合同的权利与义务　专利实施许可的形式　技术咨询合同　技术服务合同　技术咨询合同与技术服务合同中新技术成果的归属

【本章难点】

1.技术开发成果的归属

委托开发所完成的发明创造，除当事人另有约定的以外，申请专利的权利属于研究开发人，研究开发人取得专利权的，委托人可以免费实施该专利。研究开发人转让专利申请权的，委托人可优先受让该专利申请权。

合作开发所完成的发明创造，除当事人另有约定的外，申请专利的权利属于合作开发的各方共有。当事人一方转让其专利申请权的，其他各方可优先受让其共有的专利申请权。合作开发的一方声明放弃其共有的专利申请权的，可由另一方单独或其他各方共同申请。申请人取得专利权的，放弃专利权的一方可免费实施该项专利。但合作开发的一方不同意申请专利的，另一方或其他各方不得申请专利。

委托开发或合作开发完成的技术秘密成果的使用权、转让权和利益的分配办法，由当事人约定。没有约定或约定不明确的，依《合同法》第61条的规定仍不能确定的，当事人均有使用和转让的权利。但是，委托开发的研究开发人不得在向委托人交付研究开发成果前，将研究开发成果转让给第三人。

2.技术咨询合同、技术服务合同中新技术成果的归属

受托人利用委托人提供的技术资料和工作条件完成的新的技术成果，属于受托人。当事人另有约定的，按照其约定。

委托人利用受托人的工作成果完成的新的技术成果，属于委托人。当事人另有约定的，按照其约定。

此外，根据最高人民法院《关于审理技术合同纠纷案件适用法律若干问题的解释》第11条的规定，技术合同无效或者被撤销后，因履行合同所完成的新的技术成果或者在他人技术成果基础上完成后续改进技术成果的权利归属和利益分享，当事人不能重新协议确定的，人民法院可以判决由完成技术成果的一方享有。

3.技术咨询合同和技术服务合同的区别

技术咨询合同是顾问方为委托方提供决策参考所订立的合同。合同内容相当大一部分属于软科学研究。它主要发生在研究开发、成果转让和项目实施之前。而技术服务合同是服务方为委托方解决生产建设中具体技术问题，促使科学技术转化为生产力所订立的合同，它主要发生在科技成果进入经济建设过程之后。技术咨询属于为决策服务，除合同另有约定外，顾问方按合同要求提出咨询报告或者意见之后，委托方采纳或部分采纳顾问方建议付诸实施所发生的损失，包括决策失误和实施不当所引起的损失，顾问方不承担责任。与之相反，技术服务是为实施服务，服务方要按期完成约定的专业技术工作，解决技术问题，保证工作质量并对实施后果负责。

第二部分　思考与练习

一、选择题

1. 甲公司接受乙公司委托完成一项发明创造，双方就专利申请权的归属没有约定，甲公司完成委托的发明创造后，如果要申请专利，则专利申请权应该依法归属于(　　)。

A. 甲公司

B. 乙公司

C. 甲公司和乙公司共有

D. 甲公司和乙公司中先提出申请的一方

【解答】应选 A。根据《合同法》第 339 条的规定，委托开发完成的发明创造，除当事人另有约定的以外，申请专利的权利属于研究开发人。研究开发人取得专利权的，委托人可以免费实施该专利。

2. 甲研究所与刘某签订了一份技术开发合同，约定由刘某为甲研究所开发一套软件。3 个月后，刘某按约定交付了技术成果，甲研究所未按约定支付报酬。由于没有约定技术成果的归属，双方发生争执。下列哪些选项是正确的？(　　)

A. 申请专利的权利属于刘某，但刘某无权获得报酬

B. 申请专利的权利属于刘某，且刘某有权获得约定的报酬

C. 如果刘某转让专利申请权，甲研究所享有以同等条件优先受让的权利

D. 如果刘某取得专利权，甲研究所可以免费实施该专利

【解答】应选 BCD。根据《合同法》第 331 条的规定，委托开发合同的委托人应当按照约定支付研究开发经费和报酬；提供技术资料、原始数据；完成协作事项；接受研究开发成果。根据《合同

法》第 339 条的规定，委托开发完成的发明创造，除当事人另有约定的以外，申请专利的权利属于研究开发人。研究开发人取得专利权的，委托人可以免费实施该专利。研究开发人转让专利申请权的，委托人享有以同等条件优先受让的权利。

3. 甲公司与乙研究所签订了委托开发某产品深加工技术开发合同。三个月后，乙研究所交付设备甲拒收，于是发生纠纷。下面的选项哪些是正确的？（　　）

A. 甲公司应当承担违约责任

B. 甲公司违反技术合同中开发合同中委托人的义务

C. 甲公司违反了完成协作事项与接受研究开发成果义务

D. 甲公司不承担违约责任

【解答】应选 ABC。根据《合同法》第 331 条的规定，委托开发合同的委托人应当按照约定支付研究开发经费和报酬；提供技术资料、原始数据；完成协作事项；接受研究开发成果。根据《合同法》第 333 条的规定，委托人违反约定造成研究开发工作停滞、延误或者失败的，应当承担违约责任。

4. 甲技术中心与手表厂签订联合开发“时间管理机”协议，约定：乙手表厂投入固定资产和动态技术共计 300 万元；甲技术中心投入资金 40 万元；乙手表厂成立生产车间，设二级财务，由双方组成领导小组；联合开发时间为 3 年。（　　）

A. 甲与乙之间为委托开发合同

B. 甲与乙之间为合作开发合同

C. 甲与乙之间为技术转让合同

D. 甲与乙之间为技术咨询合同

【解答】应选 B。这份协议属于合作开发合同。合作开发合同当事人各方的经济目的是一致的，权利义务具有一致性。根据《合同法》第 335 条的规定，合作开发合同的当事人应当按照约定进行投资，包括以技术进行投资；分工参与研究开发工作；协作配合研究开发工作。根据《审理技术合同纠纷解释》第19条的规定,《合同法》第335条所称"分工参与研究开发工作",包括当事人按照约定的计划和分工,共同或者分别承担设计、工艺、试验、试制等工作。

5. A公司委托B公司研制一种新产品,但是B公司研制成功后被张三窃取,张三将该技术高价卖给了C公司,C公司迅速占领了该产品的大部分市场份额。此时,A公司可以向B公司主张(　　)。

A. 解除合同

B. 赔偿损失

C. 减少报酬

D. 如有违约金规定,支付违约金

【解答】应选A。根据《合同法》第337条的规定,作为技术开发合同标的的技术已经由他人公开,致使技术开发合同的履行没有意义的,当事人可以解除合同。本题中,由于该新产品的技术是被张三窃取的,B公司不存在泄密问题,没有过错,B公司无须承担违约责任。

6. 甲公司与乙研究院签订开发合同,约定由乙研究院为甲公司设计、研制一条生产线,研制经费为120万元,合同生效后,甲公司按合同要求向乙研究院提供了有关技术资料、技术要求,在规定期限内交付了100万元的研究开发经费。乙研究院没能按约定的开发计划开展工作,并从100万元经费中拿出20万元作为另一项研究的经费;生产线落成后,经专家鉴定远不能达到当事人预期的目的。(　　)

A. 乙应当承担违约责任

B. 乙不应承担违约责任

C. 乙违反了委托开发合同中受托人的义务

D. 甲应承担违约责任

【解答】应选AC。根据《合同法》第332条的规定，委托开发合同的研究开发人应当按照约定制订和实施研究开发计划；合理使用研究开发经费；按期完成研究开发工作，交付研究开发成果，提供有关的技术资料和必要的技术指导，帮助委托人掌握研究开发成果。根据《合同法》第334条的规定，研究开发人违反约定造成研究开发工作停滞、延误或者失败的，应当承担违约责任。

7. 甲公司委托乙公司开发一种浓缩茶汁的技术秘密成果，未约定成果使用权、转让权以及利益分配办法。甲公司按约定支付了研究开发费用。乙公司按约定时间开发出该技术秘密成果后，在没有向甲公司交付之前，将其转让给丙公司。下列哪种说法是正确的？（　）

A. 该技术秘密成果的使用权只能属于甲公司

B. 该技术秘密成果的转让权只能属于乙公司

C. 甲公司和乙公司均有该技术秘密成果的使用权和转让权

D. 乙公司与丙公司的转让合同无效

【解答】应选C。根据《合同法》第341条规定，委托开发或者合作开发完成的技术秘密成果的使用权、转让权以及利益的分配办法，由当事人约定。没有约定或者约定不明确，依照本法第61条的规定仍不能确定的，当事人均有使用和转让的权利，但委托开发的研究开发人不得在向委托人交付研究开发成果之前，将研究开发成果转让给第三人。依照《合同法》第61条规定，合同生效后，当事人就质量、价款或者报酬、履行地点等内容没有约定或者约定不明确的，可以协议补充；不能达成补充协议的，按照合同有关条款或者交易习惯确定。因此，本题中双方无约定且事后没有达成补充协议，因此A和B项均错误。根据《合同法》第341条规定，乙公司的行为属于无权处分行为，既然是无权处分行为，那么其合同属于效力待定的合同，因此D项错误。

8. 甲公司于2004年5月10日申请一项汽车轮胎的实用新型的专利，2007年6月1日获得专利权，2008年5月10日与乙公司签订一份专利独占实施许可合同。下列哪些选项是正确的？（　）

A. 该合同属于技术转让合同

B. 该合同的有效期不得超过10年

C. 乙公司不得许可第三人实施该专利技术

D. 乙公司经甲公司授权可以自己的名义起诉侵犯该专利技术的人

【解答】应选AC。根据《合同法》第342条的规定，技术转让合同包括专利权转让、专利申请权转让、技术秘密转让、专利实施许可合同。专利实施许可合同属于技术转让合同的一种。根据《审理技术合同纠纷解释》第25条第1款的规定，独占实施许可是指让与人在约定许可实施专利的范围内，将该专利仅许可一个受让人实施，让与人依约定不得实施该专利。

9. 某修理厂与某开发公司签订一份合同，合同中约定：由开发公司向修理厂提供全部技术资料图片并派技术人员到修理厂进行培训和调试样机。修理厂向开发公司支付技术转让费3万元。合同签订后，修理厂即付给开发公司转让费3万元，同时收受全部技术图纸，并开始按图纸进行样机生产。在生产过程中，修理厂发现图纸有多处错误，生产出的样机无法使用。（　）

A. 这份合同是技术转让合同

B. 这份合同是技术秘密转让合同

C. 开发公司应承担违约责任

D. 开发公司不应承担违约责任

【解答】应选ABC。根据《合同法》第342条的规定，技术转让合同包括专利权转让、专利申请权转让、技术秘密转让、专利实施许可合同。本案中，开发公司作为技术转让合同的让与人违反了其负担的义务。因为尽管开发公司按约定向作为受让人的修理厂提供了全部技术资料，但作为秘密转让的让与人，应保证技术的实用性、可靠性、合法性，不仅要保证自己是技术的合法拥有者，并且要保证所提供的技术是完整无误和有效的，能够达到约定的目标。而事实上开发公司所提供的技术完全不能用于投产，因此，开发公司显然违反了义务，应当承担违约责任。

10. 甲技术开发公司与乙铁制品厂签订了"节能煤炉"技术转让合同。合同生效后，甲技术开发公司按约定向乙铁制品厂提供了全部技术，并进行技术指导。乙铁制品厂向甲技术开发公司支付了使用费，顺利掌握了该技术，投入批量生产。在履行中乙铁制品厂技术人员对"节能煤炉"进行技术改造，把原来的单眼煤炉改为双眼节能煤炉，使产品更加经济、更加实用。其后，乙铁制品厂与丙机械厂签订了"双眼节能煤炉"的技术转让合同。甲公司得知后，认为乙违反了合同，要求赔偿顺势。（　）

A. 乙有权与丙签订转让合同

B. 乙无权与丙签订转让合同

C. 双眼节能煤炉技术归乙享有

D. 双眼节能煤炉技术归甲乙享有

【解答】应选 AC。根据《合同法》第 354 条的规定，当事人可以按照互利的原则，在技术转让合同中约定实施专利、使用技术秘密后续改进的技术成果的分享办法。没有约定或者约定不明确，依照本法第 61 条的规定仍不能确定的，一方后续改进的技术成果，其他各方无权分享。因此，在当事人没有约定，事后又不能确定时，后续改进技术成果归改进人享有，他方则无权享有。乙享有该后续的技术成果，乙有权与丙签订转让合同。

11. 李某与某汽车修理厂签订一份合同。合同中约定：李某提供技术图纸和技术指导，并尽快帮助修理厂独立掌握并实施该项专利技术；汽修厂负责投资、生产设备、材料运输、产品出售，支付给李某使用费 8 万元，合同生效后 3 个月内支付。合同生效后，李某依约前往进行技术指导，一周后，汽修厂生产出该种样机 8 台，但由于原料缺乏，没有形成批量生产。汽修厂拒绝支付李某 8 万元使用费。（　　）

A. 汽修厂可以不向李某支付使用费 8 万元

B. 汽修厂应当向李某支付使用费 8 万元

C. 这份合同是技术转让合同

D. 这份合同是专利实施许可合同

【解答】应选 BCD。根据《合同法》第 342 条的规定，技术转让合同包括专利权转让、专利申请权转让、技术秘密转让、专利实施许可合同。在本案中，李某已经按照合同履行了自己的义务，而作为受让人的汽修厂，没有按照约定支付使用费，已构成违约责任，汽修厂以原料缺乏，没有形成批量生产为由拒付使用费没有法律依据。因此，汽修厂应当向李某支付使用费 8 万元。

12. 甲工厂与乙工厂签订了一份节能灯技术转让合同，合同未约定后续技术成果的分享办法。一年后，乙工厂对原有技术进行改进，研制出高效节能灯，对于该项技术，甲工厂享有何种权利？（　　）

A. 可以有偿使用该项技术

B. 可以无偿使用该项技术

C. 甲工厂对该项技术享有优先受让权

D. 甲工厂对此项技术无任何权利

【解答】应选 D。根据《合同法》第 354 条的规定，当事人对后续改进的技术成果的分享办法没有约定，又未达成补充协议的，一方后续改进的技术成果，其他各方无权分享。

13. 甲乙两公司签订一份非专利技术转让合同，约定甲向乙转让其某产品的配方，乙应承担保密义务，并不得擅自允许第三者使用配方。乙获得配方后，将配方允许其联营企业丙公司使用。而

丙公司为牟利，将配方多方转让，致使甲公司蒙受重大损失。对该损失，甲应请求谁进行赔偿？（ ）

A. 仅可以请求乙公司

B. 仅可以请求丙公司

C. 乙公司和丙公司

D. 只能选择乙公司或者丙公司一方

【解答】应选C。根据《合同法》第352条的规定，受让人未经让与人同意擅自许可第三人实施该专利或者使用该技术秘密的，应当停止违约行为，承担违约责任。本题中乙公司应承担违约责任，同时甲也可以请求丙公司承担侵权责任。

14. 甲、乙共同完成一项发明，就该项发明的专利申请权所作的下列判断中，哪些是正确的？（ ）

A. 如果甲不同意申请专利，乙可以自行申请

B. 如果甲放弃其专利申请权，乙可以单独申请，但取得专利后，甲有免费使用的权利

C. 如果甲准备转让其专利申请权，应签订书面合同

D. 如果甲准备转让其专利申请权，乙在同等条件下有优先受让的权利

【解答】应选BCD。根据《合同法》第342条规定，技术转让合同包括专利权转让、专利申请权转让、技术秘密转让、专利实施许可合同。技术转让合同应当采取书面形式。因此C项正确。根据《合同法》第340条规定，合作开发完成的发明创造，除当事人另有约定的以外，申请专利的权利属于合作开发的当事人共有。当事人一方转让其共有的专利申请权的，其他各方享有以同等条件优先受让的权利。合作开发的当事人一方声明放弃其共有的专利申请权的，可以由另一方单独申请或者由其他各方共同申请。申请人取得专利权的，放弃专利申请权的一方可以免费实施该专利。合作开发的当事人一方不同意申请专利的，另一方或者其他各方

不得申请专利。

15. 甲公司委托乙公司研发某产品,开发成功后,乙公司想申请专利,但是不知道是否有申请权及申请效果如何,便向王律师咨询,王律师对此予以如下解答,其中正确的是(　　)。

A. 就专利申请权,双方有约定的,依其约定

B. 就专利申请权,如果没有约定,甲乙公司必须共同申请专利

C. 如果乙取得专利权,甲实施该专利无须征得乙同意,但是必须支付使用费

D. 如果乙取得专利权,乙转让该专利时,甲在同等条件下有优先受让权

【解答】应选 AD。根据《合同法》第 339 条规定,委托开发完成的发明创造,除当事人另有约定的以外,申请专利的权利属于研究开发人。研究开发人取得专利权的,委托人可以免费实施该专利。研究开发人转让专利申请权的,委托人享有同等条件优先受让的权利。

16. 甲企业与乙企业签订一份技术转让合同,双方协商,达成如下协议,该协议中哪些条款是无效的?(　　)

A. 乙企业作为受让企业,只能从甲企业购买该技术的设备、机器和原料等

B. 乙企业作为受让企业,只能接受甲企业的技术培训

C. 乙企业作为受让企业,不得在受让技术的基础上开发与其相竞争的技术

D. 乙企业作为受让企业,不得对该受让技术的知识产权的有效性提出异议

【解答】应选 ABCD。根据最高人民法院《关于审理技术合同纠纷案件适用法律若干问题的解释》(以下简称《审理技术合同纠纷解释》)第 10 条的规定,《合同法》第 329 条所称的"非法垄断技

术、妨碍技术进步”是指:(1)限制当事人一方在合同标的技术基础上进行新的研究开发或者限制其使用所改进的技术,或者双方交换改进技术的条件不对等,包括要求一方将其自行改进的技术无偿提供给对方、非互惠性转让给对方、无偿独占或者共享该改进技术的知识产权;(2)限制当事人一方从其他来源获得与技术提供方类似技术或者与其竞争的技术;(3)阻碍当事人一方根据市场需求,按照合理方式充分实施合同标的技术,包括明显不合理地限制技术接受方实施合同标的技术生产产品或者提供服务的数量、品种、价格、销售渠道和出口市场;(4)要求技术接受方接受并非实施技术必不可少的附带条件,包括购买非必需的技术、原材料、产品、设备、服务以及接收非必需的人员等;(5)不合理地限制技术接受方购买原材料、零部件、产品或者设备等的渠道或者来源;(6)禁止技术接受方对合同标的技术知识产权的有效性提出异议或者对提出异议附加条件。

17. 有关专利实施许可,下列表述正确的是(　　)。

A. 排他性许可是指专利人甲将其专利许可乙实施,且甲自己不得实施

B. 独占性许可是指专利人甲将其专利许可乙实施,且甲自己可以实施

C. 普通许可是指专利人甲将其专利许可乙实施,乙可以许可第三人实施

D. 当事人对专利实施许可方式没有约定或者约定不明的,认定为普通实施许可

【解答】应选 CD。根据《审理技术合同纠纷解释》第 25 条的规定,专利实施许可包括以下方式:(1)独占实施许可,是指让与人在约定许可实施专利的范围内,将该专利仅许可一个受让人实施,让与人依约定不得实施该专利;(2)排他实施许可,是指让与人在约定许可实施专利的范围内,将该专利仅许可一个受让人实施,但让

与人依约定可以自行实施该专利;(3)普通实施许可,是指让与人在约定许可实施专利的范围内许可他人实施该专利,并且可以自行实施该专利。当事人对专利实施许可方式没有约定或者约定不明确的,认定为普通实施许可。专利实施许可合同约定受让人可以再许可他人实施专利的,认定该再许可为普通实施许可,但当事人另有约定的除外。

18. 三德公司与金鑫公司签订了一份技术合同。按照合同约定,三德公司为金鑫公司解决某项技术开发中的一个特定的技术问题,金鑫公司提供技术资料和工作条件。三德公司在提供技术服务的过程中,利用金鑫公司提供的技术资料和工作条件又完成了一项新的技术成果。由于双方没有约定,则该项技术成果依法属于(　　)。

A. 三德公司

B. 金鑫公司

C. 由三德公司和金鑫公司共有

D. 属于三德公司,但是金鑫公司有权无偿使用

【解答】应选 A。根据《合同法》第 363 条的规定,对技术服务合同中受托人利用委托人提供的资料完成的新成果的归属没有约定的,归受托人。

19. 某研究所开发出一种新农药,因剂型不稳定无法投产,于是与某农药厂的技术专家王某签订一份合同。合同约定:王某负责解决农药剂型方面的技术问题,保证农药顺利投产;研究所负责提供工作条件,配合王某工作,并于顺利投产后支付王某 3 万元报酬。合同订立后,研究所如约提供给王某工作条件,配合王某工作,王某按期解决了农药剂型方面的技术问题,使该农药顺利投产。但研究所将该农药投放市场后,并未取得良好的效果。于是研究所以王某的技术服务没有依约完成为由,拒绝支付报酬。王某诉至法院,要求研究所支付约定的报酬。(　)

A. 这份合同是技术服务合同

B. 研究所应向王某支付 3 万元的报酬

C. 研究所不应向王某支付 3 万元的报酬

D. 研究所应承担违约责任

【解答】应选 ABD。本案当事人之间的合同为技术服务合同。技术服务合同是当事人一方以技术知识为另一方解决特定技术问题的合同。在本案中,委托人依约履行了提供工作条件、完成配合事项及接受工作成果的义务;受托人也依约定完成了服务工作。因为当事人约定由王某所解决的特定技术问题就是农药剂型方面的技术,保证该农药顺利投产,至于该农药投放市场后的效果,则并非王某所提供的技术服务的内容。由于王某依约定完成了技术服务,研究所应支付约定的报酬。因此应选 ABD。

20. 甲研究所和乙公司签订一份《合作协议》,约定乙公司委托甲研究所负责培训其企业管理人员、推销人员和连锁店经营人员的"市场推广基础知识和推广技能,建立团队精神,增强企业与员工之间的凝聚力和创造力",协议有效期为 1 年,培训基础费用为 10 万元。甲研究所与乙公司之间的《合作协议》属于什么性质的合同?(　　)

A. 技术开发合同　　　　B. 技术服务合同

C. 技术咨询合同　　　　D. 技术培训合同

【解答】应选 D。根据《审理技术合同纠纷解释》第 36 条的规定,《合同法》第 364 条规定的"技术培训合同",是指当事人一方委托另一方对指定的学员进行特定项目的专业技术训练和技术指导所订立的合同,不包括职业培训、文化学习和按照行业、法人或者其他组织的计划进行的职工业余教育。因此正确的选项是 D。

二、判断题

1. 不具有民事主体资格的科研组织订立的技术合同,经法人或者其他组织授权或者认可的，视为法人或者其他组织订立的合同，由法人或者其他组织承担责任；未经法人或者其他组织授权或者认可的，由该科研组织成员共同承担责任，但法人或者其他组织因该合同受益的，应当在其受益范围内承担相应责任。

【解答】正确。根据《审理技术合同纠纷解释》第7条的规定。

2.委托开发完成的发明创造，除当事人另有约定的以外，申请专利的权利属于研究开发人。

【解答】正确。根据《合同法》第339条规定。

3.技术开发合同当事人一方提供资金、设备、材料等物质条件或者承担辅助协作事项，另一方进行研究开发工作的，属于合作开发合同。

【解答】错误。根据《审理技术合同纠纷解释》第19条的规定，应属于委托开发合同。

4.离职后两年内继续从事与其原所在法人或者其他组织的岗位职责或者交付的任务有关的技术开发工作而完成的技术成果属于职务技术成果，但法律、行政法规另有规定的除外。

【解答】错误。根据《审理技术合同纠纷解释》第2条的规定，时间应该为一年内。

5.合作开发完成的发明创造，除当事人另有约定的以外，申请专利的权利属于合作开发的当事人共有。

【解答】正确。根据《合同法》第340条的规定。

6.技术合同中可以约定，技术接受方自行决定购买原材料、零部件、产品或者设备等的渠道或者来源，但是技术接受方不得对合同标的技术知识产权的有效性提出异议。

【解答】错误。根据《审理技术合同纠纷解释》第10条的规定，技术接受方有权对合同标的技术知识产权的有效性提出异议。

7.技术转让合同包括专利权转让、专利申请权转让、技术秘密转让、专利实施许可合同。技术转让合同的形式由当事人约定。

【解答】错误。根据《合同法》第 342 条的规定，技术转让合同应当采用书面形式。

8. 技术转让合同的受让人应当按照约定的范围和期限，对让与人提供的技术中尚未公开的秘密部分，承担保密义务。

【解答】正确。根据《合同法》第 350 条的规定。

9. 排他实施许可合同中，让与人不具备独立实施其专利的条件，以一个普通许可的方式许可他人实施专利的，人民法院可以认定为让与人自己实施专利，但当事人另有约定的除外。

【解答】正确。根据《审理技术合同纠纷解释》第 27 条的规定。

10. 专利实施许可合同只在该专利权的存续期间内有效。专利权有效期限届满或者专利权被宣布无效的，专利权人不得就该专利与他人订立专利实施许可合同。

【解答】正确。根据《合同法》第 344 条的规定。

11. 侵害他人技术秘密的技术合同被确认无效后，除法律、行政法规另有规定的以外，善意取得该技术秘密的一方当事人不可以在其取得时的范围内继续使用该技术秘密。

【解答】错误。根据《审理技术合同纠纷解释》第 12 条的规定，善意取得该技术秘密的一方当事人可以在其取得时的范围内继续使用该技术秘密，但应当向权利人支付合理的使用费并承担保密义务。

12. 技术合同纠纷案件一般由中级以上人民法院管辖。各高级人民法院根据本辖区的实际情况并报经最高人民法院批准，可以指定若干基层人民法院管辖第一审技术合同纠纷案件。

【解答】正确。根据《审理技术合同纠纷解释》第 43 条的规定。

13. 中介人未促成委托人与第三人之间的技术合同成立的，其要求支付报酬的请求，人民法院不予支持；其要求委托人支付其从事中介活动必要费用的请求，应当予以支持，但当事人另有约定的除外。

【解答】正确。根据《审理技术合同纠纷解释》第 40 条的规定。

14. 甲公司委托张某开发一套软件，并签订了一份技术开发合同，3 个月后，张某交付了技术成果，甲公司付清了报酬，如果张某取得了该技术成果专利权，甲公司可以免费实施该专利。

【解答】正确。根据《合同法》第 339 条的规定，研究开发人取得专利权的，委托人可以免费实施该专利。

15. 甲与乙签订一设计、制造生产线协议书，约定：甲委托乙设计、制造生产线，乙支付报酬。甲乙签约后，甲向乙交付了设计任务书和定金。同年 10 月，又支付给乙 86 万元，后来在开发过程中，由于输送部分不能达到设计要求，设备仍不能交付甲使用。该开发失败的风险应该有乙承担。

【解答】错误。根据《合同法》第 338 条的规定，在技术开发合同履行过程中，因出现无法克服的技术困难，致使研究开发失败或者部分失败的，该风险责任由当事人约定。没有约定或者约定不明确，依照本法第 61 条的规定仍不能确定的，风险责任由当事人合理分担。在本案中，双方当事人对风险的承担没有约定，因此应由甲乙共同承担。

16. 甲乙合作开发某产品，双方就专利申请权的归属没有约定。产品开发出来后，如果甲不同意申请专利，乙可以单独申请。

【解答】错误。根据《合同法》第 340 条的规定，合作开发的当事人一方不同意申请专利的，另一方或者其他各方不得申请专利。

17. 甲公司与乙公司签订技术转让合同，乙公司支付使用费 80 万，后甲公司转让的技术被确认为侵犯丙公司的技术秘密而取得，乙公司对此不知情，此时乙公司有权继续使用该项技术，但是应由甲公司向丙公司支付使用费。

【解答】错误。根据《审理技术合同纠纷解释》第 12 条的规定，善意取得该技术秘密的一方当事人可以在其取得时的范围内继续使用该技术秘密，但应当向权利人支付合理的使用费并承担保密义务。因此应该是乙公司向丙公司支付使用费用，同时可以要求甲公司返还其支付的使用费。

18. 甲公司与乙公司签订一份专利实施许可合同，约定：乙公司实施甲公司拥有的专利技术，乙公司支付甲公司转让费用。合同履行不久后，乙提出该实施许可合同存在非法垄断技术、妨碍技术进步的情形，应属无效，所以拒绝交付费用。乙的行为是正当的。

【解答】错误。甲乙公司之间的专利实施许可合同有效，并不属于非法垄断技术、妨碍技术进步的情形，其许可方式既包括普通实施也包括排他实施等方式，甲公司已经履行了合同义务，乙公司应该交付费用。

19. 蓝天技术咨询公司接受北海机械厂委托对其所遇到的技术难题提供咨询意见，蓝天公司根据北海机械厂提供的技术背景资料提供了相应的正确的技术咨询意见，但是北海机械厂根据咨询意见进行技术改进后没有达到预期的效果。蓝天公司不承担损失也不需要退还咨询费。

【解答】正确。根据《合同法》第359条的规定，技术咨询合同的委托人按照受托人符合约定要求的咨询报告和意见作出决策所造成的损失，由委托人承担，但当事人另有约定的除外。

20. 乙公司与甲签订《聘用技术人员合同书》，约定聘用期为3年，甲为乙提供人造皮染色技术，乙每年支付甲15万元，甲乙双方有对技术保密的权利和义务等。乙公司就公司已实施的科技和新产品技术开发，采取了保密措施，同时要求非技术人员未经许可，不得进入实验室。后甲将为乙公司提供服务的技术提供给丙公司，并从丙公司获取首期费用。甲与乙公司之间的《聘用技术人员合同》属于技术服务合同，甲违反合同义务，应当承担违约责任。

【解答】正确。在本案中，甲与乙公司之间的《聘用技术人员合同书》属于技术服务合同的范畴，该合同符合当事人的意思表示要件，应该有效。甲违反合同约定将为乙公司提供服务的技术提供给丙公司，应当承担违约责任。

三、名词解释

1. 技术合同

【解答】当事人就技术开发、转让、咨询或者服务订立的确立相互之间权利和义务的合同。

2. 委托开发合同

【解答】研究开发方按照委托方的要求完成约定的研究开发工作，委托方接受研究开发成果并支付报酬的合同。

3. 技术转让合同

【解答】当事人就专利权转让、专利申请权转让、专利实施许可、非专利技术转让所订立的合同。

4. 独占性专利实施许可

【解答】专利权人作为转让方，许可受让方在约定的范围内独占地实施其专利，并排除专利权人和任何其他第三人在相同范围内实施该专利。

四、简答题

1. 技术合同订立应遵循的原则。

【解答】技术合同较之一般合同的特殊性，要求在订立技术合同时，除了应遵循合同法规定的平等、自愿、公平、诚信及合法等一般原则，还要注意遵守规范技术合同的特殊原则。这主要有：一是遵循有利于促进技术进步，防止技术垄断原则。在今天科技兴国、兴企的知识经济信息社会里，科技的开发、进步和交流扩大越来越成为一国一企经济发展、综合实力强弱的体现，因此，开发和发展技术，加强技术交易，促进技术进步，防止技术垄断成为当今社会的基本要求。《合同法》第 323 条、第 329 条对此项原则作出明确规定：非法垄断技术、妨碍技术进步或者侵害他人技术成果的技术合同无效。二是遵循注意防范技术风险、维护技术权益原则。对此，《合同法》第329条也作有规定。

2. 简述技术开发合同的概念与特征。

【解答】技术开发合同是指当事人之间就新技术、新产品、新工艺和新材料及其系统的研究开发所订立的合同。技术开发合同作为技术合同的一种特殊类型，具有以下几个方面不同于其他技术合同的特征：(1)技术开发合同的标的是具有创造性的技术成果。作为技术开发合同标的的技术成果只能是经过一定时期的创造性劳动而取得的新的技术成果，而非是在签订合同之前就已经被解决了的技术项目。它需要经过当事人进行研究开发，经过艰苦的创造性劳动才可能获得。(2)技术开发合同的风险责任大。因为要开发一个新的技术项目时，经过当事人的努力，可能取得预期的效果，也可能在现有技术水平下遇到无法预见、无法克服的技术困难，从而导致研究开发失败或部分失败。正因为如此，在订立技术开发合同时，应有必要的研究开发经费、基础设施、技术情报资料等条件，进行必要的可行性论证。(3)技术开发合同是要式合同。技术开发合同之所以为要式合同，主要是因为技术开发是一项长期的工作，而当事人的权利义务又比较复杂，为正确履行合同和合理解决合同纠纷，《合同法》第330条规定："技术开发合同应当采用书面形式。"

3. 简述专利实施许可合同的概念与种类。

【解答】专利实施许可合同又称为专利许可证合同，是指专利权人或者其授权的人作为转让方许可受让方在约定范围内实施专利，受让方支付约定价款所订立的合同。根据实施专利的范围不同，专利实施许可合同分为以下几种：(1)普通实施许可。指专利权人许可受让方在约定的范围内实施其专利，专利权人可以在同一范围内继续许可第三方实施或自行实施同一专利的实施许可。

(2)排他性实施许可。指受让人在约定范围内享有排除任何第三人使用专利的实施许可,但不排除专利权人自己实施。(3)独占性专利实施许可。指专利权人作为转让方,许可受让方在约定的范围内独占地实施其专利,并排除专利权人和任何其他第三人在相同范围内实施该专利的实施许可。

4.简述技术咨询合同和技术服务合同的区别。

【解答】两者有以下不同:

(1)技术咨询合同是顾问方为委托方提供决策参考所订立的合同。合同内容相当大一部分属于软科学研究。它主要发生在研究开发、成果转让和项目实施之前。而技术服务合同是服务方为委托方解决生产建设中具体技术问题,促使科学技术转化为生产力所订立的合同,它主要发生在科技成果进入经济建设过程之后。

(2)技术咨询属于为决策服务,除合同另有约定外,顾问方按合同要求提出咨询报告或者意见之后,委托方采纳或部分采纳顾问方建议付诸实施所发生的损失,包括决策失误和实施不当所引起的损失,顾问方不承担责任。与之相反,技术服务是为实施服务,服务方要按期完成约定的专业技术工作,解决技术问题,保证工作质量并对实施后果负责。

五、论述题

如何理解技术合同的无效?

【解答】技术合同的无效是指欠缺技术合同生效要求,不产生其应有法律效力的技术合同。首先,《合同法》第52条和第53条所列的合同无效的一般情形也适用于技术合同。(1)一方以欺诈、胁迫的手段订立合同,损害国家利益;(2)恶意串通,损害国家、集体或者第三人利益;(3)以合法形式掩盖非法目的;(4)损害社会公共利益;(5)违反法律、行政法规的强制性规定。

其次,《合同法》第329条还特别规定:“非法垄断技术、妨碍技术进步或者侵害他人技术成果的技术合同无效。”

(1)非法垄断技术、妨碍技术进步

技术合同的订立应当有利于技术进步、技术成果的转化应用和推广。这是订立技术合同应遵循的原则。如果一方当事人利用合同条款限制另一方在合同技术的基础上进行新的研究开发，限制另一方从其他渠道吸收技术，或者阻碍另一方根据市场的需要，按照合同的方式充分实施专利和非专利技术，应当受到法律的禁止，合同当然无效。例如，单方回授约定，即转让人要求受让人根据其转让的技术研究出来的改良技术无偿提供给转让人或非互利性转让给对方，不合理地要求被许可人对其专利权的有效性不提争议的约定，不合理地限制受让人对合同标的技术进行研究开发活动的约定，不适当地搭售约定或者限制受让人从第三人处获得技术或服务的约定等，人民法院将以显失公平或者非法垄断技术等理由，予以撤销或者认定无效而不予保护。

(2)侵害他人技术成果

当事人一方侵害另一方或者第三方的专利权、专利申请权、专利实施权、非专利技术使用权和转让权或者发明权、发现权以及其他科技成果权的技术合同无效。

对于上述所列情形的技术合同、当事人或者利害关系人可以请求工商行政管理机关或人民法院宣布合同无效。无效的技术合同自始没有法律效力。合同部分无效，不影响其他部分效力的，其他部分仍然有效。

在处理无效技术合同时，应着重贯彻赔偿损失的原则和保护技术权益的原则。

六、案例分析

原告航修站工人张三(以下简称原告)与被告杭州某空气压缩机厂(以下简称被告)于 2007 年 8 月 1 日签订了“万向式液压千斤

顶”项目的技术转让合同,合同中订明:原告同意被告独家实施该项技术;在原告的指导下,采用本合同技术生产的产品应能按照专利说明书实施,并达到技术要求,原告向被告提供合同技术的全部资料;被告在收到样机后2个月内支付转让费15万元。签订合同后,原告即按合同规定将全套专利技术文件和资料交给了被告,并交付样机1台。2007年10月3日后被告给原告去信称:该厂已试出样机,正准备批量生产,原请你帮我厂做的样机不必再做,准备给你汇15万元,请把账号告知我们。同时,被告对该专利产品进行了广告宣传。同年12月8日被告又给原告信称:在批量生产中遇到的内外缺和活塞同心度问题无法解决,而且只能用手工装出几台,不能形成批量生产故暂停付转让费,如何能形成批量生产,请原告去信帮助建议。同年12月28日被告又致电原告称“无法批量生产,成本太高”。原告多次向被告追索转让费,被告以没有生产销售该产品为由拒付。因此原告向法院提起诉讼。

根据案情请回答:

(1)本案中的技术转让合同是否有效?为什么?

(2)该类技术合同法律规定的双方权利义务是什么?

(3)被告的辩解是否合法?本案被告发生的损失应由谁承担?为什么?

(4)被告应承担什么责任?为什么?

【解答】

(1)合同有效。因为原、被告在自愿平等互利基础上签订的技术转让合同符合法律规定,具有法律约束力,应受到法律的保护。原、被告应全面履行合同所规定的义务。

(2)让与人的权利义务:让与人应当保证自己是所提供的技术的合法拥有者,并保证所提供的技术完整、无误、有效,能够达到约定的目标。让与人未按照约定转让技术的,应当返还部分或者全部使用费,并应当承担违约责任;让与人实施专利或者使用技术秘密超越约定的范围的,违反约定擅自许可第三人实施该项专利或者使用该项技术秘密的,应当停止违约行为,承担违约责任;让与人违反约定的保密义务的,应当承担违约责任。

受让人的权利义务:受让人应当按照约定的范围和期限,对让与人提供的技术中尚未公开的秘密部分,承担保密义务。受让人未按照约定支付使用费的,应当补交使用费并按照约定支付违约金;不补交使用费或者支付违约金的,应当停止实施专利或者使用技术秘密,交还技术资料,承担违约责任;实施专利或者使用技术秘密超越约定的范围的,未经让与人同意擅自许可第三人实施该专利或者使用该技术秘密的,应当停止违约行为,承担违约责任;违反约定的保密义务的,应当承担违约责任。受让人按照约定实施专利、使用技术秘密侵害他人合法权益的,由让与人承担责任,但当事人另有约定的除外。

(3)被告的辩解不合法。被告的损失应自己承担。有关技术转让合同中实施技术的风险承担问题,在订立技术转让合同之前,转让方和受让方皆应通过有关途径来了解对方是否具有签订合同的资格和履行合同的能力,其生产经营状况以及资信情况,同时应对该专利技术的水平和市场前景进行调查研究,并充分考虑自身的经济状况及经营能力,决定是否签订专利实施许可合同以及具体采用何种实施方式。本案被告在订立专利实施许可合同前,恰恰缺乏必要的可行性调查研究工作,未能充分估计到可能遇到的困难,因而出现了在享受了合同规定的权利即使用原告提供的技术资料后,由于自身技术设备原因而不能产生预期经济效益,就提出终止合同的违约行为。因此被告应自行承担损失。

(4)被告应承担违约责任。因为原告已经按照合同的要求提供合同技术的全部资料以及交付了样机,双方约定了支付转让费用的时间,双方应该严格履行,被告逾期没有支付转让费应属违约行为。

第三部分　拓展与探讨

＊关于技术成果的概念界定和类型

技术成果是技术合同的标的，技术合同是技术成果商品化的基本法律形式，对技术成果的确认是审理技术合同纠纷案件的首要问题之一，特别是涉及技术成果的权属争议更是常见的技术合同纠纷。正是技术成果这种财产内容的技术性和特殊性，以前我国曾以专门的《技术合同法》予以调整，统一后的《合同法》也因此将技术合同作为一种合同类型设专章予以规范，因此，如何精确界定技术成果的概念，直接涉及技术合同法律规范的适用范围。原《技术合同法》及其实施条例没有对技术成果一般所指类型予以明确，只是把技术成果分为专利技术和非专利技术成果；《合同法》也仅提到了专利和技术秘密这两种技术成果。对于新出现的一些知识产权类型，如植物新品种、计算机软件、集成电路布图设计等，显然也应属于技术成果范畴，而且不排除将来再出现新的可以作为技术成果的知识产权类型。此外，对于已经申请专利但尚未获得授权的技术特别是处于专利临时保护期的技术，既不属于技术秘密又不是专利，是一种处于特定阶段的有特殊法律意义的技术成果。

为此，最高人民法院于 2004 年 12 月 24 日出台了《关于审理技术合同纠纷案件适用法律若干问题的解释》（以下简称《审理技术合同纠纷解释》），该《审理技术合同纠纷解释》在继承了原《技术合同法实施条例》关于技术成果的概念的基础上，进一步明确了技术成果的一般类型，在第 1 条明确规定“技术成果，是指利用科学技术知识、信息和经验作出的涉及产品、工艺、材料及其改进等的技术方案，包括专利、专利申请、技术秘密、计算机软件、集成电路布图设计、植物新品种等”。对于《审理技术合同纠纷解释》列举的六种技术成果的具体概念和内涵，原则上均应当依有关专门法律、行政法规的规定认定。但是，考虑到 TRIPS 协定对技术秘密的构成要件的规定，《审理技术合同纠纷解释》第 1 条第 2 款单独重新对技术秘密的概念作出了解释，即“技术秘密，是指不为公众所知悉，具有商业价值并经权利人采取保密措施的技术信息”。实际上是将传统的理解也就是我国《反不正当竞争法》第 10 条和《刑法》第 219 条所确认的商业秘密的构成要件中的“能为权利人带来经济利益、具有实用性”的要求统一规定为“具有商业价值”。这种规定更符合国际标准和惯例，有利于按照我国加入世界贸易组织承诺加强对包括技术秘密在内的商业秘密的法律保护。

＊关于职务技术成果与非职务技术成果的界定

对于职务技术成果与非职务技术成果的权属确认，直接涉及保护单位的技术权益与鼓励发明人的发明创造积极性的平衡问题。《审理技术合同纠纷解释》对该有关问题的明确规定，有利于科技成果产权的明晰，有利于鼓励单位增加科技投入，有利于激发个人积极从事科技创新，最终有利于促进科技进步和技术成果的转化、应用和推广。

对职务技术成果与非职务技术成果的界定，首先，要尊重当事人的约定。《审理技术合同纠纷解释》根据《合同法》体现的合同意思自治原则，规定“法人或者其他组织与其职工就职工在职期间或者离职以后所完成的技术成果的权益有约定的，人民法院应当依约定确认。”2000 年修订的《专利法》虽然规定当事人可以对利用本单位物质技术条件完成的发明创造的权属作出约定，而对执行本单位任务完成的发明创造的权属当事人能否约定，未作规定。《审理技术合同纠纷解释》的这一规定进一步补充了《专利法》有关规定的不足。

其次，要界定个人完成的技术成果是否属于“执行法人或者其他组织的工作任务”。《审理技术合同纠纷解释》规定：“职工离职后一年内继续从事与其原所在法人或者其他组织的岗位职责或者交付的任务有关的技术开发工作，仍属于执行法人或者其他组织的工作任务，但法律、行政法规另有规定的除外。”这里的离职应当理解为包括退职、退休、停薪留职、开除、辞退等各种原因离开原单位的情形。但书条款主要是考虑植物新品种保护条例的两个实施细则均对离职以后的期限规定为 3 年，这些细则虽属行政规章，但人民法院可以参照适用。

再次，要看完成技术成果的个人是否系“主要利用法人或者其他组织的物质技术条件”。与过去有关规定相比，《审理技术合同纠纷解释》侧重考虑技术成果的技术性贡献因素，进一步弱化了物质贡献因素。因为只有人的智力创造才是形成技术成果的最关键的因素，也是知识产权法应当首先保护的对象，至于物质性因素，虽然是基础性的，但可以通过返还资金等财产手段予以补偿。根据《审理技术合同纠纷解释》第 4 条的规定，只有在职工不仅是全部或者大部分利用了法人或者其他组织的物质条件，而且只有当这些物质条件对形成该技术成果具有实质性影响时，方可被认定为职务技术成果。

＊关于无民事主体资格的科研组织订立的技术合同的效力

民事主体是具有民事权利能力的自然人、法人或者其他组织，而这些主体所具有的民事权利能力，就是所谓的民事主体资格。具有民事权利能力是自然人、法人或者其他组织依法享有权利和承担义务的前提和基础。倘若不具有民事权利能力，或者说不具有民事主体资格，也就无从享有民事权利和承担民事义务，不具有订立合同的主体资格。正是根据这种推理，我国以前的民法理论通常认为，倘若合同主体不具有民事主体资格，其订立的合同无效。但是，无民事主体资格而订立合同的具体情况是复杂的，如此简单地认定此类合同的效力，有时不符合意思自治原则和不利于保护当事人正当权益，也不利于维护交易安全。

就技术合同而言，它涉及合同主体存在形式上瑕疵，但以此认定合同无效却大可不必。因为在技术合同实践中，比较常见的就是那些不具有民事主体资格的科研组织，如法人或者其他组织设立的从事技术研究开发、转让等活动的课题组、工作室等，以其课题组或工作室的名义对外签订技术合同的，这些科研组织既不属于法人，也不属于“其他组织”，即我国法律规定的“其他组织”是有特定含义的，是指那些依法成立、能够以自己的名义对外从事民事活动的组织，但这些科研组织包括法人或者其他组织的内设职能部门及其单独或联合设立的科研组织，或科研人员自行设立的课题组、工作室等，因不具有民事主体资格，其订立的技术合同以前是被认定为无效的。

为此，《审理技术合同纠纷解释》第 7 条规定：“不具有民事主体资格的科研组织订立的技术合同，经法人或者其他组织授权或者认可的，视为法人或者其他组织订立的合同，由法人或者其他组织承担责任；未经法人或者其他组织授权或者认可的，由该科研组织成员共同承担责任，但法人或者其他组织因该合同受益的，应当在其受益范围内承担相应责任。”《审理技术合同纠纷解释》之所以如此规定，显然不是说合同主体有无民事主体资格都不影响合同的效力，实际上是不拘泥于合同主体的名义，而是“循名责实”，以名义背后的实际主体衡量合同的效力及其责任主体。这里的“授权”的形式是多样的，包括签发授权书、章程或者其他文件中的授权条款及其他授权方式；“认可”则主要是事后追认。应当注意的是，该条规定只是针对不具有民事主体资格的科研组织以自己的名义订立技术合同的情形，对于课题组以设立人或者其他人的名义订立技术合同的情形，应当依据《合同法》关于无权代理、表见代理和无权处分的规定，认定合同效力并确定责任承担主体和适格的诉讼主体。

第十三章 侵权行为之债

第一部分　重点与难点

【本章重点】

侵权行为　一般侵权行为　特殊侵权行为　积极侵权行为　消极侵权行为　侵权责任与违约责任竞合　侵权行为归责原则　过错责任原则　过错推定责任原则　无过错责任原则　公平责任原则　违法行为　损害　因果关系　过错　故意　过失　违法阻却事由　自助行为　自卫行为　职务侵权责任　雇主责任　监护人责任　高度危险责任　医疗事故责任　交通事故责任　地上工作物责任　产品责任　环境污染责任　物件致害责任　动物致害责任　共同侵权行为　无意思联络的数人侵权行为　共同危险行为　侵权损害赔偿　全部赔偿规则　损益相抵规则　过错相抵规则

【本章难点】

1. 过错责任、过错推定责任和无过错责任

过错责任原则是以行为人实施侵权行为时主观上具有故意或过失，作为其承担侵权责任的构成要件，并且是以过错的大小作为确定责任范围的重要依据。过错推定责任，指在法律特别规定的场合，从损害事实本身推定加害人有过错，加害人就自己造成的损害在不能证明自己没有过错情况下，应当承担损害赔偿责任。无过错责任，指基于法律特别规定，加害人对其行为或物件造成的损

害即使没有过错，也应当承担损害赔偿责任。

过错责任与过错推定责任存在以下区别：(1)在举证责任分担上不同。过错责任的过错事实上受害人举证，而过错推定责任的无过错事实由加害人举证。(2)在适用范围上不同。前者适用于一般侵权行为，而后者适用于法律有明确规定的特殊侵权行为。(3)在适用法律不同。前者适用《民法通则》第 106 条第 2 款之规定，而后者适用法律关于特殊侵权责任的特别条款。(4)从历史沿革看这两个侵权归责原则也是不同的。在过错责任原则诞生之时，就分为两种不同形式，法律作不同的规定，调整不同的侵权案件。这就是《法国民法典》第 1382 条和第 1384 条的规定。

过错责任、过错推定责任与无过错责任的区别：归责时是否需要考虑加害人的过错不同。适用过错责任、过错推定责任时，都必须考虑行为人的过错；而无过错责任则无须考虑行为人的过错。无过错是不考虑行为人或法定义务人的故意或过失，至于受害人是否具有过错，不影响加害人无过错责任的成立。受害人的过错可以成为减轻甚至免除加害人责任的免责事由。有的学者认为无过错责任的首要特征是“不考虑双方当事人的过错”。这种观点值得商榷。因为侵权责任归责时主要考虑加害人是否具有过错，无过错责任本质上是即使加害人无过错仍须承担侵权责任。另外，如果无过错责任要求“不考虑双方当事人的过错”，将大大缩小其适用范围，将导致无过错责任原则难以适用。(1)归责时无须推定加害人存在过错。确定加害人承担无过错责任时，无须推定加害人存在过错。这是无过错责任与过错推定责任区分的主要特征之一。如高度危险作业活动造成他人损害，无论高度危险作业者是否有过错，其责任都成立，无须推定从事高度危险作业者存在过错。因为很多高度危险作业活动是合法的，为社会所允许甚至鼓励，无法推定他们有过错。(2)过错责任不以法律规定为前提，而过错推定责任和无过错责任的承担以法律有特别规定为前提。成文法不可能与社会发展完全同步，通常表现为滞后于社会的发展，因此即使在成文法国家，也有通过判例扩张过错推定或无过错责任的适用范围。由于无过错责任大大加重了行为人的责任，许多国家对无过错责任的赔偿范围常常规定了最高限额。如《葡萄牙民法典》第 508 条、第 510 条对机动车驾驶员的责任和从事电气运输和作业的企业的无过错责任，规定了赔偿范围的最高限制。法律作出最高限额规定的目的，在于防止无过错责任范围的无限扩张。

2. 共同侵权行为、无意思联络的数人侵权行为与共同危险行为

共同侵权行为，是指两人或两人以上，基于共同过错而侵害他人的合法权益，或虽无共同过错，但其侵害行为直接接合发生同一损害后果，依法应当承担连带赔偿责任的侵权行为。无意思联络的数人侵权，指数个行为人事先并无共同的过错，而因为行为偶然结合致使同一受害人同一损害。共同危险行为，又称“准共同侵权行为”，指数人实施的、造成他人损害的而又不可能确定造成该损害原因的行为。如仨小孩向另一小孩投掷石子，导致另一小孩眼睛被砸瞎，而不知是哪颗石子所致。其中仨小孩的投掷石子的行为是共同危险行为。

无意思联络的数人侵权尽管有共同侵权行为“数人的行为，同一受害人，同一损害后果”的客观因素，但两者的主观因素存在天壤之别。无意思联络的数人侵权是各行为人的行为偶然结合在一起；而共同侵权行为主观上要求存在意思联络，或没有意思联络，但各行为人的行为是直接结合在一起。如何认定“直接结合”？存在“结合程度说”、“时空一致说”两说。

(1)“结合程度说”认为，直接结合是指数个行为结合程度非常紧密，对加害后果而言，各自的原因力和加害部分无法区分。虽然直接结合具有偶然因素，但其紧密程度使数个行为凝结为一个共同加害行为，共同对受害人产生了损害。该说的缺点是区分标准

过于模糊、抽象,不具有确定性与实际操作性。"结合紧密程度"只能依赖法官判断,其自由裁量权过大,可能造成法官权力滥用。

(2)"时空一致说"认为,应当从时空的统一性上认定直接结合,即如果数个致人损害的行为在时空上是一致的,就构成直接结合;如果数个行为在时空上是不一致的,则构成间接结合。该说很难界定共同侵权行为和无意思联络的侵权行为,因为,共同侵权行为中的时间、空间的同一性要件已受到置疑,德国主流民法观点拒绝在认定共同侵权行为时,要求具体参与各共同侵权行为在时间和空间上形成相互关联的过程。因为在一些情况下,不同时间和不同地点发生的单独侵权行为也可以构成参与共同侵权行为,如教唆行为与侵权实施行为经常不具有时空上的同一性,可这丝毫不影响其共同侵权行为的成立;律师、会计师等专家的审查过失与上市公司的虚假陈述,依通说也认为构成共同侵权行为;定作人与承揽人的共同过失也可能构成共同侵权行为。

3.直接因果规则、相当因果规则和推定因果规则

(1)直接因果规则。如果某一违法行为直接导致某一损害后果的产生,则该违法行为是该损害结果的直接原因。行为与结果之间具有直接因果关系的,无须再适用其他因果关系理论判断。有些案件,尽管有其他条件介入,但原因行为与损害结果之间自然连续,并未被该条件打断,则并不影响该行为作为直接原因,应当认定原因行为与损害结果之间具有因果关系。如甲因长期饮用乙厂生产的含有致胃癌物质的啤酒,患有胃癌。经查明,甲也食用其他可能致癌的食物。此案中,导致甲患胃癌的直接原因是饮用了乙厂生产的啤酒,尽管有"甲曾食用过其他可能致癌的食物"这一条件介入,但乙的违法行为与甲的损害结果之间的自然连续并未打断。因此,可以认定乙的违法行为与是甲的损害结果的直接原因。

(2)相当因果关系规则。相当因果关系不仅是一个技术性的

因果关系,更是一种法律政策的工具,乃侵权行为损害赔偿责任归属之法的价值判断。在违法行为与损害结果之间有其他条件介入而导致因果关系难以判断的情况下,应采用相当因果关系理论判断。对相当因果关系的认定,采用以下公式:无此行为,虽不必生此损害;有此行为,通常即足生此种损害者,是为有因果关系。无此行为,必不生此种损害;有此行为,通常亦不生此种损害者,即无因果关系。简而言之,确定因果关系,应依行为时的一般社会经验和知识水平作为判断标准,认为该违法行为有引起该损害结果的可能性,而事实上该违法行为又确实引起该损害结果的发生,则该违法行为与该损害结果之间有因果关系。

(3)推定因果关系规则。疫学说、盖然性说实质上是推定因果关系的学说,只能适用于特定场合。适用该规则的目的保护弱者,其要领是:在受害人处于弱势的场合,没有办法完全证明因果关系时,只要原告举证证明到一定程度,就推定违法行为与损害后果之间存在因果关系,然后由被告举证证明自己的行为与损害结果之间没有因果关系。适用推定因果关系时,应注意以下几点:第一,应分清违法行为与损害结果之间在时间上的先后顺序;第二,应确定违法行为与损害后果之间是否存在客观的、合乎规律的联系;第三,由于因果关系是推定的,因而,我们应当合理排除可能导致损害后果发生的其他因素。推定因果关系规则主要适用于以下场合:环境污染案件;医疗事故案件;其他有必要适用推定因果关系的案件。

第二部分 思考与练习

一、选择题

1.赵某将一匹易受惊吓的马赠给李某,但未告知此马的习性。

李某在用该马拉货的过程中，雷雨大作，马受惊狂奔，将行人王某撞伤。下列哪一选项是正确的？（　　）

A. 应由赵某承担全部责任

B. 应由李某承担责任

C. 应由赵某与李某承担连带责任

D. 应由李某承担主要责任，赵某也应承担一定的责任

【解答】应选 B。根据《合同法》第 191 条规定：赠与的财产有瑕疵的，赠与人不承担责任。附义务的赠与，赠与的财产有瑕疵的，赠与人在附义务的限度内承担与出卖人相同的责任。赠与人故意不告知瑕疵或者保证无瑕疵，造成受赠人损失的，应当承担损害赔偿责任。赵某赠马给李某，既没有附义务，也不存在故意不告知瑕疵或保证无瑕疵。

2. 周某与妻子庞某发生争执，周某一记耳光导致庞某右耳失聪。庞某起诉周某赔偿医药费 1000 元、精神损害赔偿费 2000 元，但未提出离婚请求。下列哪一选项是正确的？（　　）

A. 周某应当赔偿医疗费和精神损害

B. 周某应当赔偿医疗费而不应赔偿精神损害

C. 周某应当赔偿精神损害而不应赔偿医疗费

D. 法院应当不予受理

【解答】应选 D。《婚姻法解释（一）》第 29 条第 3 款规定：在婚姻关系存续期间，当事人不起诉离婚而单独依据该条（注：《婚姻法》第 46 条）规定提出的损害赔偿请求，不予支持。

3. 甲公司铺设管道，在路中挖一深坑，设置了路障和警示标志。乙驾车撞倒全部标志，致丙骑摩托车路经该地时避让不及而驶向人行道，造成丁轻伤。对丁的损失，下列哪一选项是正确的？（　　）

A. 应由乙承担赔偿责任

B. 应由甲和乙共同承担赔偿责任

C. 应由乙和丙共同承担赔偿责任

D. 应由甲、乙和丙共同承担赔偿责任

【解答】应选 A。《民法通则》第 125 条规定：在公共场所、道旁或者通道上挖坑、修缮安装地下设施等，没有设置明显标志和采取安全措施造成他人损害的，施工人应当承担民事责任。由于甲已经设置了路障和警示标志，履行了自己应尽的义务，无须承担侵权责任；乙驾车撞倒全部标志才导致丁受伤，乙应承担赔偿责任；丙的行为是紧急避险行为，是法定的免责事由之一，其行为不构成侵权行为，无须承担侵权责任。

4. 甲搬家公司指派员工郭某为徐某搬家，郭某担心人手不够，请同乡蒙某帮忙。搬家途中，因郭某忘记拴上车厢挡板，蒙某从车上坠地受伤。下列哪一选项是正确的？（　　）

A. 应由郭某承担赔偿责任

B. 应由甲公司承担赔偿责任

C. 应由甲公司与郭某承担连带责任

D. 应由甲公司与徐某承担连带责任

【解答】应选 C。《最高人民法院关于审理人身损害赔偿案件适用法律若干问题的解释》（以下简称《人身损害赔偿司法解释》）第 10 条规定：承揽人在完成工作过程中对第三人造成损害或者造成自身损害的，定作人不承担赔偿责任。但定作人对定作、指示或者选任有过失的，应当承担相应的赔偿责任。据此，定作人徐某无须承担责任。第 9 条规定：雇员在从事雇佣活动中致人损害的，雇主应当承担赔偿责任；雇员因故意或者重大过失致人损害的，应当与雇主承担连带赔偿责任。雇主承担连带赔偿责任的，可以向雇员追偿。本题郭某忘记拴上挡板，有重大过失，应当与雇主也就是搬家公司承担连带责任。

5. 文某在倒车时操作失误，撞上冯某新买的轿车，致其严重受损。冯某因处理该事故而耽误了与女友的约会，并因此争吵分手。

文某同意赔偿全部的修车费用，但冯某认为自己的爱车受损并失去了女友，内心十分痛苦，要求文某赔一部新车并赔偿精神损害。下列哪一选项是正确的？（　　）

A. 文某应当赔偿冯某一部新车

B. 文某应向冯某支付精神损害抚慰金

C. 文某应向冯某赔礼道歉

D. 法院不应当支持冯某的精神损害赔偿请求

【解答】应选D。文某的行为侵害了冯某的所有权，应承担恢复原状、赔偿损失等民事责任。该轿车是新买的轿车，并非具有人格象征意义的特定纪念物品，即便轿车毁损、灭失，冯某也无权起诉请求精神损害赔偿；文某将冯某的轿车撞坏与冯某失去女朋友之间并无因果关系，冯某不能基于与女友分手内心十分痛苦而要求文某承担侵权责任。

6. 某媒体未征得艾滋病孤儿小兰的同意，发表了一篇关于小兰的报道，将其真实姓名、照片和患病经历公之于众。报道发表后，隐去真实身份开始正常生活的小兰再次受到歧视和排斥。下列哪一选项是正确的？（　　）

A. 该媒体的行为不构成侵权

B. 该媒体侵犯了小兰的健康权

C. 该媒体侵犯了小兰的姓名权

D. 该媒体侵犯了小兰的隐私权

【解答】应选D。健康权是指自然人依法享有的保持其自身及其器官以至身体整体的功能安全为内容的人格权。姓名权是自然人依法享有的决定、使用、改变自己姓名并排除他人侵害的权利。隐私权是指自然人不愿公开或让他人知悉个人秘密的权利。媒体的报道公开了小兰的隐私，对其造成了较大的损害，构成了对其隐私权的侵犯。

7. 小学生小杰和小涛在学校发生打斗，在场老师陈某未予制

止。小杰踢中小涛腹部，致其脾脏破裂。下列哪一选项是正确的？(　　)

A. 陈某未尽职责义务，应由陈某承担赔偿责任

B. 小杰父母的监护责任已转移到学校，应由学校承担赔偿责任

C. 学校和小杰父母均有过错，应由学校和小杰父母承担连带赔偿责任

D. 学校存在过错，应承担与其过错相应的补充赔偿责任

【解答】应选 D。陈某是学校的一名老师，属于法人的工作人员，未尽到自己的职责造成了学生的损害，应由学校而不是陈某对该学生承担责任。根据《民法通则》第 133 条第 1 款规定：无民事行为能力人、限制民事行为能力人造成他人损害的，由监护人承担民事责任。监护人尽了监护责任的，可以适当减轻他的民事责任。小杰的父母是小杰的法定监护人，理应对小杰的侵权行为承担责任。小杰在学校上学并不意味着监护职责的转移。《人身损害赔偿司法解释》第 7 条规定：对未成年人依法负有教育、管理、保护义务的学校、幼儿园或者其他教育机构，未尽职责范围内的相关义务致使未成年人遭受人身损害，或者未成年人致他人人身损害的，应当承担与其过错相应的赔偿责任。第三人侵权致未成年人遭受人身损害的，应当承担赔偿责任。学校、幼儿园等教育机构有过错的，应当承担相应的补充赔偿责任。可见，学校的责任并非连带责任，C 项错误。

8. 丁某在自家后院种植了葡萄，并垒起围墙。谭某(12 岁)和马某(10 岁)爬上围墙攀摘葡萄，在争抢中谭某将马某挤下围墙，围墙上松动的石头将马某砸伤。下列哪些选项是正确的？(　　)

A. 丁某应当承担赔偿责任

B. 谭某的监护人应当承担民事责任

C. 马某自己有过失，应当减轻赔偿人的赔偿责任

D. 本案应适用特殊侵权规则

【解答】应选 BCD。丁某既无违法行为，也无过错，不构成侵权，无须承担赔偿责任。根据《民法通则》第 133 条第 1 款规定，马某之所以受伤是谭某造成的，谭某的监护人理当承担赔偿责任。马某爬上围墙攀摘葡萄，并与谭某争抢，可见马某自身也有过错。依照该法第 131 条规定：受害人对于损害的发生也有过错的，可以减轻侵害人的民事责任。本题属于限制民事行为能力人侵权，此种侵权属于特殊侵权行为。

9. 某旅行社导游李某带团游览一处地势险峻的景点时，众人争相拍照，李某未提示注意安全，该团游客崔某不慎将唐某撞下陡坡摔伤。下列哪些选项是正确的？（ ）

A. 旅行社对损害结果不承担赔偿责任

B. 崔某应当对唐某承担赔偿责任

C. 旅行社应当承担补充赔偿责任

D. 李某应当对唐某承担侵权责任

【解答】应选 BC。根据《人身损害赔偿司法解释》第 6 条规定：从事住宿、餐饮、娱乐等经营活动或者其他社会活动的自然人、法人、其他组织，未尽合理限度范围内的安全保障义务致使他人遭受人身损害，赔偿权利人请求其承担相应赔偿责任的，人民法院应予支持。因第三人侵权导致损害结果发生的，由实施侵权行为的第三人承担赔偿责任。安全保障义务人有过错的，应当在其能够防止或者制止损害的范围内承担相应的补充赔偿责任。安全保障义务人承担责任后，可以向第三人追偿。赔偿权利人起诉安全保障义务人的，应当将第三人作为共同被告，但第三人不能确定的除外。本题中，唐某摔伤是由于崔某的行为造成的，因此崔某应当承担赔偿责任；旅行社未提示注意安全，属于未尽合理限度范围内的安全保障义务，应当在其能够防止或者制止损害的范围内承担相应的补充赔偿责任，因此选 BC 项正确。李某是旅行社的工作人员，其行为应由旅行社来承担责任。

10. 周某将拍摄其结婚仪式的彩色胶卷底片交给某彩扩店冲印，并预交了冲印费。周某于约定日期去取相片，彩扩店告知：因失火，其相片连同底片均被焚毁。周某非常痛苦，诉至法院请求彩扩店赔偿胶卷费、冲印费损失及精神损害。下列哪些选项是正确的？（　　）

A. 彩扩店侵害了周某的财产权和肖像权

B. 彩扩店的行为构成违约行为和侵权行为

C. 彩扩店应当赔偿胶卷费并返还冲洗费

D. 周某的精神损害赔偿请求应当得到支持

【解答】应选 BCD。肖像权是指公民通过各种形式在客观上再现自己的形象而享有的专有权。根据《民法通则》第 100 条规定：公民享有肖像权，未经本人同意，不得以赢利为目的使用公民的肖像。本题中彩扩店并未以赢利为目的使用周某的肖像，因此并未侵害周某的肖像权。周某将彩色胶卷底片交给某彩扩店冲印，意味着双方缔结了一个承揽合同，彩扩店应冲印相片并将相片交付给周某，如今相片连同底片均被焚毁，彩扩店无法履行自己的合同义务，构成了违约。周某对彩色胶卷底片享有所有权，如今底片被焚毁，可以认定彩扩店侵害了周某的所有权。本题中的标的物是拍摄周某结婚仪式的彩色胶卷底片，属于具有人格象征意思的特定纪念物品。根据《精神损害赔偿司法解释》第 5 条规定：法人或者其他组织以人格权利遭受侵害为由，向人民法院起诉请求赔偿精神损害的，人民法院不予受理。

11. 甲忘带家门钥匙，邻居乙建议甲从自家阳台攀爬到甲家，并提供绳索以备不测，丙、丁在场协助固定绳索。甲在攀越时绳索断裂，从三楼坠地致重伤。各方当事人就赔偿事宜未达成一致，甲诉至法院。下列哪种说法是正确的？（　　）

A. 法院可以酌情让乙承担部分赔偿责任

B. 损害后果应由甲自行承担

C. 应由乙承担主要责任，丙、丁承担补充责任

D. 应由乙、丙、丁承担连带赔偿责任

【解答】应选 A。根据《民法通则》第 132 条规定：当事人对造成损害都没有过错的，可以根据实际情况，由当事人分担民事责任。本题中，乙、丙、丁对于甲的损害都没有过错，但是考虑到甲是出于乙的建议而行动，并且由于乙提供的绳索断裂而受损害，因此可酌情让乙承担部分赔偿责任。

12. 某市国土局一名前局长、两名前副局长和一名干部因贪污终审被判有罪。薛某在当地晚报上发表一篇报道，题为“市国土局成了贪污局”，内容为上述四人已被法院查明的主要犯罪事实。该国土局、一名未涉案的副局长、被判缓刑的前局长均以自己名誉权被侵害为由起诉薛某，要求赔偿精神损害。下列哪种说法是正确的？（　　）

A. 三原告的诉讼主张均能够成立

B. 国土局的诉讼主张成立，副局长及前局长的诉讼主张不能成立

C. 国土局及副局长的诉讼主张成立，前局长的诉讼主张不能成立

D. 三原告的诉讼主张均不能成立

【解答】应选 D。根据《精神损害赔偿司法解释》第 5 条规定：本题中国土局的诉讼主张不能成立。依该法第 8 条规定：因侵权致人精神损害，但未造成严重后果，受害人请求赔偿精神损害的，一般不予支持，人民法院可以根据情形判令侵权人停止侵害、恢复名誉、消除影响、赔礼道歉。因此副局长及前局长的诉讼主张也不能成立。

13. 甲在某酒店就餐，邻座乙、丙因喝酒发生争吵，继而动手打斗，酒店保安见状未出面制止。乙拿起酒瓶向丙砸去，丙躲闪，结

果甲头部被砸伤。甲的医疗费应当由谁承担？（ ）

A. 由乙承担，酒店无责任

B. 由酒店承担，但酒店可向乙追偿

C. 由乙承担，酒店承担补充赔偿责任

D. 由乙和酒店承担连带赔偿责任

【解答】应选 C。根据《人身损害赔偿案件司法解释》第 6 条的规定，本题中乙砸伤甲的头部，而酒店保安见状未出面制止，酒店具有过错，因此甲的医疗费应由乙承担，酒店承担补充赔偿责任。

14. 甲公司的游戏软件工程师刘某利用业余时间开发的“四国演义”游戏软件被乙公司非法复制，丙书店从无证书贩手中低价购进该盗版软件，丁公司从丙书店以正常价格购买该软件在其经营的游戏机上安装使用。下列哪些说法是正确的？（ ）

A. 甲公司应当对刘某进行奖励

B. 丙书店应当承担赔偿损失等法律责任

C. 丁公司不承担赔偿责任

D. 乙公司、丙书店应当承担共同侵权的民事责任

【解答】应选 BCD。刘某利用业余时间开发的“四国演义”游戏软件属于个人作品，刘某对该作品享有完全的著作权，甲公司没有对刘某进行奖励的义务，故 A 项错误。根据《著作权法》第 52 条及相关司法解释的规定，销售侵犯著作权的产品的，销售人构成侵权，销售人不能证明其销售的产品有合法来源的，应承担停止侵权和赔偿损失的责任。丁公司对软件的使用符合法律规定，不应承担赔偿责任。根据《民法通则》第 130 条的规定，乙公司的行为和丙公司的行为属于直接结合发生同一损害后果，构成共同侵权。

15. 某化工厂排放的废水流入某湖后，发生大量鱼类死亡事件。在是否承担赔偿责任问题上，该化工厂的哪些抗辩理由即使有证据支持也不能成立？（ ）

A. 其排放的废水完全符合规定的排放标准

B. 另一工厂排放的废水足以导致湖中鱼类死亡

C. 该化工厂主观上没有任何过错

D. 原告的赔偿请求已经超过 2 年的诉讼时效

【解答】应选 ABCD。根据《环境保护法》第 41 条第 1 款规定：造成环境污染危害的，有责任排除危害，并对直接受到侵害的单位或者个人赔偿损失。可见环境污染致损的侵权行为适用无过错责任，并且污染行为人的行为符合规定的标准也不构成免责事由，故 A 项、C 项的抗辩不能成立。另一工厂排放的废水足以导致湖中鱼类死亡并不构成某化工厂排放废水导致鱼类死亡的抗辩理由，故 B 项抗辩不成立。依照该法第 42 条规定：因环境污染损害赔偿提起诉讼的时效期间为三年，从当事人知道或者应当知道受到污染损害时起计算。故 D 项的抗辩也不能成立。

16. 甲将数箱蜜蜂放在自家院中槐树下采蜜。在乙家帮忙筹办婚宴的丙在帮乙喂猪时忘关猪圈，猪冲入甲家院内，撞翻蜂箱，使来甲家串门的丁被蜇伤，经住院治疗后痊愈。下列哪一种说法是正确的？（ ）

A. 甲应对丁的医疗费用承担全部民事责任

B. 乙应对丁的医疗费用承担全部民事责任

C. 丙应对丁的医疗费用承担全部民事责任

D. 乙和丙应对丁的医疗费用承担连带责任

【解答】应选 B。在本题中，虽然丁的伤害是由于蜜蜂蜇伤，但导致蜜蜂蜇人的原因是另一动物猪的原因导致，而猪的管理者丙对此有过错。故就这一点而言，作为蜜蜂的饲养人可以根据《民法通则》第 127 条中的“第三人过错造成的”而免责。因此该责任应当由第三人丙承担。鉴于丙的行为属于经过同意的帮工，根据《人身损害赔偿司法解释》第 13 条的规定：帮工人在帮工过程中致他人损害的，被帮工人应当承担赔偿责任。帮工人存在故意或者重大过失的，承担连带责任。本题中的丙并无故意或者重大过失。

17. 一小偷利用一楼住户甲违规安装的防盗网，进入二楼住户乙的室内，行窃过程中将乙打伤。下列哪一种说法是正确的？（　）

A. 乙的人身损害应由小偷和甲承担连带责任

B. 乙的人身损害只能由小偷承担责任

C. 乙的人身损害应由甲和小偷根据过错大小，各自承担责任

D. 乙的人身损害应先由小偷承担责任，不足部分由甲承担

【解答】应选 B。根据《人身损害赔偿的司法解释》第 3 条规定：二人以上共同故意或者共同过失致人损害，或者虽无共同故意、共同过失，但其侵害行为直接结合发生同一损害后果的，构成共同侵权，应当依照《民法通则》第 130 条规定承担连带责任。二人以上没有共同故意或者共同过失，但其分别实施的数个行为间接结合发生同一损害后果的，应当根据过失大小或者原因力比例各自承担相应的赔偿责任。对于乙的人身伤害，因为甲的违规安装防盗网的行为与其之间没有任何因果关系。

18. 甲以正常速度驾驶汽车（已投保）途中，突遇行人乙在非人行道处横穿公路，甲紧急刹车，但仍将其撞伤。保险公司在机动车第三者责任强制保险责任限额内对乙支付保险金后，乙尚有一部分损害未获赔偿。对于这部分损害赔偿费用的承担问题，下列哪一种说法是正确的？（　）

A. 由保险公司承担赔偿责任

B. 由乙自行承担

C. 由甲承担部分赔偿责任

D. 由甲承担全部赔偿责任

【解答】应选 C。根据《道路交通安全法》第 76 条的规定，机动车发生交通事故造成人身伤亡、财产损失的，由保险公司在机动车第三者责任强制保险责任限额范围内予以赔偿。超过责任限额的

部分，如果是在机动车与非机动车驾驶人、行人之间发生交通事故的，由机动车一方承担责任；但是，有证据证明非机动车驾驶人、行人违反法律、法规，机动车驾驶人已经采取必要处置措施的，减轻机动车一方的责任。由于本题中行人乙在非人行道处横穿马路，主观上有过错，但并非故意。

19. 甲、乙在火车上相识，甲怕自己到站时未醒，请求乙在A站唤醒自己下车，乙欣然同意。火车到达A站时，甲沉睡，乙也未醒。甲未能在A站及时下车，为此支出了额外费用。甲要求乙赔偿损失。对此，应如何处理？（　　）

A. 由乙承担违约责任

B. 由乙承担侵权责任

C. 由乙承担缔约过失责任

D. 由甲自己承担损失

【解答】应选D。本题可以按照情谊行为来处理，即双方当事人之间就唤醒一事达成的意思仅属于不受法律拘束的情谊行为，双方当事人在该意思成立之时就没有任何法律上的拘束力，因此当发生损失时，任何损失均应当由受损者自己承担。也可以依照委托合同处理。根据《合同法》第406条的规定：在无偿的委托合同，受托人仅就故意或者重大过失对委托人的损失承担责任。在本题中乙应当认为没有重大过失，因此不承担责任，故应当由委托人自己承担责任。

20. 甲将摄录自己婚礼庆典活动的仅有的一盘录像带交给个体户乙制作成VCD保存，乙的店铺因丙抽烟不慎失火烧毁，导致录像带灭失。下列说法哪一个是正确的？（　　）

A. 甲可对乙提起违约之诉，并请求精神损害赔偿

B. 甲可对乙提起侵权之诉，并请求精神损害赔偿

C. 甲只能对丙提起侵权之诉，并请求精神损害赔偿

D. 甲可对乙提起违约之诉或侵权之诉，不能请求精神损害赔偿

【解答】应选B。本题甲乙双方的关系属于承揽加工合同关系，乙的重大过失导致“侵权性的违约行为”，即侵权行为直接构成违约的原因。根据《合同法》第122条的规定：因当事人一方的违约行为，侵害对方人身、财产权益的，受损害方有权选择依照本法要求其承担违约责任或者依照其他法律要求其承担侵权责任。本案中，婚礼录像带作为特殊的情景载体，属于具有人格象征意义的特定纪念物，其价值远远超过其本身价值。婚礼录像带灭失，是对其精神上的打击，给甲造成了极大的遗憾。因此，乙不但应承担财产责任，还应承担对甲精神上所造成的伤害。根据《精神损害赔偿司法解释》规定：具有人格象征意义的特定纪念物品，因侵权行为而永久性灭失或者毁损，物品所有人以侵权为由，向人民法院起诉请求赔偿精神损害的，人民法院应当依法予以受理。

21. 2002年5月8日，王某骑车回家经过一工地时，掉入没有设置明显标志和采取安全措施的坑中，造成骨折。王某于同年6月10日找到建设项目的发包人和承包人要求赔偿，两单位相互推诿。同年6月13日，王某前往法院起诉，突遭台风袭击，中途返回。下列说法哪些是正确的？(　　)

A. 本案诉讼时效期间于2003年6月10日届满

B. 王某6月13日的行为引起诉讼时效中断

C. 发包人应承担民事责任

D. 承包人应承担民事责任

【解答】应选AD。人身伤害的诉讼时效是1年，2002年6月10日王某主张权利的行为，引起诉讼时效的中断，A项正确。王某6月13日的行为因客观障碍并未完成，但并未发生在诉讼时效期间的最后六个月内，不能构成时效中止，B项错。根据《民法通则》第125条规定，施工责任的主体是施工人即本题中的承包人而非发包人，故C项错误而D项正确。

22. 小甲6岁，父母离异，由其母抚养并与之共同生活。某日，小甲在幼儿园午餐时与小朋友小乙发生打斗，在场的带班老师丙未及时制止。小甲将小乙推倒在地，造成骨折，花去医药费3000元。小乙的父母欲以小甲的父母、幼儿园及丙为被告，要求赔偿。下列表述哪些是正确的？（　　）

A. 小甲之母应承担赔偿责任

B. 小甲之父应承担连带赔偿责任

C. 幼儿园应给予适当赔偿

D. 丙应承担连带责任

【解答】应选AC。根据《民通意见》第158条规定，夫妻离婚后，未成年子女侵害他人权益的，同该子女共同生活的一方应当承担民事责任；如果独立承担民事责任确有困难的，可以责令未与该子女共同生活的一方共同承担民事责任。故A对B错。对于在幼儿园、学校生活、学习的无民事行为能力人或者在精神病院治疗的精神病人，受到伤害或者给他人造成损害，由于监督责任已转移到幼儿园、学校、医院，如果这些单位不能证明自己无过错，可以责令这些单位适当给予赔偿。故选C项正确而D项错误。

23. 某影楼与甲约定："影楼为甲免费拍写真集，甲允许影楼使用其中一张照片作为影楼的橱窗广告。"后甲发现自己的照片被用在一种性药品广告上。经查，制药公司是从该影楼花500元买到该照片的。下列说法哪些是正确的？（　　）

A. 某影楼侵害了甲的肖像权

B. 某影楼享有甲写真照片的版权

C. 某影楼的行为构成违约

D. 制药公司的行为侵害了甲的隐私权

【解答】应选ABC。肖像权是指公民享有的对其肖像再现、使用或许可他人使用的一种人格权。根据《民法通则》第100条规定，公民享有肖像权，未经本人同意，不得以营利为目的使用公民的肖像。制药公司从影楼花500元买到照片用在性药品广告上，超出了影楼与甲约定的范围,因此影楼的行为构成违约,并且侵害了甲的肖像权。制药公司的行为是否侵害了甲的隐私权呢?隐私权指自然人享有的对其私生活和个人秘密进行支配并不受非法干涉、未经允许不得公开的一种人格权。本题中的写真按一般理解,如无特别说明,应属于艺术照,更倾向于肖像范畴。根据《著作权法》第17条规定:受委托创作的作品,著作权的归属由委托人和受托人通过合同约定。合同未作明确约定或者没有订立合同的,著作权属于受托人。因此,影楼与甲约定内容中没有涉及著作权归属,影楼享有甲写真照片的著作权。

24.小女孩甲(8岁)与小男孩乙(12岁)放学后常结伴回家。一日,甲对乙讲:"听说我们回家途中的王家昨日买了一条狗,我们能否绕道回家?"乙答:"不要怕!被狗咬了我负责。"后甲和乙路经王家同时被狗咬伤住院。该案赔偿责任应如何承担?( )

A.甲和乙明知有恶犬而不绕道,应自行承担责任

B.乙自行承担责任,乙的家长和王家共同赔偿甲的损失

C.王家承担全部赔偿责任

D.甲、乙和王家均有过错,共同分担责任

【解答】应选C。根据《民法通则》第127条规定:饲养的动物造成他人损害的,动物饲养人或者管理人应当承担民事责任;由于受害人的过错造成损害的,动物饲养人或者管理人不承担民事责任;由于第三人的过错造成损害的,第三人应当承担民事责任。该法第12条规定:10周岁以上的未成年人是限制民事行为能力人,可以进行与他的年龄、智力相适应的民事活动;其他民事活动由他的法定代理人代理,或者征得他的法定代理人的同意。不满10周岁的未成年人是无民事行为能力人,由他的法定代理人代理民事活动。本题中,小男孩乙属于限制民事行为能力人,根据其年龄和智力因素,他对自己的"勇敢行为"是负不了责任的,故不构成"第三人过错免责"。当然甲与乙作为受害人本身并无过错。

25.甲与同事丙路过一居民楼时，三楼乙家阳台上的花盆坠落，砸在甲的头上，致其脑震荡，共花费医疗费1万元。甲以乙为被告诉至法院要求赔偿，而乙否认甲受伤系自家花盆坠落所致。对这一争议事实，应由谁承担举证责任？（　　）

A. 甲承担举证责任

B. 甲、乙均应承担举证责任

C. 乙承担举证责任

D. 丙作为证人承担举证责任

【解答】应选A。根据《民事证据规定》第4条第4项规定：建筑物或者其他设施以及建筑物上的搁置物、悬挂物发生倒塌、脱落、坠落致人损害的侵权诉讼，由所有人或者管理人对其无过错承担举证责任。据此，在该特殊侵权案件中，所有人或者管理人只对其无过错承担举证责任；而受害人应当对损害事实以及损害事实和损害行为之间的因果关系承担举证责任。本案中争议的事实是乙受到的损害事实与花盆坠落之间是否有因果关系，所以应当由受害人甲承担举证责任，正确答案是A。若乙否认自己有过错，则乙应当对此承担证明责任。

26.王某买票乘坐某运输公司的长途车，开车司机为钱某。长途车行驶中与朱某驾驶的车辆相撞，致王某受伤。经认定，朱某对交通事故负全部责任。下列哪些说法是正确的？（　　）

A. 王某可以向朱某请求侵权损害赔偿

B. 王某可以向运输公司请求违约损害赔偿

C. 王某可以向钱某请求侵权损害赔偿

D. 王某可以向运输公司请求侵权损害赔偿

【解答】应选ABD。本题中车辆相撞致王某受伤，是共同侵权行为，运输公司和朱某应承担连带赔偿责任，故AD项正确。王某与运输公司之间存在运输合同，依据《合同法》第121条、第122条规定：当事人一方因第三人的原因造成违约的，应当向对方承担违约责任。当事人一方和第三人之间的纠纷，依照法律规定或者按照约定解决。因当事人一方的违约行为，侵害对方人身、财产权益的，受损害方有权选择依照本法要求其承担违约责任或者依照其他法律要求其承担侵权责任，故 BD 项正确。钱某属职务行为，故 C 项错误。

27. 某广告公司于金某出差时，在金某房屋的院墙上刷写了一条妇女卫生巾广告。金某一个月后回来，受到他人耻笑，遂向广告公司交涉。该案应如何处理？（　　）

A. 广告公司应恢复原状

B. 广告公司应赔偿其精神损害

C. 广告公司应向金某支付使用院墙一个月的费用

D. 广告公司应为金某恢复名誉

【解答】应选 AC。本题中，金某对自己房屋的院墙享有所有权。广告公司未经所有权人许可利用他人财产，属于对他人所有权的侵犯，权利人可以要求其恢复原状、赔偿损失。支付使用费是赔偿损失的一种方式。本题是否有精神损害赔偿的存在？从最高人民法院关于《确定民事侵权精神损害赔偿责任若干问题的解释》的规定来看，精神损害赔偿只有在法律规定的情形下才能适用，而侵权他人没有纪念意义的普通财产法律并没有规定精神损害赔偿，故排除 BD 项。

28. 李某患有癫痫病。一日李某骑车行走时突然犯病，将一在路边玩耍的 6 岁儿童撞伤，用去医疗费 200 元。该案责任应如何承担？（　　）

A. 李某致害，应当赔偿全部损失

B. 双方都无过错，应分担责任

C. 儿童家长未尽到监护责任，应由其承担损失

D. 应根据双方经济情况分担损失

【解答】应选 BD。根据《民法通则》第 132 条的规定：当事人对

造成的损害均无过错的，可以根据实际情况，由当事人分担民事责任。本题中李某患有癫痫病，且突然犯病，对儿童的受伤没有过错，儿童也没有过错。双方均无过错的，应当由双方根据实际情况分担损失。此题还可以采用排除法答题。如果确定由李某或者儿童家长承担责任的，则答案都是唯一的，因此可以排除AC选项。

29. 高中生钱某于1980年9月2日出生。1998年6月1日在校将同学李某打伤，致其花去医药费2000元。钱某毕业后进入一家炼钢厂工作。1999年2月，李某起诉要求钱某赔偿医药费。该民事责任应由谁承担？（　）

A. 钱某承担，因钱某诉讼时已满18周岁，且有经济能力

B. 钱某之父承担，因钱某在侵权行为发生时末满18周岁，没有经济能力

C. 主要由钱某之父承担，钱某适当赔偿

D. 主要由钱某承担，钱某之父适当赔偿

【解答】应选A。依据是《民通意见》第161条第1款：侵权行为发生时行为人不满18周岁，在诉讼时已满18周岁，并有经济能力的，应当承担民事责任；行为人没有经济能力的，应当由原监护人承担民事责任。

30. 甲乙各牵一头牛于一桥头相遇。甲见状即对乙叫道："让我先过，我的牛性子暴，牵你的牛躲一躲"。乙说"不怕"，继续牵牛过桥，甲也牵牛上桥。结果两牛在桥上打架，乙的牛跌入桥下摔死。乙的损失应由谁承担？（　）

A. 甲应负全部赔偿责任

B. 应由乙自负责任

C. 双方按各自的过错程度承担责任

D. 双方均无过错，按公平责任处理

【解答】应选C。本题考查过错责任原则。根据《民法通则》第106条第2款规定：公民、法人由于过错侵害国家的、集体的，侵害

他人财产、人身的,应当承担民事责任。过错违反的是对他人的注意义务,表明了行为人主观上的应受谴责性,是对行为人行为的否定评价。本题中甲虽然先告诉乙其牛性子暴,要求乙躲一躲,但乙没有理会,继续牵牛过桥,结果二牛在桥上打架,乙的牛跌入桥下摔死。由此,甲乙二人本来均有义务阻止,但没有尽到责任导致了损害结果的发生,二人对此都有过错,应按照双方各自的过错程度承担责任。

31. 一住店客人拒付房钱一早离开旅馆去车站,旅馆服务员见状揪住他不让走,并打报警电话。客人说“你不让我走还限制我自由,我要告你们旅馆,耽误了乘火车要你们赔偿”。旅馆这样做的性质应如何认定?(　)

A. 属于侵权,系侵害人身自由权

B. 属于侵权,系积极侵害债权

C. 不属于侵权,是行使抗辩权之行为

D. 不属于侵权,是自助行为

【解答】应选 D。民事权利的保护方法分公力保护和自力保护两种。民事权利的自力保护方法包括:自卫行为;自助行为等。自助行为具备四个要件:一是为保护自己的权利;二是情势紧迫来不及请求公力救济;三是采取的手段适当;四是事后及时请求有关国家机关处理。而侵权行为是指行为人侵害他人的财产或者人身权利,依法应承担的民事责任的不法行为。本题中住店客人因未付房钱即要离开,而被旅馆服务员揪住不让走,并打报警电话,这一行为完全符合自助行为的构成要件,不构成侵权。

32. 送奶人误将王某订的牛奶放入其邻居张某家的奶箱中,张不明所以,取而弃之。张某行为的性质应如何认定?(　)

A. 构成不当得利　　B. 构成侵权行为

C. 构成无权代理　　D. 并无不当

【解答】应选 D。不当得利是指没有法律或合同上的根据取得利益，而使他人受到损失的事实。根据《民法通则》第92条规定：没有合法根据，取得不当利益，造成他人受损失的，应当将取得的不当利益返还受损失的人。本题中张某不明所以将牛奶取而弃之，即张某并没有取得利益使其财产增多，不符合不当得利的构成要件，因此可排除选项A。本题中送奶人误将王某订的牛奶放入其邻居张某家的奶箱中，张某不明所以取而弃之的行为不属于违反民法对权利保护规范的不法行为，因此可排除选项B。本题中张某与王某之间不存在代理关系，因此可排除选项C。

33. 某商场家电部一员工在布置展台时，一通电的取暖器石英管突然爆裂，致其受伤。后查明事故原因是由于厂家不慎将几台质检不合格商品包装出厂。该员工欲通过诉讼向商家索赔，但不知应以产品责任还是以产品质量瑕疵担保为由诉讼。下列关于二者区别的表述中哪些是正确的？（　）

A. 前者需要有现实损害，后者不需要

B. 前者属于侵权行为，后者属于违约行为

C. 前者的责任承担形式主要是损害赔偿，后者则主要为修理、更换

D. 前者可以直接向法院起诉，后者一般先向合同相对人要求补救或赔偿

【解答】应选ABCD。产品瑕疵是指产品质量的瑕疵。产品瑕疵的民事责任，通常简称“产品责任”。根据《民法通则》第122条规定：因产品质量不合格造成他人财产、人身损害的，产品制造者、销售者应当依法承担民事责任。产品责任是侵权责任。瑕疵担保责任是指出卖人就其所交付的标的物达不到符合法定或者约定的品质，而应承担的民事责任。瑕疵担保责任是违约责任。出卖人负担瑕疵责任，可以无偿更换、修理等方式补正履行，或减少价金；在标的物瑕疵使合同目的不能实现时，买受人可以解除合同。

34. 甲请A搬家公司搬家，A公司派出B、C、D三人前往。在

搬家过程中，B发现甲的掌上电脑遗落在一角，便偷偷藏入自己腰包；C与D在搬运甲最珍贵的一盆兰花时不慎将其折断，为此甲与C、D二人争吵起来，争吵之时不知是谁又将甲阳台上的另一盆鲜花碰下，砸伤路人E。B、C、D见事已至此便溜之大吉。请问下面哪些说法是正确的？（　）

A. 甲可以要求A公司赔偿名贵兰花被折断造成的损失

B. 甲可以要求A公司承担没有履行搬运任务的违约责任

C. 路人E可以要求甲、C以及D承担连带赔偿责任

D. 甲可以就丢失掌上电脑的损失要求A公司承担赔偿责任

【解答】应选ABC。本题中甲请A搬家公司搬家，甲与A公司之间便成立了物品运送合同。在搬家过程中，C与D在搬运甲最珍贵的一盆兰花时不慎将其折断，给甲造成损失，应由作为承运人的A公司应承担赔偿责任。甲与C、D二人争吵之时不知是谁将甲阳台上的另一盆鲜花碰下，砸伤路人E。此侵权行为应按照过错推定责任认定。根据《民法通则》第126条规定：建筑物或者其他设施以及建筑物上的搁置物、悬挂物发生倒塌、脱落、坠落造成他人损害的，它的所有人或者管理人应当承担民事责任，但能够证明自己没有过错的除外。因此E有权要求甲、C以及D承担连带赔偿责任，故选项C为正确说法。B、C、D见一盆鲜花碰下砸伤路人便溜之大吉，A公司便构成对物品运送合同的违约，应承担违约责任。在搬家过程中，B发现甲的掌上电脑遗落在一角，便偷偷藏入自己腰包，此行为为个人行为，与A公司所承担的运送等义务无关，甲应当要求B本人承担责任。

35. 甲购买一辆汽车，在开回的路上，因刹车失灵而翻车受伤。在此情形下，他可以请求谁承担何种责任？（　　）

A. 请求商家承担违约责任

B. 请求厂家同时承担违约和侵权责任

C. 请求厂家承担侵权责任

D. 请求厂家承担侵权责任，同时请求商家承担违约责任

【解答】应选 AC。本题中甲购买汽车后，在开回的路上，因刹车失灵而翻车受伤。这其中既存在汽车销售商家或者生产厂家所承担的违约责任，也存在甲因翻车受伤造成的侵权责任。发生民事责任竞合，两种责任既不能相互吸收，又不能同时并处，根据《民法通则》第 122 条规定，只能选择承担其中的一项责任。甲只能选择其一而不能同时要求承担两种责任。故选项 BD 应予排除。

二、判断题

1. 侵权行为人是否承担无过错责任由人民法院来决定。

【解答】错误。根据《民法通则》第 106 条第 3 款规定，侵权行为人是否承担无过错责任由人民法院根据法律的规定来决定。

2. 我国民法通则确认无过错责任原则为一般侵权责任归责原则。

【解答】错误。根据《民法通则》第 106 条第 2 款规定，一般侵权责任归责原则是过错责任原则。

3. 侵权行为是由行为人的自由意思决定的单方行为。

【解答】错误。行为人根据其自由意思决定的单方行为是民事法律行为，民事法律行为是一种合法行为。而侵权行为是非法行为，所以侵权行为是行为人侵害他人合法权益的非法行为。

4. 经本人承诺，行为人的行为对本人造成人身伤害的，不视为侵权行为。

【解答】错误。造成他人人身受到伤害的行为，即使经过受害人本人承诺或同意，也是侵权行为，但可以减轻或免除加害人的侵权责任。

5.依我国民法通则的规定，动物致人损害的侵权责任是一种过错推定责任。

【解答】错误。根据《民法通则》第 127 条规定，动物致人损害责任是无过错责任。

6.共同侵权行为的构成须以各加害人主观上存在着共同故意为要件。

【解答】错误。根据《人身损害赔偿司法解释》第 3 条规定，共同侵权行为须以各加害人主观上存在共同过错为要件，而不仅以共同故意。

7.建筑物或者其他设施以及建筑物上的搁置物、悬挂物致人损害的侵权责任是一种过错推定责任。

【解答】正确。根据《民法通则》第 126 条以及《民事诉讼证据规定》第 3 条第 4 项规定。

8.机动车驾驶员因交通事故致人损害的赔偿责任是无过错归责原则，因此在确定机动车致人损害的案件中，无须考虑其过错而承担全部赔偿责任。

【解答】错误。根据《道路交通安全法》第 76 条规定。

9.《民法通则》第 125 条规定，在公共场所、道旁或者通道上挖坑、修缮安装地下设施等，没有设置明显标志和采取安全措施造成他人损害的，施工人应当承担民事责任。施工人承担民事责任的归责原则是无过错归责原则。

【解答】错误。根据该规定，施工人在施工时应当履行设置明显标志和采取安全措施的义务。没有履行该义务，推定施工人主观上存在过错。施工人只有证明自己履行了该义务才能证明自己不存在过错，故该条规定的是过错推定责任原则。

10.产品责任是无过错责任，瑕疵责任也是无过错责任，两种责任本质上是同一种责任。

【解答】错误。尽管产品责任与瑕疵责任两者都是无过错责任，但前者是侵权责任，后者是违约责任。两种责任在本质上并不完全相同。

11. 环境污染责任的归责原则是无过错责任原则，其因果关系是法律推定因果关系。

【解答】正确。根据《民法通则》第124条以及《民事诉讼证据规定》第3条第3项对此作有明确规定。

12. 医疗机构及其医务人员在医疗活动中的医疗行为是否构成医疗事故，法律推定其实施医疗行为时主观上存在过错，且医疗行为与损害之间存在因果关系。

【解答】正确。根据《民事诉讼证据规定》第3条第8项规定确定本题正确。

13. 高度危险作业致人损害的责任采取无过错责任原则。

【解答】正确。根据《民法通则》第123条规定。

三、名词解释

1. 侵权行为

【解答】是行为人由于过错侵害他人的财产和人身权利，依法应当承担民事责任的行为，以及依法律特别规定应当承担民事责任的其他损害行为。

2. 一般侵权行为

【解答】是行为人基于过错导致他人损害而承担损害赔偿责任的侵权行为。

3. 特殊侵权行为

【解答】是行为人虽无过错，但他人的损害确实是与行为人的行为、事件或特别原因有关且依法律的特别规定而应负损害赔偿责任的行为。

4. 过错责任原则

【解答】是以行为人实施侵权行为时主观上具有故意或过失，

作为其承担侵权责任的构成要件，并且是以过错的大小作为确定责任范围的重要依据。

5. 过错推定责任原则

【解答】指在法律特别规定的场合，从损害事实本身推定加害人有过错，加害人就自己造成的损害在不能证明自己没有过错情况下，应当承担损害赔偿责任的归责原则。

6. 无过错责任

【解答】指基于法律特别规定，加害人对其行为或物件造成的损害即使没有过错，也应当承担损害赔偿责任。

7. 公平责任原则

【解答】是加害人和受害人对造成的损害事实均没有过错，而法律无特别规定由加害人承担责任的情况下，法院根据公平观念，在考虑当事人的财产状况、支付能力等实际情况的基础上，判令加害人或受益人对受害人所受损失予以补偿。

8. 故意

【解答】是行为人预见到损害结果，并希望或放任该结果的发生的心理状态。包括直接故意与间接故意。

9. 过失

【解答】是行为人对自己行为的结果应当预见或者能够预见而没有预见，或虽预见却轻信这种结果可以避免的心理状态。前者称为疏忽；后者称为懈怠。

10. 违法阻却事由

【解答】又称为免责事由，指一方当事人对另一方当事人所提出赔偿请求而提出该赔偿请求不成立或不完全成立的事实。

11. 自助行为

【解答】指权利人为了保护自己的合法权益，因情况紧急而无法请求国家机关救济的情况下所采取的自力救济措施。

12.产品责任

【解答】是有缺陷的产品造成他人财产、人身损害，该产品的制造者、销售者所应承担的民事赔偿责任。

13.共同侵权行为

【解答】指二人或二人以上，基于共同过错而侵害他人的合法权益，或虽无共同过错，但其侵害行为直接结合发生同一损害后果，依法应当承担连带赔偿责任的侵权行为。

14.无意思联络的数人侵权行为

【解答】指数个行为人事先并无共同的过错，而因为行为偶然结合致使同一受害人同一损害。

15.共同危险行为

【解答】又称“准共同侵权行为”，指数人实施的、造成他人损害的而又不可能确定造成该损害原因的行为。

17.损益相抵规则

【解答】指赔偿请求权人基于发生损害的同一原因获得利益的，在计算赔偿额时应当予以扣除，赔偿义务人仅赔偿扣除后数额损失的规则。

18.过错相抵规则

【解答】指在侵权行为中，行为人与受害人对于损害的发生和扩大都存在过错，确定损害赔偿数额时，按照双方当事人的过错程度以及原因力大小为计算依据的规则。

19.精神抚慰金

【解答】指加害人向精神伤害的受害人赔偿的，在一定的程度上对受害人的精神伤害进行抚慰的一定数额的金钱。

20.特殊之物

【解答】指具有人格象征意义的特定纪念物品，以及所有权人对该物存在特殊感情的物品，比如初恋的信件，结婚照片，结婚典礼的摄影带，骨灰，尸体等物。

四、简答题

1. 侵权行为的归责原则。

【解答】侵权行为的归责原则，随着社会变化和发展而在不断变化和发展的。现代社会侵权行为的归责原则主要包括以下几种：(1)过错责任原则。这是指以过错作为归责的最终构成要件，并且以过错作为确定责任范围的重要依据。过错责任原则在侵权行为的归责原则中处于主导和统帅地位，过错推定原则、公平责任原则是对过错责任的补充，而无过错责任仅是特例。过错责任的特点在于：一是相对于违法行为、损害事实及其因果关系等构成要件而言，过错是归责的最终要件，无过错即无责任。根据“谁主张，谁举证”原则，受害人对加害人的过错承担举证责任。二是依过错程度确定责任范围。(2)过错推定责任原则。这是指只要受害人能够证明所受损害是加害人的行为或者物件所致，即推定加害人存在过错并应当承担民事责任。过错推定责任的特点在于：第一，免除了受害人对加害人的过错所承担的举证责任。第二，由被告就自己没有过错承担举证责任。第三，过错推定责任作为一项归责原则主要适用于民法通则规定的几种特殊侵权行为。(3)公平责任原则。这是指加害人和受害人对造成的损害事实均没有过错，而根据公平的观念，在考虑当事人的财产状况、支付能力等实际情况的基础上，责令加害人或者受益人对受害人所受损失给予补偿。其特点在于：第一，归责上仍然考虑过错，只是当事人均无过错，故有公平责任适用的余地。第二，以社会公平观念作为归责的基础。第三，公平责任主要适用于财产责任，在责任的具体分担上主要考虑损害事实、双方的财产状况、支付能力等实际情况。第四，公平责任的目的在于减轻而非补足受害人所受损失。公平责任主要适用于监护人(已尽监护责任)责任和紧急避险(自然原因引起危险)人、受益人责任。(4)无过错责任。这是指基于法律的特别规定，加害人对其行为造成的损害没有过错也应当承担民事责任。无过错责任的适用范围非常狭小，且不具有法律责任的教育和预防功能，不能成其为一项归责原则。无过错责任的特点在于：第一，归责不考虑加害人和受害人的过错。第二，归责无须推定加害人主观上存在过错。第三，损害事实和加害人行为或者物件之间的因果关系是归责的最终要件。第四，责任的承担完全基于法律的特别规定，不得任意扩大无过错责任的适用范围。

2.共同侵权行为有哪些特征？

【解答】共同侵权行为，是指两个或者两个以上的行为人，由于共同的过错致他人合法权益损害，应当承担连带责任的侵权行为。如教唆、帮助他人实施侵权行为的，教唆人和行为人构成共同侵权人。共同侵权行为具有如下特征：(1)主体的复数性：共同侵权行为区别于单独侵权行为的首要特征是其主体构成上的复数性。复数性，是指共同侵权行为的加害人为两个或者两个以上。而单独侵权行为的加害人为一人。(2)过错的共同性：共同性，是指特殊侵权行为的加害人主观上存在共同过错，即加害人对损害后果的发生存在共同的故意或者过失。各加害人的行为具有关联性、同一性和不可分割性，而且构成损害后果发生原因不可或缺的一部分。(3)结果的同一性：同一性，是指数个加害人的侵权行为造成一个、不可分割的损害后果。换言之，数个加害人的侵权行为的损害后果只有一个，而且各侵权行为与损害后果之间存在因果关系。(4)责任的连带性：连带性，是指共同侵权人对受害人承担连带责任。受害人有权请求加害人中的任何一人或者数人承担全部损害赔偿责任，任何加害人都有义务向受害人负全部赔偿责任。加害人中的任何一人或者数人向受害人清偿全部责任后，免除其他加害人对受害人的民事责任。承担责任超过自己应当承担的份额的加害人，有权向其他加害人追偿。共同侵权中，加害人之间的责任分配，通常以各自的过错程度及其行为与损害后果之间的因果关系确定。

五、论述题

试论侵权责任与违约责任的区别。

【解答】侵权责任，指行为人因过错而实施侵权行为或虽无过错但法律规定行为人所应当承担民事责任。违约责任，指当事人一方不履行合同债务，或其履行不符合合同约定或法律规定时，对另一方当事人所应承担的赔偿损失、支付违约金、强制实际履行等民事责任。两者存在以下区别：(1)归责原则不同。前者以过错责任为原则，以过错推定责任、公平责任、无过错责任为补充；后者以无过错责任为原则，过错责任为补充。(2)构成要件不同。前者的一般构成要件有：非法行为、损害后果、因果关系、主观过错，在无过错责任场合，其构成要件为：非法行为、损害后果、因果关系；后者的构成要件主要有：违约行为、损害后果及因果关系。(3)举证责任不同。前者，在一般侵权责任中，受害人应对侵权责任构成要件负举证责任；在过错推定责任中，加害人应对自己不存在过错的事实负举证责任；在无过错责任中，加害人即使能够证明自己实施行为时不存在过错，亦需承担侵权责任；另外在实行法定因果关系推定的场合中，加害人还需证明非法行为与损害后果之间不存在因果关系，因此侵权责任因侵权行为种类不同其举证责任存在较大差异。后者应对违约责任的全部构成要件负举证责任。(4)免责条件不同。前者有不可抗力、免责条款及其他。后者根据法律具体规定情况定。(5)责任形式不同。前者主要有返还财产、恢复原状、赔偿损失、消除影响、恢复名誉、赔礼道歉等责任形式；后者主要有继续履行、采取其他补救措施和赔偿损失等责任形式。(6)损害赔偿的范围不同。后者是一种财产责任，原则上仅限于财产损害赔偿；前者除此以外包括非财产损害赔偿，包括时间无益耗费的赔偿和精神损害赔偿。(7)对第三人的责任不同。在侵权法律关系中，只存在加害人与受害人双方当事人，不存在所谓第三人问题，因此加害人不存在对第三人的责任问题；在违约法律关系中，除合同双方当事人之外，有些合同往往存在与该合同关系有关的第三人，因此存在违约方对第三人的责任问题，如利他合同中的第三人，是合同当事人；而涉他合同中的第三人，不是合同当事人。(8)诉讼时效不同。侵权纠纷的诉讼时效一般为2年。有的为1年，如侵害他人人身权利的争议。有的为3年，如环境侵权的争议。违约责任争议的诉讼时效一般为2年。也有的为1年，如出售质量不合格的产品、拒付或延付租金、寄存物丢失或损毁。也有的为4年，如因国际货物买卖合同和技术进出口合同争议。

六、案例分析

1. 张某在一风景区旅游，爬到山顶后，见一女子孤身站在山顶悬崖边上，目光异样，即心生疑惑。该女子见有人来，便向悬崖下跳去，张某情急中拉住女子衣服，将女子救上来。张某救人过程中，随身携带的价值2000元的照相机被碰坏，手臂被擦伤；女子的头也被碰伤，衣服被撕破。张某将女子送到山下医院，为其支付各种费用500元，并为包扎自己的伤口用去20元。当晚，张某住在医院招待所，但已身无分文，只好向服务员借了100元，用以支付食宿费。次日，轻生女子的家人赶到医院，向张某表示感谢。问题：

(1)张某与轻生女子之间存在何种民事法律关系？

(2)张某的照相机被损坏以及治疗自己伤口的费用女子应否偿付？为什么？

(3)张某为女子支付的医疗费等费用能否请求女子偿付？为什么？

(4)张某向服务员借的100元，应当由谁偿付？为什么？

(5)张某能否请求女子给付一定的报酬？为什么？

(6)张某应否赔偿女子衣服损失？为什么？

【解答】(1)因张某的救助行为使二者之间发生无因管理的法律关系。

(2)应当由女子偿付。因为此系张某实施管理行为所造成的，而且张某自己没有过失。或答“此系实施无因管理而发生的损失和合理的费用”亦可。

(3)能。因为此为张某在管理事务中支出的必要费用。

(4)由女子偿付。因受益人对无因管理行为中发生的正当债务有清偿的义务。或答由张某偿付。因该款系张某所借，基于合同相对性原理，应当由张某偿付。

(5)不能。因为无因管理是无偿性的。

(6)不应赔偿。因为此系在紧急情况下无过失造成。

2. 10名原告和被告生活在同一村庄。一个盛夏的中午，原告在田间劳作，原告之一私自采摘位于农田附近的鱼塘边的、被告荔枝树上的果实，与其他9名原告一起分食。因荔枝树刚喷洒农药，原告食用果实之后全部中毒。原告起诉被告，被告的抗辩事由包括：(1)被告是荔枝树的所有者，被告向自己所有的荔枝树喷洒农药属管理个人财产的正当作业；(2)所有者对偷窃者的安全没有注意义务，所有者对于分享窃得物的人也没有注意义务。问：

(1)假如你是原告聘用的律师，你如何反驳被告的抗辩事由？

(2)假如荔枝树不是在农田附近的池塘边，而是在被告的园墙内，原告翻越园墙，偷食荔枝中毒，你的反驳理由有什么不同？

【解答】(1)作为原告的律师，可进行反驳如下：第一，被告的荔枝树位于公众可以接近的池塘边，被告在荔枝树上喷洒农药，与他在公众场所喷洒农药没有实质区别，因此，被告对可能受到农药影响的人、畜和环境负有注意义务。承担这样的注意义务，对于被告并不是一种苛刻的要求，被告只需要在荔枝树或者周围建立警示标志，就能使人们远离因沾染农药而存有危险的荔枝树。第二，当所有者把一个属于他所有的、存在安全隐患的物品安放在公众可以接近的场所时，他应当对可能接近该物品的人发出“慎勿靠近”的警示；如果该物品是含有毒药的食品，他应当警告可能接近该物品的人“本品有毒，切勿食用”，无论可能接近该物品的人是诚实君子、还是小偷。

(2)如果荔枝树位于被告园墙内，原告翻越园墙，私自摘取果实，与他人分食，食用者全体中毒，被告仍然应当承担责任。喷洒农药之后的荔枝存在危险，被告处于防止危险“外移”的恰当位置——被告只要进行警示，就能防止危险发生，而且，防止危险的成本大大低于危险造成的损失。

3. 甲骑自行车载乙，丙驾驶一辆方向盘失灵的轿车(证据表明：轿车的方向盘存在设计缺陷，但这一缺陷是丙在驾车上路之前和驾车过程中都能注意到的)，从后面撞倒甲的自行车，甲、乙受伤；当丙紧急刹车时，丁驾驶的一辆卡车从后面撞上丙的轿车，丙的轿车严重损坏；丁的卡车设有安全气囊(卡车说明书称：“当汽车以时速 45 公里以上的速度撞击其他物体的时候，安全气囊就会张开”)，两车首尾相撞时，车速为 50 公里，但安全气囊没有张开，丁亦受伤。丙将甲、乙、丁送到医院治疗，医院要丙预交押金 5000 元，丙无钱交纳，故医院拒收病人。丙将甲、乙、丁转到另一医院救治。根据你掌握的侵权法知识，试分析：甲、乙、丙、丁当事人得分别以什么理由，向谁主张何种损害赔偿？(提示：按照侵权行为的类型进行分析、思考和论述，务必简明扼要。)

【解答】(1)甲、乙可主张：丙为道路交通事故的过错方，丙的驾驶疏忽造成了甲、乙的人身伤害。若丙以甲、乙违反交通规则为抗辩理由，主张减轻责任，甲、乙则可主张：无论骑车是否载人，丙驾车失控、从后面撞倒自行车的事故都会发生，故骑车载人与损害之间并不存在因果关系。

(2)一般来说，丙购买了汽车财产险、第三者责任险，丙的车辆损失和丙对甲、乙的赔偿责任，都可从保险公司获得赔付。保险公司理赔之后，可向轿车生产商、销售商提起缺陷产品致人损害之诉。

(3)丙不紧急刹车，丁就不会驾车追尾，故丁可向丙主张过失驾驶致人损害的赔偿；若安全气囊张开，丁即使追尾也未必受伤，故丁可向卡车生产商、销售商提出缺陷产品致人损害之诉。

(4)在紧急情况下，医院拒绝抢救伤员，违反了法定义务，若贻误甲、乙、丁三人的救治，理应承担因此造成损害扩大部分的赔偿责任。

第三部分　拓展与探讨

＊侵权行为法的发展趋势

近几十年来，在整个民法领域，侵权行为法发展是最为迅速的，主要表现为：

(一)侵权法保护对象日益扩张

1.侵权行为法保护的权利范围在不断扩张。侵权行为法最早主要保护财产权。以后，因知识产权不断发展，知识产权纳入到侵权的对象中。从20世纪的第二次世界大战以后，由于人格权概念的产生和发展，侵权的对象又扩张到人格权领域。现在有不少学者认为，侵权行为法保障的对象不仅是财产权、人格权、知识产权等绝对权，还应包括债权。

2.侵权行为法保护对象不限于民事权利，包括合法利益。现代侵权行为法不仅保护民事权利，而且保护尚未被确认为民事权利的合法利益。商业欺诈、滥用权利、侵害债权、妨害邻居等一些新的侵权责任制度的产生和确立，表明现代民法有加强对合法利益保护的趋势。在许多国家，侵权案件发生之后，法官不要求受害人就何种权利遭受侵害进行举证，受害人只要能够证明自己遭受了损害即可。如甲没有经过乙的允许将乙的车开出去两小时，然后还回来了。甲侵害了乙的何种权利？毫无疑问，他把车开出去期间，造成乙不能用车，这就是乙的损失，所以甲应当赔偿。我国审判实践也有很多新案例体现了对受害人合法利益的保护。如甲在乙正在装修的房屋里自杀，导致乙全家在很长时间内不敢居住，乙受到的损害无法在民法中找到相对应的民事权利。

（二）侵权行为类型的多样化

传统侵权行为法的类型是很单一的，如《法国民法典》只用一条（第 1382 条）概括各种侵权行为类型。现代侵权行为法的一个重要的变化就是随着其保障范围扩张，侵权行为的类型也在逐步地多样化。不仅一般侵权行为保障范围在不断扩张，而且各种特殊的侵权行为也大量涌现。由于现代工业与高科技的发展，人类社会生活中的危险事故也频频发生，各种高度危险责任已经成为现实生活中的严重问题。随着现代市场经济的发展，许多产品因缺陷而致人损害，消费者常常处于难于举证的境地。信息网络技术的发展导致各种利用网络从事的侵权行为也越来越频繁发生，对个人的隐私、名誉都构成了越来越大的挑战与威胁，因此，网络侵权也在侵权责任中占据着越来越重要的位置。现代社会中专业化的分工越来越细密，在多个领域产生一大批专家，如会计师、律师、医师等，这些专家因其提供专业服务的缺陷也会致人损害。这些特殊的侵权行为，既是现代社会所面临的严峻的社会问题，也是当代侵权行为法调整与规范的重点对象。特殊侵权行为的类型化代表未来侵权法发展的趋势。

（三）违反保护他人义务的责任在侵权行为法中的迅速发展

《德国民法典》明确规定了违反保护他人义务的法律责任。德国法官围绕这一责任作出了许多经典判例，我国台湾地区民法大量借鉴了德国法的经验。违反保护他人义务的民事责任确定为一种侵权责任,是侵权行为法的发展的新动向。它突破了传统侵权行为法自己责任原则。我国侵权行为法是否应当确立"违反保护他人义务的责任"制度,一些学者持怀疑态度。他们认为,侵权行为法引入这一制度将会产生一定的副作用:侵权行为法的基本原则是自己责任,如果引入违反保护他人义务的责任制度,可能会使无辜的人承担责任,会限制人们的行为自由。多数学者认为侵权行为法确立这一制度是有必要的。因为在违反保护他人义务的情况下,仍然坚持过错责任,它主要适用于在找不到真正的行为人的情况下,由违反保护义务的人承担责任,这有利于保护受害人的利益。

(四)赔偿责任的多样化

传统侵权行为法主要以物权保护为内容,因此在赔偿责任上主要采取损害赔偿的补救方式。损害赔偿是反映交易法则的一种交换形式,又是一种民事责任形式,在学说上,又被称为"非自愿的交易"。损害赔偿是对财产权的侵害最适当的救济方式,当侵权行为法的保护对象向人格权、知识产权等权利扩张以后,责任形式也就多样化了。不仅仅有财产的损害赔偿,还有恢复名誉、停止侵害、赔礼道歉等,尤其是精神损害赔偿。精神损害赔偿是对人格权侵害的一种非常好的补救方式。当然,它主要是针对自然人的人格权遭受侵害而给予的赔偿,对于法人是不适用这种赔偿方式。精神损害赔偿制度的产生和发展,是当代侵权法发展的一个重要趋势。有一些国家(如德国),在危险责任中也开始适用精神损害赔偿。过去,危险责任不适用精神损害赔偿,因为精神损害赔偿具有惩罚性,而危险责任已经体现了一定的惩罚性。近几十年来,惩罚性赔偿在英美法系国家,特别是美国得到迅猛发展。这对于大陆法也有很大的影响,在德国及其他大陆法国家也出现了惩罚性赔偿的个别判例。惩罚性赔偿注重惩罚的功能,兼顾教育功能。补偿性损害赔偿对于富人来说,给他提供可能是一种损害他人的权利，他有钱，不在乎赔偿。所以，补偿性损害赔偿，没有考虑到贫富悬殊的现实，以此为视角，它不能完全体现社会的公平和正义。承担怎样的赔偿责任才能对富人起到惩戒、教育作用？只有让他们赔偿高于损失的金钱，甚至大大高于损失，罚到行为人刻骨铭心，才可能对富人起到惩罚、教育作用，真正起到遏制富人侵权。

（五）因果关系理论的发展

过去，侵权行为都相对较简单明确，行为人和损害后果常常是单一的，此种一因一果的因果关系的判断相对简单。因此，从“条件说”到“原因说”，再到“相当因果关系说”，传统因果关系理论基本上可以解决绝大多数侵权案件中因果关系的判断问题。如今，侵权行为的类型多样化、复杂化，尤其是现代工业的发展造成了各种危险事故，其中的因果关系判断越来越复杂，从而导致对过错的认定和因果关系的认定变得越来越困难。受害人常因距离损害发生的原因比较远，或者因技术上的障碍、信息不对称、经济实力等原因而造成举证的困难，受害人往往难以确定损害发生的原因。为了应对各类复杂的侵权行为，现代侵权行为法的因果关系理论得到了迅速的发展，主要表现在：

1. 相当因果关系理论得到了发展。相当因果关系说，是将因果关系的判断分为两个步骤：第一步，判断事实上的因果关系。王泽鉴教授将事实上的因果关系称为“条件关系”或“条件上的因果关系”。第二个步骤是法律上因果关系的判断。王泽鉴教授将法律上的因果关系称为“因果关系的相当性”。相当性的判断实际上是一种法律上的价值判断。

2. 判断因果关系的理论呈现多样化。在因果关系的判断过程中，越来越强调价值判断。这实际上给予了法官在因果关系的判断方面拥有更大的自由裁量权。在德国，判断因果关系学说的法规目的说，现已成为德国的通说。该说认为：损害只有处于法规保护的范围内，或符合法规目的，才能得到救济。因此，侵权行为所产生的赔偿责任，应就侵权行为法规的意义与目的进行探讨，尤其应当探讨其本旨意在保护何种利益。

3. 推定因果关系的出现。在美国法中，已经出现了推定因果关系理论。如辛德尔案件，原告辛德尔的母亲在怀孕期间曾经服用了一种叫做DES的保胎药，该保胎药导致原告患上了癌症，于是原告把所有生产这种药的8家药品制造商都告上了法庭，起诉要求赔偿。法院审理后认为，法院在决定每一个被告所应承担的责任时，根据一定时期内各个被告作为个别制造者投入市场的产品数量与所有市场总量的比例，推定与原告损害之间的因果关系，从而确定各被告所应承担的责任。

＊实践中因果关系认定的规则和方法

确定因果关系的目的在于确定行为人的侵权责任，但并不是认定了行为与结果之间存在因果关系就判决由行为人承担民事责任，还需要考虑侵权行为责任的其他构成要件。实践中认定因果关系，主要是通过从诸多现象中寻找到引起损害后果的因素，并说明这些因素与损害后果之间的内在联系的规则和方法来进行的。

(一)认定因果关系的基本规则

在认定因果关系时，应依以下规则依次进行：

1. 直接因果规则。如果某一违法行为直接导致某一损害后果的产生，则该违法行为是该损害结果的直接原因。行为与结果之间具有直接因果关系的，无须再适用其他因果关系理论判断。有些案件，尽管有其他条件介入，但原因行为与损害结果之间自然连续，并未被该条件打断，则并不影响该行为作为直接原因，应当认定原因行为与损害结果之间具有因果关系。如甲因长期饮用乙厂生产的含有致胃癌物质的啤酒，患有胃癌。经查明，甲也食用其他可能致癌的食物。此案中，导致甲患胃癌的直接原因是饮用了乙厂生产的啤酒，尽管有“甲曾食用过其他可能致癌的食物”这一条件介入，但乙的违法行为与甲的损害结果之间的自然连续并未打断。因此，可以认定乙的违法行为与是甲的损害结果的直接原因。

2.相当因果关系规则。相当因果关系不仅是一个技术性的因果关系，更是一种法律政策的工具，乃侵权行为损害赔偿责任归属之法的价值判断。在违法行为与损害结果之间有其他条件介入而导致因果关系难以判断的情况下，应采用相当因果关系理论判断。台湾地区判例及学说对相当因果关系的认定，均采用下公式：无此行为，虽不必生此损害；有此行为，通常即足生此种损害者，是为有因果关系。无此行为，必不生此种损害；有此行为，通常亦不生此种损害者，即无因果关系。(1)“无此行为，虽不必生此损害”，系采条件说，用以排除与损害不具有因果关系的行为。(2)“有此行为，通常即足生此种损害”，系指因果关系的“相当性”，并从积极方面加以界定之。“有此行为，通常亦不生此种损害者”，则从消极方面加以界定，其目的在于排除“非通常”的条件因果关系。(3)因果关系的“相当性”系以通常足生此种损害为判断基准。简而言之，确定因果关系，应依行为时的一般社会经验和知识水平作为判断标准，认为该违法行为有引起该损害结果的可能性，而事实上该违法行为又确实引起该损害结果的发生，则该违法行为与该损害结果之间有因果关系。

3.推定因果关系规则。疫学说、盖然性说实质上是推定因果关系的学说，只能适用于特定场合。适用该规则的目的保护弱者，其要领是：在受害人处于弱势的场合，没有办法完全证明因果关系时，只要原告举证证明到一定程度，就推定违法行为与损害后果之间存在因果关系，然后由被告举证证明自己的行为与损害结果之间没有因果关系。适用推定因果关系时，应注意以下几点：(1)应分清违法行为与损害结果之间在时间上的先后顺序；(2)应确定违法行为与损害后果之间是否存在客观的、合乎规律的联系；(3)由于因果关系是推定的，因而，我们应当合理排除可能导致损害后果发生的其他因素。推定因果关系规则主要适用于以下场合：(1)环境污染案件；(2)医疗事故案件；(3)其他有必要适用推定因果关系的案件。

(二)因果关系检验方法

在实践中，我们得出了违法行为与损害结果之间存在因果关系的结论，该结论是否正确，可以通过以下三种方法加以验证：

1. 反证检验法。反证检验法的要件是，如果没有某违法行为，损害结果也会出现吗？如果回答是肯定的，则该行为不是该损害结果发生的原因；如果没有被告的违法行为，原告的损害就不会发生的话，那么被告的违法行为就是损害发生的一个原因。这并不排除还存在其他相关的原因。

2. 剔除法。剔除法特点是思维上重建一个拟制的模式，排列各种可能的原因现象，然后一个接一个地剔除这些现象，观察结果现象是否会发生。如果某一现象被剔除时结果现象仍然发生，则认定被剔除的现象不是原因。

3. 代替法。代替法不是把加害人的行为从案情中剔除出去，而是在思维模式上将其加害行为由一合法行为所取代。如果被取代后，损害后果仍然发生，则被告的违法行为不是原因；反之，被告的行为就是原因。

另外，在必要时，我们可以用实质要素补充检验的方法，给予以上三种检验方法必要的补充。实质要素补充检验的方法基本含义是，如果违法行为实际上足以引起损害结果的发生，那么它就是引起损害结果的原因。

第十四章 无因管理与不当得利之债

第一部分 重点与难点

【本章重点】

不当得利　给付不当得利　非给付不当得利　所有物返还请求权　合同债务履行请求权　损害赔偿请求权　无因管理　适当管理的义务　费用偿还请求权　负债清偿请求权

【本章难点】

1.不当得利请求权与返还原物请求权

一方侵占他人财物或一方基于无效给付行为占有他人财物而标的物的所有权没有发生转移，成立所有物返还请求权。同时，因一方占有他人财物而成立不当得利请求权，因此发生返还原物请求权与不当得利请求权的竞合。不当得利返还请求权为债权请求权，所有物返还请求权为物权请求权，权利人可据此选择。当然，标的物被占有人消费或由第三人善意取得等，占有人取得的价款或者享受的利益也构成不当得利，此时，因原所有权人的所有权消灭而丧失返还原物请求权。

2.不当得利与侵权行为

侵害他人权益而使他人受损害，构成侵权行为，但侵权行为人因其行为而受有利益，所受之利益或者具有违法性，或者违反权益归属而欠缺保有利益的正当性，应当成立不当得利，对受害人而言，发生侵权损害赔偿请求权和不当得利返还请求权的竞合。侵害他人权益而获益，成立不当得利应当没有疑问，但是否同时成立侵权行为，则应当依侵权行为之构成要件加以判断。发生侵权行为损害赔偿请求权和不当得利返还请求权竞合时，受害人如何行使权利？权利人可以择其有利的请求权加以行使。

3. 不当得利与无因管理

无因管理是一种合法的事实行为，本人从管理人那里取得的利益，因该利益本为自己所有，不属于不当得利。因此，无因管理的管理人应将管理所得的利益归还于本人，如果管理人不归还管理利益于本人，则管理人的占有无合法根据，即成立不当得利请求权。判断一个法律现象是无因管理还是不当得利时，还需要从主观角度予以分析：如果行为人是为了他人利益而进行管理行为，则属于无因管理，如果行为人在主观上是为了自己的利益，而在客观上给他人带来利益，给自己带来不利益，则构成不当得利。

第二部分　思考与练习

一、选择题

1. 下列哪种情形甲不享有返还原物请求权？（　　）

A. 乙将甲丢失的羊牵回家中，喂养两月后被甲发现，甲请求乙返还

B. 乙将好友甲因出国而委托其保管的名人字画卖给知情的丙，甲回国后请求丙返还

C. 根雕艺术家乙将甲暂时存放于其处的树根加工成价值昂贵的根雕，甲请求其返还

D. 甲乙签订电脑买卖合同，乙将电脑取走后又转手卖给丙，却迟迟不付款，甲请求丙返还

【解答】应选 CD。返还原物请求权属于物上请求权的一种，

是物权特有的民法保护方法，只有物权人方能享有该项权能。A项中甲和乙之间虽成立无因管理之债，但享有债权的人是乙，甲作为债务人，同时又是羊的所有权人，故甲可以请求乙返还原物，因此，A应排除。B项中乙无权处分甲的名人字画给恶意的丙，丙不能基于善意取得而享有字画的所有权，甲仍对字画享有所有权，可请求丙返还原物。因此，B不当选。C项中因为根雕的价值远远大于原树根，根据添附的原理，乙基于加工而取得加工物的所有权，甲丧失了对树根的所有权，仅能基于侵权关系要求乙赔偿损失或者按照添附的理论要求乙进行补偿，不能请求返还原物。因此，C正确。D项中所有权已经移转给乙再移转给丙，甲丧失所有权，不能请求返还原物。因此，D正确。

2. 2002年3月4日清晨，吴某发现一头怀胎的母牛躺在自家院子内，经向人打探，未能寻找到牛的主人。吴某对此牛精心饲养，母牛分娩时出现难产，遂请来兽医给予诊治，母牛顺利地生下一牛犊。3个月后，该牛的主人邻村村民于某来到吴某家，向吴某说明此牛系被他人偷盗而丢失，并向吴某索要母牛和牛犊。吴某提出自己为饲养母牛和牛犊，支出饲料费100元，支出医疗费90元，要求于某给予补偿。于某则声称，饲料费可以补偿100元，医疗费不能补偿，因为牛是被他人偷出来的，若在家中，母牛是不会难产的。针对本案，下列说法正确的是（ ）。

A. 吴某应将母牛和牛犊归还于某

B. 吴某为于某饲养母牛的行为属于无因管理，于某应给付吴某因此而支出的饲料费及医疗费共190元

C. 吴某应将母牛归还于某，而牛犊归吴某所有

D. 于某除给付吴某因无因管理而支出的饲料费及医药费外，无须再支付吴某一定的劳务报酬

【解答】应选ABD。根据《物权法》第109条的规定，拾得遗失物，应当返还权利人，所以吴某应当将母牛及其孳息返还给于某，

所以A正确。牛犊属于母牛的孳息，归原物所有人所有，吴某不能取得对牛犊的所有权，所以C项错误。本题中，吴某对于某的母牛细心照料，为其接生，构成无因管理，所花费用都是必要费用，应当由于某承担，所以B正确。根据《物权法》第112条的规定以及无因管理的一般理论，吴某无权要求于某支付报酬，所以D正确。

3. 甲五岁之子与乙六岁之子同在丙家中玩耍，乙之子不慎毁坏丙价值1万元的电脑。甲误以为是其子所为，遂赔偿丙一台同等价值电脑。丙不知事实真相而受领，后将该电脑以1.1万元出售给丁。现甲得知事实真相，欲主张权利，则其(　　)。

A. 只能要求丙返还1万元

B. 有权要求丙返还1.1万元

C. 有权要求丙返还电脑

D. 有权要求丁返还电脑

【解答】应选A。根据《民法通则》第92条规定，甲交付电脑给丙的行为属于非债清偿，构成不当得利。本题考查的是不当得利的返还对象和范围。因甲交付给丙的电脑已经被丙转卖给丁，所以无法向甲返还原物，只能返还相应的价款。不当得利的返还范围要取决于得利人的主观心态，如果是善意，在损失小于得利的情形，返还利益的范围以损失为准。本题中，丙是善意的，只需返还1万元即可。

4. 某甲租赁乙的房屋为经营之用，租金每年3万元，2003年5月1日签约时已经一次付清。当合同履行至10月1日时，房屋因漏水而无法使用。甲遂于同年10月7日搬出，同时要求乙归还部分租金，则(　　)。

A. 该请求的诉讼时效是1年

B. 该请求的诉讼时效是2年

C. 该诉讼时效从10月1日开始计算

D. 该诉讼时效从10月7日开始计算

【解答】应选BC。根据《民法通则》第136条规定：下列的诉讼时效期间为一年：……（三）延付或者拒付租金的；但本题并不适用本款规定。因为此为请求返还不当得利之诉，应适用一般诉讼时效2年的规定，从知道或者应当知道权益被侵害之日起计算。

5. 甲是乙公司的长期客户，在春节前收到乙公司寄的六瓶名酒。甲以为是春节馈赠，取出两瓶与友人共饮。后接到乙的来函，称该酒是误送于甲的，请求甲退货或付款。甲拒绝，又开启两瓶饮之，还剩下的两瓶被小偷偷走。则（　　）。

A. 甲应返还六瓶酒的价款及利息

B. 甲应返还四瓶酒的价款及利息

C. 甲应返还两瓶酒的价款及利息

D. 甲无须返还

【解答】应选B。显然本题考查的是不当得利的善意与恶意问题。根据《民法通则》第92条规定，本题成立不当得利，受益人有返还利益的义务。在返还的范围上，受益人为善意的，返还义务以现存利益为限，对已不存在的利益不负返还责任。受益人为恶意的，返还义务为取得利益的数额，对已不存在的利益的返还义务并不减轻或者免除。本题中，受益人先为善意，后为恶意的，恶意返还义务以恶意发生时存在的利益为准。本题中，甲就先饮的两瓶酒为善意，现两瓶酒的利益已不存在，故甲不负返还义务。甲接到乙通知后，其主观上转为恶意，就后饮的两瓶酒与被偷的两瓶酒，虽都不存在利益，但返还义务不能免除。根据《民法通则意见》第131条规定：返还的不当利益，应当包括原物和原物所生的孳息。利用不当得利所取得的其他利益，扣除劳务管理费用后，应当予以收缴。

6. 甲不慎落水，乙奋勇抢救，抢救过程中致甲面部受伤，同时乙丢失手机一部。下列表述中哪一说法是正确的？（　　）

A. 乙应赔偿甲面部受伤的损失，甲不应赔偿乙失落手机的损失

B. 乙应赔偿甲面部受伤的损失，甲应赔偿乙失落手机的损失

C. 乙不应赔偿甲面部受伤的损失，甲不应赔偿乙失落手机的损失

D. 乙不应赔偿甲面部受伤的损失，甲应赔偿乙失落手机的损失

【解答】应选 D。乙的行为属于无因管理。根据《民法通则》第 93 条的规定及民法原理，本人应当支付管理人的必要费用，必要费用包括管理过程中所受到的损失。而乙对本人承担损失的前提是因乙的故意或重大过失造成本人损害，但本题中不存在这种情形。

7. 王先生驾车前往某酒店就餐，将轿车停在酒店停车场内。饭后驾车离去时，停车场工作人员称："已经给你洗了车，请付洗车费 5 元。"王先生表示"我并未让你们帮我洗车"，双方发生争执。本案应如何处理？（　　）

A. 基于不当得利，王先生须返还 5 元

B. 基于无因管理，王先生须支付 5 元

C. 基于合同关系，王先生须支付 5 元

D. 无法律依据，王先生无须支付 5 元

【解答】应选 D。给付人明知无给付义务而任意为给付，不发生不当得利，所以 A 错。无因管理成立的主观要件是为他人利益的意思，即管理人认识到他所管理的是他人的事务，且通过自己的管理行为增加本人利益或避免本人发生损失的主观意思，所以 B 错。合同是当事人意思表示一致的协议，所以 C 错。

8. 1995年夏天，张某父子外出打工，房屋无人看管。一天，气象台预报近期将有强台风。张家的邻居刘某见张家无人，房子又年久失修，于是，就花钱请人对张家的房子进行了修缮，共花费了650元，刘某为此从银行提取未到期的定期存款先行垫付。但台风过后，张家的房子还是倒塌了。下列哪些表述是错误的？（　　）

A. 刘某只能向张家请求送还650元

B. 刘某有权向张家请求送还650元及提前支取存款的利息损失

C. 刘某无权向张家请求返还650元及提前文取存款的利息，因为张家末实际受益

D. 刘某为此垫付的650元及其损失的利息由双方分摊

【解答】应选ACD。本题考无因管理。根据民法通则第93条规定：没有法定的或者约定的义务，为避免他人利益受损失进行管理或者服务的，有权要求受益人偿付由此而支付的必要费用。《民通意见》第132条规定：《民法通则》第93条规定的管理人或者服务人可以要求受益人偿付的必要费用，包括在管理或者服务活动中直接支出的费用，以及在该活动中受到的实际损失。

9. 在下列何种情况下，乙构成不当得利？（　　）

A. 甲欠乙500元，丙在乙不知情的情况下自愿代为偿还

B. 甲大学新建校区，当地居民乙的房屋大幅升值

C. 甲以拾得的100元还了欠乙的债务

D. 甲雇人耕田，雇工误耕了乙的数亩待耕之田

【解答】应选D。不当得利之债的构成要件：(1)一方获得财产上的利益；(2)他方受到损失；(3)获得利益和受到损失之间有因果关系；(4)没有法律上的根据。A中，丙自愿偿还没有使乙得利因此不构成不当得利。B项中，房屋升值但并没有使甲遭受损失也不符合不当得利的构成要件。C项中需要注意的是，题目所说的

是甲乙之间的关系而不是拾得人和遗失人之间的关系，甲乙之间是还债行为。D项符合不当得利的构成要件，符合题意，当选。需要注意的是，根据民法理论，在下列情形下，即使符合了不当得利的四个要件也不能成立不当得利：(1)给付是履行道德上的义务；(2)债务人对于未到期的债务进行清偿；(3)明知没有给付义务而为清偿的；(4)因为不法原因而为给付，但不法原因仅存在于受领人一方的除外。

10. 甲的一头牛走失，乙牵回关入自家牛棚，准备次日寻找失主。当晚牛棚被台风刮倒，将牛压死。乙将牛肉和牛皮出售，各得款500元和100元。请人屠宰及销售，支出100元。下列哪一种说法是正确的？(　　)

A. 甲有权要求乙返还一头同样的牛

B. 甲有权要求乙返还500元

C. 甲有权要求乙返还600元

D. 甲有权要求乙按该牛的市价赔偿1000元

【解答】应选B。得利人是善意还是恶意直接影响不当得利的返还范围。在善意情况下，需要特别注意的是，得利人实际得了利才能成立不当得利之债。如果得利人所得利益小于失利人所失去的利益，那么，返还不当得利的范围是得利人的所得利益。如果得利人所得利益大于失利人所失去的利益，那么，返还不当得利的范围是失利人的所失利益。本案中，(500＋100)－100＝500元是实际得利。

11. 下列选项中，哪些构成无因管理之债？(　　)

A. 甲发现乙一个忙脱粒，主动帮助。因谷子飞进甲眼睛受伤，花去医药费1000元，甲请求乙支付医药费

B. 甲见乙拉车上坡非常吃力，主动在车后帮甲推车。乙因受力肩上的皮带松动，致车后滑撞伤甲，花去医药费500元，甲请求乙支付医药费

C. 某天傍晚，大雾迷漫，某村青年甲、乙在张大妈家的柴火旁谈恋爱，张大妈出来抱柴火，青年甲、乙急忙跑走，张大妈以为遇上了鬼，惊吓成病，花去医药费 1000 元。张大妈请求甲、乙支付 1000 元

D. 甲将乙丢失的羊牵回家中，乙向甲索要，甲要求乙支付草料费 200 元

【解答】应选 ABD。ABD 项均符合无因管理之债的条件，唯独 C 项构成侵权之债，因为双方均无过错，所以依据《民法通则》第 132 条规定的公平原则处理。

12. 陈某外出期间家中失火，邻居家 10 岁的女儿刘某呼叫邻居救火，并取自家衣物参与救火。在救火过程中，刘某手部烧伤，花去医疗费 200 元，衣物损失 100 元。下列哪种说法是正确的？(　　)

A. 陈某应偿付刘某 100 元

B. 陈某应偿付刘某 200 元

C. 陈某应偿付刘某 300 元

D. 陈某无须偿付刘某

【解答】应选 C。本题首先要确认的是，无因管理不以管理人具备完全民事行为能力为条件，因此 10 岁女孩虽然未成年但不影响成立无因管理。根据《民法通则》第 93 条规定，本题中刘某的行为构成无因管理，其有权要求陈某偿付无因管理行为而支付的必要费用。根据《民通意见》第 132 条规定，《民法通则》第 93 条规定的管理人或者服务人可以要求受益人偿付的必要费用，包括在管理或者服务活动中直接支出的费用，以及在该活动中受到的实际损失。本题中刘某救火中手部烧伤花去的医疗费 200 元和衣物损失 100 元都属于必要费用，陈某应该偿付。

13. 甲正在市场卖鱼，突闻其父病危，急忙离去，邻摊菜贩乙见状遂自作主张代为叫卖，以比甲原每斤 10 元高出 5 元的价格卖出

鲜鱼 200 斤，并将多卖的 1000 元收入自己囊中，后乙因急赴喜宴将余下的 100 斤鱼以每斤 3 元卖出。下列哪些选项是正确的？（　　）

A. 乙的行为构成无因管理

B. 乙收取多卖 1000 元构成不当得利

C. 乙低价销售 100 斤鱼构成不当管理，应承担赔偿责任

D. 乙可以要求甲支付一定报酬

【解答】应选 ABC。无因管理是指没有法律规定或者约定的义务而为他人管理事务。乙的行为构成无因管理当无疑义，故 A 项正确。乙将擅自卖鱼所得的部分价款据为己有，根据《民法通则》第 92 条规定当然构成不当得利，故 B 项正确。而乙对 100 斤鱼以不正常低价销售，该管理行为理属不当，应承担赔偿责任，C 项正确。由于无因管理无报酬请求权，所以 D 项不当选。

14. 甲发现一头牛在自家田里吃麦苗，便将此牛牵回进行喂养，过了 10 天，乙发现自家走失的牛在甲家牛圈，向甲要牛。甲让乙将牛牵回，但提出了一些请求，双方为此发生纠纷。现问甲的如下诉讼请求哪些能够成立？（　　）

A. 甲请求乙支付麦苗损失费

B. 甲请求乙支付捡牛报酬

C. 甲请求乙支付饲料费

D. 甲请求乙支付误工损失费

【解答】应选 AC。根据《民法通则》第 93 条和《民通意见》第 132 条规定，本题中，甲的行为构成无因管理，而乙是无因管理的受益人，作为无因管理人，甲享有必要的费用偿还请求权，以及因无因管理而损失的麦苗损失请求权，所以 AC 项正确。无因管理没有报偿请求权，故 B 项不选。D 项也不属于“直接损失”。

15. 甲捡到了一只母山羊饲养起来，并在良种站花钱为母山羊配种，此后母山羊生了两只小山羊，后失主乙找到甲要羊。本案应

如何处理？（　）

A. 失主无权要回山羊

B. 母山羊归还失主，小山羊归甲

C. 大小山羊全归失主，失主付给甲饲养费和配种费

D. 大小山羊全归失主，失主付给甲配种费但不付饲养费

【解答】应选C。本题考不当得利与无因管理。甲取得母山羊的行为属不当得利行为，依《民通意见》第131条规定，返还的不当利益，应当包括原物和原物所生的孳息。小山羊属母山羊的孳息，因此应一并返还。比较CD两个选择项，如果配种费应付，那么不付饲养费就更没有道理，因而应该排除D。

16. 张某发现自己的工资卡上多出2万元，便将其中1万元借给郭某，约定利息500元；另外1万元投入股市。张某单位查账发现此事，原因在于财务人员工作失误，遂要求张某返还。经查，张某借给郭某的1万元到期未还，投入股市的1万元已获利2000元。下列哪一选项是正确的？（　）

A. 张某应返还给单位2万元

B. 张某应返还给单位2.2万元

C. 张某应返还给单位2.25万元

D. 张某应返还给单位2万元及其孳息

【解答】应选D。根据《民法通则》第92条和《民通意见》第131条规定，张某返还给单位2万元明显错误，因孳息还需返还，所以A项错误。返还2.2万元也不对，因为没有将借款利息考虑进去，所以B项也错误。返还2.25万元也不对，因为借款约定的利息未到期，所以C项也错误。张某工资卡上多出来的2万元属于不当得利，张某应向单位返还2万元及孳息，故D项最符合题意。

17. 甲、乙附邻而居，乙得病需钱治疗，甲便给乙送去3000元，并对乙说："你先用着，以后再说。"乙接收，并表示谢意。三年以

后，甲、乙因口角闹翻，甲要求乙返还 3000 元，乙拒绝。双方为此发生纠纷。现问，下列表述哪些是正确的？（　　）

A. 甲与乙之间构成不当得利关系

B. 甲与乙之间构成赠与关系

C. 甲与乙之间构成借贷关系

D. 甲与乙之间构成借贷关系，但甲因时效而丧失请求法院强制乙返还借款的权利

【解答】应选 CD。根据《合同法》第 196 条规定，甲、乙之间构成借贷关系。所以 C 选项对。根据民法通则第 135 条规定：向人民法院请求保护民事权利的诉讼时效期间为两年，法律另有规定的除外。所以 D 选项对。

18. 养牛专业户蒋某的一头奶牛得了重病，蒋某恐此牛得的是传染病，为防传染给别的牛造成更大损失，于是把此牛拉到野外抛弃。农民刘某经过此地发现此牛并拉回家中，经过刘某的精心喂养，此牛竟成为一头高产奶牛。一年后，蒋某听说了此事，要求刘某将牛还给他，刘不允。依照法律蒋某（　　）。

A. 有权请求刘某返还此牛，因为刘某取得此牛是不当得利

B. 有权请求刘某返还此牛，但应补偿刘某喂养病牛支出的费用及劳务费

C. 无权请求刘某返还此牛，因为蒋某的所有权已因抛弃消灭

D. 无权请求刘某返还此牛，但有权要求刘某给以适当补偿

【解答】应选 C。物权消灭的原因包括混同、抛弃、标的物灭失、约定存续时间届满、征收或没收、添附等。蒋某把牛拉到野外抛弃是放弃所有权，刘某则是先占取得对牛的所有权，因此不构成不当得利。

19. 甲厂向乙厂购买了 10 吨水泥。在装货时，乙厂工作人员误装了 12 吨，甲厂提货人员也未察觉。甲厂汽车在运货途中翻入

河中，水泥全部损失。甲厂应向乙厂支付多少吨水泥的价款？（　　）

A. 12 吨水泥的价款　　B. 10 吨水泥的价款

C. 6 吨水泥的价款　　D. 2 吨水泥的价款

【解答】应选 B。根据《民法通则》第 72 条与《合同法》的规定，所有权从财产交付时转移，因此甲方虽未得到水泥仍应支付价款。多出的 2 吨水泥是甲厂的不当得利，不当得利财产灭失，得利人并没有恶意，不承担责任。

二、判断题

1. 不当得利是指没有合法根据，取得不当利益，造成他人损失的事实。不当得利是事件，不以得利人有行为能力或识别能力为前提。

【解答】正确。

2. 一方取得财产利益，包括积极增加（不应增加而增加）和消极增加（应减少而未减少）。

【解答】正确。判断受益人是否受有财产利益，一般以其现在的财产或利益和有无与他人之间发生利益变动所应有的财产或利益总额相比较而决定。凡是现在财产状况或利益较以前增加，或者应减少而未减少，为受有利益；既有得利又有损失的，损益抵销后剩余有利益的，也为受有利益。

3. 一方受到损失，包括现有利益的积极减少和既得利益的丧失。

【解答】正确。财产或利益的消极增加，即因财产或利益本应减少而未减少所得的利益。包括：(1)债务的减少或消灭。(2)本应设定的权利负担未设定。(3)劳务或物的使用等。

4. 返还的不当利益，应当包括原物和原物所生的孳息。

【解答】正确。根据《民通意见》第 131 条规定。

5. 返还不当得利时，如果受益人善意，则返还现存利益。

【解答】不正确。受益人善意指在受益时不知其受益无法律上的原因，而不是指返还时。不知无法律上的原因，不以无过失而不知者为限，因过失而不知者，亦属善意。

6. 如果取得时为善意、事后为恶意，返还义务以恶意发生时存在的利益为准。

【解答】正确。

7. 利用不当得利所取得的其他利益，扣除劳务管理费用后，应当予以收缴。

【解答】正确。根据《民通意见》第131条规定：返还的不当利益，应当包括原物和原物所生的孳息。利用不当得利所取得的其他利益，扣除劳务管理费用后，应当予以收缴。

8. 若善意受益人将所受利益有偿转让给第三人，第三人负返还该利益之义务。

【解答】不正确。若善意受益人将所受利益无偿转让给第三人，第三人负返还该利益之义务。

9. 误将他人事务当做自己事务或明知是他人事务，但是为自己利益而管理的，不构成无因管理。

【解答】正确。

10. 受损人有权要求受益人偿付由此而支付的必要费用，包括在管理或者服务活动中直接支出的费用，以及在该活动中受到的实际损失。

【解答】正确。根据《民法通则》第93条和《民通意见》第132条的规定，此题表述正确。

11. 就管理人债权产生而言，无因管理的法律性质为事件。

【解答】不正确。无因管理的法律性质，就本人债务产生而言，为事件；就管理人债权产生而言，为事实行为。

12.管理人管理事务违反本人的意思,无论管理事务的结果是否有利于本人,本人均应以管理人所实际支付的费用为标准偿还管理人支付的必要费用。

【解答】不正确。管理人管理事务违反本人的意思,但管理事务的结果有利于本人,则本人应就实际所得的部分利益偿还管理人支付的必要费用,而不以管理人所实际支付的费用为标准。但是,如果管理人所管理的事务属于为本人尽公益的义务或履行法定义务时,如代缴税费、抚养费等,则本人仍应负全部偿还管理费用的义务。

13.无因管理中,管理人未履行或不适当履行义务,对本人造成损害的,均应向本人承担债务不履行的责任。

【解答】不正确。管理人未履行或不适当履行义务,对本人造成损害的,应向本人承担债务不履行的责任。该责任的承担以管理人主观上有过错(故意或过失)为要件,但为免除本人生命、身体或财产上的急迫危险时,对本人造成的损害,管理人仅于具有恶意或重大过失时,始负赔偿责任。

14.无因管理中,管理人于本人、本人的继承人或法定代理人得以进行管理前,应继续管理,这就是继续管理义务。

【解答】正确。民法通则并未明确规定管理人的继续管理义务,但通说认为,管理人一般不负继续管理的义务,但于管理开始后如其停止管理较之不开始管理对本人更为不利,管理人有继续管理的义务;本人或其继承人、代理人可以进行管理的,或继续管理对本人不利时,管理人即可停止管理。

15.无因管理中,本人明示的意思违反社会公共利益或善良风俗的(如对应纳税款不予交纳)管理人出于维护公共目的而违反本人意思为管理,仍为适当管理。

【解答】正确。

16.公法上如警察的救助行为、消防员的救火行为,虽并非由于对被救助个人负有义务,但此时对个人利益的保护是其公法上义务的内容,故不构成无因管理。

【解答】正确。

17.即使管理行为的后果并未实现保护或增进本人利益的目的,也不影响无因管理的成立,如甲见乙宅失火,参与救火,由于火势凶猛,乙宅焚毁,甲的救火行为成立无因管理。

【解答】正确。

18.大兴公司与全宇公司签订委托合同,由大兴公司委托全宇公司采购500台彩电,并预先支付购买彩电的费用50万元。全宇公司经考察发现甲市W区的天鹅公司有一批质优价廉的名牌彩电,遂以自己的名义与天鹅公司签订了一份彩电购买合同,双方约定:全宇公司从天鹅公司购进500台彩电,总价款130万元,全宇公司先行支付30万元定金;天鹅公司采取送货方式,将全部彩电运至乙市S区,货到验收后一周内全宇公司付清全部款项。天鹅公司在发货时,工作人员误发成505台。在运输途中,由于被一车追尾,20台彩电遭到不同程度的损坏。全宇公司在S区合同约定地点接收了505台彩电,当即对发生损坏的20台彩电提出了质量异议,并将全部彩电交付大兴公司。由于彩电滞销,大兴公司一直拒付货款,致全宇公司一直无法向天鹅公司支付货款。交货两个星期后,全宇公司向天鹅公司披露了是受大兴公司委托代为购买彩电的情况。那么,大兴公司多收的5台彩电应返还给天鹅公司的判断是否正确?

【解答】正确。大兴公司多收的5台彩电属于不当得利。

19.赵某孤身一人,因外出打工,将一祖传古董交由邻居钱某保管。钱某因结婚用钱,情急之下谎称该古董为自己所有,卖给了古董收藏商孙某,得款1万元。孙某因资金周转需要,向李某借款2万元,双方约定将该古董押给李某,如孙某到期不回赎,古董归李某所有。在赵某外出打工期间,其住房有倒塌危险,因此房与钱某的房屋相邻,如该房屋倒塌,有危及钱某房屋之虞。钱某遂请施工队修缮赵某的房屋,并约定,施工费用待赵某回来后由赵某付款。房屋修缮以后,因百年不遇的台风而倒塌。年末,赵某回村,因古董和房屋修缮款与钱某发生纠纷。那么,钱某请施工队加固赵某的房屋的事实在钱某和赵某之间形成不当得利法律关系,这一判断是否正确?

【解答】不正确。在钱某和赵某之间形成无因管理之债的关系。本题考查无因管理。根据《民法通则》第 93 条规定,本题钱某与赵某之间可成立无因管理之债。

20. 伟达商场规定其下属的百货、家电、食品等承包组对外开展业务时可以使用伟达商场的名义和公章,但发生的债权债务概与商场无关。1999 年 11 月 2 日,该商场百货组以伟达商场的名义,与时尚服装厂签订一份购买 5 万件服装的合同,合同约定由百货组自行提货,签约后 6 个月内一次性付清货款。为担保合同的履行,在合同签订时,双良商场书面承诺对该合同买方所承担的货款义务负保证责任。此外,百货组还以伟达商场的名义,将商场的 4 辆汽车向时尚服装厂作了抵押,并办理了抵押登记。11 月 5 日,百货组派人到时尚服装厂提货,该服装 500 件一包,服装厂装货人员共装运了 105 包服装,双方人员当时均未察觉。货车回商场途中与一辆运煤车相撞起火,车上服装全部被烧毁。那么,在百货组提货时多装的 5 包货物属不当得利,其损失后果由时尚服装厂承担的判断是否正确?

【解答】正确。应属不当得利性质,由时尚服装厂承担损失。因为买方对此并不知悉,没有恶意,故应以现存利益为限负返还责任。所谓不当得利,系指没有合法根据,使他人受到损失而自己获得了利益。本案中卖方工作人员出于失误,多装了 5 包货物,属于基于受害人自己的行为而产生的不当得利情形。在这种不当得利中，受益人是出于善意的，依民法原理应以现存利益为限返还给受害人。

三、名词解释

1. 不当得利

【解答】不当得利是指无法律上的原因而受利益，致使他人受损失的事实。

2. 无因管理

【解答】无因管理是指没有法律规定或者约定的义务而为他人管理事务。

3. 管理意思

【解答】为他人利益的意思，又称管理意思，是指管理人知道他所管理的是他人的事务，并欲使管理事务所生利益归于本人，即通过自己的管理行为增加本人利益或避免本人发生损失的主观意思。

4. 给付不当得利

【解答】给付不当得利，指受益人受领他人基于给付行为而移转的财产或利益，因欠缺给付目的而发生的不当得利。

5. 非给付不当得利

【解答】非给付不当得利是指基于给付以外的事由而发生的不当得利，包括人的行为、自然事件以及法律规定。

四、简答题

1. 简述不当得利的构成要件。

【解答】不当得利的构成要件有四个：(1)一方获得利益。所谓获得利益，是指因为一定事实使财产总额增加。增加有积极的增加和消极的增加两类。财产的积极增加，是指权利的增强或义务的消灭，使财产范围扩大。财产消极的增加，是指当事人的财产本应减少却因一定事实而没有减少。(2)他方受到损失。损失,包括:现有财产利益的减少,即直接损失或积极损失;财产利益应当增加而没有增加,即间接损失或消极损失。(3)获得利益和受损失之间有因果关系,所谓获得利益和受到损失之间有因果关系,是指他方的损失是因一方获得利益造成的。(4)没有合法根据。造成他方损失而使自己获得利益,所以构成不当得利,是因为该项利益的取得没有合法根据。没有合法根据是不当得利成立的重要要件。如果一方获得利益和他方受到损失有法律上的根据,当事人之间的关系就受到法律的认可和保护,不构成不当得利。但是下列情况下,当事人虽然没有给付义务而为给付,另一方得利也不构成不当得利:(1)履行道德义务而为给付;(2)为履行未到期债务而为给付;(3)明知无给付义务而交付财产;(4)因不法原因交付的财产。

2. 简述不当得利的效力。

【解答】不当得利一经成立,当事人之间即发生债权债务关系。受害人有权请求受益人返还不当得利,受益人负有返还不当得利的义务。在受益人死亡的情况下,可依继承法的规定,由其继承人负返还不当得利的义务。(1)受益人为善意,即在受益人取得利益时不知道没有合法根据,其返还利益的范围以利益存在的部分(现存利益)为限;如利益已不存在,则不负返还义务。所谓现存利益不限于原物的固有形态,如果形态改变,其财产价值仍然存在或者可以代偿,仍然属于现存利益。(2)受益人为恶意,即在取得利益时明知没有合法根据,其返还利益的范围应是受益人取得利益时的数额,即使该利益在返还之时已经减少甚至不复存在,返还义务也不免除。之所以如此,是因为受益人明知其取得利益没有合法根据,却仍然置受害人的合法利益于不顾,法律对此没有加以特别保护的必要。(3)受益人在取得利益时为善意,嗣后为恶意的,其返还范围应以恶意开始之时存在的利益为准。

3. 简述无因管理的构成要件。

【解答】无因管理的构成要件有三个，即为他人管理事务，有为他人谋利益的意思，没有法定的或约定的义务。(1)为他人管理事务。管理他人事务，就是为他人进行管理或者服务。这是成立无因管理的首要条件。但下列事项不能成为无因管理的对象：违法事项；不能发生债的关系的事项，如纯粹宗教的、道德的和属公益性质的事项；依照法律规定必须经本人授权才能办理的事项；必须由本人亲自办理的事项，如结婚登记；不作为事项等。(2)有为他人谋利益的意思。为他人谋利益的意思，简称为管理意思，是构成无因管理的主观要件。(3)没有法定或约定义务。无因管理中所谓“无因”，就是指“没有法定或约定义务”。没有法定或约定义务是无因管理成立的重要条件。因此在下列情况下就不能发生无因管理：(1)管理人负有法定义务；(2)管理人负有约定义务。

4. 简述无因管理的效力。

【解答】无因管理的效力，表现在无因管理一经成立，管理人与本人之间即产生债的关系。无因管理效力的内容包括：(1)管理人的义务。①适当管理义务。第一，管理人不应违背本人的管理意思。第二，管理人应依有利于本人的方法进行管理。②通知义务。管理人应将管理事务的事实及时通知给本人，这是管理人的从属义务。管理开始时，除管理人确实无法通知本人之外，均应及时通知本人。通知后，除有紧迫情况外，应听候本人的指示。③报告、计算义务。报告、计算义务主要包括以下三项内容：a. 管理人还应将管理事务的进行状态及时报告给本人。管理关系终止时，应向本人明确报告其始末；b. 管理人因管理事务所取得的物品、钱款及孳息应交付给本人；c. 管理人为自己的利益而使用了应交付于本人的钱款，或者使用了应为本人利益而使用的钱款，应自使用之日起支付利息。(2)管理人的权利。管理人管理事务对本人有利并不违反社会常识时，管理人有权要求本人：①偿还管理人因管理事务所支出的必要费用及其利息；②管理人为本人负担必要的债务时，本人应清偿该债务；③管理人因管理事务而遭受损失时，本人负责赔偿。管理人管理事务违反本人的意思，但管理事务的结果有利于本人，则本人应就实际所得的部分利益偿还管理人支付的必要费用，而不以管理人实际支付的费用为标准。但是，管理人所管理的事务属于为本人尽公益的义务或为其履行法定义务时，如代缴税款、支付抚养费等，则本人仍应负全部偿还管理费用的义务。

五、论述题

不当得利中，如何理解善意受益人的返还义务？

【解答】善意受益人指于受益时不知其受益无法律上的原因的受益人。不知无法律上的原因，不以无过失而不知者为限，因过失而不知者，亦属善意。善意受益人的返还义务的范围以现存利益为限，现存利益的确定时期为受益人受利益返还请求之时，于此时非现有的利益，免负返还义务。受益人的返还义务以原物为主，当原物依性质或其他情事，如消费、消耗、出卖、被盗、遗失等不能返还时，于现存利益范围内受益人应偿还价额。

现存利益不以受益人取得利益的原形为限，原形虽发生变化，但只要其财产价值仍然存在或其代偿利益仍然存在，即有现存利益。凡受益人的财产总额因取得利益而增加，且该财产总额增加尚存在，则可判定有现存利益存在。以下几种情形都属于现存利益：

(1)原物以及利用原物（物或权利）衍生的其他利益，如法定孳息。但通说认为，受益者受领的孳息或使用利益，在某些情形下，无全部返还义务，如经受益者特殊经营能力而获取巨大收益时，只须返还通常人一般可收取的平均利益。

(2)受益人取得的利益经消费而不存在，但受益人因消费不当取得的他人利益而使自己节省的消费支出。

(3)受益人取得利益原形不存在，但受益人因之取得的对第三人损害赔偿请求权、保险金请求权、对价请求权等代偿利益。如甲无合法原因取得乙的房屋，致使乙受有损失，甲嗣后又将该房屋卖给丙而获得交换价金也为现有利益。不过此时，如果因为甲的非凡的交易能力，使该房屋的交易价格远远高于一般市场交易价格，通说认为甲只需按房屋的一般市场价格对乙返还其不当得利。

善意受让人为取得利益或维持利益所支出的费用，可以在返还现存利益时，要求权利人偿还有关费用或从现存利益中予以扣除。这些费用以为取得或保管、增加利益的必要、有益费用为限。因受领标的物的性质或瑕疵造成受领人的损害也可类推适用这一规则。

六、案例分析

2007 年 8 月 6 日，甲因需钱急用，便通过亲戚乙的介绍向某信用社贷款 3 万元。同年 10 月甲与丈夫刘某协议离婚后外出打工，一直未归还借款。该信用社让乙向甲催款，因联系不到甲，乙代其还清了借款及利息共计人民币 31350 元。后乙向甲催讨未果而发生纠纷。法院在审理中存在两种不同的意见：第一种意见认为，乙为了甲的利益，在无法定或约定义务的情况下，代甲偿还了借款及利息，双方形成了无因管理之债，此案应适用无因管理的规定，判决甲给付乙所支出的费用 31350 元。第二种意见认为，甲无法律上的原因而受到一定利益，致使乙遭受损失，双方形成了不当得利之债，此案应适用不当得利的规定，判决甲返还所得不当利益 31350 元给乙。

问题：本案应属无因管理还是不当得利？

【解答】根据《民法通则》第 92 条规定：没有合法根据，取得不当利益，造成他人损失的，应当将取得的不当利益返还受损失的人。这是我国民法规定的不当得利制度,也是解决不当得利纠纷的基本依据。《民法通则》第93条规定:没有法定的或约定的义务,为避免他人利益受损失进行管理或服务的,有权要求受益人偿付由此支出的必要费用。这一关于无因管理的民法规定是审判实践中处理无因管理纠纷的基本依据。

无因管理之债与不当得利之债都属于法定之债,本案到底属于无因管理之债还是不当得利之债,关键在于是否具备无因管理之债还是不当得利之债的成立条件。无因管理之债的成立要件有三个:管理他人事务、有为他人利益的意思、无法律上的原因。不当得利之债的成立要件有四个:一方取得利益、一方受到损失、取得利益与受到损失之间有因果关系、没有法律上的依据。法院的第一种意见认为乙代甲还款成立无因管理之债,那么这一意见是否正确就取决于该案件是否具备无因管理之债的成立要件。

管理他人事务的"事务"范围相当广泛,原则上包括一切可以满足人们生活需要并适合于为债的客体的事项。不论是经济性还是非经济性事务,事实行为还是法律行为,继续性行为还是一次性行为,均适于无因管理,如为他人收取果实并出卖、收留迷路的儿童并照看等。但违法事务(如为他人隐藏赃物)以及下列事务除外:单纯的不作为、本人专属的事务(如结婚)以及非经本人授权不得办理的事务(例如公司股东的表决权的行使)。替他人偿还借款也是一种管理他人事务的行为,因此可以说,无因管理之债的第一个要件"管理他人事务"该案是具备的。

为他人利益的意思是无因管理成立的主观要件,是无因管理区别于不当得利和侵权行为的重要标准。为他人利益的意思又称管理意思,是指管理人知道他所管理的是他人的事务,并想使管理事务所生利益归于本人,即通过自己的管理行为增加本人利益或避免本人发生损失的主观意思。因此,当管理人误将他人事务作为自己事务为自己利益予以管理,或明知是他人事务而出于为自己利益管理都因缺乏为他人管理的意思而不成立无因管理。当然,管理人在具有为他人管理的意思的同时,兼具为自己利益而管理他人事务,仍成立无因管理。本案中,案情并没有反映出乙有为甲利益代甲还款的意思。乙是这项贷款的介绍人,代甲还款的目的只是想缓解她与信用社之间的矛盾,并相信甲事后会返还这笔钱。因此,该案不具备无因管理的第二个要件"有为他人利益的意思"。而且,需要注意的是,无因管理之债的管理人有权要求受益人偿付管理所支出的费用,如交通费、电话费等,但在本案中所争议的标的仅限于借款及利息 31350 元,只是想通过法院追回自己替甲偿还的 31350 元。这说明乙本人也不是以无因管理之债提起诉讼。

相反,本案完全符合不当得利之债的成立要件。

一方取得财产利益是指因一定的事实结果而获得了或增加了财产或利益上的积累。受益人获得的利益限于财产利益,即可以用金钱价值衡量的利益,精神利益不属于这里的利益范畴。判断受益人是否受有财产利益,一般以其现在的财产或利益和有无与他人之间发生利益变动所应有的财产或利益总额相比较而决定。凡是现在财产状况或利益较以前增加或者应减少而未减少为受有利益;既有得利又有损失的,损益抵销后剩余有利益的也为受有利益。本案中乙的代付行为使得甲与信用社之间的债权债务关系归于消灭,从而间接地使甲在事实上获得了一定财产利益。本案中的甲作为债务人负有还款的义务,其占有的财产利益本应减少而未减少,可视为利益的消极增加。

本案中,乙既不是借款合同的当事人也不是担保人(仅仅是介绍人而已),没有偿还借款的义务。因此,在没有负债的情况下乙代甲还款使其财产利益受到了损失是一个不争的事实。而且,甲取得利益与乙受到损失之间有因果关系更是一个不争的事实。本案中,有乙的代付行为就有甲的受益,乙不代其还款,甲就无从获得利益。

还有一个关键因素就是乙代甲还款使甲受益没有法律上的根据。没有法律上的根据是指缺乏受利益的法律上的原因,而不是指权利或者财产的取得没有法律上的直接原因。没有法律上的原因在理论上有统一说与非统一说两种主张。主张统一说的学者认为,没有法律上的原因应当具有统一的意义,对各种不当得利情形下的“无法律上原因”应以统一标准厘定,如财产或者利益变动违反公平或正义,或者违反共同生活的基本准则,在统一说下又有公平说及正义说、债权说及相对关系说、权利说等不同见解。主张非统一说者认为,各种不同类型的不当得利有其存在的不同基础,应区别不同类型的不当得利分别说明没有法律上的原因,用统一的概念如违反公平正义加以说明不符合不当得利存在的实际情形。非统一说通常区分给付型不当得利与非给付型不当得利而说明没有法律上原因的意义。如对于给付型不当得利,没有法律上的原因是指欠缺给付目的(原因),可分为自始欠缺给付目的、给付目的嗣后不能成立和给付目的不达。而非给付型不当得利,没有法律上的原因是指无法律上的权利。本案中,乙的给付行为是以实现将来甲向其还款为目的,但之前双方并没有债务债权关系,甲在被动消灭债务后并未向乙还款,致使乙的给付目的不能按其意图实现,即给付目的不达。

概括以上分析,本案应成立不当得利之债。

第三部分　拓展与探讨

* 不当得利的两个核心要件

不当得利的要件有四个,即取得财产上的利益,致他人受损失,受损失与取得利益有因果关系,无法律上的原因。然而,这样看似清楚明白的条件在理论与实务中仍然存在困惑与问题。

一是关于受损失与取得利益的因果关系问题。既然两者有因果关系，那么受损与得利，谁为因？谁为果？谁在先？谁在后？台湾民法规定"受有利益致损害他人"，显然表达的是得利为受损之因，得利在先，受损在后，此也为通说。然而，如甲鱼塘的鱼被洪水冲到乙鱼塘，这种受损在先得利在后的情形也常被视为不当得利。那么，受损失与取得利益之间的因果关系中，究竟谁是因谁是果？这是学者仍然在探讨的问题。

二是不当得利的构成要件之四"无法律上之原因"问题。究竟何为"无法律上之原因"？既然无法律上原因，乃谓无受利益之法律上原因。而判断受利益有无法律上原因的标准是此利益归属的正当性。那么，又以何标准对利益归属的正当性予以判断？它并不从得利行为的合法性出发判断有无法律上原因，而以公平之原则判断利益归属的正当性，因此，最终归结到"公平"上面。这必然受法官其个人主观公平观念的影响，使不当得利请求权失其节制，产生法律适用之不安定性。由于"公平"这一概念比较模糊，它作为法律制度的理论根据虽缺少积极的意义，但却很难看出破绽，因为任何法律制度都可以说是为了实现某种程度的公平，对法律制度特有的职能避而不谈，而只提出"公平"就很难确保该法律制度应有的独立性。

*** 真正无因管理与不真正无因管理**

这是依据管理人是否有管理意思为标准进行的分类。真正无因管理是管理人具有管理意思，无法律义务而为人管理事务。这种无因管理产生两方面的法律效果：一是阻却违法性，使无因管理成为合法行为，以排除对他人事务干涉的侵权性；二是在管理人与本人之间产生法定的债权债务关系。不真正无因管理是指管理人所管理的事务是为管理人自己，而非为他人而管理事务，或管理人明知系他人事务，却故意当成自己的事务而加以管理。真正无因管理与不真正无因管理的核心区别就在于是否具备无因管理的主观要件。不真正无因管理不具有无因管理的主观要件，但具备无因管理的客观要件。即管理人是为自己而管理事务，而不是为他人管理事务。其特征类似于侵权行为或不当得利，都不能阻却违法性，其行为仍属违法行为，因而不构成真正无因管理。不真正无因管理的类型主要有误信管理、不法管理以及幻想管理。误信管理是指管理人误信他人之事务为自己之事务管理。不法管理是指管理人明知为他人事务，仍作为自己之事务而管理。幻想管理是指管理人误信自己之事务为他人之事务而管理。

学界一般认为，不真正无因管理中，管理人有偿还费用请求权、代偿债务请求权等，同时承担如下义务：赔偿义务，管理人应履行适当的通知义务，计算义务。而本人有一项非常重要的权利——诉讼主张选择权，即本人在无因管理、侵权行为或不当得利之间进行选择。我国学者提出，至少在不法管理上我国应当确立不真正无因管理法律制度。不法的管理是明知为他人事务仍作为自己事务而管理。这种管理以管理人自己取得管理效果为目的势必损害他人，如将他人之物作为己物高价出卖而得价金等。此种情形当然构成侵权行为或不当得利。但是，如果基于侵权行为起诉，那么，只能请求赔偿以所受之损害为限(侵权行为法的填补损害功能决定的)，若基于不当得利起诉请求返还，则不当得利返还的范围是：得利小于失利以得利为准，得利大于失利时以失利为准。两者方法均不能其他利益请求返还，易言之，以侵权行为或不当得利予以救济对本人而言不周全。因此，应当借鉴《德国民法典》规定确立无因管理，使本人可以请求管理人返还全部利益。如果本人选择主张无因管理，则也受无因管理之债的拘束，承担对管理人费用偿还、债务清偿以及赔偿损害等义务。

附录

华侨大学期末考试真题试卷

一、单项选择题(本大题共 20 小题,每题 1 分,共 20 分)

1. 甲、乙各以 80％与 20％的份额共有一间房屋,出租给丙。现甲欲将自己的份额转让,乙表示愿意购买,请问下列表述中哪种说法是正确的?(　　)

A. 乙有优先购买权,丙没有优先购买权,房子应该卖给乙

B. 乙、丙都有优先购买权,乙的优先购买权优先于丙的优先购买权,房子应该卖给乙

C. 乙、丙都有优先购买权,两人处于平等地位,各自可购 40％的份额

D. 乙、丙都有优先购买权,由甲来决定卖给他们之中的任何一个

2. 下列行为人可因加工而取得所有权的是(　　)。

A. 甲医治乙垂死的波斯猫

B. 甲父是裁缝,生前乙将价值 500 元的布料委托其加工,甲父死后,甲误将此布料视为其父遗物,制成价值 1000 元的西服

C. 甲将乙的好酒封存于地窖,经年累月,成陈年佳酿

D. 甲为著名金石家,盗乙之印石,刻成名贵印章

3. 对他物权进行分类,可以分为(　　)。

A. 动产物权和不动产物权

B. 主物权与从物权

C. 用益物权与担保物权　　D. 自物权与他物权

4. 李某将一部手机丢失，孙某捡到后，委托做手机旧货交易的朋友王某在旧货市场上出卖，胡某买下该手机，后被李某发现，要求胡某返还手机，对此案，下列判断正确的是（　　）。

A. 李某可随时请求胡某返还，不受时效限制

B. 胡某返还后，其损失只能向孙某主张赔偿

C. 胡某返还后，可以要求李某支付其受让遗失物时所付的费用

D. 胡某已经取得手机的所有权，无须返还，李某只能向孙某主张损害赔偿

5. 甲与乙系五、六楼邻居关系。甲于 1994 年购买此房。进住后，甲在五楼通往六楼的楼梯上安装铁栅栏门，铁栅栏门外又安装了铝合金门，并用胶合板将楼梯扶手上的空间封堵。2001 年 5 月，乙购买并进住六楼。2004 年 5 月，乙认为甲严重造成了自己出入及搬运东西的不便，于是向法院提起了诉讼，要求甲立即拆除。下列说法正确的是（　　）。

A. 不应支持乙的诉讼请求，因为甲安门在前，乙进住在后，进住时乙明知楼中的格局问题

B. 不应支持乙的请求，因为甲是建筑物空间共有人之一，可自由使用该空间

C. 应支持乙的诉讼请求，因甲侵犯了其共有权

D. 不应支持乙的诉讼请求，因其请求已过诉讼时效

6. 某办公楼共有三层，甲、乙、丙三家公司分别拥有一、二、三层的所有权。丙公司末征得甲、乙公司的同意，与丁广告公司签订租赁协议，将该楼楼顶出租给丁公司用来树立广告牌，租期 3 年，丁公司支付丙公司租金 20 万元。甲、乙、丙对办公楼拥有（　　）。

A. 单独所有权　　B. 共同共有权

C. 按份共有权　　D. 建筑物区分所有权

7. 甲拾得母马一匹，在寻找失主的同时对该马进行喂养，期间该马产下马驹。下列说法中正确的是(　　)。

A. 马和马驹应当归还给失主，甲有权要求失主偿还所支付的费用

B. 母马应当归还失主，而甲有权取得马驹

C. 甲有权取得母马和马驹的所有权，但应补偿失主的损失

D. 母马和马驹应当归还失主，甲有权要求失主偿付喂养费用及马驹的价款

8. 甲将自己所有的一套书借给乙，乙阅后很想收藏该书，遂与甲达成协议，购买该书，甲表示应允。乙取得该套书所有权的交付方法为(　　)。

A. 简易交付　　B. 占有改定

C. 指示交付　　D. 现实交付

9. 养鸡专业户贾某的一只鸡生病，贾某害怕此鸡得的是禽流感传染给了其他鸡，于是将此鸡抛弃在深山。恰被上山砍柴的村民山某发现，带回家中精心饲养，该鸡病愈且产蛋颇丰。贾某听说后向山某索要此鸡，则贾某(　　)。

A. 无权请求返还，因为其抛弃行为使所有权消灭，山某基于先占取得所有权

B. 无权请求返还，但有权要求适当补偿

C. 有权请求返还，因为山某使得鸡占为己有，构成不当得利

D. 有权请求返还，但应当补偿山某喂养此鸡的费用及劳务

10. 甲和乙是朋友，二人共有两间平房，因拆迁，双方发生争议，甲主张该房是按份共有财产，乙主张是共同共有财产，但双方都没有证据证明共有性质，法院应当认定该房为(　　)。

A. 按份共有　　B. 收归国有

C. 甲个人所有　　D. 共同共有

11. 甲为了能在自己的房子里欣赏远处风景，便与相邻的乙约定：乙不在自己的土地上从事高层建筑；作为补偿，甲一次性支付给乙 4 万元。2 年后乙将土地使用权转让给丙。丙在该土地上建了一座高楼，与甲发生了纠纷。对此纠纷，下列判断正确的是（　）。

A. 甲对乙的土地不享有地役权

B. 甲有权不让丙建高楼，无须给丙任何补偿

C. 丙有权建高楼，但须补偿甲由此受到的损失

D. 甲与乙之间的合同因没有办理登记而无效

12. 甲以价值 40 万元的字画向银行抵押贷款，从丙银行贷款 25 万元，合同日期为 2007 年 10 月 4 日，未办理登记手续。从乙银行贷款 10 万元，合同日期为 10 月 6 日，并于 10 月 10 日办理了抵押物登记，现甲无力偿还贷款，而两银行的借款都已到期，字画拍卖得款 20 万元，问乙、丙两银行如何分配？（　）

A. 乙 10 万元、丙 10 万元

B. 乙 8 万元、丙 12 万元

C. 乙 5 万元、丙 15 万元

D. 乙 10 万元、丙的抵押合同无效

13. 甲向乙请求借款 100 万元，乙要求甲提供抵押担保，甲以自己的一辆宝马轿车作抵押，在 3 月 1 日与乙签订了抵押合同。双方约定，在 3 月 10 日，双方共同去登记机关办理抵押登记手续。甲到期如果拒绝办理抵押登记手续，应当向乙支付违约金 2 万元。后甲拒绝办理登记（　）。

A. 抵押合同不成立，但是乙可以取得抵押权

B. 抵押合同成立，但是乙不能取得抵押权

C. 抵押合同不成立，乙不能取得抵押权

D. 抵押合同成立，乙可以取得抵押权

14. 甲因电视机出现故障送至乙处修理。由于甲逾期未支付

修理费，乙将电视机留置，并通知甲应在 30 日内支付其应付的费用，但甲仍未能按期交付，乙遂将该电视机变价受偿。下列表述不正确的是（　　）。

A. 乙通知甲支付费用的期限符合法律规定

B. 乙对该电视机有留置权

C. 甲应承担违约责任

D. 乙对该电视机的占有是合法的

15. 汤某在城郊有一套住房 3 间，租给黄某居住，租赁期间汤某合法转让该房所有权，其结果是（　　）。

A. 不影响黄某的租赁合同

B. 该租赁合同自然解除

C. 该租赁合同终止

D. 该租赁合同被撤销

二、多项选择题（本大题共 10 小题，每题 2 分，共 20 分）

1. 下列哪些观点是正确的？（　　）

A. 物权是支配权，债权是请求权

B. 物权是绝对权，债权是相对权

C. 物权是对世权，债权是对人权

D. 物权的客体只是物，债权的客体只是行为

2. 甲与乙签订房屋买卖合同，将一幢房屋卖与乙。双方同时约定，一方违约应支付购房款 35% 的违约金。但在交房前甲又与丙签订合同，将该房卖与丙，并与丙办理了过户登记手续。下列说法中哪些是正确的？（　　）

A. 乙可以自己与甲签订的合同在先，主张甲与丙签订的合同无效

B. 乙有权要求甲收回房屋，实际履行合同

C. 乙不能要求甲实际交付该房屋，但可要求甲承担违约责任

D. 若乙要求甲支付约定的违约金，甲可以请求法院或仲裁机构予以适当减少

3. 2 月 27 日，甲（出卖人）与乙（买受人）就一条野鱼的买卖成交，约定 3 月 1 日交付。至 3 月 1 日取货时，甲、乙又约定，暂时不拿走鱼，甲借用三天以供展览。3 月 2 日，甲告诉不知情的丙，说是自己的鱼，以合理价格卖给了丙并为交付。下列说法错误的是（　　）。

A. 丙可以取得鱼的所有权，因为甲和丙之间的合同有效

B. 如果乙同意，丙可以取得该鱼的所有权

C. 如果乙不同意，丙也可以取得该鱼的所有权

D. 丙不能取得该鱼的所有权

4. 依物权行为理论下列说法正确的是（　　）。

A. 物权行为是处分行为

B. 物权行为的特点是具有独立性和无因性

C. 依物权行为取得所有权，原因消灭后，原所有权人可依不当得利请求返还原物；依善意取得制度取得所有权，原所有权人不得以不当得利要求返还

D. 一项买卖行为被认为有三个法律行为：(1)买卖合同为债权行为；(2)移转标的物所有权为目的的物权行为；(3)移转价金所有权为目的的物权行为

5. 王某因病去世，房屋一栋由其子小王继承。小王于 2007 年 10 月将该房屋卖给杜某。关于小王和杜某间的房屋买卖，下列选项正确的是（　　）。

A. 交付标的物是房屋买卖合同的有效要件

B. 小王须将所继承的房屋登记在自己的名下，才能将其所有权转移给杜某

C. 房屋所有权转移自记载于不动产登记簿时发生效力

D. 该房屋的利害关系人可以申请查询该房屋登记资料

6. 甲、乙比邻而居。下列情形中，属于甲侵害乙相邻权的有哪些？(　　)

A. 甲家院中果树的果实经常落到乙家院子

B. 甲将自家房屋改建为磨坊，机器声使乙彻夜难眠

C. 甲在自家院中挖地窖，乙的地基受影响

D. 甲在自家院子酿酒，散发的气味使乙整天像醉八仙

7. 农民老王家分得耕地 10 亩，现在想对这 10 亩地进行组合。以下关于老王对该 10 亩地的处分权，错误的说法是(　　)。

A. 老王可以采取转让、转包、出租、互换、抵押、入股等方式处分自己的承包经营权

B. 老王采取转让、转包方式处分经营权的，应当经过村集体同意

C. 老王采取转让、转包方式处分经营权的，应当向县级以上人民政府申请登记，否则转让、转包不生效

D. 老王转包、出租等收益，应当与村集体平分

8. 甲有一天然木雕，不慎丢失。乙误以为无主物捡回家，配以基座，陈列于客厅。乙的朋友丙十分喜欢，乙遂以之相赠。后甲发现，向丙追索。下列选项错误的有？(　　)

A. 木雕属遗失物，乙应返还给甲

B. 木雕属无主物，乙取得其所有权

C. 乙因加工行为取得木雕的所有权

D. 丙因善意取得木雕的所有权

9. 甲盗得乙的相机一架，价值 3000 元，甲急于出手，便以 800 元的价格私下卖给了丙。后乙知道此事，要求丙返还该相机，遭丙拒绝，引起纠纷。下列说法中正确的是(　　)。

A. 乙有权向甲请求返还该相机

B. 乙有权向丙请求返还该相机

C. 乙有权向甲请求赔偿损失

D. 乙无权向丙请求返还该相机

10. 甲对乙负有50万元的债务，甲所提供的下列担保方式中哪些是合法有效的？（ ）

A. 甲将自己的一幢价值50万元的房屋不转移占有质押给乙

B. 甲将自己的一幢价值50万元的房屋抵押给乙

C. 甲的朋友丙将自己的一幢价值50万元的房屋抵押给乙担保甲债务的履行

D. 甲、乙约定若甲到时不能清偿债务，则甲的房屋归乙所有

11. 甲以自己所有的一个价值7000元的彩电为其向乙所借的5000元借款提供抵押，乙为了安全，遂与甲一起办理了抵押物登记。后来甲又向丙借款4000元，又以这台彩电作抵押，结果甲不能按期向两人偿还债务，俩人都要行使对彩电的抵押权，以下对于该项抵押权的说法不正确的是（ ）。

A. 乙、丙应按照债权比例分享抵押实现后所得的价款

B. 彩电办理抵押登记后，后来成立的对丙的抵押不能生效

C. 乙的抵押权优先于丙的抵押权

D. 如果甲、乙没有登记，乙、丙应均分抵押物实现后所得的价款

12. 下列表述不正确的是（ ）。

A. 浮动抵押的抵押人只能是企业

B. 在浮动抵押期间，抵押人将产品以正常价格卖给了知道抵押事实的批发商，抵押权及于该批出卖产品

C. 在浮动抵押的财产在抵押期间卖给不知情的第三人，第三人善意取得了产品的所有权

D. 浮动抵押的动产，在抵押期间，其形态可能发生变化

13. 甲与乙签订借款合同，并与乙就自己的汽车出质给乙签订

了字据，甲未将该车按时交付给乙，并将该车卖与了丙。后为此引起纠纷。下列选项正确的是（　　）。

A. 丙不能取得该车的所有权，因为该车已质押给了乙

B. 丙能取得该车的所有权，但乙可依质权向丙进行追偿

C. 丙能取得该车的所有权，乙不能向丙要求返还该车

D. 甲与乙之间的质权合同生效

14. 甲将一匹马租给乙，乙因向丙借款，又以自己的名义将该马出质结丙，因乙无力还款，丙欲对该马行使质权，遭甲反对，为此发生纠纷。下列选项正确的是（　　）。

A. 乙对该马享有出质权

B. 丙对该马享有质权

C. 乙对该马不享有出质权

D. 丙对该马不享有质权

15. 甲开电器行，从事电器修理与出售，今有乙购买一台冰箱，物已交付，但价款有一部分尚未付清，后因乙自己不注意使用，致冰箱故障，乙乃嘱甲取回修理，甲修好后，主张乙有一部分价金尚未付清，拒绝交回冰箱而加以留置。下列说法正确的是（　　）。

A. 甲的留置合法

B. 甲的留置不合法

C. 甲可以修理费未付为由主张留置该冰箱

D. 甲在任何时候均不得主张对该冰箱的留置权

三、不定项选择题（本大题共 5 小题，每小题 2 分，共 10 分）

孙某因为要去国外留学，便将自己一台康佳彩电交给朋友徐某代为保管，并允许徐某在该期间可使用这台彩电。后徐某的女儿考上大学，因开学急需一笔费用，徐某便将孙某的彩电以自己的名义出卖给吴某，吴某感到价格合理公道，并同时帮了徐某的忙，对这桩买卖颇为满意。孙某留学归来，到徐某家来取彩电，徐某称

自己已将彩电出卖，且无钱给孙某，孙某又去向吴某索要，吴某称该彩电是自己花钱买来的，拒绝返还。孙某见协商不成，便去法院起诉。根据此案情以及各小题给出的情况和要求，回答下列1～5题

1. 关于孙某是否可以要求吴某归还彩电的表述哪些是错误的？（　　）

A. 孙某有权要求吴某归还彩电

B. 孙某无权要求吴某归还彩电

C. 吴某对彩电属于善意取得

D. 吴某取得彩电未经彩电所有人同意是无效的

2. 关于吴某能否取得彩电所有权的下列表述哪些是不正确的？（　　）

A. 如果彩电还没有交给吴某，则吴某不能取得彩电所有权

B. 如果吴某知道彩电是徐某未经孙某同意而出卖的，则不能取得彩电所有权

C. 如果彩电是徐某赠送给吴某的，吴某则不能取得彩电的所有权

D. 如果彩电是徐某赠送给吴某的，吴某同样可以取得彩电所有权

3. 下列关于徐某与孙某的关系哪种表述是正确的？（　　）

A. 孙某可以向徐某主张违约责任

B. 孙某可以向徐某主张返还不当得利

C. 徐某对彩电无处分权，出卖彩电是非法的

D. 徐某出卖彩电侵犯了孙某对彩电的所有权

4. 如果法院正确判决此案应包括下列哪些内容？（　　）

A. 驳回孙某要求吴某归还彩电的请求

B. 判决彩电归吴某所有

C. 判决彩电归孙某所有，徐某返还彩电价金于吴某

D. 判决徐某向孙某赔偿损失

5. 设徐某并没有将彩电卖给吴某，而是向吴某借了一笔钱充当学费，吴某要求徐某必须提供其所有的价值相当的物做担保，徐某遂把该电视机抵押给吴某，则以下说法正确的是（ ）。

A. 吴某若要取得抵押权，必须将该抵押进行登记

B. 吴某可以取得抵押权

C. 吴某不能取得抵押，即使该抵押进行了登记

D. 如果孙某同意，吴某可以取得抵押权

四、简答题（本大题共 5 小题，每小题 5 分，共 25 分）

1. 简述物权的内部优先效力。

2. 简述先占的构成要件。

3. 简述地役权的法律特征。

4. 简述用益物权和担保物权的区别。

5. 简述留置权成立的条件。

五、案例分析（本大题共 2 小题，第一小题 8 分，第二小题 12 分，共 20 分）

1. 甲出资 15 万元、乙出资 12 万元，共同购买两辆车跑运输。双方约定一人使用一辆。2007 年 10 月 3 日，甲使用的车发生事故致使丙受伤，丙治疗花去医药费 5000 元，同时因车损坏，花去修理费 2000 元。丙向甲要求赔偿，修理厂也要求甲支付修车费，而甲以车不是自己的为由不同意付款。丙要求乙赔偿，修理厂也向乙索要修车费，乙则以损害是由甲造成的为由，拒绝丙和修理厂的要求。

(1)丙受伤的治疗费和修理厂的费用应由何人负担？为什么？

(2)设甲觉得跑运输太辛苦，将自己使用的车以 12 万元的价格卖给了丁，并办理了过户手续，丁认为甲的出资占全部车款的一

半以上,完全有权处理一辆车。乙得知后,不同意甲将车卖掉,要求甲将车买回。丁能否取得该车所有权?为什么?

2.甲因建房需要向乙借款3万元,期限2年,并将祖上留下的一件古董质押给乙。经估价,该古董市价6万元,双方订立了借款合同和质押合同,乙将3万元交给甲,甲将古董交付给乙。1年后,乙因经营需要,向丙借款2万元,期限为半年。丙要求乙提供担保,以提出以一古董质押担保。于是乙与丙订立了质押合同,乙将甲质押在其处的古董交付给丙。甲于借款期限届满时向乙偿还了借款,要求乙返还古董,乙提出其已经将古董质押给丙。乙向丙还款并要去返还质物,此时丙提出,由于地震其房屋倒塌,将乙质押的古董毁损。请根据以上案情回答如下问题。

(1)乙、丙之间的质押合同效力如何?为什么?

(2)古董毁损的后果应当由谁承担?为什么?

(3)设乙在经甲同意的情况下,将该古董质押给丙。则该古董毁损的后果由谁承担?为什么?

(4)设乙经甲同意将该古董质押给丙,且甲在出质前已经对该古董投了保,保险公司赔付6万元。现在甲和乙在主债还款期限到来的时候都没有偿付,乙、丙都想实现质权,则这6万元如何分配?

福建工程学院期末考试真题试卷

一、名词解释(每题 4 分、共 16 分)

1.债

2.人格权

3.侵权行为

4.债的保全

二、辨析题(判断对错,并说明理由,每题 5 分,共计 20 分)

1.债权人的代位权即是代理权,二者没有本质区别。

2.债务人转让债务须经债权人同意。

3.身体权可以为健康权所包容,因此没有必要将身体权确定为一种具体人格权。

4.我国民法将侵权行为的归责原则确定为过错责任原则。

三、简答题(每题 5 分,共计 20 分)

1.简述债的履行概念及其原则。

2.简述债的消灭原因。

3.简述人身权的特征及其分类。

4.简述一般侵权行为的构成要件。

四、论述题(每题 15 分,共计 30 分)

1.试述债权人撤销权及其成立要件。

2.论述隐私权。

五、案例分析(14 分)

2006 年 3 月 6 日,中国矿业大学文理学院学生小陈到徐州市新佳超市购物,在一楼电梯处被超市员工拦住,要求其先将随身携带的一个背包和两个方便袋到存包处免费寄存,然后才可进入购物区采购。无奈之下,小陈只得照办。随后,小陈就此向徐州市泉山区人民法院提起诉讼,认为新佳超市强制存包,实际上是将自己视为"潜在的小偷",侵犯了自己的名誉权,请求法院责令被告对其侵犯名誉权的行为进行公开赔礼道歉、赔偿精神损失费 10 元,并承担案件诉讼费用。4 月和 7 月,泉山区人民法院两次公开开庭审理此案。法院最终裁定:驳回小陈的诉讼请求,并由其承担全部诉讼费用。

请运用民法基本理论分析法院对本案的处理是否正确。

福州大学物权法试卷

一、名词解释(每小题4分,共20分)

1.物上请求权

2.不动产相邻关系

3.加工

4.最高额抵押

5.流质条款

二、简述题(每小题10分,共50分)

1.简述物权法定原则的含义和内容。

2.简述抵押权的实现方法。

3.简述地役权与相邻关系的区别。

4.不动产物权变动一般采取的是登记生效主义,但法律行为之外的不动产物权变动不采取登记生效主义。法律行为之外的不动产物权变动主要有几种情形,请简述。

5.何为登记对抗主义?列举抵押中采用登记对抗主义的几种财产。

三、案例分析(每小题15分,共30分)

1.情形A:甲欠乙2万元,以自己电脑抵押(未登记)。后甲又向丙借了2万元,以该电脑作质押。到期后甲未向乙和丙还款。

(1)行使抵押权与质押权时二者的效力顺序如何?

(2)如果甲与乙对电脑设定抵押时进行了登记,则行使抵押权与质押权时二者的效力顺序如何？

情形 B：假如甲向乙借 2 万元，以自己电脑作质押后，甲又向丙借了 2 万元，经乙同意又以该电脑设定了抵押。到期后甲未向乙和丙还款。

(3)行使质押权与抵押权时，二者的效力顺序如何？

(4)如果抵押权进行了抵押，行使质押权与抵押权时，二者的效力顺序如何？

情形 C：如果甲向乙借 2 万元，以自己电脑作质押担保后，乙向丙借 2 万元，在该电脑上为丙设定了抵押。到期甲未向乙、乙未向丙还款。

(5)行使质押权与抵押权时，二者的效力顺序如何？

2. 甲拾得一高档照相机，花费 200 元发布招领启事。而失主乙为寻找该高档照相机也发布了寻物启事，表明酬谢归还人 500 元。双方均看到对方的启事。甲将高档照相机送还，乙拒绝支付报酬。而乙不给报酬甲则不返还高档照相机。因此乙认为，甲拒绝返还照相机属于侵占遗失物的行为，因而绝对不能给报酬。为此，僵持不下。

(1)发布招领启事的花费 200 元应该由谁承担？为什么？

(2)甲是否有报酬请求权？为什么？

(3)乙认为，甲拒绝返还高档照相机是属于侵占行为，因而丧失报酬请求权，是否合理？为什么？

(4)如果甲在送还高档照相机过程中，在公交车上被挤压而照相机掉落地上摔坏，失主乙要求赔偿，甲是否有义务赔偿这一损失？为什么？

(5)如果乙没有发布寻物启事，甲最终没有找到失主，依据我国《物权法》应该如何处理？

福建师范大学债权法试卷

一、单项选择题(本大题共 25 小题,每小题 1 分,共 25 分)

1. 下列不属于债的发生原因的是(　　)。

A. 甲与市福利院签订协议,收养一个孤儿乙

B. 甲向乙支付租金,占有、使用乙的房屋关系

C. 甲将代乙保管的自行车擅自卖给了丙

D. 甲拾得乙丢失的牛,在积极寻找失主的同时,对该牛进行管理

2. 下列属于实践性合同的是(　　)。

A. 借用合同　　B. 买卖合同

C. 赠与合同　　D. 租赁合同

3. 根据《合同法》第 428 条的规定,《技术合同法》的废止日期是(　　)。

A. 1990 年 3 月 15 日　　B. 1999 年 10 月 1 日

C. 2000 年 3 月 15 日　　D. 1999 年 3 月 15 日

4. 甲、乙之间订立一买卖合同。其后,双方达成协议,甲将其在合同中的债务全部转让给丙,乙将其在合同中的债权全部转让给丁,此时该合同的当事人是(　　)。

A. 甲、乙　　B. 甲、丙、丁

C. 甲、丙、乙　　D. 甲、乙、丙、丁

5. 提存物在提存期间,标的物毁损灭失风险承担者为(　　)。

A. 提存人　　B. 提存部门

C. 提存受领人　　D. 国家

6. 甲手机专卖店门口立有一块木板，上书“假一赔三”四个醒目大字。乙从该店购买了一部手机，后经有关部门鉴定，该手机属于假冒产品，乙遂要求甲履行其“假一赔三”的承诺。关于本案，下列说法正确的是(　　)。

A.“假一赔三”过分加重了甲的负担，属于无效的格式条款

B.“假一赔三”没有被订入到合同之中，故对甲没有约束力

C.“假一赔三”显失公平，甲有权请求法院予以变更或者撤销

D.“假一赔三”是甲自愿作出的真实意思表示，应当认定为有效

7. 一天，胡某与郭某在街头相遇，胡某对郭某说：“我要去旅游，你借我 3000 元吧。”郭某说：“没问题，但得等我一周后再给。”对于胡、郭二人的合同下列说法正确的是(　　)。

A. 不成立

B. 成立且生效

C. 不成立也不生效

D. 合同为附条件合同

8. 下列关于债的保全的表述不正确的是(　　)。

A. 债的保全是债相对性原理的例外

B. 债权人行使保全所产生的必要费用由债权人承担

C. 债的保全有利于保障债权人债权的实现

D. 债的保全主要发生在债生效后至债履行完毕之前

9. 甲向乙发出要约，则下列行为可以构成承诺的是(　　)。

A. 乙向甲的父亲表示同意要约

B. 乙的代理人丁向甲表示同意要约

C. 丙向甲表示同意要约

D. 乙的代理人丙向甲的父亲表示同意要约

10. 下列不属于债权的效力的是（　　）。

A. 请求力　　B. 处分力

C. 强制执行力　　D. 追及力

11. 违约责任具有的特点是（　　）。

A. 既包括合同订立阶段的缔约过失责任，也包括当事人没有履行合同义务的责任

B. 只能在合同当事人之间发生

C. 以惩罚性为基本目的

D. 只能由法律规定，不能由当事人约定

12. 王某将其手表借给苏某使用，苏某却将该手表卖给姚某。依据我国合同法的规定，下列关于苏某与姚某之间买卖手表的合同效力的表述，正确的是（　　）。

A. 效力待定　　B. 有效

C. 无效　　D. 可撤销

13. 甲与乙订立合同，约定甲应于 2003 年 10 月 15 日交货，乙应于同年 10 月 30 日付款。同年 9 月底，甲有确切证据发现乙的财产状况恶化，无支付货款能力，遂提出中止履行，但乙未允。基于上述因素，甲于同年 10 月 15 日未按约定交货。根据我国合同法的规定，有关本案的正确表述是（　　）。

A. 甲无权不按合同约定交货，但可以要求乙提供相应的担保

B. 甲有权不按合同约定交货，并可以要求乙提供相应的担保

C. 甲必须按合同约定交货，如乙不支付货款可追究其违约责任

D. 甲无权不按合同约定交货，但乙应当提前支付全部货款

14. 下列合同中属于无效合同的是（　　）。

A. 甲乙双方为了逃避税收，将一个汽车整车的进口交易签

订为一份进口汽车配件的合同

B. 甲公司的经营范围中没有销售计算机配件的业务，但是与乙签署了一份买卖计算机配件的合同

C. 一国有企业以欺诈手段与民营企业签订了一份买卖合同

D. 乙没有获得丙的授权，但是仍以丙的名义与甲签订了合同，约定甲向丙供应钢材 20 吨

15. 实际违约通常损害的是非违约方的(　　)。

A. 现实利益　　B. 可得利益

C. 既得利益　　D. 信赖利益

16. 合同当事人约定由第三人向债权人履行债务时，如果第三人不履行债务，应向债权人承担违约责任的当事人是(　　)。

A. 债务人　　B. 第三人

C. 债务人或第三人　　D. 债务人和第三人

17. 在下列哪种情况下发生不当得利？(　　)

A. 甲因赌博输给乙 5 万元

B. 甲应当向乙支付租金 2 万元，而实际支付 3 万元

C. 债务人甲主动清偿超过诉讼时效的债务

D. 甲拾得乙抛弃的财产

18. 下列有关抵销的说法，不正确的是(　　)。

A. 抵销可分为法定抵销和合意抵销

B. 抵销可以附期限

C. 抵销可以引起债的消灭

D. 抵销不得附条件

19. 租赁物在租赁期间发生所有权变动的，原租赁合同(　　)。

A. 继续有效

B. 无效

C. 是否有效由当事人协商确定

D. 是否有效由租赁物的新所有人确定

20. 在招标投标买卖合同的订立过程中属于要约的是(　　)。

A. 发出招标公告　　B. 投标

C. 开标　　D. 定标

21. 买卖合同标的物毁损、灭失的风险在标的物交付之后由(　　)承担,法律另有规定当事人另有约定的除外。

A. 买方　　B. 卖方

C. 买卖双方　　D. 第三人

22. 乙买甲一套房屋,已经支付 1/3 价款,双方约定余款待过户手续办理完毕后付清。后甲反悔,要求解除合同,乙不同意,起诉要求甲继续履行合同,转移房屋所有权。下列选项正确的是(　　)。

A. 合同尚未生效,甲应返还所受领的价款并承担缔约过失责任

B. 合同无效,甲应返还所受领的价款

C. 合同有效,甲应继续履行合同

D. 合同有效,法院应当判决解除合同、甲赔偿乙的损失

23. 下列对于缔约过失责任的表述不正确的是(　　)。

A. 此种责任发生在合同订立过程中

B. 是违反合同义务所应承担的一种责任

C. 违背了诚实信用原则

D. 造成了另一方信赖利益的损失

24. 下列不属于侵权责任的财产责任方式的是(　　)。

A. 恢复原状　　B. 赔偿损失

C. 返还财产　　D. 没收财产

25. 下列说法不正确的是(　　)。

A. 合同可因当事人协商一致而变更

B. 合同解除权人可选择单方解除或变更合同

C. 当事人对合同变更的内容约定不明确的，推定为未变更

D. 法律、行政法规规定变更合同应办理批准、登记等手续的，应依照其规定

二、多项选择题（本大题共 10 小题，每小题 2 分，共 20 分）

26. 选择之债可因下列(　　)原因变为简单之债。

A. 当事人一方提出变更

B. 有选择权的债务人从数种给付标的中选择一种进行给付

C. 可供选择的标的只有一种可以履行

D. 有选择权的债权人行使了选择权

E. 当事人一方违约

27. 对合同权利转让说法正确的是(　　)。

A. 该合同权利属于根据合同的性质可以转让

B. 合同中的从权利随合同主权利一并转移，但专属于让与人自身的除外

C. 合同权利转让须将受让人与让与人达成的合意通知债务人

D. 合同权利转让须受让人与让与人达成合意，并经债务人同意

E. 合同权利转让只需受让人与让与人达成合意

28. 小牛在从甲小学放学回家的路上，将石块扔向路上正常行驶的出租车，致使乘客张某受伤，张某经治疗后脸上仍留下一块大伤疤。出租车为乙公司所有。下列选项错误的是(　　)。

A. 张某有权要求乙公司赔偿医药费及精神损害

B. 甲小学和乙公司应向张某承担连带赔偿责任

C. 张某有权要求甲小学赔偿医疗费及精神损害

D. 张某有权要求小牛的监护人赔偿医疗费及精神损害

E. 小牛监护人的赔偿责任是补充性的替代责任

29. 当事人就债的履行地点约定不明确，且又不能达成补充协议的，依照法律的规定，(　　)。

A. 所有的债均在接受债务履行的一方所在地履行

B. 给付货币的，在给付货币的一方所在地履行

C. 给付货币的，在接受货币的一方所在地履行

D. 交付不动产的，应在不动产所在地履行

E. 除货币、不动产以外的其他标的，应在履行义务的一方所在地履行

30. 2000 年 1 月甲以分期付款的方式向乙公司购买潜水设备一套，价值 10 万元。约定首付 2 万元，余款分三期付清，分别为 2 万元、3 万元、3 万元，全部付清前乙公司保留所有权。甲收货后付了首付和第一期款，第二期款迟迟未付。2000 年 8 月甲以 2 万元将该设备卖给职业潜水员丙。下列选项正确的是(　　)。

A. 乙可以解除合同，要求甲承担违约责任

B. 乙解除合同后可以要求甲支付设备的使用费

C. 乙可以请求丙返还原物，但须支付丙 2 万元购买费用

D. 丙返还潜水设备后可以要求甲承担违约责任

E. 丙返还潜水设备但不能要求甲承担违约责任

31. 下列合同解除原则上无溯及力的有(　　)。

A. 租赁合同　　B. 仓储合同

C. 供用电合同　　D. 运输合同

E. 赠与合同

32. 实际履行的构成要件包括(　　)。

A. 须有违约行为的存在

B. 须由非违约方在合理的期限内提出继续履行的请求

C. 须由违约方在合理的期限内提出继续履行的请求

D. 实际履行在事实上是可能的和在经济上是合理的

E. 须依照法律和合同的性质能够履行

33. 根据我国合同法的规定，下列合同中确定属于无效的有（　　）。

A. 一方以欺诈、胁迫的手段订立的合同

B. 恶意串通，为损害国家、集体或者第三人的利益而订立的合同

C. 以合法形式掩盖非法目的的合同

D. 损害社会公共利益的合同

E. 因重大误解订立的合同

34. 下列构成无因管理的有（　　）。

A. 饲养他人失散的动物并寻找其主人

B. 未受委托，雇人为邻居的危险房屋加固，以免遭受台风袭击而毁损

C. 因风灾 10 匹马跑入他人的马群中

D. 受委托，雇人为他人照看病人

E. 抢救溺水的儿童

35. 下列侵权责任中，属于无过错责任的是（　　）。

A. 工作物致害责任

B. 动物致害责任

C. 产品缺陷致害责任

D. 污染环境致害责任

E. 高度危险作业致害责任

三、简答题（本大题共 5 小题，每小题 5 分，共 25 分）

36. 简述《担保法》规定哪些组织不得作为担保人。

37. 简述要约与要约邀请的区别。

38. 试述格式条款的法律规制。

39. 简述后履行抗辩权的适用条件。

40. 法定解除合同的情形有哪些?

四、案例分析(本大题共 2 小题,每小题 15 分,共 30 分)

41. 某市食品公司因建造一栋大楼,急需水泥,基建处遂向本省的青峰、新华及建设水泥厂发出函电称:我公司急需 150 号水泥 100 吨,如贵厂有货,请速来函,我公司愿派人前往购买。三家水泥厂收到函电后都回复了函电,函电中告知他们备有现货,且告知价格。而建设水泥厂在发函同时也派车给食品公司送去了50 吨水泥。在该批水泥送达之前,食品公司认为新华水泥厂的水泥质量较好,且价格合理,因此,向新华水泥厂发函称:我公司愿购买你方水泥 100 吨,盼速发货,运费由我公司负担。第二天上午,新华水泥厂发函称已准备发货。下午,建设水泥厂 50 吨水泥运到,食品公司告知已购买水泥,不能接收。建设厂认为,食品公司拒绝收货已构成违约,双方协商不成,建设水泥厂向法院起诉。

问题:(注:在回答问题时都应给出相应的理由)

(1)食品公司向三家水泥厂发函的行为属于什么性质?(3 分)

(2)三家水泥厂的回函属于什么性质?(3 分)

(3)食品公司第 2 次向新华水泥厂发函的行为属于什么性质?(3 分)

(4)食品公司与新华水泥厂之间买卖合同是否成立?(3 分)

(5)建设水泥厂与食品公司之间的买卖合同是否成立?(3 分)

42. 甲、乙公司于 2005 年 3 月 1 日签订买卖合同,合同标的额为 100 万元。根据合同约定,甲公司应于 3 月 10 日前交付 20 万元的定金,以此作为买卖合同的生效要件。

3 月 15 日,乙公司在甲公司未交付定金的情况下发出全部货物，甲公司接受了该批货物。3 月 20 日，乙公司要求甲公司支付 100 万元的货款，遭到拒绝。经查明：甲公司怠于行使对丙公司的到期债权 100 万元，此外甲公司欠丁银行贷款本息 100 万元。3 月 30 日，乙公司向丙公司提起代位权诉讼，向人民法院请求以自己的名义代位行使甲公司对丙公司的到期债权。

人民法院经审理后，认定乙公司的代位权成立，由丙公司向乙公司履行清偿义务，诉讼费用 2 万元由债务人甲公司负担。丁银行得知后，向乙公司主张平均分配丙公司偿还的 100 万元，遭到乙公司的拒绝。

根据有关法律规定，分别回答下列问题：

(1) 甲、乙公司签订的买卖合同是否生效？并说明理由。(4 分)

(2)简述乙公司向丙公司提起代位权诉讼时应当符合的条件。(4 分)

(3)丁银行的主张是否成立？并说明理由。(4 分)

(4)人民法院判定诉讼费用由甲公司负担是否符合法律规定？并说明理由。(3 分)

集美大学合同法试卷

一、单项选择题

1. 合同法不适用于（　　）。

A. 出版合同　　B. 收养合同

C. 土地使用权合同　　D. 质押合同

2. 甲公司得知乙公司正在与丙公司谈判，甲公司本来并不需要这个合同，但是为了排挤乙公司，就向丙公司提出了更好的条件。乙公司退出后，甲公司也借故中止谈判，给丙公司造成了损失，甲公司的行为如何定性（　　）。

A. 欺诈

B. 以合法形式掩盖非法目的

C. 恶意磋商

D. 正常的商业竞争

3. 某商店橱窗内展示的衣服上标明“正在出售”且标示了价格，则“正在出售”的标示视为（　　）。

A. 要约　　B. 承诺

C. 要约邀请　　D. 既是要约又是承诺

4. 甲公司通过电视发布广告，称其有 50 辆某型号汽车，每辆价格 10 万元，广告有效期 10 天。乙公司看到该则广告后于第 3 天自带金额为 200 万元的汇票去甲公司买车，但甲公司的车此时已全部售完，无货可供。依照法律规定，有关本案的正确表述是（　　）。

A. 甲发布广告的行为构成要约，乙的行为构成承诺，甲应

承担违约责任

B. 甲发布广告的行为构成要约，乙的行为构成承诺，甲应补偿乙实际支出的费用损失

C. 甲发布广告的行为构成要约，但乙的行为不构成承诺，甲不承担民事责任

D. 甲发布广告的行为不构成要约，乙的行为不构成承诺，甲不承担民事责任

5. 甲洗衣店将乙送来干洗的西服丢失，乙要求甲洗衣店照价赔偿，甲洗衣店以取衣单背面印有“如将顾客衣服丢失，只按洗染费的 2 倍赔偿”的条款为由拒绝照价赔偿。下述关于该条款效力的表述，正确的是（　　）。

A. 该条款有效

B. 该条款无效

C. 该条款属于效力待定的条款

D. 该条款属于可撤销的条款

6. 下面属于从合同的是（　　）。

A. 借款合同　　B. 借用合同

C. 买卖合同　　D. 抵押合同

7. 甲与乙约定，“若今年你不生孩子，则赠与你 1 万元”，对此说法，下列各项正确的是（　　）。

A. 这是一附条件的赠与合同

B. 这是一附期限的赠与合同

C. 这是一附负担的赠与合同

D. 该合同为无效合同，因为条件不合法

8. 合同的变更，在一般情况下是指（　　），当事人达成协议而对其内容进行修改和补充。

A. 依法成立的合同于其尚未履行或尚未完全履行完毕之前

B. 依法成立的合同于其尚未生效前

C. 依法成立的合同于其尚未成立之前

D. 依法成立的合同于其尚未成立亦未生效之前

9. A 市的甲与 B 市的乙订立买卖合同，约定出卖人甲出售 500 箱景德镇高档瓷器交给乙，由甲负责运输，运送车队应于 7 月 10 日从 A 市开出。后甲到 7 月 12 日才电话通知乙车队刚出发，正将瓷器运往 B 市乙处。乙称由于甲违约要求解除合同，瓷器不需要运过来了。正在此时，C 市的丁告诉甲急需 400 箱景德镇高档瓷器，于是甲通过手机与车队队长联系，即刻将装有 400 箱瓷器的 5 辆车开往 C 市，剩下的 2 辆车开回 A 市。车队在开往 C 市的途中恰遇山洪暴发，400 箱瓷器全部被毁。开回 A 市的 2 辆车在途中被车匪路霸拦截抢走 60 箱瓷器。请问：承担 400 箱瓷器毁损风险的是(　　)。

A. 甲　　B. 乙

C. 丁　　D. 车队

10. 张某 13 岁，被称之为天才小画家，并在美术馆举办个人画展，美术馆与其达成协议有偿展出该画，该协议(　　)。

A. 有效　　B. 无效

C. 可变更可撤销　　D. 效力未定

11. 个体户甲无治理污染能力，与外商乙订立一个进口核废料(未经处理)的合同。据了解，未经妥善处理的核废料会造成严重的环境污染。该合同属于(　　)。

A. 有效合同

B. 无效合同

C. 效力待定合同

D. 条件不够，无法确定该合同效力

12. 某区政府工业主管部门作出决定，把所属的 A 公司的两个业务部分立出再设 B 公司和 C 公司，并在决定中明确该公司以前所负的债务由新设的B公司承担，同时将该决定对外进行公告。A公司原欠李某货款5万元，现李某要求偿还，你认为该债务应当（　　）。

A. 由B公司承担债务

B. 由A、B、C三个公司分别承担债务

C. 由A公司承担债务

D. 由A、B、C三个公司连带承担债务

13. 根据合同法规定，在下列情形中，当事人一方享有合同解除权的是（　　）。

A. 履行期限届满前，当事人一方明确表示不履行次要债务

B. 因不可抗力致使合同目的不能实现

C. 当事人一方迟延履行次要债务

D. 当事人一方迟延履行次要债务，经催告后在合理期限内仍未履行

14. 某商场设有自动售报机，顾客只要按要求投入硬币，即可得到当天日报一份，此种成立买卖合同的形式为（　　）。

A. 书面形式　　B. 口头形式

C. 推定形式　　D. 默示形式

15. 根据合同法规定，债务人提前履行给债权人增加的费用，由（　　）负担。

A. 债权人　　B. 债务人

C. 债权人和债务人共同　　D. 无法确定

16. 甲、乙订立的商品房买卖合同中约定："乙将自己开发建设的裕佳公寓的A座第10层住房出售给甲，2000年10月8日交付房屋。"2000年9月27日，甲发现裕佳公寓A座仅盖到第2层。根据合同法规定，甲（　　）。

A. 可以立即起诉乙，要求其承担违约责任

B. 只能等到交付房屋日期到来后方能要求乙承担违约责任

C. 只能等到房屋盖好后接受交付，不能要求乙承担违约责任

D. 只能要求乙赔偿损失而不能解除合同

17. 上海某工厂向广州某公司购买一批物品，合同对付款地点和交货期限没有约定，发生争议时，依据合同法规定（　　）。

A. 上海某工厂付款给广州某公司应在上海履行

B. 上海某工厂可以随时请求广州某公司交货，而且可以不给该公司必要的准备时间

C. 上海某工厂付款给广州某公司应在广州履行

D. 广州某公司可以随时交货给上海某工厂，而且可以不给该厂必要的准备时间

18. 定金的数额由当事人约定，但不得（　　）。

A. 少于合同标的额的 10%

B. 超过合同标的额的 10%

C. 少于合同标的额的 20%

D. 超过合同标的额的 20%

19. 2 月 1 日张三告诉李四，“如果你考上北京大学的博士研究生，我就把我那台掌上电子词典给你”，3 月 5 日因李四考试复习英语需要，张三将掌上电子词典借给李四用，5 月 20 日李四被北京大学研究生院录取为博士研究生，但由于邮局寄送问题，直到 6 月 10 日李四才接到了博士录取通知书，请问电子词典所有权在（　　）起从张三转移给李四。

A. 2 月 1 日　　B. 3 月 5 日

C. 5 月 20 日　　D. 6 月 10 日

20. 王、赵二人各以 20% 与 80% 的份额共有一间砖窑，出租给汪某，现王某欲将自己的份额转让，请问下列表述中哪一说法是正确的（　　）。

A. 赵有优先购买权，汪没有优先购买权

B. 汪有优先购买权，赵没有优先购买权

C. 赵、汪都有优先购买权，两人处于平等地位

D. 赵、汪都有优先购买权，赵的优先购买权优先于汪的优先购买权

二、多项选择题

1. 李某表示要将家中仅有的一头母牛卖给张某，张某以为李某要把这头牛送给自己，李某家中无人，张某就将牛牵回了家，从已知的条件看（　　）。

A. 李、张二人之间的合同未成立

B. 应以重大误解为由撤销李、张之间的合同

C. 张某的行为是过失侵权

D. 李、张二人之间的合同是成立未生效的合同

2. 下面合同无效的是（　　）。

A. 甲和乙订立了一辆赛车的买卖合同，但当时该车已经被盗

B. 9 岁的甲将遥控玩具车以 100 元卖给 8 岁的乙

C. 中学生刘某与万某在为争夺自己喜爱的女孩子而决斗之前约定，如有死伤后果自负

D. 钱某因赌博输给葛某 6 万元，因当时无钱而写下的欠条

3. 在合同履行中，属于遵循诚实信用原则的义务是（　　）。

A. 及时通知

B. 协助

C. 保密

D. 共同商定最合理履行方式

4. 甲公司欠乙公司 30 万元，一直无力偿付，现丙公司欠甲公司 20 万元，已到期，但甲公司明示放弃对丙的债权。对甲公司的这一行为，乙公司可以采取的措施包括（　　）。

A. 行使代位权，要求丙偿还 20 万元

B. 请求人民法院撤销甲放弃债权的行为

C. 乙行使权利的必要费用可向甲方主张

D. 乙应在知道或应当知道甲放弃债权 2 年内行使权利

5. 王某买票乘坐某运输公司的长途车，开车司机为钱某。长途车行驶中与朱某驾驶的车辆相撞，致使王某受伤。经认定，朱某对交通事故负全部责任。下列说法正确的是（　）。

A. 王某可以向朱某请求侵权损害赔偿

B. 王某可以向运输公司请求违约损害赔偿

C. 王某可以向钱某请求侵权损害赔偿

D. 王某可以向运输公司请求侵权损害赔偿

6. 甲与乙签订一份租房协议，协议规定，如果甲的父亲死亡，则甲将房屋租给乙居住。这一协议的性质是（　　）。

A. 既未成立，也未生效

B. 已成立，但未生效

C. 是附条件的合同

D. 是附期限的合同

三、判断题

1. 合同的主体是人，包括自然人和法人，没有其他主体类型。

2. 合同的成立仅仅是说明双方当事人有发生、变更和消灭民事权利义务的目的，并不一定能产生当事人预期的法律后果。

3. 合同债权的转让一定要通过订立合同才能进行，法院的判决、行政行为以及继承、赠与等，都不能使债权得以转移。

4. 先履行抗辩权只存在于双务合同中。

5. 当事人对可撤销合同所享有的撤销权应适用诉讼时效的规定。

6. 赠与合同是无偿合同、单务合同，所以，它是单方法律行为。

7. 甲对乙称“我有位于某处房一幢，愿以低于市场价出售，你是否愿买”。根据合同法的规定，此内容为要约。

8.《合同法》第 63 条规定：执行政府定价或者政府指导价的，在合同约定的交付期限内政府价格调整时，按照交付时的价格计价。逾期交付标的物的，遇价格下降时，按照原价格执行；价格上涨时，按照新价格执行。逾期提取标的物或者逾期付款的，遇价格上涨时，按照新价格执行；价格下降时，按照原价格执行。

9. 合同终止后，便失去法律上的效力，除法律另有规定外，原债权人不得再主张合同债权，债务人也不再负合同义务，债权债务关系归于消灭。

10.《合同法》第 41 条规定：对格式条款的理解发生争议的，应当按照通常理解予以解释。对格式条款有两种以上解释的，应当做出不利于提供格式条款一方的解释，格式条款和非格式条款不一致的，应当采用非格式条款。

11. 效力待定合同其效力的确定取决于享有形成权的第三人的行为，经相对人催告后，第三人不得追认。

12. 当事人一方的意思表示一旦为对方同意即能产生法律效果的合同是实践合同。

四、名词解释

1. 合同自由原则
2. 不安抗辩权
3. 主给付义务
4. 抵销
5. 责任竞合
6. 合同转让

五、简答题

1. 代位权的行使条件。

2. 合同法定解除的条件。

3. 简述合同成立与生效的区别。

六、论述题

1. 论无效合同的认定。

2. 缔约过失责任与违约责任、侵权责任的区别。

七、案例分析

1. 甲商场与乙家电厂签订了一份买卖彩电的合同。合同约定,甲商场向乙家电厂购买 2000 台彩电,每台价格 2000 元,共计 400 万元,合同生效后一个月内交付,交付地点为甲商场所在地。不料,在彩电运往甲商场的过程中遇山洪暴发,彩电进水大部分被损,损失达 300 万元。请问:

(1)彩电受损造成的损失,应由谁承担?为什么?

(2)若山洪是由于甲商场原因导致延期交付而遭遇到的,此损失风险应由谁承担?为什么?

2. A 公司与 B 公司于 2006 年 6 月 1 日订立了一份购销白糖的合同,合同约定:“B 公司供给 A 公司白糖 200 吨,每吨 1900 元,质量依照国家标准,交付期限为 2006 年 8 月初,地点 B 市火车站,货到付款,买方预付 10 万元,逾期不交付货物或货款每天按照货物总价值的 2%支付违约金。”当年 7 月 25 日 A 公司给 B 公司汇了 8 万元预付款,8 月 5 日 B 公司将 100 吨白糖运到了 B 市火车站,A 公司又汇了 11 万元给 B 公司并催其尽快将剩余的 100 吨白糖发来。8 月 10 日 B 公司告知 A 公司希望推迟一个月发货且因白糖价格上涨希望将每吨提价至 2000 元。8 月 15 日 A 公司表示可以推迟一个月但不能提价。8月25日，因急需原料A公司以每吨2000元的价格在市场上购买了50吨白糖。9月15日A公司催促B公司发货，B公司仍坚持必须提价至每吨2000元，9月20日A公司提出解除合同，并要求B公司支付违约金并赔偿损失。9月23日以后白糖价格猛跌至每吨1600元，此时B公司提出要求交货，A公司加以拒绝，并向法院提起诉讼。试问：

(1)A公司有无权利解除合同？

(2)如果A公司要求解除合同，则其可要求B公司承担何种民事责任？

(3)如果A公司不要求解除合同，则其可要求B公司承担何种合同责任？为什么？

3. 甲公司因与乙公司订立买卖合同而对乙公司享有50万元债权，对丙公司有40万元货款未付。现甲公司决定将其50万元债权转让给丁公司，将对丙的债务转让给戊公司。另出于营业需要，从甲公司分出新公司庚。甲公司与庚公司达成债务分配协议，约定丙公司的债务由庚公司承担。请根据所学知识，回答下列问题：

(1)若甲将对乙的债权转让给丁，是否需要征得乙的同意？

(2)若甲将对丙的债务转让给戊的行为是否需要征得丙的同意？

(3)甲与庚达成债务分配的协议对丙是否有约束力？

推荐学习网址

民法分论学习网址

1. http://www.civillaw.com.cn/;中国民商法律网
2. http://www.yanglx.com/;杨立新民商法网
3. http://www.ncclj.com/;国家民商法审判网
4. http://www.lawkey.net/;民商维权律师网
5. http://www.ccelaws.com/;法大民商经济法律网
6. http://www.chinalawinfo.com/;北大法律信息网
7. http://www.iolaw.org.cn/;中国法学网
8. http://www.1488.com/;中法网
9. http://www.law-star.com/;中国法律信息网
10. http://www.legaldaily.com.cn/;法制网
11. http://www.legalinfo.gov.cn/index.htm;中国普法网
12. http://www.chinacourt.org/;中国法院网
13. http://www.law-times.net/index.asp;法学时评网
14. http://www.court.gov.cn/;最高人民法院

其他法律网址

1. http://www.law-lib.com/;法律图书馆
2. http://www.law-star.com/;中国法律信息网
3. http://www.chinalawinfo.com;北大法律信息网

4. http://www.lawyee.net/;北大法意

5. http://www.chinapublaw.com/;中国公法网

6. http://www.privatelaw.com.cn;中国私法网

7. http://www.procedurallaw.cn/;中国诉讼法律网

8. http://www.evidencescience.com/;中国证据科学网

9. http://www.evidencelaw.net/;中国证据法网

10. http://www.iolaw.org.cn/;中国法学网

11. http://www.legaltheory.com.cn;中国理论法学研究信息网·吉林大学理论法学研究中心

12. http://www.calaw.cn;中国宪政网

13. http://www.civillaw.com.cn;中国民商法律网

14. http://www.criminallaw.com.cn/;中国刑事法律网

15. http://rmfyb.chinacourt.org/;人民法院报

16. http://www.legaldaily.com.cn;法制网

17. http://www.jcrb.com/zyw/;正义网

18. http://www.cel.cn/;经济法网

19. http://www.romanlaw.cn/;罗马法教研室

20. http://www.law-culture.com/;中国法律文化网

21. http://www.lawbase.com.cn;中国法律资源网

22. http://www.riel.whu.edu.cn/;中国环境法网

23. http://www.china-arbitration.com/;中国仲裁网

24. http://www.justice.gov.uk;英国司法部

25. http://www.lawspirit.com/;万法通(法律英语学习网)

26. http://www.law.com;法律新闻网(英文)

推荐阅读资料

1. 江平主编:《民法学》,中国政法大学出版社 2007 年版。

2. 王利明等著:《民法学》,法律出版社 2008 年版。

3. 马俊驹等著:《民法原论》,法律出版社 2007 年版。

4. 汪渊智主编:《民法》,法律出版社 2008 年版。

5. 柳经纬主编:《民法》,厦门大学出版社 2008 年版。

6. 肖燕等主编:《民法》,浙江大学出版社 2008 年版。

7. 梁慧星主编:《民商法论丛》(1～30 卷),法律出版社 1994 年至 2008 年。

8. 崔建远主编:《合同法》,法律出版社 2007 年版。

9. 王利明主编:《民商法研究系列》,中国人民大学出版社 2002 年版。

10. 梁慧星等编著:《物权法》,法律出版社 2007 年版。

厦门大学出版社“教材系列”与“学习宝典”对应表

丛书名 序号	高等学校法学精品教材系列	高等学校法学课程学习宝典
1	法理学	法理学备考与拓展
2	宪法学	宪法学备考与拓展
3	行政法与行政诉讼法	行政法与行政诉讼法备考与拓展
4	刑法总论	刑法总论备考与拓展
5	刑法分论	刑法分论备考与拓展
6	民法总论	民法总论备考与拓展
7	物权法 债权法 合同法	民法分论备考与拓展
8	经济法	经济法备考与拓展
9	民事诉讼法	民事诉讼法备考与拓展
10	刑事诉讼法	刑事诉讼法备考与拓展
11	商法学	商法学备考与拓展
12	知识产权法	知识产权法备考与拓展
13	国际法学	国际法学备考与拓展
14	国际私法	国际私法备考与拓展
15	国际经济法	国际经济法备考与拓展
16	劳动和社会保障法	劳动和社会保障法备考与拓展
17	中国法制史	中国法制史备考与拓展
18	婚姻家庭与继承法	婚姻家庭与继承法备考与拓展

本系列丛书将持续更新，欲了解更多信息或留言，请访问厦门大学出版社网站：http://www.xmupress.com。

图书在版编目(CIP)数据

民法分论备考与拓展/陈训敬主编.—厦门:厦门大学出版社,2009.5

(高等学校法学课程学习宝典/朱崇实主编)

ISBN 978-7-5615-3124-2

Ⅰ.民… Ⅱ.陈… Ⅲ.民法-中国-高等学校-教学参考资料
Ⅳ.D923

中国版本图书馆 CIP 数据核字(2009)第 076898 号

厦门大学出版社出版发行

(地址:厦门市软件园二期望海路 39 号 邮编:361008)

http://www.xmupress.com

xmup @ public.xm.fj.cn

沙县方圆印刷有限公司印刷

2009 年 5 月第 1 版 2009 年 5 月第 1 次印刷

开本:850×1168 1/32 印张:15.25

字数:382 千字 印数:1～3 000 册

定价:24.00 元